빅데이터를 지배하는

통계의 힘

실무활용 편

STATISTICS

빅 데 이 터 를 지 배 하 는

통계의 힘

니시우치 히로무 지음 | **신현호** 옮김 | **홍종선** 감수

실무활용 편

비전코리아

| 감수자의 글

통계학은 가장 강력하고 유용한 최강의 학문

일본과 한국의 통계학자들은 상호 초청하여 학술 논문을 발표하고 꾸준히 접촉해 공동 연구도 하기 때문에 매우 가까운 관계를 유지하고 있다. 필자도 학회에 참석하기 위해 몇 차례 일본을 방문하기도 했다. 그러면서도 일본의 역사나 지리 등에 관해서 감정적으로도 특별히 반일적인 태도는 아니었지만 우호적이지도 않았다.

하지만 한국에서 출간된 《빅데이터를 지배하는 통계의 힘》과 《빅데이터를 지배하는 통계의 힘-실무활용 편》을 읽으면서 한국의 통계학자로서 일본은 배울 점이 많은 나라일 뿐만 아니라 특히 일본의 통계학자는 대단하다고 높이 평가하게 되었다.

한국에서 통계학을 강의하는 대다수 대학 교수들이 가장 고민하고 어려워하는 문제 중 하나가 어떻게 하면 통계학 강의를 쉽게 해 학생이나 현장 실무자들이 여러 부문에 적용시켜 활용하도록 만드는가이다. 그래서 되도록 복잡한 수식 없이 문장과 그림만으로 설명하여 학생들을 이해시키려 하고 관련 교재도 개발하려고 노력한다. 그러나 이는 너무도 까다로운 문제이기에 아직 명쾌하고 정확한 해법을 구하지 못한 게 현실이다.

이 책의 저자 니시우치 히로무는 비즈니스 현장에서 생기는 다양한 사례로 통계학의 여러 개념을 그야말로 쉽게 설명해 사용자가 다방면으로 활용하도록 돕고 있다. 그것도 고등학교 졸업자라면 이해 가능한 수식에 쉬운 문장과 그림만으로 충분히, 그리고 광범위하게 말이다!

이 책은 인간 행동의 인과관계를 통찰하는 데 역점을 두고 내용을 펼쳐가고 있다. 크게 5장으로 나누어져 있는데 통계학의 기초 개념인 평균, 비율에서부터 시작해서 현재 가장 많이 활용되는 회귀분석뿐 아니라 수준 높은 다변량 통계분석까지 다룬다. 이 모든 분석방법을 사례를 들어 친절히 설명해 활용도까지 높다. 일본 대학의 체계가 한국과 달라 일괄적으로 비교하기 어렵지만 한국 대학의 통계학과와 통계학자 수가 일본보다 많다고 알고 있다. 그러나 우리나라에서는 이런 종류의 책이 거의 존재하지 않는다. 일반인을 위한 통계학 책은 팔리지 않으니 펴내도 소용없다는 생각이 팽배해 있기 때문이다. 통계학 관련 교양도서가 다양하게 출간되고 그런 책이 베스트셀러가 될 수 있는 일본의 출판 환경이 부럽다. 저자도 부럽고 일반 독자들도 부럽다.

제목에 '빅데이터'라는 단어가 들어가 있기는 하지만 이 책에는 '빅데이터'에 관한 직접적인 내용은 없다. 그러나 '빅데이터'에서 가장 중요한 것이 엄청난 자료의 분석인데 이 자료 분석에 가장 유용한 학문이 통계학이다. 그래서 저자는 통계학을 최강이 학문이라고 정의하였다. 필자도 이 책을 읽으면서 많은 점을 배우고 느꼈다. 내가 연구하는 통계학이 각종 학문 분야에서 폭넓게 사용되고 있으므로 가장 강력하고 유용한, 최강의 학문임을 새삼 깨달았다. 이 책을 동시대에 같이 살고 있는 많은 한국인들이 읽었으면 좋겠다. 그리고 통계학을 잘 활용하여 독자 여러분의 앞날에 큰 도움이 되고 많은 발전이 있기를 기원한다.

홍종선 교수 (성균관대학교 통계학과)

| 프롤로그

비즈니스와 통계학의 실용적인 연결

분에 넘치는 베스트셀러가 된 《빅데이터를 지배하는 통계의 힘》(이하 《통계의 힘》이라고 한다)은 일반 통계학 입문서와는 달리 '입문을 위한 입문서' 성격이 강했다. 통계학이 현대 사회에서 어떤 힘을 발휘하는지를 실용 · 비즈니스 측면에 초점을 맞춰 설명하고 오늘날 당연하게 사용하는 통계 분석방법이 어떤 역사적 배경과 인물의 영향을 받아 만들어졌는지를 다루었다. 이런 점에서 《통계의 힘》은 장대한 도입부를 한 권에 깡그리 담아넣은 책이라 정의해도 무방하다.

그래서 '책을 다 읽었지만 통계를 실제 활용할 수는 없었다'는 반응을 접했을 때 솔직히 '그야 당연하지'라는 생각을 가질 수밖에 없었다. 《통계의 힘》을 펴낸 목적이 어디까지나 통계학과 비즈니스의 간격(틈)을 메우는 데 있었기 때문이다. 빅데이터라는 용어가 널리 통용되는 추세에 발맞추어 값비싼 시스템을 도입하기는

했지만 고작 원그래프나 그럴싸하게 그리게 되었다는 말들이 매스컴에 오르내리던 2012년까지의 일본 상황을 변화시키는 데만 초점을 맞췄을 따름이다.

그 책을 통해 오늘날 많은 직장인이 통계학에 관심을 갖게 되었다는 점에서 소기의 목적은 충분히 달성한 셈이다. 그다음 수없이 널린 입문서 중 자신에게 맞는 것을 선택하여 공부하면 통계 리터러시(통계 자료를 이해하는 능력, 통계학적 사고방식)가 자연히 향상될 것이라 여겼다. 하지만 주위 동료들을 보면서 그 생각이 지나치게 낙관적이었다는 사실을 깨달아 새롭게 이 책을 펴내게 되었다.

《통계의 힘》에서도 여러 차례 강조했는데 통계학은 강력하고 유용한 도구이기에 각종 학문 분야에서 폭넓게 사용되고 있다. 그러면서 학문의 목적이나 철학, 다루는 연구 대상의 성질에 따라 동일한 분석방법도 달리 활용되고, 특정 학문 분야에서만 유독 자주 사용되는 분석방법 또한 존재한다.

결국 경제학과 심리학 등 어느 분야에서 쓰이느냐에 따라 통계책의 내용은 큰 차이가 난다. 그래서 비즈니스맨이 요구하는 통계책은 비즈니스 영역에서 실제 '정량적 분석 경험을 축적해온 경영학자'가 쓰는 것이 가장 이상적일지 모른다.

그러나 경영학자라고 해도 역사나 사례 같은 정성적 연구를 하는 사람이 대다수인데다가 또 정량적 연구자라 한들 반드시 한 사업의 수익률 극대화 방안만 통계 분석을 하는 것이 아니다. 대다수 경영학자들은 기업 전략과 수익성의 관계 같은, 거시적 관점에서의 분석을 하는 것이 일반적이다.

분석방법 자체를 깊게 이해하고 있거나, 특수한 분석방법을 많이 알고 있는 것과 실제 그것을 어떻게 활용하고 어떤 가치를 창출하는가는 완전히 다르다. 회사에서 채용한 젊은 데이터 과학자가 전혀 실전감각이 없다고 한들 그들에게는 아무런 잘못이 없다. 그런 공부를 해온 것이 아니었기 때문이다.

내 경우에는 기본 바탕이 애초부터 비즈니스에 활용하기 쉬운 체제였다. 전공인 공중위생학(Public Health)은 인간을 건강한 길로 이끈다는 목적이라면 어떤 접근법을 취해도 되는 분야다. 내가 다녔던 미국의 공중위생학 대학원에서는 의사뿐 아니라 경제학자, 법학자, 교육학자, 사회학자, 정보 기술자는 물론 광고 기획사 출신의 시장 전문가 등이 한데 모여 다양한 지식을 활용하여 인류를 건강하게 만들기 위한 아이디어를 짜냈다.

■ 파악, 예측, 통찰의 통계학

공중위생학을 통하면 여러 분야에서 통계학을 활용하는 방법과 그 차이를 이해할 수 있는데 이것이 비즈니스에 도움이 되는 이유가 또 하나 있다. 대다수 비즈니스와 마찬가지로 '인간의 행동이나 사회적 상태의 변화를 연구 대상으로 삼기' 때문이다.

다른 학문과 비교해보자. 공학이나 농학에서는 대체로 조건을 조절해가며 실험하는 일이 가능하다. 극저온 상태에서 분자의 진동을 정지시키고 데이터를 측정한다든지 실험 생물의 유전자를 모두 준비해놓는 것조차 기술과 예산이 허락하는 한 불가능한 일이 아니다. 그러나 계량경제학에서 다루는 주가나 경기 같은 거시적인 화폐의 흐름은 단지 관찰하고 예측하는 일밖에는 할 수 없다.

또 '음성'이나 '화상', '자연어 문장'을 다루는 머신러닝 분야에는 포먼트 주파수(모음을 특징 짓는 주파수 성분 분석기술)라든지 키포인트(움직이는 물체의 주요한 지점 분석) 등의 특수한 노하우가 존재한다. 음성이나 화상, 문장을 0과 1의 이진수 데이터로 변환시켜 인간이라면 누구나 할 수 있는 인지를 알고리즘을 이용하여 정확하게 고속으로 처리한다.

미리 말해두지만 여러분이 이런 방면에서 활용하기 위해 통계학 지식을 필요로 한다면 이 책은 결코 효율적인 선택이 될 수 없다. 그런 목적에 좀 더 부합되는 책은 얼마든지 있다. 이 책에서 설명하는 통계학은 인간을 통찰하고 그 행동이나 자세를 조금이나마 변화시키는 데 목적을 두고 있다.

오늘날의 사회는 다양한 사람들이 존재하고 의사결정의 메커니즘이 복잡하여 어느 한쪽의 작용에 의해 뭔가를 바꾸기가 매우 어렵게 되었다. 게다가 우리 인간을 강제로 변화시키는 것은 윤리적으로도 허용되지 않는다. 그러므로 나는 데이터를 통계적으로 분석해 어떤 업종이나 업무에서든 개인 혹은 집단 차원에서 인간의 행동을 통찰한 다음 그것을 조금이나마 변화시켜 비즈니스 이익을 높이려 하고 있다. 최근 수년 동안 쌓은 수많은 경험을 바탕으로 지금 비즈니스 영역에서는 인간을 통찰하기 위한 통계학이 꼭 필요하다는 확신이 들었다.

■ 통계학은 목적에 따라 세 가지로 나뉜다

'인간을 통찰하는 통계학'은 구체적으로 인간 행동의 '인과관계를 통찰'한다. '현상 파악(현 상황 파악)'과 '미래 예측' 등 두 가지가 더 있지만 이 책에서는 그 둘을 거의 다루지 않는다.

'현상 파악'은 마케팅 조사에서 현재 특정 제품을 사용하는 사람이 몇 명인지를 정확하게 추정하는 것 등이다. 이를 여기서 다루지 않는 이유는 비즈니스 현장에서 이미 자유자재로 쓰는 수준이기 때문이다. 조사를 통해 추정되는 평균과 비율을 그래프에 정리하는 작업은 대다수 비즈니스 종사자들이 어렵지 않게 하고 있으며 리서치 회사의 발전 덕택으로 수천 명을 대상으로 조사하는 일도 쉬워졌다.

데이터가 충분하다면 설령 표준오차 개념을 잘 몰라도 오차가 작기 때문에 활용에 문제가 없다. 성별이나 나이 등이 편중돼 있는 데이터에서 일본 전체 평균값도 추정 가능하고 일부 무응답 항목이 있는 경우에는 그에 따르는 여러 가지 수준 높은 통계 분석 방법이 존재한다. 하지만 그런 부분에 초점을 맞춰 폭넓게 분석할 수 있다고 한들 능력 있는 직원이라고 말할 수는 없다. 현실적인 조언을 한다면 '좋은 리서치 회사에 일을 맡기면 그만입니다'라고 말하고 싶다.

'미래 예측'은 앞으로 주가나 원자재 가격이 상승할지 혹은 재고가 어떻게 변할지 같은 것을 정확히 예측하기 위해 쓰인다. 또 머신러닝에서의 화상이나 음성의 인식 등 '인간이라면 어떻게 인식하는가' 하는 부분을 데이터로 정확히 예측함으로써 인간의 인지를 모방하려는 사고방식도 여기에 해당한다.

그런데 이런 부분을 다루지 않는 이유가 몇 가지 있다. 첫째, 분석방법 운운하기 전에 그 밖의 여러 사정 때문에 실제 예측을 현실화하는 것이 매우 어렵다. 경제학자가 쓴 통계학 입문서 중에 '시계열분석(시간의 흐름에 따라 일정 간격으로 기록한 통계 숫자를 분석하는 것)을 활용하여 주가를 예측'하자는 내용이 담긴 책도 있는데 그렇게 해 이익 예측을 할 수 있다면 한가하게 책이나 쓰고 있을 이유가 없을 것이다(또 그런 분석방법으로 이익을 냈더라도 따라하는 사람들이 늘면서 시장 환경이 변하여 점차 이익이 줄어들게 마련이다. 게다가 행여 거품현상이라도 일어난다면 큰 피해를 입을 수도 있다).

실제로 투자 분석방법을 잘 아는 전문가보다 아무 거나 찍은 원숭이의 수익률이 높았던 적도 있었다고 한다. 실증 데이터의 통계학을 활용하여 재산을 늘리고 싶다면 이런 부분까지 간과해선 안 된다(《시장 변화를 이기는 투자A Random Walker Down Wall Street》, 버튼 G. 맬킬 지음 참고).

■ '통찰'의 통계학은 어떻게 도움이 되는가

비품 조달이나 상품의 구매 담당자라면 매입가, 출하량 변동을 예측하여 대처하는 것이 첫 번째 관심사겠지만, 마케팅 부문에서는 통찰을 더 중요하게 생각한다. 상품 출시를 앞두고 있다면 '이 상품이 몇 개 팔릴까'보다는 '어떤 홍보를 해야 효과가 있을까', '어떻게 광고해야 히트상품이 될까' 쪽에 더 무게중심을 둔다는 말이다. 즉 그 인과관계를 찾아내는 것이 중요하다.

의학이나 공중위생학에서도 마찬가지다. 인간의 생활습관과 사망률의 관계를 통계학적으로 명백히 밝혀냈더라도 의학에 종사하는 대다수 사람은 어떤 사람이 몇 살에 죽는지 정확히 예측하는 일에는 별 관심을 두지 않는다. 어떻게 하면 더 건강하게 오래 살 수 있는가를 알아내는 것이 의학에 통계학을 활용하는 목적이다. 《통계의 힘》에서 언급했던 (이 책에서도 나중에 등장할) 프레이밍험 연구 프로젝트에서는 성별이나 나이, 혈압, 흡연 경력 등을 인자(어떤 작용의 원인이 되는 요소)로 해 심장병 발병 위험도를 계산하는 방법을 고안했는데 그것이 '프레이밍험 위험점수'다. 그러나 얼마를 더 사는지 알고 발병률을 정확히 예측하는 일 자체가 중요한 것이 아니라 위험성 인지를 통해 건강을 해치는 생활습관을 바로잡는 일에 더 큰 의미를 두었다.

인과관계를 통찰하는 통계학은 현 상황의 파악이나 예측을 위한 통계학과 비교해볼 때 이해가 쉽지 않다. 통계학 교과서를 보면 '상관관계와 인과관계(상관관계는 한쪽이 변화함에 따라 다른 쪽도 증가 또는 감소하는 관계, 인과관계는 두 사실이 원인과 결과 관계인 것을 말한다)를 혼동하지 않도록 주의' 같은 표현이 자주 눈에 띄지만, 임의화 비교실험(임의, 즉 무작위로 조건을 정해놓고 비교하는 실험)을 하면 매우 정확하게 인과관계를 알 수 있다는 말은 좀처럼 찾아보기 힘들다.

온갖 것이 데이터화되어 있는 오늘날, 인과관계의 통찰은 분야를 가리지 않고 큰 무기가 된다. 영업이면 매출로 이어지기 쉬운 고객과 그렇지 못한 고객의 차이가 무엇인지 분명히 가려놓으면 된다. 인사부에 근무한다면 자사에 이익을 가져다주는 인재와 그렇지 못한 인재의 차이를 살펴보아도 된다. 조달 부문이라면 가격 교섭에 성공하는 상황과 그렇지 못한 상황의 차이가 무엇인지 통찰함으로써 더 큰 이익을 가져올 수 있다.

다행히 제아무리 IT 기술이 발달할지언정 인과관계의 통찰만큼은 당분간 인간의 머릿속에서만 이루어질 수밖에 없다. 그리고 고도의 데이터를 숙련되게 다룰 줄 아는 과학자보다는 약간의 통계 리터러시만 갖췄을지라도 날마다 현장 감각을 온몸으로 익히면서 바삐 움직이는 사람들이 더 유리하다.

특정 계절에만 잘 팔리는 상품의 분석 결과에 대해 컴퓨터나 직접 관련이 없는 사람들은 '그 계절에 상품의 양을 더욱 늘리자'는 아이디어를 내는 것이 고작일 수 있다. 그러나 매장이나 상품과 계속 연관을 맺어온 사람이라면 그 정보에서 어떤 '실마리'를 잡아낼 수 있다. 계절 혹은 상품 자체가 중요한 게 아니라 사실은 그 배후에 어떤 현상이 작용하고 있다는 등 이익을 극대화시키는 새로운 아이디어가 싹틀 수 있다.

■ 이 책의 특징

이 책은 평균과 비율 등 '현상 파악'을 위해 대다수 직장인이 사용하는 분석방법을 다룬다. 아울러 데이터를 통해 그 배후에 놓인 인과관계를 얼마나 적절하게 통찰하는가 하는 목적을 달성하기 위한 통계학을 설명한다.

앞에서 언급했던 기존 입문서에 대한 불만을 염두에 두고《통계의 힘》과 마찬가지로 모든 설명은 수식 없이 문장과 그림만으로 이해할 수 있도록 꾸몄다. 다만 통계 분석방법의 본질적인 이해를 돕기 위해서는 어쩔 수 없이 수식을 등장시켜야 할 때가 있다. 그런 경우 고등학교 수준의 지식만으로도 이해할 수 있는 수학적인 보충 설명을 책 뒤에 실었다. 그러나 권말 보충을 읽지 않더라도 본문의 이해에는 전혀 영향을 받지 않도록 배려하였다. 수식을 보기만 해도 스트레스를 느끼는 사람이라면 당장 그 부분만을 따로 떼어 철해놓아도 무방하다. 수학적 보충은 입문서 안에서 대체로 당연한 듯 전제되어 있는 내용과 크게 다르지 않다. 다만 너무 상세히 설명하면 오히려 어렵게 느끼는 독자를 배려하여 이해를 돕기 위해 별도로 만들었을 따름이다. 지금 당장은 굳이 읽지 않더라도 언젠가 여러분이 대학 수업에서 사용되는 통계학 입문서를 읽고 뭔가 미심쩍은 느낌이 들었을 때 다시 읽어보면 상당히 참고가 될 만한 내용으로 꾸며놓았다.

요컨대 일반적인 통계학 교과서에서 대학 수준 이상의 수학을 사용하여 단지 몇 줄로만 끝내는 설명이라도, 권말 보충에서는 일일이 몇 장을 할애하여 고등학교 수학 수준으로 쉽게 설명하였다는 말이다. 즉 본문에서는 더 많은 지면을 쓰면서까지 문장과 그림만으로 설명했다는 뜻이다. 또 본문에 등장하는 수식 계산 과정이 어느 정도 복잡해지더라도 가급적 정수나 분수를 사용해 초등학생도 이해할 수 있도록 최대한 배려했다.

이 책에 나오는 통계학 분석방법은 대다수가 지극히 기본적인 것들이다. 그러나 로지스틱 회귀분석(logistic regression analysis)과 인자분석(factor analysis), 군집분석(cluster analysis) 같은 일반적인 통계학 입문서에는 좀처럼 등장하지 않는 내용도 다룬다. 비즈니스 분석을 할 때 가장 많이 쓰이는데다 이 세 가지만 있으면 어떤 분석을 하더라도 곤란하지 않을 것이라는 생각에 엄선한 결과다.

1장에서는 평균과 비율, 표준편차 같은 가장 기본적인 통계학 분석 도구를 설명한다. '데이터를 더하고 그 수로 나눈다'는 당연한 계산 과정이 아니라 왜 평균이 '통찰'의 통계학에서 중요한 의미를 갖는지를 알면 나머지 분석방법도 쉽게 이해할 것이다.

2장에서는 그룹 간의 평균과 비율에 우연오차(원인을 알 수 없고 따라서 제거할 수도 없는 오차, accidental error 또는 random error)라고 볼 수 없는 차이가 나타나는지 아닌지를 다루는 통계적 가설검정(statistical hypothesis testing) 개념을 소개한다. 기존 매장과 신규 매장의 객단가를 비교한 결과 신규 매장이 평균 100엔 높게 나타났다고 해보자. 이 차이가 의미 있다면 매장을 새로 낸 것은 성공이라고 볼 수 있으므로 앞으로의 정책 수립에 참고할 수 있지만 우연오차면 그 결과에 일희일비할 필요는 없다. 이처럼 옳고 그름을 판단하기 위한 도구가 통계적 가설검정이다.

3장에서는 그룹 간의 차이뿐만 아니라 어느 한쪽 값이 늘수록 다른 쪽 값도 느는 경향이 있는지 아니면 오히려 줄어드는 경향이 있는지의 관련성을 알아내는 회귀분석을 설명한다. 점포와 역 사이의 거리가 멀면 멀수록 매출이 오르는지 내리는지 혹은 별다른 관계가 없는지, 오른다면 대충 얼마 정도가 오르는지 알 수만 있다면 매장을 열기 전부터 수익 향상법을 찾아낼 수 있다. 이를 위한 도구가 바로 회귀분석이다.

4장에서는 인자분석과 군집분석을 사용하여 방대한 데이터 항목을 최소한으로 단순화시키는 방법을 배운다. 왜 그럴 필요가 있으며 어떻게 그런 일이 가능한지를 생각하다 보면 금세 4장을 다 읽을 수 있을 것이다.

《통계의 힘》과 마찬가지로 이런 분석방법들이 어떻게 도움이 되는지 모두 실제 비즈니스 상황에서 일어나는 사례를 활용해 설명했다. 비즈니스 영역에서 누구나 쉽게 쓸 수 있도록 여러모로 궁리했기 때문이다. 통계학 입문서를 보면 '사과 무게의 평균은~'

따위의 초등학교 교과서에나 나올 법한 표현이 등장하거나 반대로 통계학하고는 전혀 상관없는 전문용어가 불쑥 튀어나오는 양극단의 세계가 함께 어우러져 있다. 또 각각의 분석방법은 누가 무슨 생각을 하며 발견해냈는지 역사를 되짚으며 배경을 설명하는 점 역시《통계의 힘》의 방식을 그대로 따랐다.

참고로 본문의 설명은 기본적으로 고전 빈도론이라는 통계학의 일반적 사고방식에 기초를 두고 있다. 최근에는 빈도론과는 다른 베이즈론적 사고방식에 기반을 둔 통계학도 계속 발전하고 있는데 베이즈론은《통계의 힘》에서도 설명했듯이 '예측'의 통계학과 궁합이 아주 잘 맞는다. 그래서 통찰의 통계학을 이해하는 디딤돌이 되고자 하는 이 책의 집필 의도하고는 다소 벗어나 있다.

《통계의 힘》을 쓸 때는 솔직히 통계학 책이 이렇게까지 팔리리라고는 전혀 생각하지 못했다. 하지만 빅데이터에 주목하는 사람들을 위해 현 시대의 안티테제(최초의 상태가 부정되고 새로이 나타난 상태)를 통계학적 입장에서 고찰해보는 것도 전문가로서의 사회적 책임이라는 생각을 갖고는 있었다. 그리고《통계의 힘》이 믿기 힘들 만큼 많은 사랑을 받은 지금 동기부여의 물꼬를 튼 장본인으로서 수많은 통계학 입문서 사이에 존재하는 틈을 메우는 것이 새로운 책임이라 여기고 있다. 이 책을 통해 여러분이 실천 통계학으로의 첫걸음을 내디딜 수만 있다면 저자로서는 더없는 영광이 될 것이다.

Contents

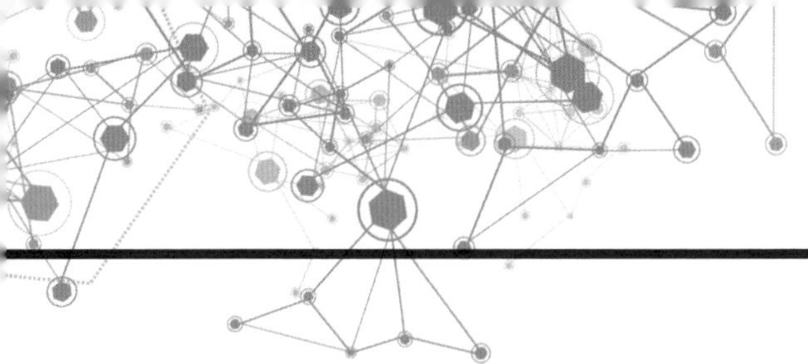

제1장

통계학의 실천은 기본부터

– '평균'과 '비율'을 제대로 알자

s t a t i s t i c s

01
'통찰'의 통계학에 필요한 세 가지 지식

지금까지 현상 파악을 위해 단순 집계에만 통계를 사용했던 사람이 분석에 의한 인과관계를 통찰하려면 다음 세 가지 지혜를 갖춰야 한다.

① 평균과 비율 등 통계 지표의 본질적인 의미 이해

② 데이터를 점이 아닌 구간으로 이해

③ '무슨 값을 어떻게 정리해야 하는지' 아는 지혜

사무실에서 마주치는 보통의 데이터 그래프는 〈도표 1-1〉의 위쪽 같은 모양일 것이다. 그러나 이 장을 다 읽으면 아래쪽 그래프의 의미를 이해하거나, 필요성을 깨닫게 될 것이다.

먼저 ①에 대해 생각해보자. 평균값 계산방법은 다들 알 것이다. 그런데 평균이 불규칙성을 내포하고 있든 아니든 데이터 대표

도표 1 일반적인 해석 결과가 바뀐다

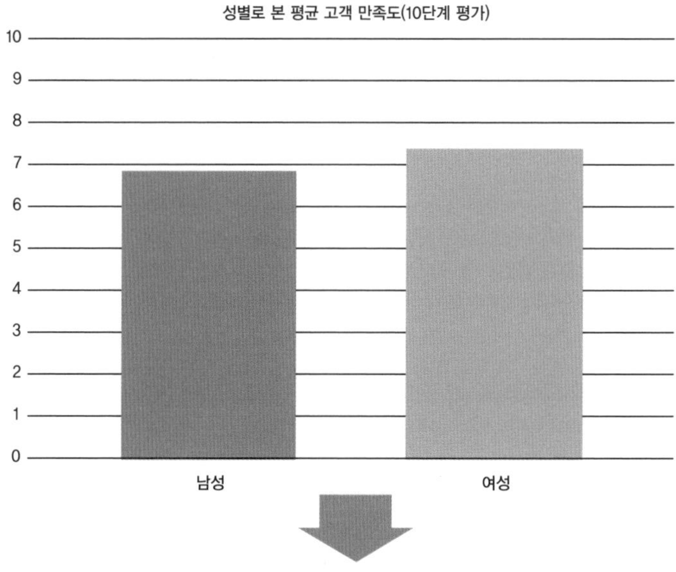

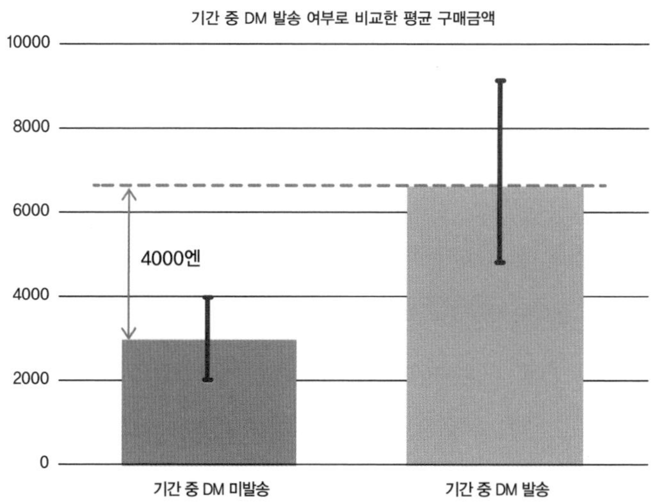

값이 된 이유를 생각해본 사람이 있는가? 거기에는 통계학이 생기기 훨씬 전부터 수학자들의 깊은 생각과 연구가 담겨 있다. 이 장에서는 순서에 따라 평균의 본질을 설명해나간다.

참고로 평균과 비율은 기본적으로는 완전히 동일한 개념이다.

우리는 대체로 나이나 수입, 구매금액같이 숫자로 표현되는 정보(전문용어로 양적변수quantitative variable라고 부른다)는 '평균'으로, 성별이나 직업, 상품 분류같이 문자로 표현되는 정보(질적변수qualitative variable)는 '비율'로 정리한다. 덧붙여 '다섯 단계로 만족도를 나타낸다(값이 클수록 만족도가 높다)' 같은 것을 양적변수로 생각하여 평균값을 계산해야 하는지 질적변수로 판단하여 각 단계에 해당하는 사람의 비율을 나타내야 하는지에 관해 의견이 여러 갈래로 나뉜다. 하지만 이 책에서는 일종의 양적변수로 받아들여도 무방하다는 입장이다(양적인지 질적인지 판단이 어려운 변수를 실제 분석할 때의 방법에 관해서는 후술한다). 또 1번, 2번, 3번……같이 숫자로 나타냈지만 숫자 크기에 의미가 있는 것은 아니며 단지 기호로만 쓰는 경우 평균이 아니라 비율을 사용한다. 우편번호의 평균을 내는 계산에는 의미가 없지만 우편번호의 지역 코드로 고객을 분류해 어느 곳에 몇 퍼센트씩 고객이 존재하는지 정리하는 일은 매우 의미 있는 작업이다.

그런데 평균과 비율이 왜 동일하다는 것일까.

100명을 조사하여 60명이 남성이라는 데이터가 얻어졌다면 남성의 비율이 60%라는 결과가 얻어진다. 여기까지 아무 문제가 없다.

이번에는 '남성의 수'라는 양적변수를 생각해보자. '남성의 수'는 조사 결과 자신이 남성이라고 대답한 사람은 1, 그렇지 않으면 0이라는 값이 되는 것으로 정한다. 이 경우 평균값은 1이라는 값의 60명에 0이라는 값의 40명을 더하여 100명이라는 전체의 인원수로 나누면 얻어진다. 즉 60÷100의 계산 결과인 0.6이 '남성의 수'의 평균값이다. 이것은 앞의 60%라는 비율과 완전히 동일하다.

설문조사 응답자의 직업 등 세 가지 이상의 분류를 가지는 질적변수를 생각해보자. 회사원 40%, 전업주부 30%, 학생 20%, 기타 10%라는 결과가 얻어졌다면 회사원의 수, 전업주부의 수, 학생의 수, 기타의 수 등 각 변수의 평균은 0.4나 0.3, 0.2 그리고 0.1이 된다.

다시 말해 비율과 평균은 전혀 다른 계산방법이 존재하는 게 아니라, 수의 형태로 표현할 수 없는 질적변수에 대해서는 각 분류마다 1이나 0이라는 형태로 '해당하는 정도'라는 양적변수를 생각하여 평균을 계산하는 것이다.

지금까지 무심코 평균과 비율을 사용해왔던 사람들도 앞으로는 이런 이해를 바탕으로 데이터를 대했으면 한다. 또 1이나 0 같은 형태로 표현할 수 있는 변수에 대해 양적변수와 질적변수 양쪽의 특징을 모두 가지는 특별한 경우로 생각할 수 있는데 1과 0의 두 개 값만 가진다는 의미에서 이항변수라 불린다.

결국 평균에 관한 대다수 수학적 성질은 비율에 적용시키더라도 그대로 들어맞는다. 앞으로 평균을 더 자세히 설명하는데 비율에 관해서도 똑같은 말이라는 생각을 갖고 읽어나갔으면 한다.

■ 데이터가 존재하는 '구간'이 중요

이어서 ② '데이터를 점이 아닌 구간으로 이해'하는 지혜에 대해 알아보자. 여기서 '점'이란 평균 또는 비율을 의미한다.

많은 사람들이 여기저기 흩어져 있는 데이터를 정리할 때 그 한가운데 있으리라고 생각하는 '단 하나의 값'으로 이해하려는 성향이 있다. 평균과 비율 계산은 물체를 떠받치는 한 지점의 중심을 구하는 것과 같다. 예를 들면 무게는 무시해도 좋을 만큼 가벼운 막대기의 왼쪽 끝에서 10cm, 20cm, 60cm 되는 지점에 동일한

도표 1-2 중심과 평균은 동일한 계산방법 사용

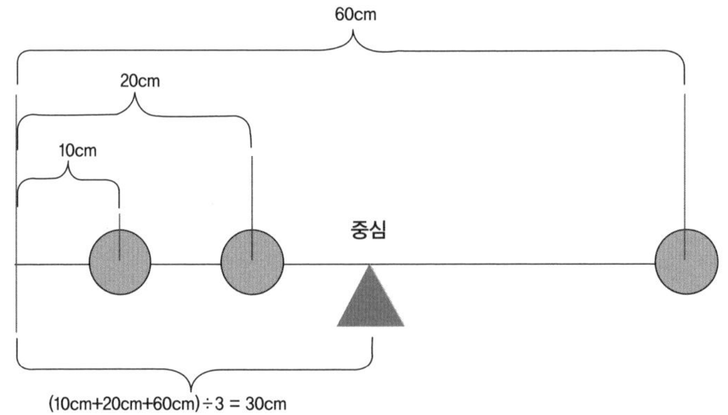

무게의 추를 달면 왼쪽 끝에서 30cm 떨어진 곳이 중심이 된다. 이 결과는 (10+20+60)÷3=30의 방법으로, 평균값 구하는 것과 완전히 동일한 계산이다〈도표 1-2〉.

우리는 이처럼 데이터가 백 개, 천 개가 있든 데이터의 중심을 나타내는 한 점의 값에 정보를 집약해 생각한다. 수많은 데이터를 주의 깊게 관찰하고도 결국 아무것도 얻어내지 못하기보다는 누구나 알기 쉬운 기준점을 파악하는 것이 편리한 일임에는 틀림없다. 그러나 이 단 하나의 점은 엄청난 정보를 무시한 결과이기도 하다. 평균 나이가 똑같이 스무 살 집단이라고 해도 스무 살 전후의 젊은이만 모였는지, 마흔 살 전후의 부모와 한 살 남짓 영유아가 반반씩 있는지 전혀 알 수 없기 때문이다.

이 때문에 통계학은 '데이터는 대체로 어디에서 어디까지의 범위에 속해 있는가' 하는 식의 구간으로 파악하는 방법을 고안해 냈다. 어떻게 하면 데이터를 구간으로 잡을 수 있는지, 왜 이처럼 구간으로 파악하는 것이 중요한지는 뒤에서 알아보기로 하자.

■ '결과'와 '원인'을 압축하라!

마지막으로 ③ '무슨 값을 어떻게 정리해야 하는지' 아는 지혜에 대해 알아보자. 이는 인과관계의 통찰에 가장 중요하다. 수학적 측면으로만 설명한 통계학 교과서에서는 그다지 중요하게 여기지 않겠지만 실용 통계학에서는 반드시 알아야 한다.

인과관계란 어떤 원인에 의해 결과가 어떻게 변하는지를 알아내는 것이다. 단순히 평균 또는 비율만 파악했더라도 적절한 비교축만 설정했다면 인과관계를 찾기 위한 첫걸음은 이미 내디뎠다고 볼 수 있다.

사업과 관련된 여러 숫자를 성별 또는 나이 등으로 분석한 결과는 비즈니스에 종사하는 사람이라면 누구나 한번쯤 보았거나 직접 만들어봤을 것이다. 그러나 '무슨 항목을 어떻게 정리해야 하는가'까지 생각한 적이 있는 사람은 얼마나 될까? 데이터가 100개 항목이 있으면 100(계산할 항목)×99(그 이외의 항목, 항목별로 계산)이므로 이론상 9900개의 칸(cell)으로 구성된 분할표에 눈길을 주어야만 한다〈도표 1-3〉. 이는 현실적으로 불가능하다. 그래서 대다수 사람들은 경험과 직감에 근거하여 가설을 세우고 '광고를 본 고객일수록 좋은 브랜드 이미지를 가지고 있지 않을까'라고 생각해 거기에만 집중한다. 모처럼 경험과 직감에 의존하지 않고 새로운 것을 발견하기 위해 데이터 분석 작업을 하고 있는데도 결국에는 자신의 경험이나 직감의 검정밖에 못하는 상황이라면 참으로 안타까운 일이다.

그렇다면 어떻게 해야 할까. 인과관계의 통찰, 즉 최종적으로 조절하고 싶은 결과와 영향을 미칠 수 있는 원인 제공의 대상자(후보군)군 안에서 데이터 분석을 해야 한다.

참고로 필자는 '최종적으로 조절하고 싶은 결과'를 아웃컴(outcome: 성과 지표)이라 부른다. 그리고 아웃컴에 영향을 달리 미

도표 1-3 **100개 항목 데이터 표**

분석축	항목 1	항목 2	항목 3	…	항목 99	항목 100
항목 1	—	표 1	표 2	…	표 98	표 99
항목 2	표 100	—	표 101	…	표 197	표 198
항목 3	표 199	표 200	—	…	표 296	표 297
…	…	…	…	…	…	…
항목 99	표 9703	표 9704	표 9705	…	—	표 9801
항목 100	표 9802	표 9803	표 9804	…	표 9900	—

칠 수 있거나 차이를 설명할 수 있을지 모르는 요인을 **설명변수**(explanatory variable)라고 부른다. 아웃컴이라는 표현은 일반 통계학 교과서에서는 좀처럼 등장하지 않는다. 대신 '결과변수', '목적변수', '종속변수' 그리고 머신러닝 분야에서는 '외적기준'이라는 말이 아웃컴의 의미로 쓰인다. 하지만 내가 이 표현을 쓰는 데는 중요한 의도가 있다. 아웃컴은 주로 의학과 정책과학 분야에서 사용하는데 둘 다 좋은 연구나 분석은 사회에 유익한 결과를 가져와야 한다는 사고방식이 바탕을 이루고 있다. 예를 들어 정책을 평가할 때 '새로운 정책의 인식률이 몇 퍼센트였습니다'라든지 '자료의 청구가 몇 건 있었습니다'라는 분석 결과는 아웃컴이 아니라 '아웃풋(output)' 평가라는 식으로 표현을 달리한다. 정부가 하는 일의 가치는 '그 정책을 통해 사회에 어떤 좋은 결과를 초래했는가' 하는 부분에 있기 때문이다.

마찬가지로 의학에서도 연구의 아웃컴은 사망률, 발병률 혹은 발병률에 영향을 줄 지표(혈압, 혈액검사의 숫자)로 표현한다. 게다가 여러 데이터가 측정되는 가운데 무엇을 최대화 혹은 최소화해야 하는가 하는 의식이 철저히 내재되어 있다.

비즈니스에서도 가치 있는 데이터 분석은 '최대화하거나 최소화해야 하는 항목'이 무엇인지 알아내는 것이다. 이것이 아웃컴이다. 마케팅이라면 매출이나 고객수를, 영업 전략이라면 계약건수나 총 금액을, 조달 부문 관계자라면 재고율이나 구입가격 혹은 불량에 의한 기회손실액 등이 아웃컴에 해당한다. 반대로 광고 인식률이나 SNS에서의 입소문 건수 등은 아웃풋이다. 그런 것들 자체는 단지 과정이기에 업종이나 상품에 따라서는 이익과 전혀 관계가 없는 상황에 봉착할 수도 있다.

다만 아웃컴의 선택이 적절했을지라도 매출의 평균이나 총액만 보고 있으면 '어떻게 해야 돈벌이가 되는지' 알 수 없다. 아무 근거도 없어 '전년 대비 5% 증가시키기 위해 분발합시다' 하고 목청껏 외치는 것이 고작일 따름이다.

그래서 아웃컴을 좌우하는 '원인 제공의 대상자(후보자)'라 할 수 있는 설명변수가 중요한 의미를 갖는다. 성별로 매출을 비교했더니 여성의 평균 구매금액이 눈에 띄게 높았다고 하자. 이런 경우 여성 취향에 맞춰 매장 인테리어를 꾸미거나 여성이 자주 보는 미디어에 광고를 한다면 비용 대비 훨씬 좋은 매출 증대를 기대할 수 있을지도 모른다. 혹은 고객이 자사에 대해 '호감도가 높다'는 브랜드 이미지를 지니고 있는지 여부가 평균 매출에 영향을 준다면 광고나 제품 디자인을 더욱 친밀감 있게 바꿈으로써 매출을 증가시킬 수 있을지도 모른다.

이와 같은 원인 제공의 대상자(후보자) 관점을 의식하지 않고 어찌되었든 '지금까지 잘해왔으므로'라는 것만으로 성별과 나이를 설명변수로 생각했다면 안타까운 일이다.

분석해야 하는 데이터 항목이 100개 있고 그중 무엇을 최대화 또는 최소화해야 하는 아웃컴인지 정했다면 9900개의 칸을 모두 봐야 하는 터무니없는 상황은 생기지 않는다. 아웃컴 이외의 99개 항목별로 아웃컴의 크고 작음을 비교하는 99개 표만 보면 지금까지 생각한 적도 없는 발견을 할 가능성이 충분히 있다〈도표 1-4〉.

그런데도 너무 많다고 느끼는 사람이라면 다음과 같은 관점에서 분석해야 하는 설명변수의 우선순위를 매기는 것이 좋다.

도표 1-4 100개 항목이 있는 표에서 아웃컴을 1개로 정한 경우

분석축 (원인의 후보)	항목 1	항목 2	항목 3	…	항목 99	항목 100
항목 1 (아웃컴)	—	표 1	표 2	…	표 98	표 99
항목 2	표 100	—	표 101	…	표 197	표 198
항목 3	표 199	표 200	—	…	표 296	표 297
…	…	…	…	…	…	…
항목 99	표 9703	표 9704	표 9705	…	—	표 9801
항목 100	표 9802	표 9803	표 9804	…	표 9900	—

여기 99개에만 주의

- 인과관계가 '너무 당연한 것'이어서는 안 된다
- 아웃컴에 미치는 영향이 명백하더라도 조절이 가능해야 한다
- 지금까지 그다지 주목 받지 않고 분석된 적이 별로 없어야 한다

첫 번째는, 고객이 많아지면 매출이 오른다거나 고객 1인당 이용금액이 늘어나면 매출이 오른다는 말 같은 누구라도 생각할 수 있는 것에 일부러 시간을 들일 필요가 없다는 뜻이다. 이른바 컨설턴트라 불리는 이들 중에는 기껏해야 엑셀 프로그램으로 계산한 결과인데도 거기에 KPI(Key Performance Index)라는 거창한 이름을 붙여놓고 상담료를 두둑이 챙기는 사람이 있다. 그러나 아웃컴에 지대한 영향을 미치는 KPI는 업무의 모니터링을 하는 데는 유용할지언정 새로운 인과관계의 통찰이나 이익을 창출하는 아이디어로 이어지지는 않는다.

두 번째로, '이 원인을 바꾸기만 하면 매출을 늘릴 수도 있다'라는 결과를 얻었는데 바꾸기가 불가능하다면 결국 탁상공론으로 끝날 뿐이다. 여름이 되면 맥주가 잘 팔린다는 것을 알았다 한들 계절을 바꿀 수는 없는 노릇이다. 또 영업직원을 달리 배치하면 매출이 오를 것 같다는 분석 결과가 얻어졌는데 영업부의 인사권을 쥐고 있는 임원이 '영업은 데이터라기보다는 영혼'이라며 눈 하나 꿈쩍하지 않는다면 그 분석 결과가 활용되는 일은 당분간 없을지도 모른다. 그보다는 데이터 분석에 깊은 관심을 가진 사람들이 모이는 영역 안에서 '원인 제공의 대상자(후보자)'를 찾아내는

편이 더 효율적이다.

마지막 조건은 인과관계가 당연하지는 않더라도 조절 가능한 것이라면 '관계가 있는지 없는지 모르는 항목'일수록 설명변수로 분석하는 편이 새로운 발견으로 이어질지도 모른다는 말이다. 많은 기업에 이미 데이터는 축적돼 있을 것이며 엑셀을 2, 3회 조작하는 것만으로도 설명변수는 바꿀 수 있다. 의식적으로 이런저런 시도를 해보고 꼭 새로운 아이디어를 찾아냈으면 한다.

지금까지 설명한 내용만 염두에 두고 실천하면 여러분의 통계 리터러시나 분석력은 비약적으로 향상될 것이다. 이제 평균값의 본질을 알아보자.

02
인과관계 파악에 중요한 '평균'의 본질

데이터 값을 전부 더하고 그 개수로 나눈 평균은 통계의 기본이다. 중학교나 고등학교에서 중간고사나 학기말 고사를 치른 뒤에는 반드시 평균점수가 발표되고 나이나 키, 연봉 등 세상의 온갖 숫자는 평균이라는 형태로 나타나고 보고된다. 그런데 왜 평균값이 통계학적으로 큰 의미를 가질까?

아울러 '현상 파악'을 위한 통계학에서는 평균만으로 사물을 판단해서는 안 된다는 말을 하기도 한다. 데이터 전체를 파악하기 위한 값, 이것을 전문용어로 대푯값이라고 하는데 데이터의 중심을 판단하기 위한 대푯값으로서 평균을 사용할 때마다 종종 오해를 불러일으키기도 한다.

어느 회사 직원의 평균 연봉이 500만 엔이라 할 때 '그 회사에서 근무하면 누구라도 연간 500만 엔 정도를 받을 수 있다'라고 생각할지도 모른다. 그러나 직원 9명 중에서 8명의 연봉이 300만

도표 1-5 어느 회사의 연봉과 평균

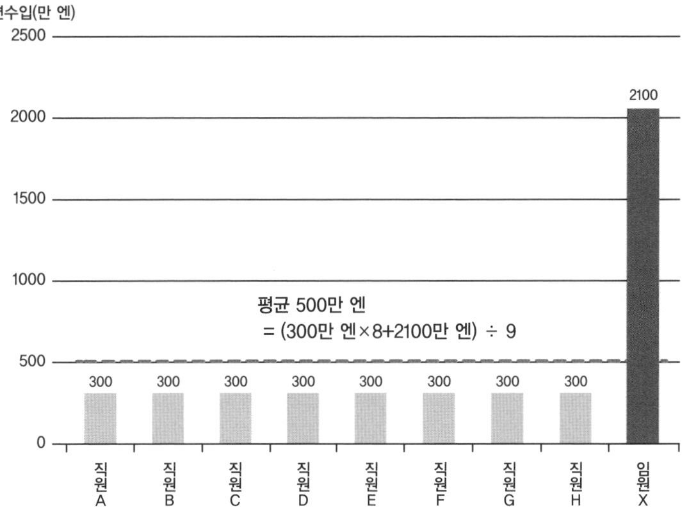

엔이고 임원 한 사람은 2100만 엔인 상황도 평균 연봉은 500만 엔이다〈도표 1-5〉. 따라서 여기서 일하면 500만 엔 정도는 받을 수 있다는 '현상 파악'은 빗나가고 만다.

이런 폐단을 막기 위해 '현상 파악'의 통계학에서는 평균값 대신 **중앙값**(median)이나 **최빈수**(mode)도 아울러 사용해야 한다고 가르친다. 중앙값은 말 그대로 '정중앙의 위치에 있는 값'을 뜻한다. 앞의 경우처럼 9명의 데이터가 있으면 크기순으로 나열했을 때 한가운데인 다섯 번째 사람의 값이 중앙값이다. 봉급이 낮은 순서부터 생각할 경우에도 어쨌든 다섯 번째 사람의 값인 300만 엔이 중앙값이다. 참고로 이 회사의 직원이 8명이라면 '정확히 정중앙의 위치'에 있는 사람이 존재하지 않으므로 네 번째와 다섯 번째의 값을 더해 2로 나눈 값이 중앙값이다. 최빈수는 가장 빈도가 높은 값, 즉 데이터 수가 가장 많은 값을 가리킨다. 앞의 경우 가장 많은 수의 직원이 해당하는 300만 엔이 최빈수다〈도표 1-6〉.

중앙값과 최빈수 중 어느 것을 사용하든 봉급 체계가 왜곡되어 있는 이 회사에 대해 평균값과 비교할 때 현 상황을 더 잘 반영한 대푯값이라 할 수 있다. 그러나 '현상 파악'을 위한 통계학 교과서에서는 대체로 그런 식으로 가르치지만 '통찰'을 위한 통계학에서는 중앙값과 최빈수에 신경 쓰는 일이 거의 없다. 그 이유를 밝히는 것이 이 장의 핵심 주제다.

도표 1-6 직원 9명의 중앙값과 최빈수

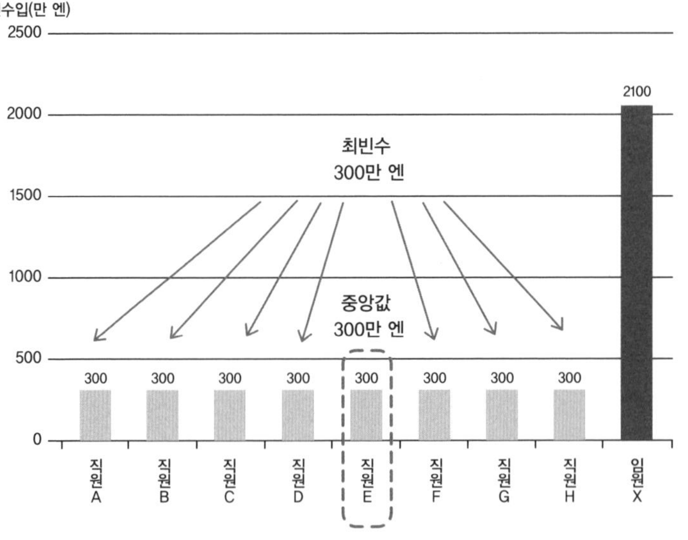

■ 대푯값을 둘러싼 수학자들의 오랜 연구

데이터의 평균을 대푯값으로 여기는 사고방식은 오래전부터 관습적으로 존재했다. 하지만 그렇게 생각해도 되는 근거가 수학적으로 정립된 역사는 그리 오래지 않아 200년 정도다. 적분 계산에 사용되는 '심슨의 공식'으로 널리 알려진 영국의 수학자 토머스 심슨은 1775년의 편지 내용 중에 이런 글을 남겼다.

> 관측기구나 감각기관의 부정확성 때문에 생기는 오차를 줄이기 위해 천문학자는 보통 다수의 데이터를 확보하여 그 평균값을 활용하고 있습니다. 하지만 이런 방법은 아직 일반적으로 쓰이고 있지는 않으며 저명한 사람들 가운데는 매우 엄밀한 과정을 거쳐 얻은 하나의 측정값은 평균값과 견줄 만큼 깊이 신뢰할 수 있다는 의견을 내비친 이들도 있습니다.

심슨 자신도 물론 그랬지만 보스코비치, 라플라스, 르장드르, 가우스 같은 18세기 수학자들은 데이터의 불규칙성과 평균값의 관계를 끊임없이 연구했다. 당시 과학자들은 천문학에 깊은 관심을 보였는데, 방위나 고도 등 천체의 위치를 관측하기 위한 도구는 고정시키기가 어려웠고 시선이 조금만 움직여도 완전히 다른 측정 결과가 얻어지기 일쑤였다. 그래서 측정이 정확하다고 가정할 경우 본래 천체의 위치를 나타내는 '참값'이 어디에 위치하는지를 수학적으로 규명하기 위해 애썼다.

우선 보스코비치는 불규칙성을 내포한 여러 데이터에서 '참값'을 계산하려면 '참값'과 '참값에서 벗어난 값'으로 분류해놓고 '참값에서 벗어난 값'을 최소화해야 한다고 생각했다.

천체가 아니라 좀 더 현실적인 예로 어떤 건물의 높이를 눈대중으로 세 사람에게 맞혀보도록 하는 상황을 생각해보자. 이때 첫 번째 사람은 10m, 두 번째는 12m, 세 번째는 13m라고 대답했다. 세 사람의 대답을 바탕으로 이 건물의 높이를 추측할 때 어느 한 사람을 믿고 따라도 괜찮고 3명 전원을 믿지 않아도 상관없다. 극단적인 경우로, 본래는 100m나 되는 거대한 건물인데도 참가자 전원이 이렇듯 낮게 평가할 가능성이 있다고 생각하는 사람도 있겠지만 현실적으로는 이는 너무도 부자연스럽다.

어찌되었든 상식적인 사람이라면 아마도 이 건물의 높이를 12m 정도로 추측할 것이다. 그렇다면 참값이 12m일 거라는 추측과 참값이 100m일 거라는 추측 사이에 존재하는 차이는 무엇일까. 가장 큰 차이는 세 사람이 판단한 값에서 엄청나게 벗어났다는 점이다.

참값이 12m였다면 첫 번째 사람은 2m 낮게 본 셈이고 두 번째는 정확하게, 세 번째는 1m 높게 추측한 셈이다. 세 사람의 차이를 모두 더하면 3m라는 값이 얻어진다〈도표 1-7〉.

한편 참값이 100m였다면 첫 번째 사람은 90m, 두 번째는 88m, 세 번째는 87m 낮게 보았으므로 총 265m의 차이가 생기는 셈이다〈도표 1-8〉.

도표 1-7 세 사람의 측정값과 참값의 차이(참값이 12m인 경우)

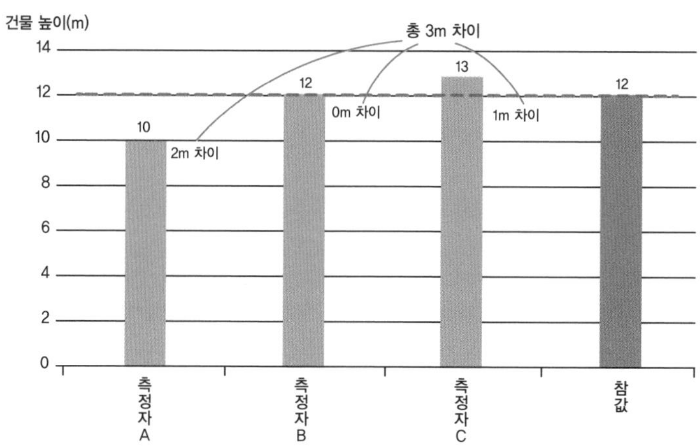

도표 1-8 세 사람의 측정값과 참값의 차이(참값이 100m인 경우)

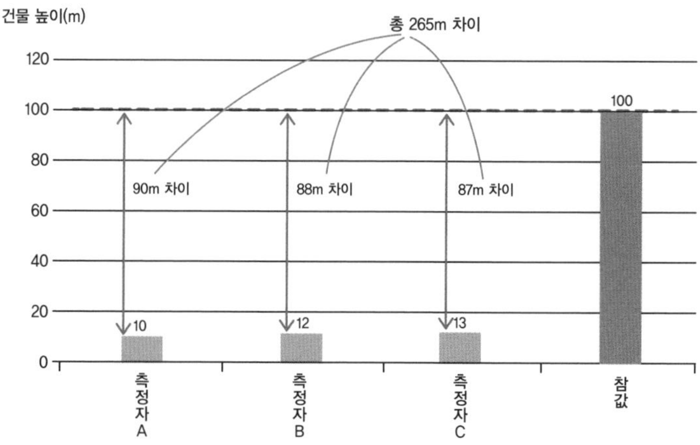

총 3m의 차이와 총 265m의 차이 중 어느 쪽이 자연스러운지 물어보면 누구라도 3m 쪽이라고 대답할 것이다. 즉 신뢰할 수 있는 참값의 추측값은 그것이 참값이라고 가정했을 때 얻어진 데이터의 참값에서의 차이가 최소인 것이라 보는 게 보스코비치의 사고방식이다.

이런 그의 사고방식, 즉 측정값에 내포되어 있는 참값에서 벗어난 값(차이, 절댓값)의 총합을 최소로 만드는 '신뢰할 수 있는 추측값'이 바로 중앙값이다【보충 1】.

그렇다면 대푯값으로서 역시 중앙값이 더 낫다고 생각할지도 모른다. 그러나 당시 문제가 되었던 것은 아무래도 계산하는 데 드는 수고였다.

2m 낮게 추측한 경우나 거꾸로 2m 높게 추측한 경우를 똑같이 '2m의 차이'로 생각하는 것은 수학적으로 말해 '절댓값을 계산한다'는 뜻이다. 이런 사고방식은 특별히 절댓값이라는 말과 그에 따르는 수학기호 등을 사용하지는 않을지언정 무의식적으로 늘 쓰이고 있을지도 모르지만 수학적으로 처리할 때는 매우 번거로운 특징을 함축하고 있다. 즉 각각의 측정값이 참값보다 큰지 작은지 경우의 수를 미리 나눠놓고 플러스와 마이너스를 교대로 대입시키지 않으면 수식의 처리가 불가능하기 때문에 발전적인 고찰이나 증명이 곤란해진다.

물론 데이터만 보고 중앙값을 찾을 수도 있다. 〈도표 1-9〉는 25명의 키를 나타낸 데이터인데 이 정도 숫자라도 중앙값을 구하

도표 1-9 25명의 키 데이터

178cm	170cm	180cm	160cm	172cm
183cm	161cm	166cm	177cm	171cm
163cm	167cm	170cm	172cm	173cm
166cm	169cm	159cm	167cm	177cm
176cm	163cm	158cm	174cm	162cm

기 위하여 크기 순서대로 정렬하는 작업이 피곤할 수 있다. 그러나 덧셈과 나눗셈만으로 얻어지는 평균값이라면 약간의 계산만 할 수 있는 사람이라도 얼른 끝마칠 수 있다.

그래서 프랑스 수학자 라플라스도 1795년 무렵까지는 '절댓값의 합계를 최소화한다'는 생각에 기초한 방법을 연구해왔지만 결국 포기했다고 한다. 절댓값을 고수하는 한, 수식을 전개하거나 증명을 하고 실제의 측정값을 구하는 작업이 너무도 번잡스러워진다.

이 문제는 르장드르 혹은 가우스에 의해 발견된 **최소제곱법**(method of least squares)으로 해결되었다. 앞에서 '르장드르 혹은 가우스'라 표현한 이유는 최초의 공식 발표자는 1805년의 르장드르지만 그보다 10년 전인 1795년에 작성된 가우스의 수학 일기에 이미 기록이 남아 있었기 때문이다. 1795년이라면 가우스의 나이 고작 스무 살 때다. 수학의 천재 가우스가 보기에 최소제곱법은 너무도 빤한 내용이라서 누구든 이미 사용하고 있으리라 믿었던 까닭에 구태여 공표할 생각을 갖지 않았던 것 같다. 이 분야에 끼친 가우스의 공헌은 최소제곱법에만 머물지 않는데 더 획기적인 그의 발견에 관해서는 나중에 살펴보기로 하자.

최소제곱법의 개념을 간단히 설명하자면 '절댓값 대신 제곱을 사용하는 것이 낫다'는 의미다. 다시 말해 2m 낮게 측정한 경우, 즉 '-2m의 차이'는 제곱하면 '4의 차이'가 된다. 물론 2m 높게 측정한 '+2m의 차이'도 제곱하면 '4의 차이'다. 절댓값과 마찬가지로 본래의 차이가 플러스이든 마이너스이든 반드시 '차이의 제곱'은 0 이상의 값이 된다. 이것을 모두 더했을 때 가장 작은 값을 '참값'으로 추정한다는 것이 바로 르장드르나 가우스가 발견한 최소제곱법이다.

수학자 이외의 사람에게 이런 기쁨이 피부로 느껴지기는 어렵겠지만, 절댓값과 달리 제곱 계산을 하는 일은 누구에게든 식은 죽 먹기임에 틀림없다. 경우의 수로 나눌 필요도 없고 식을 정리하는 일은 중학생도 할 수 있으며 고등학생이라면 정리된 식의 미분까지도 가능하다. 즉 이런 '참값'을 true의 머리글자 t로 가정했을 때 측정값과 참값의 차이를 제곱한 합이 최소가 되는 t를 구하는 계산은, 수학자가 아니고 컴퓨터가 없더라도 수식을 정리한 다음 미분을 활용하면 누구나 해낼 수 있다. '절댓값이 아니라 제곱한다'는 단순한 발상의 전환은 이후 통계학의 발전을 가속시키는 큰 역할을 하게 된다.

■ 평균을 인간에게 응용한 '근대 통계학의 아버지' 혹은 '사회학의 시조'

최소제곱법에 기초하여 불규칙성이 내포된 데이터에서 참값을 추정하려면 어떤 방법이 가장 좋은가? 그 대답은 '평균을 사용하는 것이 추정 방법으로서 적절하다'이다【보충 2】.

계산이 번잡하다는 문제만이 아니라 실제 평균값이 왜 중앙값보다 뛰어난지 가우스는 이유까지 밝혀냈는데 그 설명도 다음으로 미루고자 한다. 일반적으로 평균은 '데이터 값을 전부 더한 다음 총 개수로 나눈 것'이라고 알고 있다. 하지만 이 말은 어디까지나 계산 절차만을 나타낸 지극히 단순한 설명에 지나지 않는다. 다음의 말만큼은 끝까지 잘 기억해두었으면 한다. 평균은 최소제곱법에 기초하여 측정값에 포함되어 있는 차이를 가장 적게 만드는 뛰어난 추정값이다. 그리고 이런 생각이 힘을 얻게 된 배경에는 불규칙성이 존재하는 관측 대상 자체가 아니라 무엇인지는 몰라도 그 배후에 '참값'이 있는 것은 아닌가, 하는 상정이 존재하고 있다.

19세기에 활약한 아돌프 케틀레는 본래 천문학자였지만 어느 날 문득 천문학에서의 '참값'과 데이터의 관계성을 인간에게 응용하면 어떨까 하는 생각을 했다. 그는 당시 세상에 존재하는 다양한 인간 관련 정보를 모아 분석하면 그 배후에 감춰진 규칙성을 발견할 수 있으리라고 여겼다. 그리고 그 연구 성과와 관점을 《인간과 그 능력의 발전에 대해서 사회 물리학의 시도Sur l'hom

도표 1-10 케틀레의 인간 분석

범죄자의 교육 상태	데이터의 출처 1828~29년 프랑스	1831~32년 프랑스	1833년 벨기에
읽고 쓰기 모두 불가능 (전체에서 차지하는 비율)	8969명 (62%)	8919명 (61%)	1972명 (61%)
읽고 쓰기 불완전 (전체에서 차지하는 비율)	3805명 (26%)	3873명 (27%)	472명 (15%)
읽고 쓰기 가능 (전체에서 차지하는 비율)	1795명 (12%)	1774명 (12%)	776명 (24%)
합계	14569명	14566명	3220명

me et le developpement de se facultes, ou Essai de physique sociale》에 담았는데, 그 안에 〈도표 1-10〉과 같은 내용이 있었다.

이는 서로 다른 시기, 다른 나라에 수감된 범죄자 수를 교육 상태별로 정리한 것이다. 놀랍게도 시기나 지역이 달라도 읽고 쓰기가 불가능한 사람이 전 수감자에서 차지하는 비율은 거의 비슷하다(61% 또는 62%).

그때까지(혹은 오늘날에도) 범죄를 단지 개인의 의사나 도덕의 문제로만 생각했는데 정작 자료를 모아 평균과 비율을 계산해보니 교육을 받았는지 여부 등 사회적 환경의 영향이 중요하다는 결과가 드러났다. 다시 말해 개개인의 상태는 천체를 측정한 값의 불규칙성과 같은 것이고, 그 배후에는 여러 요인에 의해 좌우되는 경향성이 존재한다. 케틀레는 그 경향성에 관한 '참값'을 얻기 위해서는 평균값을 사용하는 것이 좋다고 생각했다. 그 때문에 그는 근대 통계학의 아버지 혹은 사회학의 시조로 불리게 되었다.

그는 다음과 같은 말을 남겼다.

> (사회나 인간에 대해서) 우리들은 천체를 지배하는 법칙과 마찬가지로, 시간을 초월하여 성립하는 여러 가지 법칙성(거기서는 인간의 의사가 완전히 사라지고 신의 작용만 우세해진다)을 찾아낼 것이다.

이런 법칙성을 발견하고 이용하기 위한 첫걸음이 평균이다.

s t a t i s t i c s

03
어떻게 평균으로 진실을 포착할 수 있는가

평균이 중앙값보다 유용하다고 하는 까닭은 무엇일까?

첫째, 인과관계의 통찰이라는 관점에서 볼 때 평균값이 중앙값보다 관심이 있는 것에 직접적인 대답이 되는 경우가 많다는 점을 들 수 있다. 다시 말해 인과관계를 통찰할 때는 어떤 결과를 나타내는 값의 총량을 최대화하거나 최소화하는 쪽으로 관심이 쏠리게 마련인데 '뭔가의 요인을 바꾸면 결과값의 총량이 어떻게 변하는가' 하는 부분에 중앙값은 속 시원한 대답을 해주지 않는다.

현상 파악을 하는 데 중앙값 사용이 부적절한 예를 하나 들어보겠다. 왜 그런지는 몰라도 날마다 300엔씩 물건을 구매하는 8명의 고객과 2100엔씩 물건을 구매하는 1명의 고객에 의해서만 운영되는 제과점이 있다고 치자. 이 제과점은 1년에 임의로 며칠을 잡아서 경품추첨권을 내걸면 매출이 오를 거라는 기대를 하고 행사를 벌였다. 그러자 행사를 하는 날만 골라서 평상시 2100

도표 1-11 제과점 고객 9명의 구매 중앙값

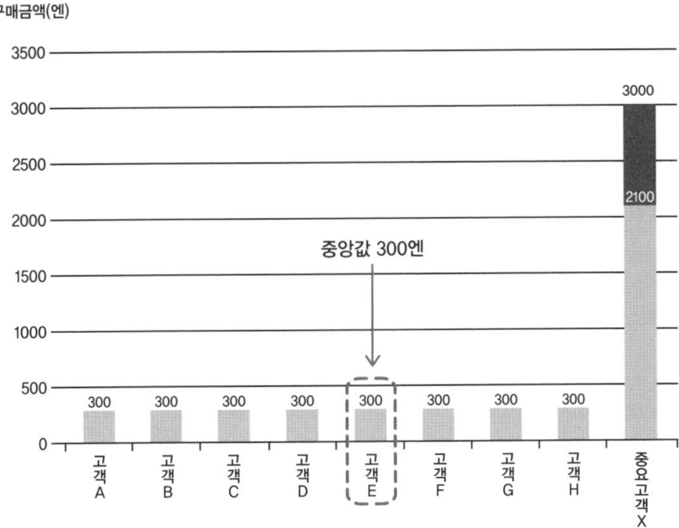

엔씩 물건을 사는 고객이 3000엔씩으로 구매를 늘렸다〈도표 1-11〉.

이 상황에서 경품추첨권을 '내건 날'과 '내걸지 않은 날'의 중앙값을 비교해보면 변함없이 300엔이다. 더욱이 평상시 300엔밖에 구매하지 않는 8명 중 3명이 구매금액을 늘렸다고 하더라도 중앙값은 여전히 300엔이다. 이런 결과라면 경품추첨권의 효과는 없었던 셈이나 마찬가지다.

그러나 전체적으로 볼 때 경품추첨권을 내걸지 않은 날의 매출은 4500엔이고, 내건 날의 매출은 5400엔이니 900엔만큼의 매출 증가가 있었다. 이 900엔이 경품 비용을 넘는다면 제과점은 이후에도 경품 행사를 계속할 것이고 그렇지 않으면 그만두는 편이 낫다.

이 상황을 평균으로 비교해보자. 누가 어떻게 구매금액을 늘렸는지는 따져볼 것 없이 경품추첨권을 내걸지 않은 날의 평균 매출은 500엔이고 내건 날은 600엔이니 평균적으로는 1명당 100엔 이 늘어난 셈이다. 이 100엔에 9명이라는 고객 인원수를 곱하면 전체 900엔의 매출 증가를 기대할 수 있다는 결과와 일치한다.

여기서 중요한 것은 평균이 데이터의 현상 파악으로 적절하든 아니든, 게다가 그 매출 증가가 일부의 극단적인 사람에게만 편중돼 있다 하더라도, 전체적으로 매출이 얼마나 변했는가 하는 증감을 아는 데는 평균이 더 적합하다는 점이다. '중앙값이 100엔 늘었다'는 결과가 얻어졌어도 총량에 미치는 영향이 어떻게 되는지는 계산할 수 없기 때문이다.

그런 실용적인 문제뿐만 아니라 왜 평균값을 불규칙성이 내포된 데이터의 배후에 있는 '참값'이라고 생각해도 되는지는 가우스에 의해 1809년 발표된《천체 운행론Theoria motus》을 보면 알 수 있다. 이 논문에는 오늘날 통계학에서 사용되는 중요한 내용들이 가득 담겨 있다. 가우스 하면 자기력의 밀도 단위만 떠올리는 사람이 있을지도 모르지만 그는 '과학의 왕'이라 불릴 만큼 위대한 수학자이자 물리학자였다.

가우스 이외에도 라플라스를 비롯한 천재 수학자들은 '데이터의 가정에 따라 평균값이 어떻게 변하는가' 하는 관점에서 끊임없이 연구했다. 그러나 가우스의 발상이 유난히 돋보이는 것은, 그가 다른 수학자들과는 완전히 반대로 목적지에서 거슬러 올라가는 듯한 질문을 던진 부분이다. 즉 '평균값을 사용하는 것이 참값을 추정하는 좋은 방법이 되는 조건이란 무엇인가'라는 착상으로, 그 결과 가우스 분포(Gauss distribution) 혹은 오늘날의 정규분포(normal distribution)라 불리는 불규칙의 법칙성에 이르게 된 것이다. 그리고 데이터의 불규칙성이 정규분포를 따르고 있으면 최소제곱법이 가장 좋은 추정 방법이고 그 결과 평균값이 가장 좋은 추정값이 된다는 결론을 얻었다.

■ 정규분포는 말 그대로 '보통의 퍼짐'이라는 뜻

'정규분포'는 〈도표 1-12〉에서 보듯이 좌우대칭인 종 모양의 매끄러운 곡선으로 표현되는 데이터의 불규칙성이다. 한 번도 본 일이 없다는 사람은 별로 없으리라 생각하지만, 통계학 교과서마다 느닷없이 등장해 가끔은 초심자를 질색하게 만들기도 한다.

질색하게 만드는 데는 이름도 적잖은 영향을 미치리라고 생각한다. 정규분포는 영어로 normal distribution인데 직역하면 '보통의 퍼짐'이다. 영어에는 '정규'라는 딱딱하고 듣기 거북한 느낌이 들어 있지 않다. 이것을 '보통분포'라고 했다면 좀 더 친밀감을 느끼지 않았을까.

도표 1-12 정규분포도

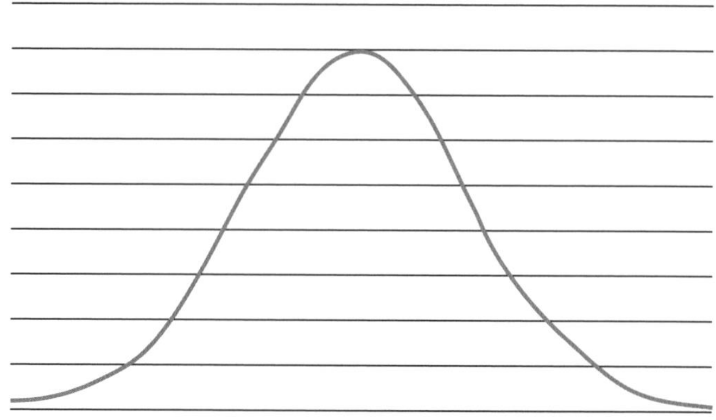

가우스가 발견한 데이터의 불규칙성이 어떻게 '보통'이라 말할 수 있는가 하면 우선 경험적으로 볼 때 대다수 데이터는 이 정규분포를 크게 벗어나지 않기 때문이다. 예를 들면 대학의 건강진단을 통해 모아진 학생의 키도 남녀 불문하고 정규분포 형태를 띤다〈도표 1-13〉. 그래프의 가로축은 키, 세로축은 데이터 전체에서 차지하는 비율, 즉 이 집단에서 임의로 뽑아낸 1명의 키가 어떠한가 하는 확률을 나타낸다.

■ 현대 통계학을 지지하는 '중심극한정리'

'대다수 데이터가 정규분포를 따른다'는 사실을 넘어 어떤 데이터가 정규분포를 따르지 않는다고 해도 '데이터 값을 거듭 추가할수록' 정규분포에 수렴하게 마련이다. 이를 중심극한정리(central

도표 1-13 **정규분포를 따르는 데이터**

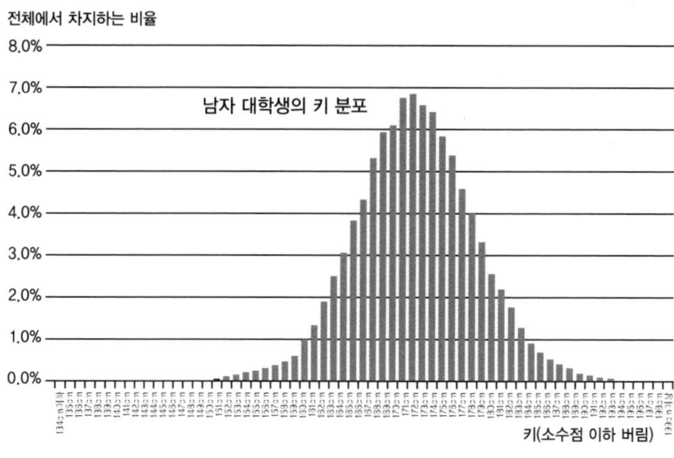

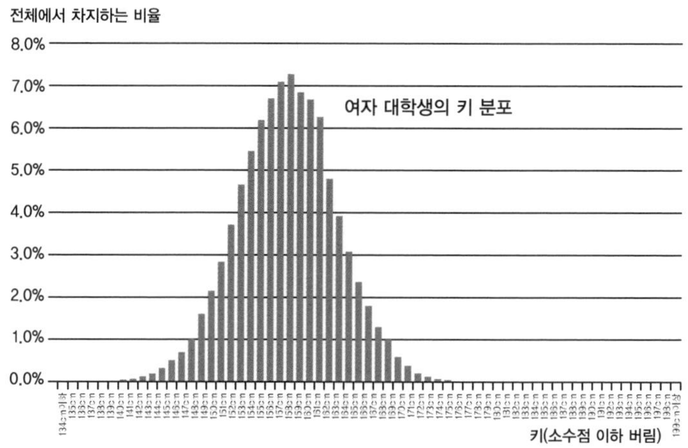

limit theorem)라고 하는데 현대 통계학의 중요한 기본 개념이다. 참고로 '데이터 값을 몇 개 추가한 것'이 정규분포를 따르면, 거기에 다시 '추가한 데이터의 수'로 나눈 값인 평균값도 정규분포에 수

도표 1-14 **남녀의 키를 혼합한 데이터**

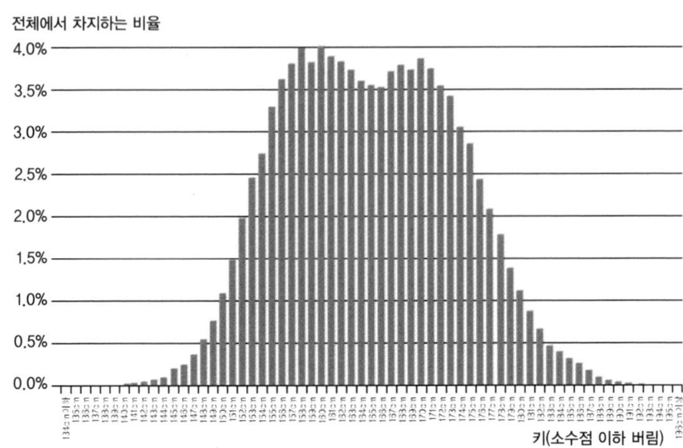

도표 1-15 **남녀 4명씩을 평균한 키 분포**

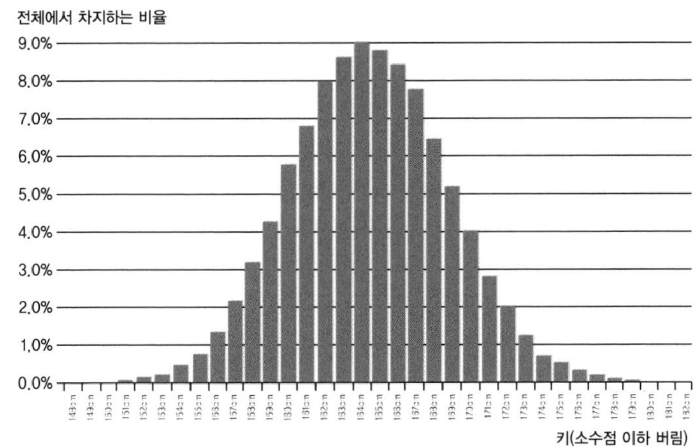

※ 참고로 본래의 분포에서 134㎝ 이하는 전부 134㎝, 196㎝ 이상은 전부 196㎝로 계산

렴된다. 수렴이란 데이터가 늘어남에 따라 조금씩 접근해가고 데이터의 양이 무한하다면 완전히 일치한다는 의미를 담고 있다. 예

를 들어 앞에서 제시된 데이터를 남녀 혼합하면 좌우비대칭인 봉우리가 2개 생성되어 도저히 정규분포라고는 말할 수 없는 형태를 띠게 된다〈도표 1-14〉. 하지만 여기서 성별 관계없이 임의로 4명씩을 골라 평균 키를 반복 계산하여 표를 만들면 나중에는 〈도표 1-15〉와 같은 멋진 정규분포의 모습을 띠게 된다. 왜 이와 같은 일이 발생할까? 좀 더 자세한 수학적 설명은 권말【보충 6】로 돌리기로 하지만 개념 이해를 위해 생각할 것이 있다. 왜 본래 데이터가 평균값 부근에 형성돼 있지 않는데도 데이터를 추가하여 생성된 값은 중심(평균값) 부근으로 모이고 좌우대칭의 완만한 곡선을 그리는가 하는 점이다.

이에 대한 실마리는 드 므아브르(복소수를 배울 때 등장하는 '드 므아브르 정리'의 발견자)의 발견에서 찾아볼 수 있다. 그는 동전을 여러 개 던질 때 앞면이 나올 확률은 던지는 횟수가 많아질수록 정규분포에 수렴한다는 사실을 알아냈는데 바로 이 부분에서 출발하면 쉽게 이해할 수 있다. 사실은 이 역시 동전 하나하나의 '앞면이 나오는 개수'는 1인가 0인가 하는 정규분포와는 거리가 먼 불규칙성이지만 그런 행위를 여러 차례 반복하다 보면 정규분포에 수렴하는 모습을 보여준다〈도표 1-16〉.

동전의 앞면이 나오는 개수와 확률을 좀 더 살펴보자. 구태여 본래 데이터가 좌우비대칭인 상황을 생각하기 위하여 뒷면이 나올 확률이 2/3이고 앞면이 나올 확률이 1/3인 동전이 있다고 치자. 참고로 동전 1개를 던져 앞면이 나올 확률이 1/3이라는 것은,

도표 1-16 앞면이 나오는 동전 개수의 분포

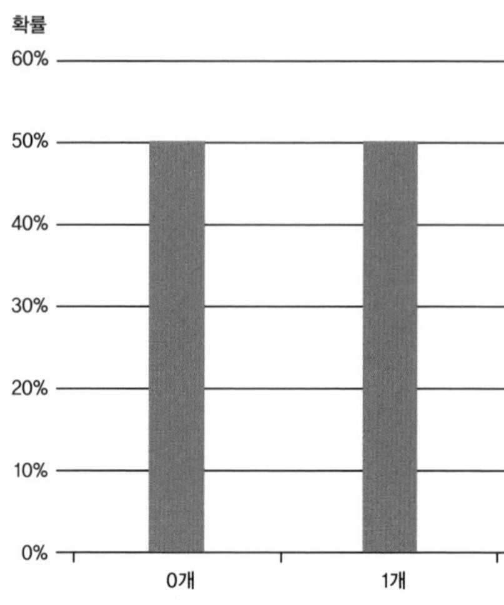

동전을 1개 던졌을 때 앞면이 나오는 개수

동전을 50개 던졌을 때 앞면이 나오는 개수

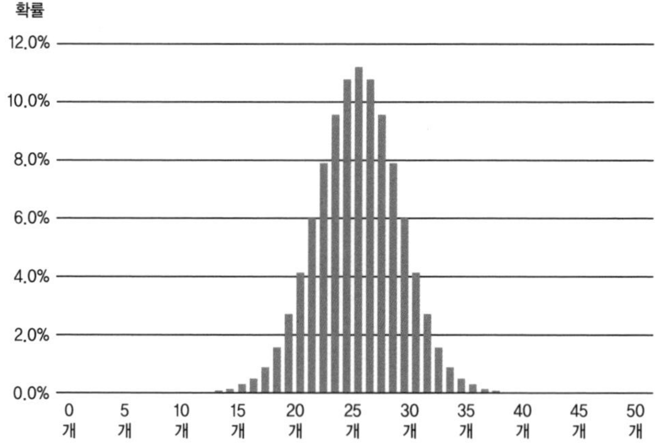

바꿔 말해 동전 1개를 던졌을 때 앞면이 나오는 개수의 평균값이 1/3이라고도 할 수 있다. 이 동전을 2개 던졌을 때는 1개째 동전의 앞뒤와 2개째 동전의 앞뒤가 나올 확률을 〈도표 1-17〉처럼 정리할 수 있다. 이 표를 보면 알듯이 앞앞(앞면이 2개), 앞뒤(앞면이 1

도표 1-17 동전 2개를 던졌을 때 앞면이 나올 확률

2개째의 동전	1개째의 동전	
	앞면 확률 1/3	뒷면 확률 2/3
앞면 확률 1/3	2개 확률 1/9	1개 확률 2/9
뒷면 확률 2/3	1개 확률 2/9	0개 확률 4/9

도표 1-18 동전 2개를 던졌을 때 앞면이 나올 확률의 그래프

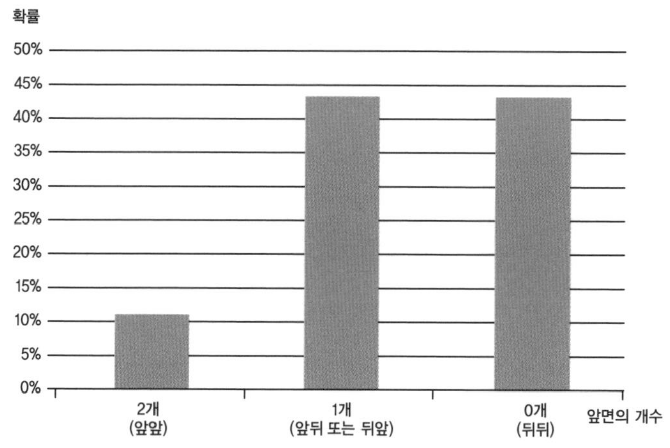

개), 뒤앞(앞면이 1개), 뒤뒤(뒷면이 2개) 등 네 가지(2×2=4) 가능성이 있고, 각 확률은 1/3×1/3, 1/3×2/3, 2/3×1/3, 2/3×2/3가 된다. 다시 말해 앞면이 2개 나올 확률은 11.1%(=1/9), 앞면이 1개 나올 확률은 44.4%(=2/9+2/9), 앞면이 0개 나올 확률도 44.4%(=4/9)이며 이것을 그래프에 정리한 것이 〈도표 1-18〉이다.

여기서 더 나아가 4개의 동전을 던지는 경우를 생각해보자. 동전을 2개씩 2세트로 나누어 1, 2세트의 경우의 수를 정리한 것이 〈도표 1-19〉다. 두 세트 모두 앞면이 2개씩이라면 앞면의 개수는 총 4개, 한 세트는 앞면이 1개이고 다른 세트는 앞면이 2개라면 총 3개, 두 세트 다 앞면이 하나씩이라면 총 2개, 한 세트는 앞면이 0개이고 다른 세트는 2개라면 총 앞면 개수는 2개, 마지막으로 두 세트 다 앞면이 안 나왔다면 앞면 개수는 총 0개이다. 그리고 이 각각의 확률을 더해 그래프로 그려놓은 것이 〈도표 1-20〉이다. 아무래도 동전 4개를 던질 때 그중 1개가 앞면이 나오는 경우의 확률이 가장 높다.

처음에 가정했듯이 이 동전은 1개 던지면 평균 1/3개가 앞면이 나온다. 4개 던지면 4×1/3, 즉 평균 1.33개가 앞면이 된다. 여기서 4개 중 1개라는 수는 0개나 2개라고 했던 다른 수와 비교해서 평균값인 1.33에 가장 가까운 값이다. 즉 '앞면이 나오는 개수의 평균값' 부근으로 계속 데이터가 수렴하고 있다.

이런 상황은 앞에서 생각했던 계산 과정에서 나타난 '정중앙의 값은 더해야 하는 조합이 많다'는 부분이 영향을 미쳤기 때

도표 1-19 동전 2개를 던졌을 때 앞면이 나올 확률

2세트째의 동전	1세트째의 동전		
	앞면 2개 확률 1/9	앞면 1개 확률 4/9	앞면 0개 확률 4/9
앞면 2개 확률 1/9	4개 확률 1/81	3개 확률 4/81	2개 확률 4/81
앞면 1개 확률 4/9	3개 확률 4/81	2개 확률 16/81	1개 확률 16/81
앞면 0개 확률 4/9	2개 확률 4/81	1개 확률 16/81	0개 확률 16/81

도표 1-20 동전 4개를 던졌을 때 앞면이 나올 확률의 그래프

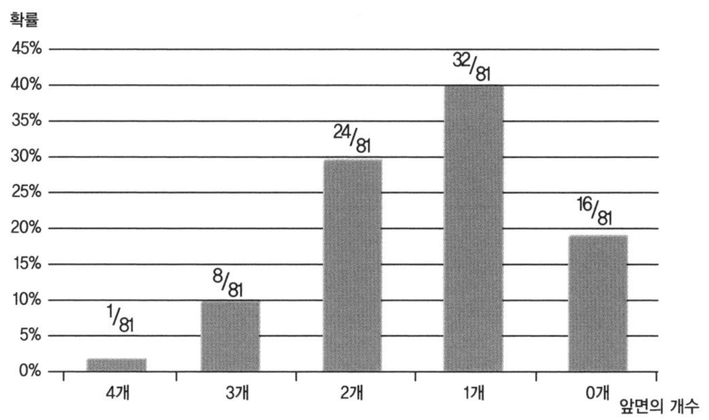

문이다. 4개 중 4개 혹은 4개 중 0개라는 극단적인 조합은 〈도표 1-19〉의 좌상 혹은 우하의 단 한 가지 유형에서만 나타나고, 4개 중 2개라는 '정중앙' 조합은 우상에서 좌하에 이르는 대각선상의 세 유형을 더하게 된다. 다만 더한 유형의 개수만으로 모두 정해

지는 것이 아니라 더한 확률 자체의 편중에 의해 '4개 중 2개'라는 정중앙 값보다도 '4개 중 1개'라는 평균값에 근접한 값이 가장 발생할 확률이 높다. 사실 이렇게 더한 본래 확률의 크기에 의해 보정된 정중앙 부근에 있는 값이 평균값이다.

덧붙이건대 《통계의 힘》에서 예로 든 사다리타기에서 양끝을 선택해야 유리했던 이유도 바로 이런 메커니즘에서 유래한다. 사다리타기는 가로선에서 오른쪽으로 갈지 왼쪽으로 갈지 임의로 결정하는 게임인데 극단적으로 한 방향으로만 이동하는 확률보다도 좌우 균등하게 이동하는 조합이 많아 결국 벌칙을 선택할 확률이 높아지는 것이다.

특히 평균값에 가까운 영역에서는 이런 '확률합'의 영향이 크다. 예를 들면 '다수의 데이터를 더했을 때 평균값보다 조금 작아지는 확률'은 '원시 데이터(raw data) 전부가 평균값보다 조금 작은 확률의 합계'일 수도 있고 '거의 모든 원시 데이터가 평균값보다 매우 작으며, 일부는 평균값보다 상당히 큰 데이터가 뒤섞여 있다'는 상황이 존재할 수도 있다. 원시 데이터가 비대칭 불규칙성을 내포하고 있더라도 모두 더해나가는 동안 평균값보다 작은 쪽 데이터의 특징과 큰 쪽 데이터의 특징은 뒤섞여서 차츰 좌우대칭에 가까운 모습으로 바뀌어간다.

지금까지 '좌우비대칭인 데이터의 합계가 왜 정규분포에 수렴하는가'에 대한 부분을 개념적으로 살펴보았다. 〈도표 1-21〉은 앞에서 예로 들었던 동전 던지기의 계산을 확장하여 동전을 16개로 늘렸을 경우 앞면이 나올 개수의 확률을 나타낸 것이다. 도표를 보면 알 수 있듯이 5개(즉 16×1/3이라는 평균값에 가장 가까운 값) 부근을 중심으로 한 정규분포의 형태를 띠고 있다.

이런 드 므아브르의 발견을 데이터의 불규칙성과 관련지어 최초로 식으로 만든 사람이 의사이자 물리학자인 토머스 영이다. 그는 동전 던지기와 같이 일정한 확률로 0 또는 1이 나오는 불규칙성의 원인이 존재한다고 가정할 경우 그런 불규칙성의 원인이 여럿 합쳐진 결과로서 가우스가 말하는 정규분포를 따르는 데이터의 불규칙성이 생긴다고 지적했다.

토머스 영 이후 체비셰프나 그의 제자인 마르코프와 리아프노프 같은 19세기 러시아 수학자들에 의해 '대다수 데이터는 모두 더하면 정규분포를 따른다'는 중심극한정리의 증명이 이루어졌으

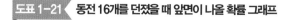

도표 1-21 동전 16개를 던졌을 때 앞면이 나올 확률 그래프

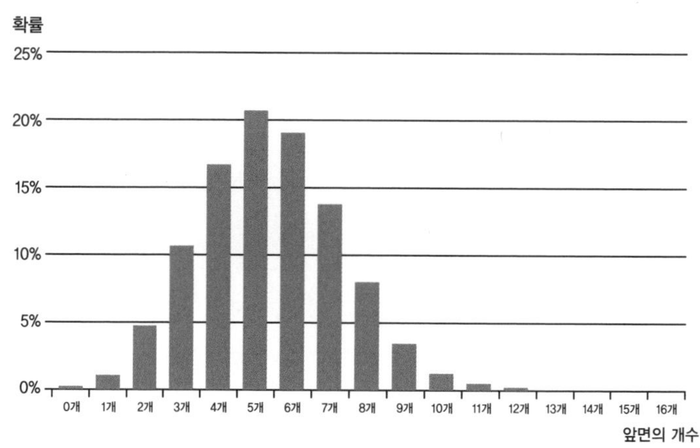

며, 성립하는 상황과 성립하지 않는 상황의 경계가 명백해졌다.

이야기를 정리해보자. 가우스는 참값에서 벗어나는 방식이 정규분포를 따르고 있을 때 참값을 추정하려면 최소제곱법에 기초하여 데이터 평균값을 사용하는 것이 가장 좋다는 사실을 발견했다. 그리고 참값에서 벗어나는 방식이 한 가지 원인에 의해 일어나지 않고 복수의 자잘한 차이의 합계에 의해 생겼다면 그 역시 정규분포를 따른다는 사실도 마르코프나 리아프노프 등에 의해 증명되었다. 그래서 데이터 자체의 불규칙성을 파악하고자 하는 것이 아니라 데이터 배후의 참값에 흥미가 있다면 평균값 사용이 좋다는 것이다.

■ 통계학을 조금 아는 사람이 헷갈려 하는 것

'본래는 정규분포가 아니지만 평균값은 정규분포를 따른다'는 성질은 사람들을 매우 혼란스럽게 하는 부분이다. 특히 '현상 파악'의 통계학과 '인과관계 통찰'의 통계학 사이에서 '조금 아는 사람'과 '어중간하게 아는 사람'이 자주 혼동을 일으키게 만든다.

새로운 광고를 접한 고객과 과거 광고만 본 고객 두 그룹 사이에 차이가 있는지 알기 위해 매출 평균값을 비교한다고 치자. 이 결과에 대해 선배나 지도교수들은 종종 '데이터의 분포도 확인하지 않고 평균값을 사용하는 거야?', '참으로 넌센스로군' 하며 핀잔을 주는 경우가 있다.

이것이 '현상 파악'의 관점이라면 사실 핀잔을 들어도 마땅하다. 좌우비대칭인 불규칙성 데이터의 대략적인 모습을 파악하기 위해서는 평균값보다 중앙값을 사용하는 것이 나을 수도 있다고 이미 말한 바 있다. 그러나 인과관계 통찰이라면 이야기는 달라진다. 광고의 신구 요인이 매출 결과를 어느 정도 좌우하는지 알기 위해 사용하는 평균값은 각 그룹의 이미지를 잡는 게 목적이 아니다. 그것이 집단의 중심을 정확하게 포착하고 있든 말든 한쪽 그룹의 매출이 다른 쪽보다 높아지는지 낮아지는지 판단할 수 있기만 하면 그만이다.

그리고 원시 데이터의 불규칙성과는 상관없이 거기서 수십 수백 가지의 데이터를 뽑아 계산을 반복하고 그렇게 얻어진 평균값은 중심극한정리에 기초하여 정규분포에 수렴된다.

이와 같은 '원시 데이터의 불규칙성과 그것의 평균값'과 '원시 데이터의 불규칙성과는 상관없는, 평균값 자체의 불규칙성'의 구별은 현대 통계학에서 매우 중요하다. 하지만 바로 이 부분이 통계학을 조금 아는 사람에게는 엄청난 혼동을 일으킨다.

이런 혼동은 현상 파악인가 인과관계의 통찰인가 하는 목적의 차이 외에 과거 데이터 수와 현재 데이터 수의 차이가 원인인지 모른다. 과거에는 단 10마리의 실험동물에서 얻은 데이터를 직접 계산하고 해석하여 논문을 쓰는 것이 보통이었다. 데이터를 끊임없이 모두 더하면 언젠가 정규분포에 수렴된다고는 하더라도 데이터가 엄청나게 왜곡되고 불규칙적인데다가 더할 수 있는 표본

수마저 충분하지 않다면 앞에서 살펴본 편중된 동전 2개의 합계와 마찬가지로 '아직은 정규분포에 수렴되지 않는다'라는 상황이 발생할 수 있다.

그러므로 '데이터 분포의 확인도 하지 않고 (10건 혹은 제공된 데이터로 정규분포에 수렴되는 것을 전제로) 평균값을 사용하는가?'라며 주의를 환기시키는 것이 나쁘다고 말할 수는 없지만 수백 수천 건의 데이터가 당연히 존재하는 상황에서도 매번 똑같은 말로 부담을 주는 것은 권장할 만한 일은 아니다. 물론 데이터의 분포가 중심극한정리를 따르지 않는 특수한 상황이라면 예외라 할 수 있겠지만.

어찌되었든 '고객이 어떤 집단인가' 하는 현상 파악이 아니라 '어떻게 해야 어느 정도의 매출이 오르는가' 따위의 인과관계를 통찰하고자 할 때 마땅히 알아야 할 참값은 어떤 행동을 취했을 경우와 그렇지 않은 경우에 나타나는 매출 차이다.

그리고 실제 얻어지는 데이터는 이 참값에 여러 오차가 포함된 값이다. 고객 개개인의 다양성도 차이를 발생시키는 원인 중 하나로 고객에게 내포된 매출 불규칙성이 정규분포의 모양이 아닐 수 있지만 수백 명 이상의 데이터를 통해 얻어진 평균값은 대체로 정규분포를 따른다.

그러므로 여러분도 안심하고 평균값을 업무에 활용했으면 한다. 이것은 단순한 덧셈과 나눗셈에 의한 유치한 계산 따위가 아니라 위대한 수학자들의 천재성이 가득 담긴 멋진 분석방법이다.

s t a t i s t i c s

04
표준편차로 '데이터의 대략적 범위'를 알 수 있다

평균의 본질을 이해했다면 이제 점이 아니라 구간으로 데이터를 포착해보자.

평균 객단가가 3000엔이라는 말만 듣고서는 '대다수 고객들이 3000엔 전후를 쓴다'는 뜻인지 '100엔만 사용하는 사람과 1만 엔을 쓰는 사람이 공존해 있다'는 뜻인지 가늠할 수 없다. 이들을 적절하게 구별하기 위해 어떤 계산을 하고 결과를 어떻게 파악해야 하는지가 여기서 중점적으로 다루게 될 내용이다.

■ 현상 파악에 편리한 사분위점

지극히 원시적인 방식으로 '최댓값과 최솟값'을 활용하는 경우도 있다. 예를 들어 '최솟값이 2900엔, 평균값이 3000엔, 최댓값이 3200엔입니다'라고 했다면 이 집단의 데이터는 전부 3000엔이라는 평균값 전후에 형성돼 있음을 알 수 있다. 그렇지만 최댓값이나 최솟값은 단 1건의 데이터에 의해서도 대푯값으로 작용할 수 있다는 한계점이 있다. 예를 들면 1만 명 중에서 9998명 모두가 3000엔을 쓴 상황에서 단 1명만 500엔을 쓰고 또 1명만 1만 엔을 사용한 경우라도 '최댓값 1만 엔, 최솟값 500엔'이라는 결과가 된다.

이런 폐단을 없애기 위해 덜 극단적인 위치에 자리 잡은 것을 사용하기도 한다. 대표적인 것이 25%점, 75%점인데 이 둘과 중앙값을 모두 포함하여 사분위점(a quartile point)이라 부른다.

중앙값은 데이터 수가 홀수인 경우 '정중앙 위치의 값', 짝수인 경우에는 '정중앙 두 값의 평균'이라고 이미 말한 바 있다. '정중앙'이란 모든 데이터를 반으로 나누는 점이라는 뜻이며 사분위점은 여기서 더 나아가 '반의 반', 즉 1/4씩으로 나누는 점이다. 또 25%란 '4분의 1'이라는 의미이고 75%란 4분의 3, 즉 '1에서 4분

도표 1-22 고객이 9명일 때의 사분위점

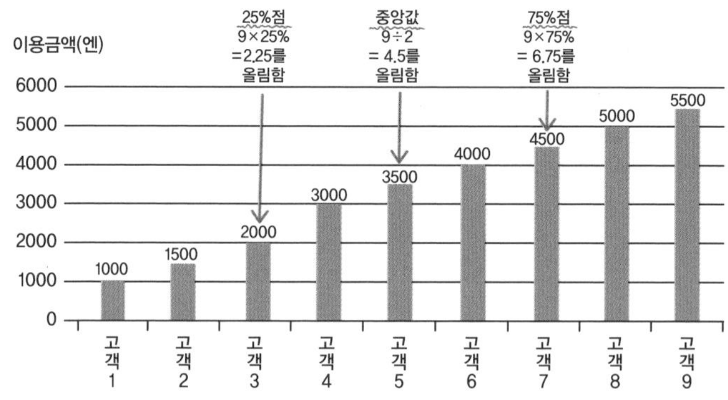

의 1을 뺀 것'이다.

데이터가 4로 딱 잘라 나눠지지 않는 경우에는 '데이터 수를 4로 나눈 값을 올림한 위치의 값', 나누어지는 경우에는 '데이터 수를 4로 나눈 위치와 그다음 위치에 있는 값의 평균'이 25%점과 75%점이다. 구체적으로 〈도표 1-22〉와 같이 데이터 수가 9건이라면 9×25%=2.25이므로 이것을 올림하여 아래로부터 세었을 때 세 번째 값이 25%점, 9×75%=6.75를 올림하여 일곱 번째 값이 75%점이다(혹은 25%점이 아래로부터 세 번째 지점이므로 위로부터 세어 세 번째 지점이 75%점이라 생각해도 무방하다).

또 데이터 수가 8건이라면 8×25%=2로 나머지가 생기지 않으므로(4로 나누어떨어지므로) 아래로부터 세어 두 번째와 그다음 세 번째의 평균값이 25%점, 8×75%=6이므로 역시 아래에서 여섯 번째와 그다음 일곱 번째(또는 위로부터 세어 두 번째와 세 번째 값)의

도표 1-23 고객이 8명일 때의 사분위점

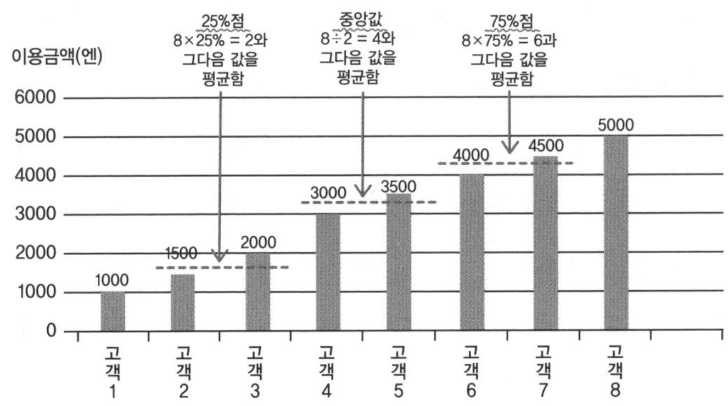

도표 1-24 10%점·90%점과 5%점·95%점(고객이 21명인 경우)

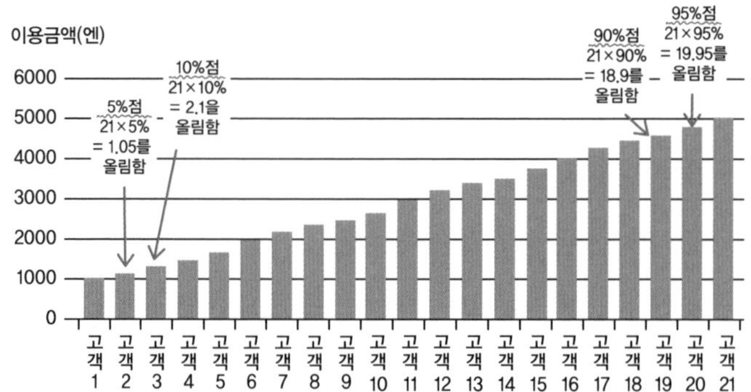

평균값이 75%점이다〈도표 1-23〉.

참고로 10으로 나눈 경우의 10%점과 90%점, 혹은 20으로 나눈 경우의 5%점과 95%점 같은 것도 사용된다〈도표 1-24〉.

사분위점을 사용하면 25%점과 75%점 사이에 대략 반수(75%-25%=50%라는 계산)의 데이터가 해당하는 것을 알 수 있으므로 극단적인 최댓값이나 최솟값에 휘둘리지 않고 '이 범위 부근에 데이터가 존재한다'는 것을 나타낼 수 있다. 이런 이유로 현상 파악의 통계학에서는 중앙값뿐만 아니라 사분위점을 제시하는 경우가 종종 있다.

■ 데이터의 펼쳐진 정도를 표현하는 '분산'

사분위점에도 앞서 살펴보았던 중앙값과 같은 문제가 존재한다. 즉 데이터 정렬이나 수식을 전개하기가 어렵고 총량의 차이를 계산하기가 쉽지 않다는 문제다. 가급적 중앙값이 아닌 평균값을 사용했듯이 사분위점과 동일한 '이 범위 부근에 데이터가 존재한다'는 정보를 나타내는 값은 어떻게 구하는가?

그것이 바로 '분산'이다.

앞에서 평균값은 참값이라 가정했을 경우 실제 데이터에 포함되는 '참값에서 벗어난 값'을 최소화하는 값이라고 설명했다. 정확하게 말하면 '참값에서 벗어난 값의 제곱합'을 가리킨다. 이를 사용하면 불규칙성이 큰지 작은지 판단할 수 있다.

예를 들어 어느 매장에서 고객 3명에게 서비스 만족도를 10점 만점으로 평가하도록 하고 〈도표 1-25〉와 같은 결과를 얻었다고 치자. 참가자A는 2점, 참가자B는 9점, 참가자C는 10점을 주었으니

도표 1-25 고객 3명의 만족도와 평균에서 벗어난 정도

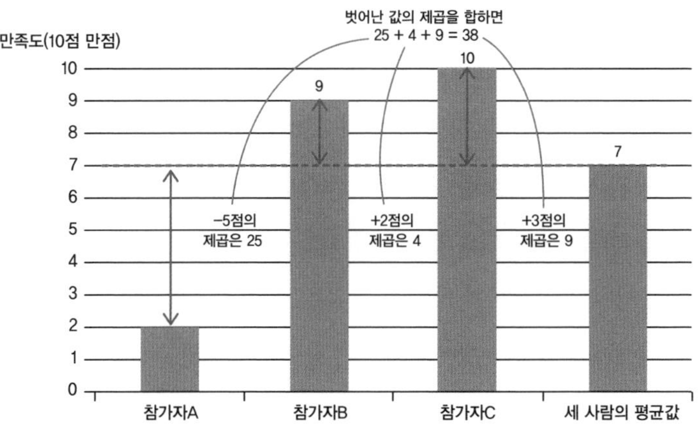

평균은 7점이다. 여기서 각 참가자의 '평균값에서 벗어난 값의 제곱'을 전부 합하면 25+4+9=38이라는 값이 얻어지는데 이 값이 크면 클수록 불규칙성 또한 큰 데이터다.

다만 이런 방식으로 판단하면 데이터 수가 늘수록 합이 커지는 것에 주의해야 한다. 〈도표 1-26〉에서처럼 다른 매장에서 고객 40명을 대상으로 동일하게 조사한 결과 그중 반수에 해당하는 20명은 6점, 나머지 반수의 20명은 8점을 준 경우를 생각해보자. 이 역시 평균값은 7점이지만 '평균값에서 벗어난 값의 제곱'은 반수의 참가자가 '평균값에서 -1점' 다른 반수의 참가자가 '평균값에서 +1점'의 차이를 보였는데 1의 제곱은 1이므로 이들 전부의 제곱을 합한 값은 40이 된다.

도표 1-26 고객 40명의 만족도와 평균에서 벗어난 정도

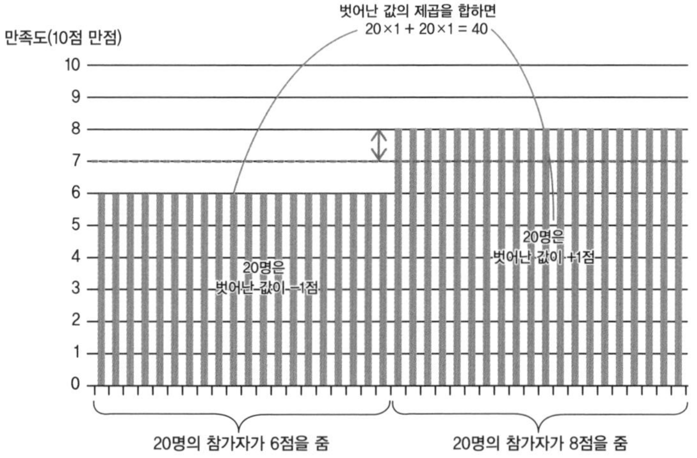

처음에 고객 3명을 대상으로 한 매장에서는 전원이 평균값인 7점에서 2점 이상의 차이를 보였고 최대 5점 차이를 보인 사람도 있었는데, 전원이 균일하게 평균값에서 ±1점 차이밖에 보이지 않았는데도 나중 매장이 더 '고객 만족도의 불규칙성이 크다'라는 결과가 나온 것은 아무리 생각해도 이치에 맞지 않는다.

'벗어난 값의 제곱합'은 데이터가 늘면 늘수록 동일한 불규칙성을 내포하고 있는 데이터라도 자연히 많아지기 때문에 이런 상황이 생기는 것이다. 그렇다면 '벗어난 값의 제곱합' 대신 '벗어난 값의 제곱 평균'을 사용하여 데이터에 내포된 불규칙성을 표현하면 된다. 이것이 분산의 기본적인 개념이다.

처음 매장의 '벗어난 값의 제곱합' 38을 참가자 수인 3으로 나누면 약 12.7의 '벗어난 값의 제곱 평균'이 얻어진다. 나중 매장도 똑같이 계산하면 1이다. 이 12.7 혹은 1이 각 점포에서 나타난 고객 만족도의 분산이다.

참고로 앞에서 '기본적인 개념'이라 말했던 이유는, 통계학에서는 '참가자 수'로 나누는 것이 아니라 '참가자 수-1'로 나누는 불편성(편중을 보정한 성질이라는 뜻)이라는 개념이 존재하기 때문이다. 이에 대한 설명도 권말에 보충해 넣었으니 참고하기 바란다【보충 4】. 최근에는 간단한 조사를 할 때도 1000명 이상의 참가자를 대상으로 삼는 경우가 많은데 '벗어난 값의 제곱합'을 1000으로 나누든 거기에서 1을 뺀 값인 999로 나누든 계산 결과는 그다지 변하지 않는다. 따라서 구해진 분산이 불편성을 갖는 분산인가 아닌가 하는 점은 '실제는 별로 신경 쓸 필요가 없다'는 것이 이 책의 입장이다.

■ '분산'을 감각적으로 알기 쉽게 표현한 것이 '표준편차'

분산을 통해 어떤 매장이 고객 만족도의 불규칙성이 큰지는 알 수 있었다. 하지만 앞에서 예로 든 매장의 분산, 즉 '평균값에서 벗어난 값의 제곱 평균값'이 12.7이라는 값을 접하더라도 그 의미가 머릿속에 딱히 이미지로 들어와 박히지는 않는다. 그런데 나중 점포의 '평균값에서 벗어난 값의 제곱 평균값'이 1이라는 것은 '전원의 만족도가 평균값에서 +1 또는 -1만큼 벗어나 있다'는 상태를 잘 나타내고 있는 것처럼 보인다.

왜 이런 일이 벌어지는가 하면, 분산은 벗어난 값을 제곱한 상태 그대로를 생각하는 지표이기 때문이다. 1은 제곱해도 1이므로 '전원의 만족도가 평균값에서 +1 또는 -1만큼 벗어나 있다'는 상황이 확 다가오지만 이것이 '전원의 만족도가 평균값에서 +2 또는 -2만큼 벗어나 있다'는 상황이었다면 분산은 2가 아니라 그 수의 제곱인 4가 된다.

그러므로 이미지가 잡힐 듯한 지표로 표현하고 싶으면 분산의 '제곱'이라는 부분을 어떻게 달리 처리해야 한다. '제곱'의 반대는 '제곱근' 혹은 '√를 씌운다'는 계산으로 나타낼 수 있다. 앞에서 살펴본 12.7이라는 분산의 이미지를 그려보고 싶으면 중학교나 고등학교에서 배운 '제곱하여 12.7이 되는 (플러스) 값'이 뭔지 계산하면 된다. 전자계산기에서 계산해보면 대략 3.6이라는 결과가 얻어진다. 그런데 지금 눈앞에 전자계산기가 없다면 3.6×3.6=12.96이니 확실히 12.7에 근사한 값이라고 생각해도 무방하다.

이렇게 하면 평균값에서 벗어난 값의 크기가 2~5였던 처음 매장에서 '벗어난 값이 대체로 3.6', 전원의 평균값에서 벗어난 크기가 1이었던 나중 점포에서 '벗어난 값이 대략 1'이라는 이미지가 쉽게 그려진다. 처음 매장에서 3.6, 나중 매장에서 1이라는, 분산에 √를 씌워 얻어진 값을 표준편차라고 한다. 참고로 영어로는 Standard Deviation이라 하는데 흔히 머리글자만 따서 SD라고 쓰인다.

■ 평균값과 표준편차로 현상 파악이 가능한 이유

평균값과 표준편차를 조합하면 사분위점과 마찬가지로 '대략 이 범위 부근에 데이터가 존재한다'는 현상 파악을 할 수 있다. 예를 들면 일본의 대학입시 센터에는 통계학자가 소속되어 있어 성적의 불규칙성이 정규분포를 따르도록 배려하고 있다. 데이터 자체가 정규분포를 따른다면 '평균값-SD'인 점수에서 '평균값+SD'인 값의 범위에 전체 수험자의 약 68.3%가 포함된다. 또 정규분포를 따르는 것은 데이터의 불규칙성이 좌우대칭이라는 것이므로 평균값±SD 사이 이외의 인원은 각각 100%에서 68.3%를 뺀 나머지인 31.7%라는 비율을 거의 비슷하게 등분하여 약 15.9%씩 될 것이다. 대학입시 센터가 시험 성적을 정규분포가 되도록 배려하고 수험자 수나 평균점, 표준편차에 관한 정보를 신속하게 공표해 주는 덕택에 수험자는 자신의 순위를 대충 파악할 수 있다. 다시 말해 자신의 점수와 공표된 평균점수, 표준편차에서 '수험자가 30만 명이므로 상위 15.9% 이내, 즉 약 4만 8000등 안쪽에 드는 성적이다'라는 기준을 얻을 수 있다〈도표 1-27〉. 마찬가지로 평균값 ±2SD(더 정확히 표현하면 1.96SD)의 범위에는 95%의 수험자가 해당할 것이므로 자신은 상위 약 2.5%, 즉 수험자가 30만 명이라면 약 7500등 이내의 성적일 거라는 기준이 얻어진다.

그렇다면 데이터의 불규칙성이 명백히 정규분포의 모습이 아

도표 1-27 정규분포를 따르는 시험 성적의 분포

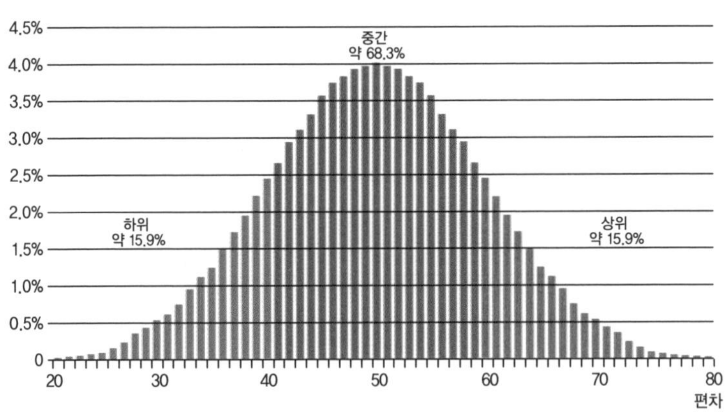

닐 때는 어떻게 하면 좋을까. 이런 경우 평균값보다 중앙값이 더 적절하므로 평균값±SD의 범위보다 사분위점을 사용하여 현상 파악을 할 수 있다. 그렇다고 표준편차를 나타내어 표현하는 것이 결코 잘못된 방법은 아니다.

일례로 전혀 정규분포의 모습이 아닌, 평균값 주변에 값이 존재하지 않는 데이터의 불규칙성을 나타내보자. 〈도표 1-28〉은 10점 만점의 만족도 조사를 고객 200명을 대상으로 실시한 결과 0점 또는 10점을 준 참가자가 40명, 1점 또는 9점을 준 참가자가 30명, 2점 또는 8점을 준 참가자가 20명, 3점 또는 7점을 준 참가자가 10명이고, 4~6점을 준 참가자는 0명이라는, 극단적으로 평균값 부근의 점수를 준 참가자가 없는 상황을 나타낸다.

그러나 이런 상황에서조차 표준편차를 구하면 약 4.1이라는 결과가 얻어지고 평균값-SD인 0.9에서 평균값+SD인 9.1의 범위에

도표 1-28 극단적으로 불규칙한 데이터에서의 평균값±SD의 범위

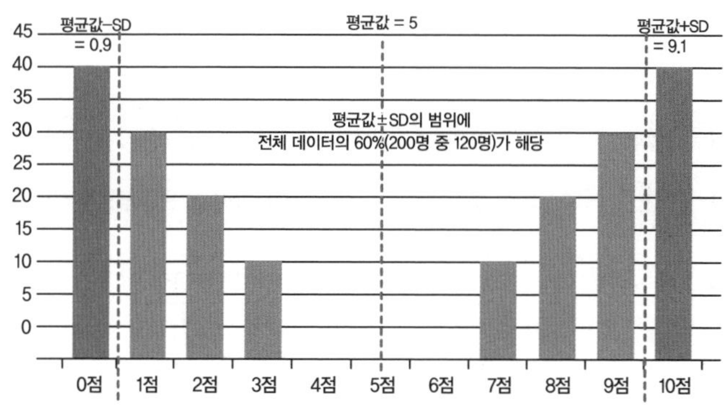

는 0점 또는 10점을 준 총 80명을 제외한 120명의 참가자가 해당한다. 이렇다면 평균값±SD의 범위를 '대략 이 부근에 데이터가 존재한다'라고 보아도 잘못은 아니다.

또 중심극한정리에서 등장한 러시아 수학자 체비셰프에 의해 데이터의 불규칙성이 어떠하든 평균값-2SD(표준편차의 2배)~평균값+2SD까지의 범위에 반드시 전체의 4분의 3 이상의 데이터가 존재하는 것이 증명되었다. 이 관계성은 체비셰프의 부등식【보충 7】이라 불리는데 중심극한정리를 증명하는 데 중요한 역할을 한다.

정규분포를 따르는 데이터라면 '4분의 3 이상'이라는 양은 훨씬 커지고 앞에서 살펴보았듯이 평균값±2SD(정확히는 1.96SD)의 범위에 95%의 데이터가 존재한다. 참고로 이후에도 여러 차례 '평균값±2SD의 범위에 95%의 데이터가~'라는 말이 등장하지만 정확하게는 전부 1.96SD를 의미한다. 이것이 좌우 비대칭이거나 평균값 주변에는 데이터가 존재하지 않는 듯한 불규칙성을 내포하고 있을 때 이 범위에 존재하는 데이터의 비율은 적어진다. 하지만 그렇다고 해서 4분의 3이라는 비율을 밑돌지는 않는다.

다시 말해 평균값과 표준편차만 제시되어 있다면 사분위점에 의지하지 않고 데이터의 대략적인 모습을 파악할 수 있다. 정규분포다운 불규칙성이 내포되어 있든 아니든 '대체로 평균값±2SD의 범위 부근에 데이터가 존재한다'고 생각하면 된다.

■ 평균값과 표준편차를 '통찰'에 사용

평균값±2SD라는 범위를 현상 파악이 아닌 인과관계의 통찰을 위해 사용하면 무엇을 알 수 있을까. 예를 들어 회사에 축적된 데이터에서 〈도표 1-29〉 같은 결과를 얻었다고 하자.

지지난달의 1개월 동안 DM 발송의 요인별로 고객의 최근 1개월의 평균 매출이라는 아웃컴을 정리한 그래프다. 막대그래프가 평균 구매금액을, 각 막대의 상단 중심에서 위아래로 그어진 선이 '±2SD'의 범위를 나타낸다. 이 선을 가리켜 전문용어로 신뢰구간 그림이라 부른다. DM을 발송 받지 않았던 그룹의 평균 구매금액

도표 1-29 1장 내용에 따른 해석 결과

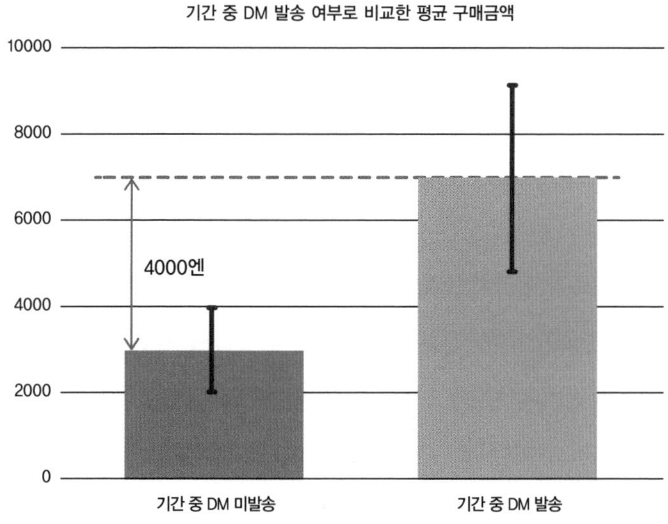

은 3000엔이며 표준편차는 500엔이다. 그러므로 평균값을 나타내는 막대의 상단에서 위아래로 1000엔씩 신뢰구간 그림이 뻗어 있다. 한편 DM을 발송 받은 그룹의 평균 구매금액은 7000엔이며 표준편차는 1000엔이므로 2000엔씩 상하로 신뢰구간 그림이 뻗어 있다.

'일부러 매출을 올려줄 것 같은 사람을 선택해 DM을 발송'한 것이 아니라 임의로 정한 상황에서 이런 결과가 얻어졌다면 어쨌든 인과관계를 생각해야만 한다. 다시 말해 평균값±2SD라는 범위가 그룹 간에 겹치는 일이 없다는 것은, 한쪽 그룹의 '대략 이 주변 어딘가 데이터가 존재하는 범위'에 다른 그룹의 데이터가 존재하는 것은 '당연한 일이 아니다'라는 상태다. 여기에서 DM을 발송했는가 아닌가 하는 요인과 매출이라는 아웃컴 사이에 어떤 관련성이 있지는 않은가 하고 의심하는 것은 지극히 자연스러운 현상이다.

DM이 임의로 보내지고 있다면 DM 발송별 그룹 간에 DM이라는 요인 이외의 차이는 없을 것이다. 거기에 뭔가 무시하기 어려운 아웃컴의 차이가 생긴다면 DM 덕분에 매출이 상승된 것은 아닌가 하는 생각을 가질 수 있다.

이처럼 평균값과 표준편차의 본질을 이해하기만 해도, 설명변수에 해당하는 부분이 임의화되고 그 차이에 의해 이 정도로 깔끔한 아웃컴의 차이가 생긴다면 인과관계를 통찰할 수 있다.

제2장

통계학이 '최강'인 또 하나의 이유

– 표준오차와 가설검정

05
제1종과 제2종 오류 사이에 놓인 '최강'의 개념

제1장 마지막 부분에서 설명했듯이 그룹 간 평균값에 표준편차 2배(±2SD) 이상의 차이가 생긴 경우 한쪽 그룹의 데이터가 존재하는 범위에 다른 그룹의 데이터가 존재하는 것은 '당연한 일이 아니다'라는 것이 성립된다. 이것이 우연한 데이터의 불규칙성에 의해 나타나지 않은 차이를 찾아내는 첫걸음이다.

데이터 자체에 불규칙성이 있는 이상, 둘로 나눈 그룹 사이에 평균 또는 비율이 매번 완전히 일치하기란 쉽지 않다. 즉 가끔 어느 한쪽이 조금씩 높아지는 경우는 늘 일어날 수 있는 일이다. 그렇지만 그 차이가 '표준편차 2배 이상'이 될 만큼 크다면 이야기는 달라진다. 한쪽 그룹에서 '보통'으로 생각되는 값이 다른 쪽 그룹에서는 '보통이라 할 수 없다'는 값이 될 만큼의 차이가 생겼다면, 그 차이가 데이터의 불규칙성에 의해 우연히 만들어졌다고 생각하기보다는 어쩌면 양 그룹 간에 본래 뭔지 몰랐던 차이가 존재했다고 여기는 편이 훨씬 자연스럽다.

참고로 통계학에서는 이런 '우연한 불규칙성 때문에 생겼다고는 생각하기 어려운 차이'를 가리켜 유의한 차이(significant difference) 혹은 그냥 간단히 유의차라고 부른다. 참고로, 설령 1년 동안 1엔 정도의 매출 차이가 생기는 이유를 알았다 하더라도 그 정보를 일반적으로 의미가 있다고는 말하지 않는다. 그러나 1엔에 불과한 '의미가 느껴지지 않는 차이'라 하더라도 그것이 우연한 데이터의 불규칙성 때문에 생겼다고 생각하기가 어렵다면 통계학적으로는 '유의'하다. 이후 이 책에서 '유의'라는 표현을 사용하는 경우 전부 이런 통계학적 의미를 나타내는 것임을 명심하기 바란다.

■ 현실적으로 유의차를 발견하기란 쉽지 않다

평균값과 표준편차만 이해하면 현실에서 충분히 활용 가능한가 하면 사실 그렇지도 않다. 실제 문제에 응용하려면 이번 장에서 소개하는 좀 더 고도의 개념을 정확히 이해할 필요가 있다.

그중 하나로 통계학에서 널리 쓰이는 검정력(power of test, Trennschärfe eines Tests)을 들 수 있다. 그룹 간 평균값에서 표준편차 2배 이상이나 벗어나 있으니 이것은 유의차가 아니라는 생각만 한다면 유의차를 검정하는 힘이 약하다고 볼 수 있다.

실제 비교해야 하는 그룹 간의 평균값은 대다수 표준편차 2배에서 벗어날 일은 없으며, 만일 그만큼 벗어나 있다면 데이터를 통계학적으로 처리하지 않더라도 그 차이를 깨달을 수 있을지 모른다.

그래서 표준편차 2배보다는 적지만 현실적인 의미가 있고, 통계학적으로 유의한 차이를 최소한의 데이터 안에서 어떻게 찾아낼 수 있는가, 즉 검정력을 크게 높일 수 있는가 하는 부분이 통계학에서 매우 중요하게 여기는 포인트다.

동일한 결과를 끌어내기 위해 데이터를 수집하고 계산할 때, 대다수 사람들은 시간이 많이 걸리는 쪽보다는 적게 걸리는 쪽을 선호하게 마련이다. 전자의 길을 선택하는 경우가 있다면 분석 작업이나 그런 시스템 구축을 의뢰받은 업자가 이런저런 이유를 달면서 수주금액을 뻥튀기하려고 할 때 정도일 것이다.

검정력의 의미를 좀 더 구체적으로 살펴보자. 검정력이란 '어떤 차이가 존재하고 있다는 가설이 올바를 때 정확히 유의차라고 말할 수 있는 확률'이다. 예를 들어 DM을 발송하면 발송하지 않은 경우보다 평균 이용금액이 증가한다는 게 사실이라 하더라도 고객마다 이용금액은 불규칙하다. 그러므로 단지 2~3명의 조사만으로는 별 차이를 찾을 수 없거나, 반대로 DM을 발송하지 않았던 그룹에서 가끔씩 더 큰 매출 향상이 일어나는 등 역전현상조차 나타날지도 모른다. 이것이 바로 검정력이 낮은 조사 혹은 검정력이 낮은 분석이다.

■ 제1종과 제2종 오류는 무엇인가

그렇다고 검정력을 높인다고 무조건 좋다는 뜻은 아니다. 검정력을 최대화한다, 즉 '어떤 차이가 있다는 가설이 올바른 경우 100% 유의차'를 찾아내기 위한 간단한 방법은 분명 있지만, 그렇게 하는 것은 대체로 무익하다. 아니 대다수 경우 오히려 유해하다고 하는 것이 옳다.

그 간단한 방법이란 '머릿속에 떠오른 생각은 전부 그 어떤 데이터에도 적용시켜보지 않고 무책임하게 계속 주장만 한다' 같은 것이다. 그 가설이 올바르다면 여러분은 100% 의미 있는 차이를 찾아낸 셈이다. 회사, TV, 국회의사당에조차 아무런 근거도 없는 생각을 당연한 듯 아주 그럴싸하게 주장하는 사람들이 있다. 그들은 이를테면 검정력만 최대화하는 생물체라 불러도 무방하다. 마크 트웨인은 '망가진 시계라도 하루에 두 번은 맞는다'는 명언을 남겼는데 늘 '곧 불황이 닥친다'는 예측을 거듭하는 경제 평론가는 실제 불황의 늪에 빠졌던 해의 전년에조차 반드시 '곧 불황이 닥친다'는 말을 했을 것이다.

이 방법이 유해한 이유는 '올바른 가설을 못 보고 놓친다'는 실수만 저지르는 것이 아니라 반대로 '잘못된 가설을 올바른 것으로 인식시킨다', 다시 말해 아무 차이가 없는데도 차이가 있는 것처럼 주장하는 실수를 전혀 고려하고 있지 않다는 데서 찾아볼 수 있다. 통계학에서는 이렇듯 '아무 차이가 없는데도 차이가 있는 것으로 인식시키는 실수'를 가리켜 제1종(α)오류, 한편 '본래 차이가 존재하는데도 그것을 못 보고 놓쳐버리는 실수'를 가리켜 제2종(β)오류라고 불러 구별한다. 대다수 일본 교과서에서는 각각의 머리글자에 대응시켜 제1종(α)오류를 '아와테모노(덜렁이 정도의 뜻으로 이후 등장하는 아와테모노와 관련된 용어는 덜렁이 혹은 덜렁거리다 등으로 함)의 실수', 제2종(β)오류를 '본야리모노(멍청이 정도의 뜻으로 이후 등장하는 본야리모노와 관련된 용어는 멍청이 혹은 멍청하다 등으로 함)의 실수'라 하고 있다.

앞 표현에 의하면, 근거 없는 가설을 아무렇게나 퍼트리는 사람들은 자신이 멍청해지는 리스크를 0으로 만들기 위해 지나치게 덜렁거리며 살고 있다는 말로 풀이할 수 있다. 그렇지만 세상에는 정반대로 '덜렁이의 실수'를 0으로 만들기 위해 손쉬운 방법을 쓰려는 사람들도 있다. 다시 말해 누가, 어떤 근거로, 무엇을 주장하든지 간에 '상세하게는 잘 모르니 앞으로 계속 신중하게 의논하자'는 말밖에는 하지 않는 것이다. 그들은 결국 아무 가설도 주장하지 않을 뿐만 아니라 심지어 행동하려고 들지도 않는다. 그러므로 덜렁대며 잘못된 가설을 주장할 리스크는 제로가 되겠지만, 어떤 진실을 눈앞에 마주하고 있더라도 멍청하게 계속 외면하고만 있을 따름이다.

유구한 역사의 진실을 밝히고자 하는 학자라면 '상세하게는 잘 모르니까 신중하게'라며 시간에 얽매이지 않고 일을 진행해도 상관없을지 모른다. 하지만 우리들이 하는 대다수 의사결정은 지금 이 순간 최선의 판단을 하지 않으면 시시각각 손실이 눈덩이처럼 쌓여간다. 의사가 환자를 신중하게 계속 보고 있기만 하면 그 환자의 죽음을 앞당기는 결과로 이어질 수 있듯이 한 회사의 영업사원이 고객을 신중하게 보고 있기만 해서는 경쟁회사에 실적을 빼앗기기 십상이다.

■ '통계학이 최강의 학문'인 이유

통계학이 뛰어나다고 보는 이유는, 이런 덜렁이와 멍청이와는 달리 어떻게 현실적으로 올바른 판단을 하는지가 공식처럼 정해져 있기 때문이다.

위 둘의 실수는 이율배반적 관계다. 그래서 통계학에서는 우선 덜렁이 리스크를 어디까지 허용할지 정한다. 관례적으로는 5%, 즉 20회에 1회의 확률로 본래는 잘못일지도 모르는 가설을 주장하는 리스크를 상정한다. 더 엄밀한 의사결정이 요구되는 경우에는 1%나 0.1%, 반대는 10% 정도다. 이 5%나 1%라는 제1종(α)오류 허용 수준을 가리켜 유의수준(level of significance)이라 부른다.

그런 다음 주어진 유의수준의 범위 내에서 '멍청이의 실수'를 최소화하거나 혹은 검정력을 최대화하기 위한 방법을 생각한다. 분석에 쓰이는 데이터를 늘리는 만큼 검정력은 커지지만 (이에 관해서는 이번 장의 말미에서 설명한다), 데이터 수가 한정돼 있을지라도 진실을 멍청하게 간과하지 않도록 데이터의 불규칙성과 옳고 그름을 판단하는 가설에 맞춰 분석방법을 적절하게 사용한다. 이와 같이 가설이 올바르다고 생각할 수 있는지 없는지 판단하기 위한 분석방법을 통계학에서는 일반적으로 검정(혹은 통계적 가설검정)이라고 부른다. 그리고 설정된 유의수준에서 가장 검정력이 높은 분석방법을 통계학에서는 최강력검정(most powerful test)이라 한다.

굳이 말하자면 통계학자 예지 네이만과 에곤 피어슨(회귀분석 발명자인 칼 피어슨의 아들)에 의해 공식화되기까지 인류는 수많은 현상에 대해 자신의 직감과 모호한 근거만으로 가설을 주장하는 덜렁이가 된다거나 혹은 신중한 의논만을 부르짖는 멍청이가 되는 경우가 많았다.

덜렁이와 멍청이 사이에서 그리고 이론상의 올바름과 현실적인 문제 사이에서 최선의 판단이 무엇인지 생각하는 학문은 오늘날에 이르러서도 통계학 이외에는 없다. 온갖 학문 분야에서 이론을 실증하고 또 어떠한 실패도 허락되지 않는 현실적인 의사결정을 하기 위해 통계학은 끊임없이 활용되어왔다.

이제부터 이번 장의 내용은 이런 통계 가설검정을 통해 한정된 데이터에서 '덜렁이의 실수'를 최소한으로 유지하면서 적절한 의사결정을 할 힘을 키우도록 하는 데 초점을 맞춘다.

예를 들어 유료 웹서비스를 운영하고 있는데 A/B테스트 결과 사이트 디자인을 새롭게 꾸미면 구매전환율이 0.10%에서 0.11%로 상승한다고 치자. 불과 0.01% 차이라고는 해도, 이것이 진실로 '의미 있는 차이'라면 이 웹서비스의 매출을 소폭이나마 증가시킬 수 있다. 혹은 반대로 '그저 우연'이라면 불필요하게 사이트 디자인을 변경하는 꼴이 되고 만다. 이번 장을 읽으면 어떤 검정을 하고 어떤 결과가 나오면 어떻게 판단해야 하는지, 혹은 A와 B 유형에서 각각 얼마의 데이터를 모으면 0.1%에 불과한 이 차이를 '유의차'로 받아들여도 되는지 알 수 있을 것이다.

이 책에서는 각각의 검정 분석방법이 특정한 상황 아래서 최강력검정이 되는지 여부는 논하지 않고 일반적으로 사용되는 분석방법을 소개하는 데에만 머물 것이다. 예를 들면 원시 데이터의 분포가 정규분포와는 닮은 듯 안 닮은 듯 왜곡돼 있는 경우라면 이번 장에서 소개하는 것보다 더 검정력이 높은 분석방법이 별도로 있다. 그러나 요즘은 과거보다도 '검정력을 높이기 위해 데이터를 늘리는 비용'이 상당히 저렴해졌고 수백에서 수천 건 정도의 데이터를 모아 분석하는 것도 그다지 어려운 일이 아니다. 상황이 이렇다 보니 별 신경 쓰지 않아도 되는 것을 처음부터 이해시키려고 함으로써 학습에 부담을 주는 것은 좋은 생각이 아니라는 게 이 책의 입장이다.

다음은 '그룹별 집계'를 의사결정을 위한 통계 해석으로 바꾸기 위해서는 어떻게 해야 하는지 배워보기로 한다.

06
'오차범위'와 유의미한 통찰을 위한 표본크기 설계

요즘 일상적으로 '그것은 오차범위다'라고 말하는 사람이 많아졌다. 목적지까지 이동하는 데 시간이 50분 걸리는지 45분 걸리는지가 '오차범위'라거나 프로젝트를 수행하는 데 필요한 예산이 1000만 엔인지 1100만 엔인지가 '오차범위'라는 등 대체로 '예측값에 대해 ±10% 전후는 오차'라고 표현하는 것이 보통이 되었다.

그러나 통계학을 어느 정도 깊이 있게 배우면 아무 때나 '오차범위'라는 말을 할 수 없게 된다. 통계학에서 '오차범위'는 데이터 수나 불규칙성(즉 분산이나 표준편차)을 바탕으로 정확히 계산해야만 하기 때문이다.

■ 통계학적 의미의 '오차'

'고등학생을 대상으로 자사의 신제품을 사용해보고 싶은지 물었더니 참가자 중 75%나 되는 학생들이 그렇다고 응답했다'는 조사 결과가 있었다. 이것을 예로 들어 데이터 수가 오차에 영향을 준다는 사실에 대해 생각해보자. 앞의 결과를 있는 그대로 해석하면 전체 고등학생들이 해당 제품을 사용하고 싶어 하는 '참값'은 75%다. 따라서 가격은 무시할 경우 4명 중 3명은 신제품을 갖고 싶어 한다는 긍정적인 시장 전망을 할 수 있다.

4명 중 3명이든 1000명 중 750명이든 결과는 마찬가지다. 그러나 직감적으로 전자를 후자보다 신뢰할 수 없다고 느끼는 사람이 많을 것이다. 비율로는 똑같은데 과연 이 둘에 어떤 차이가 숨겨져 있을까?

여기에서 '우연히 1명의 생각이 바뀌었다는 가정'을 해보자. 참가자 중 1명 정도는 그날의 기분이나 컨디션에 따라 생각이 바뀔 수도 있을 테니 그다지 이상한 일이 아니다.

1000명 중 1명이 '사용하고 싶지 않다'로 마음을 바꿨다면 사용 의향은 74.9%(=1000명 중 749명)다. 반대로 '사용하고 싶다'로 마음을 바꿨다면 사용 의향은 75.1%(=1000명 중 751명)가 된다. 참가자 수가 1000명인 경우에는 그중 1명이 마음을 바꿔도 0.1% 정도의 차이밖에는 생기지 않는다.

그러나 4명 중 1명이 '사용하고 싶지 않다'로 변심을 했다면, 사용 의향은 50%(4명 중 2명)로 뚝 떨어진다. 반대라면 참가자 전원, 즉 100%라는 사용 의향이 얻어진다. 다시 말해 단 1명의 '우연'에 의해 50%, 75%, 100% 등 엄청난 결과의 차이를 보인다〈도

도표 2-1 1명의 변심이 비율에 미치는 영향

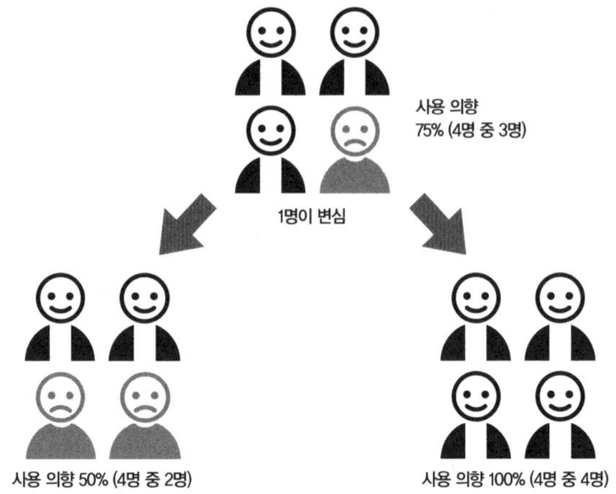

표 2-1〉.

통계학에서는 앞에서 예로 든 '변심'처럼 동일인물이라도 상태가 바뀌는 경우가 많다. 그리고 한정된 데이터에서 얻어진 평균과 비율은 '조사 대상자의 성향과 상태'에 전적으로 영향을 받게 마련이다. 그러므로 같은 조사를 반복하더라도 마지막에 어떤 결과가 나타날지는 알 수 없으며, 또 무한횟수의 조사를 통해 얻어지는 '참값'과 완전히 일치한다고 장담할 수도 없는 노릇이다. 그렇다고 전혀 얼토당토 않는 값이 구해지는 것도 아니다. 이 한정된 데이터를 통해 얻어진 평균 또는 비율이 '참값'으로부터 어떤 확률과 정도로 벗어나 있는지를 나타내는 것이 통계학적 의미로서의 오차다.

그리고 이 '어느 정도 벗어날 수 있는가' 하는 부분에는, 데이터 수 이외에 원시 데이터의 불규칙성 크기가 관계한다. 이에 대해서 좀 더 알아보자.

■ 데이터의 불규칙성이 클수록 평균의 차이도 커진다

앞에서는 가격을 상관하지 않고 신제품을 사용하고 싶은지 어떤지만 조사했다. 여기서는 '가격이 어느 정도라면 사겠는가'라고 4명의 조사 대상자에게 물었다고 가정한다. 첫 번째와 두 번째 참가자는 4000엔, 세 번째는 그보다 500엔 저렴한 3500엔, 네 번째는 오히려 500엔 비싼 4500엔이라 응답했다. 4명의 응답을 종합할 때 '평균 4000엔이면 팔릴 것'이라는 결과가 얻어진다.

또 여기서 작년에 판매를 시작한 기존 제품에 관해서도 마찬가지로 '얼마 정도면 사겠는가'라고 조사했다고 치자. 첫 번째와 두 번째 참가자가 신제품과 동일하게 4000엔, 그러나 세 번째는 그보다 3000엔 저렴한 1000엔, 또 네 번째는 오히려 3000엔 비싼 7000엔이라 응답했다. 이 역시 종합하면 신제품인 경우와 마찬가지로 '평균 4000엔이면 팔릴 것'이라는 결과다.

그러나 '때마침 1명이 우연한 변심을 한다'는 가능성을 적용하여 생각하면, 여기서도 똑같이 평균 4000엔이라는 결과가 동일한 의미를 나타낼 리가 없다는 사실을 알아차릴 것이다.

신제품에 관해서는 모든 참가자가 평균값에서 ±500엔 범

도표 2-2 **1명의 변심이 평균값에 미치는 영향(신제품)**

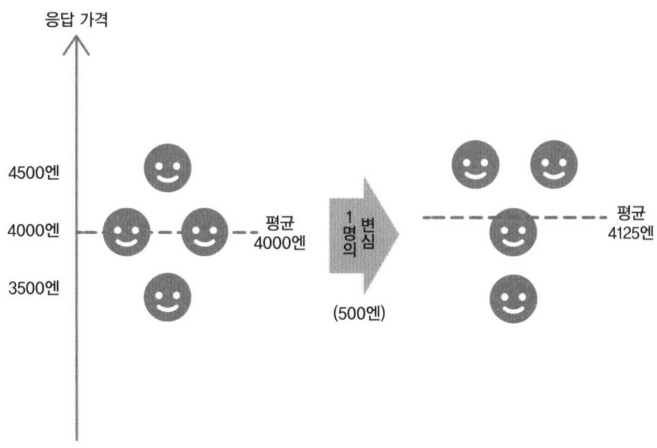

위의 차이만 보이고 있다. 여기서 평균값과 동일한 액수로 응답한 첫 번째 참가자가 때마침 변심을 하여 금액이 바뀌었다고 한들 기껏해야 500엔 정도라고 생각하는 게 자연스럽다. 이때 1명이 보인 500엔의 변동이 4명의 평균값에 미치는 영향은 고작 ±125엔(=500엔÷4명)이다. 즉 첫 번째 참가자에 의한 변심을 고려하더라도 평균값은 3875~4125엔 사이라고 생각할 수 있다〈도표 2-2〉.

한편 기존 제품에서는 참가자들 사이에 평균값에서 ±3000엔의 불규칙성이 존재한다. 이때 평균값과 동일한 액수를 응답한 첫 번째 참가자가 때마침 변심할 가능성을 고려하면, 평균값에는 ±750엔(=3000엔÷4명)의 영향을 미쳐 3250~4750엔 사이가 될 것으로 생각하게 된다〈도표 2-3〉.

도표 2-3 **1명의 변심이 평균값에 미치는 영향**(기존 제품)

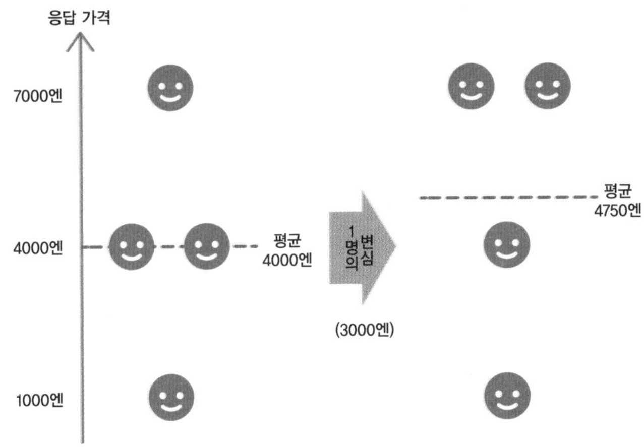

신제품과 기존 제품에 관한 응답 모두가 동일한 인원수에서 동일한 평균값이 얻어졌다. 그렇지만 원시 데이터의 불규칙성이 크면 클수록 동일한 건수의 데이터로부터 얻어지는 평균값이라도 대단히 큰 차이를 보이고 있다.

■ 평균의 표준오차

이런 평균값, 원시 데이터의 불규칙성, 데이터 수들은 오차와 어떤 관계가 있을까? 답부터 미리 말하자면 〈도표 2-4〉에 나타낸 수식의 관계가 성립하는데 이를 표준오차(영어로 Standard Error이며 종종 SE로 생략하여 쓰임)라고 한다. 초심자라면 앞에서 등장한 표준편차와 혼동할 수도 있으므로 용어의 의미를 자세히 짚고 넘어갈

도표 2-4 표준오차 식

$$\text{평균의 표준오차} = \frac{\text{원시 데이터의 표준편차}}{\sqrt{\text{평균값 계산에 사용한 데이터 수}}}$$

필요가 있다.

이번 조사에서는 4명의 참가자로부터 데이터를 수집하여 평균값을 계산했다. 실제 '전체 고등학생의 사용 의향'이나 '전체 고등학생의 가격감각'을 얻기 위한 고등학생은 전국적으로 300만 명 정도다. 또 이 4명은 '참값'를 구성하는 전체 집단에서 추출한 '표본(sample)의 일부분'이다. 집단 전체에서 추출된 표본인 데이터의 수(위의 경우 4명)를 전문용어로 **표본크기**라고 한다.

300만 명 남짓 되는 고등학생에게서 4명을 뽑아내어 제품의 가격감각을 조사하고 평균값을 산출하는 작업은 얼마든지 가능하다. 1명이 두 번 이상 조사 대상자가 되어서는 안 된다는 제한을 두더라도 최소한 75만 번 정도의 작업이 가능하다.

그렇다면 위 작업을 통해 얻어진 75만 개의 평균값은 어떠한 불규칙성을 내포하고 있을까? 앞에서 예로 든 남녀 혼합 대학생의 키와 마찬가지로 원시 데이터인 '얼마라면 사겠는가'라는 금액 자체는 정규분포와 전혀 닮지 않았더라도 여러 명에게서 산출된 평균값은 정규분포와 상당히 닮아 있을 것이다. 또 이 정규분포와 닮은 분포의 중심, 즉 75만 개의 '4명의 데이터로부터 얻어진 평균값'의 평균은 300만 명 고등학생 전체 금액의 평균값과 일치한다.

그다음 문제는 이 75만 개 평균값의 분산 혹은 표준편차가 어떠한가 하는 점이지만, 아무튼 이 '4명의 데이터로부터 얻어진 평균값'의 표준편차를 표준오차라고 부른다〈도표 2-5〉.

참고로 표준오차는 데이터로부터 산출된 평균값에만 존재하는 것은 아니다. 데이터로부터 산출된 '비율의 표준오차'는 물론, 뭣하면 데이터로부터 산출된 '표준편차의 표준오차'라는 약간 복잡하면서 까다로운 것도 있다.

도표 2-5 75만 개의 평균의 분포와 표준오차

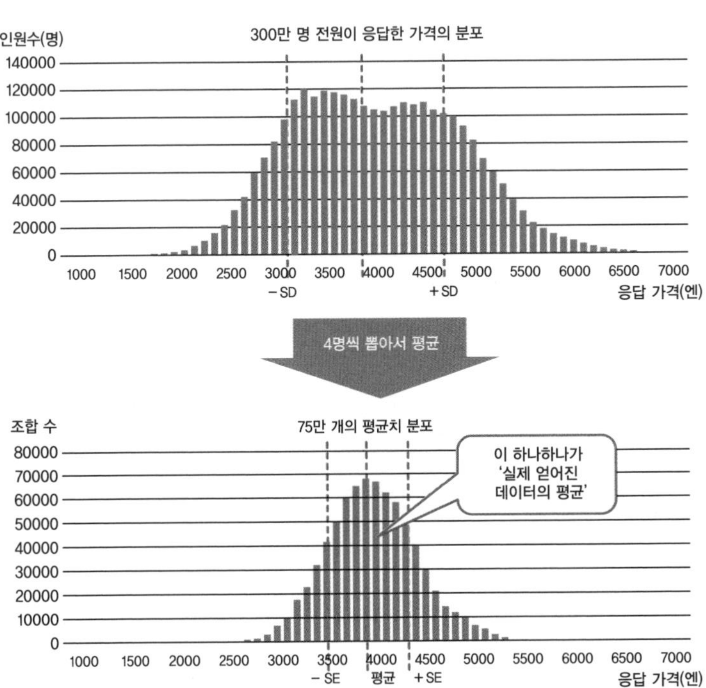

어찌되었든 자신이 관심을 갖고 있는 '참값'을 대체하는 것으로서 한정된 데이터를 통해 그것에 가까운 값을 산출하는 행위의 배후에는 반드시 지금 예로 든 75만 개의 평균값처럼 방대한 수의 '마땅히 얻어지는 값'이 존재한다. 그 '마땅히 얻어지는 값'의 분포에서의 표준편차가 표준오차다. 한편 표준편차는 원시 데이터 그 자체의 불규칙성을 나타내는 지표다.

그리고 다수의 데이터에서 얻어진 평균값의 불규칙성(표준오차)은 반드시 원시 데이터의 불규칙성(표준편차)보다 작게 마련이다. 또 값을 구하기 위해 사용한 데이터 수, 즉 표본크기가 커지면 커질수록 표준오차는 작아진다.

그 이유는 앞 장에서 살펴보았듯이 다수의 동전이 한쪽 면으로만 편중되는 확률보다 앞뒤가 어느 정도 균등하게 될 확률이 높은 것과 마찬가지다. 데이터 수가 많아질수록 원시 데이터 가운데서 진정한 평균값보다 큰 것과 혹은 반대로 작은 것만이 표본으로 포함되는 확률보다도, 진정한 평균값보다 큰 값과 작은 값이 혼재하게 될 확률이 커진다. 그렇다면 데이터 수가 증가할수록 진정한 평균값 부근으로 '데이터의 평균값'은 점점 모이게 된다. 그러므로 데이터의 수가 증가할수록 데이터로부터 얻어진 평균값의 불규칙성(표준오차)은 원시 데이터의 불규칙성(표준편차)보다 작아지는 것이다.

이렇게 데이터의 수가 많아질수록 표준오차가 표준편차보다도 작아지는 관계성을 수학적으로 표현하면 앞의 〈도표 2-4〉에 나타냈듯이 $\text{평균의 표준오차} = \frac{\text{원시 데이터의 표준편차}}{\sqrt{\text{평균값 계산에 사용한 데이터 수}}}$ 의 관계가 된다.

■ 평균과 표준편차를 사용하면 '표본크기의 설계'가 가능

왜 표준오차가 표준편차를 데이터 수에 루트를 씌운 값으로 나눈 값이 되는지의 수학적인 증명은 권말로 돌린다【보충 3】. 하지만 앞 식을 활용하면 지금까지 데이터로부터 구한 평균값과 표준편차를 사용하여 '다음 조사에서 어느 정도의 표준오차로 하기 위해 어느 정도의 데이터 수(즉 표본크기)가 필요한가'를 예측할 수 있다. 이와 같이 표본크기를 예측하는 것을 전문용어로 **표본크기 설계**라고 부른다.

예를 들어 자사의 고객 1명당 이용 단가가 평균 4000엔이고 표준편차가 1000엔이라는 것을 알고 있는 음식점이 있다고 가정하자. 그들은 몇몇 후보 지역 중에서 어디에 점포를 차려야 할지 생각하고 있다. 경쟁사나 요리 실력 등의 상황은 감안하지 않고 단순하게 생각하면, 자사 점포의 표준 가격대인 '외식을 한 번 했을 때의 평균 예산이 4000엔에 못 미치는 지역'이 그렇지 않은 지역보다 유망할 것이다. 그들은 각 지역에서 몇 사람을 대상으로 설문조사를 하면 좋을까?

앞의 표준오차와 표본크기의 관계식에 '표준편차가 1000엔'이라는 정보를 추가하면 〈도표 2-6〉과 같은 그래프가 얻어진다. 표

도표 2-6 표준편차가 1000엔인 경우 표본크기와 표준오차의 관계

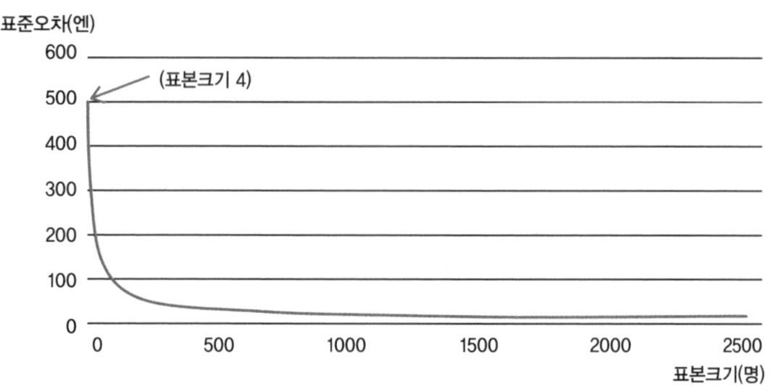

본크기가 4명이면 1000엔이라는 표준편차를 $\sqrt{4}$, 즉 2로 나누어 500엔이라는 표준오차가 구해진다. 마찬가지로 표본크기가 100명이면 1000÷$\sqrt{100}$으로 나누어 100엔이라는 표준오차가 구해진다. 표본크기를 더 크게 하여 각 지역에서 2500명씩의 표본을 얻을 수 있으면 표준오차는 20엔이 된다.

또 데이터 자체의 분포에서 평균값±2SD의 범위를 '대략 이 부근에 데이터가 존재한다'라고 설명했는데 표준오차에서도 똑같다. 나중에 상세히 설명하겠지만, 조사 결과 '평균값이 4000엔이고 표준오차(SE)가 100엔'이라는 결과가 나왔다면 평균값±2SE의 범위를 생각하여 '대략 3800~4200엔의 범위'라고 생각한다.

평균값이 약 4000엔이라는 결과가 어딘가의 지역에서 얻어진다 하더라도 십 엔 단위까지 정확할 필요는 없으며 각 지역에서 2500명씩의 조사라는 것은 표본크기가 지나치게 크다는 사

실을 알 수 있다. 한편 단 4명으로 표준오차가 500엔인 상황에서는 '평균 4000엔'이라는 결과가 얻어졌더라도, '평균 예산이 대략 3000~5000엔이라는 범위'이므로 그다지 참고가 되지 않는다.

이처럼 최종적으로 얻어지는 오차와 조사에 소요된 시간이나 예산을 저울질해가며 필요한 데이터 수를 예측하는 것이 표본크기 설계다. 표본크기 설계의 개념을 이해할 수 있으면 '어찌되었든 전수조사'라든가 '우선은 빅데이터' 같은 것이 어떤 상황에서 적절하게 쓰일지 알 수 있다.

■ 비율에 관한 표준오차

비율에 관한 표준오차와 표본크기의 관계를 나타낸 식이 〈도표 2-7〉이다.

도표 2-7 비율에 관한 표준오차와 표본크기의 관계

$$\text{비율의 표준오차} = \sqrt{\frac{\text{비율} \times (1-\text{비율})}{\text{표본크기}}}$$

예를 들어 100건의 데이터에서 비율이 90%로 산출되었다면 표준오차는 0.9×0.1÷100의 루트이므로 0.03, 즉 3%이다. 이 식은 언뜻 앞의 평균값에 관한 것과는 전혀 다르게 보일지도 모른다. 하지만 비율이란 어떤 상태를 취하는가(1) 취하지 않는가(0)를 나타내는 데이터의 평균값이라고 앞 장에서 설명한 바에 따르면 평균값의 표준오차와 완전히 동일한 것을 나타낸다.

이 부분도 권말의 【보충 3】을 통해 정확히 증명해놓겠지만, '1과 0으로 나타나는 데이터의 분산'을 단순하게 식으로 표현하면

데이터의 분산 = 비율 × (1-비율)

이 된다는 뜻일 뿐이며, 이것도 역시

표준편차 ÷ $\sqrt{\text{표본크기}}$

라는 평균값의 관계식과 같은 의미를 나타낸다. 앞에서 설명한 '데이터에서 얻어진 평균값±2SE'를 평균값의 95% 신뢰구간이라 부르기도 하지만 이 신뢰구간의 의미를 올바르게 이해하려면 다음에 언급할 통계적 가설검정의 개념을 정확히 알 필요가 있다. 아울러 표준편차(SD)와 마찬가지로 표준오차(SE)에 관해서도 이후 여러 차례 '평균값±2SE'라는 표현이 등장하는데 이 역시 더 정확히 표현하자면 '평균값±1.96SE'이다.

또 앞 음식점을 어디에서 개점할지의 조사는 '현상 파악'을 위한 표본크기 설계에 빗대어 설명했지만, 인과관계의 통찰을 위한 표본크기 설계를 생각하려면 역시 통계적 가설검정의 개념을

이해할 필요가 있다.

다음에서는 통계적 가설검정의 개념을 익히고 나아가 오차와 표본크기에 대한 이해를 심화시키고자 한다.

s t a t i s t i c s

07
가설검정은 쓸모없는 토론에 종지부를 찍어준다

여기서부터 본격적으로 통계 가설검정을 소개한다.

통계 가설검정이 존재하지 않았다면 인간이 가설의 진위를 의논하는 방식은 대충 다음과 같았을 것이다.

A: 만능 스포츠맨인 내 동급생은 지금 엄청나게 출세했어. 아무리 부지런하면 뭐해. 역시 스포츠가 성공을 보장하는 지름길이지.

B: 그건 네 동급생이 본래부터 스포츠와 일을 다 잘하는 사람이니까 그렇지. 운동이라면 질색해도 일은 잘하는 사람이 있는 것처럼 올림픽에서 금메달을 땄더라도 일이라면 젬병인 사람도 있잖아!

A: 말도 안 되는 소리 말라고. 얼마 전 맥킨지 출신의 유명인이 쓴 책을 읽었는데 그도 학창시절에는 미식축구에 푹 빠져 지냈더구먼.

B: 가끔 그런 사람도 있기는 하지.

A: 무슨 소릴 하는 거야. 소니를 창업한 모리타도 《학력 무용론》이라는 책까지 썼잖아.

B: 맥킨지 출신자나 모리타가 잘 몰랐을 수도 있고 또 거짓말한 게 아니라고 어떻게 단언하지?

A: 참 말이 안 통하는 친구로군. 내 사촌형님도, 맨 처음 만난 직장 상사도 모두 스포츠맨인데 성공했다고.

B: 그래도 스포츠맨으로 성공하지 못한 사람이 없다고 단언할 순 없잖아. 이를테면 애플의 스티브 잡스나 마이크로소프트의 빌 게이츠도 옛날에는 늘 집에만 틀어박혀 살았다더군. 스포츠에 조예가 깊었던 것처럼 보이지는 않거든.

A: 그건 이를테면 특별한 예외의 경우라고!

B: 그렇다면 네가 말했던 동급생이나 사촌형 역시 예외일 수 있는 거잖아!

이처럼 쓸모없는 토론은 끝이 없으므로 이 정도에서 중지시키자. 여기서 A는 극히 일부에 적용되는 사례를 제시하며 '스포츠를 하면 출세한다'는 가설을 올바르다고 주장하는 '덜렁이'다. 한편 B는 어떠한 예를 들어줘도 적용되지 않는 경우도 있다며 가설을 계속 거부하는 '멍청이'의 대표다.

철학이란 만물을 끊임없이 숙고하는 학문인데 어떤 가설에 대해서도 멍청하리만치 끊임없이 집착하는 행동을 보이는 측면이 있는 것도 사실이다. 그중 하나로 '헴펠의 역설'을 들 수 있다.

까마귀의 역설이라고도 불리는데 독일의 C. 헴펠이 1940년대에 지적한 것으로 이를 통해 우리는 '까마귀는 검은 동물'이라는 보통의 가설조차도 진위를 증명할 수 없다는 사실을 깨닫게 된다.

'까마귀는 검다'는 것은 '검은 까마귀 한 마리를 보았다'는 사실만으로는 증명되지 않는다. 가령 어느 까마귀가 검더라도 다른 까마귀는 빨갛고 또 다른 까마귀는 파랗다면 '까마귀는 검다'를 사실로 확정지을 수 없다. 다시 말해 '까마귀는 검다'는 말은 '모든 까마귀는 검다'고 주장하고 있는 것이나 마찬가지다. 이처럼 '모든 ~는 ……이다'라는 표현은 '모든 것에 대해서 칭한다'라는 의미로 '전칭성이 있다'고 표현한다.

전칭성이 있는 가설을 반증하는 일은 매우 간단하다. 단 한 마리의 검지 않은 까마귀를 가져오기만 하면 '모든 까마귀가 검지는 않다'는 것을 증명할 수 있기 때문이다. 그렇지만 '모든 까마귀는 검다'는 것을 증명해야 하는 쪽은 참으로 큰일이 아닐 수 없다. 검은 까마귀를 아무리 많이 보여주더라도 멍청이들은 '그것이 모든 까마귀라 할 수는 없다', '검지 않은 까마귀가 없다는 증거가 되지 않는다'라며 얼마든지 반론을 계속할 수 있기 때문이다.

하지만 이처럼 쓸모없는 토론을 계속하는 것은 우리들이 통계적 가설검정을 모르고 있을 때의 이야기일 따름이다.

■ 통계적 가설검정

통계적 가설검정으로도 '전칭성'을 증명할 순 없지만 확률을 도입해 '모든' 대신에 '거의 모든'을 생각하도록 만든다. 까마귀가 검은지 하얀지에 대해 계속 멍청히 구는 B와는 달리 통계적 가설검정을 몸에 익힌 S는 토론을 이런 식으로 전개할 수 있다.

B: 엄밀히 말해 까마귀가 검은지 하얀지도 주장할 수 없는 건가…….

S: 분명 모든 까마귀가 검은지 어떤지는 모르지만 '우리가 흔히 보는 까마귀는 모두 검다고 생각하는 것이 타당'하다는 점을 인식시켜주면 되지 않을까.

B: 정말? 그게 가능할까?

S: 물론이지. 예를 들어 최근에 본 까마귀는 무슨 색이었지?

B: 검은색이었지.

S: 지금까지 본 검은 까마귀는 몇 마리 정도였어?

B: 적어도 100마리 정도는 될걸…….

S: 검지 않은 까마귀는?

B: 아직 본 적은 없지만 그게 까마귀는 검다는 증명인 건 아니잖아.

S: 물론 그렇지. 하지만 검은 까마귀와 흰 까마귀가 반반 있다고 할 때 100마리 연속으로 검지 않은 까마귀를 볼 확률이 어느 정도라고 생각하지? 이를테면 동전 100개를 던져서 전부 앞면이 나올 확률 말이야.

B: 그러니까…….

S: 0.5의 100승이 될 테니까 아마 1조분의 1, 아니 1조분의 1보다도 더 작을걸. 반반의 확률이 아니라 90퍼센트의 까마귀가 검다고 해도 0.9의 100승이니 0.0027퍼센트로군. 뭔가 그런 기적이 일어나야만 하는 특별한 사정이 있는 거야?

B: 그렇지만 아무리 확률이 낮다고는 해도 제로인 건 아니니까 '그런 기적이 일어날' 확률을 100퍼센트 부정할 수 있는 건 아니잖아.

S: 그건 그렇지. 그럼 앞으로 우리가 함께 있을 때마다 내기를 거는 건 어때? 우리가 보는 까마귀가 검지 않으면 내가 자네한테 술 한 잔 사주지. 만약 검은 까마귀라면 자네가 나한테 커피 한 잔 사주는 내기 말이야.

B: 글쎄, 그건 좀…….

S: 그것 보라고, 자네도 이제 '우리가 흔히 보는 까마귀는 모두 검다고 생각하는 것이 타당'하다는 사실을 인정하고 있잖아, 하하하.

S의 생각은 요컨대 이렇다.

우선 실제 데이터를 얻을 수 있도록 '언급하는 범위'를 정한다. 우리나라가 어떻고 전 세계가 어떻다는 식이 아니라 '지금 자신들이 수집할 수 있는 데이터의 범위' 안에서 가설의 타당성에 초점을 맞춘다. 그렇게 하지 않으면 '이 데이터에는 무엇무엇이 포함되어 있지 않으므로'라며 멍청이로부터 반론을 듣게 된다.

다음으로 100이냐 0이냐의 전칭적인 토론이 아니고 또 '거의 모든 까마귀가 검다'도 아니라 자신의 주장을 완전히 번복해버리는 듯이 '까마귀가 검은지 어떤지는 반반'이라는 가설을 넌지시 제시한다. 실제의 데이터를 바탕으로 '자신의 주장을 완전히 번복해버리는 가설'이 어느 정도의 확률로 성립하는지를 나타낼 수 있다면, 그게 완전히 번복 가능할 정도의 주장'이라 말하기는 어렵다는 사실을 알게 된다.

나아가 '90%의 까마귀가 검다고 하더라도'라는 조금은 자신의 주장에 가까운 가설도 넌지시 읊조려본다. 이 '90%의 까마귀가 검다'는 가설에서조차 있을 수 없을 확률밖에 성립하지 않는다면 역시 90% 이상의 까마귀는 검다고 생각하는 쪽이 자연스럽다.

마지막으로 손해인가 이익인가의 문제로 유도한다. 통계적 가설검정은 어느 누구도 손해나 이익이 되지 않는 진리를 토론할 때는 사용하는 의미가 그다지 크지 않다. 그러나 의학에서는 목숨이고 교육학에서는 학생의 학력이며 비즈니스에서는 돈처럼 손익이 걸린 상황에서 더 최선인 쪽을 선택하는 경우라면 위력을 발휘한다. 아무 손익도 걸려 있지 않으면 까마귀가 검은지 흰지 단언하지 않고 그저 멍청히 있어도 된다. 그러나 검은 까마귀를 볼 때마다 커피 한 잔을 사줘야 하는 손익이 걸린 상황이라면 멍청이라도 확률적으로 타당한 방향으로 의사결정을 할 수밖에 없다.

■ *p*-값과 신뢰구간의 본질적인 의미를 이해하자

'까마귀는 기본적으로 검다'는 가설을 주장하고 싶을 때 우선적으로 생각한 '자신의 주장을 완전히 뒤집어엎는 가설', 즉 '까마귀가 검은지 어떤지는 반반'이라는 것을 귀무가설이라고 한다. 주장하고 싶은 것을 '무(無)로 돌려보낸다'는 뜻을 담고 있다.

그리고 귀무가설이 성립한다는 가정 아래 실제 데이터 또는 그 이상으로 귀무가설에 반하는 데이터가 얻어지는 확률을 *p*-값이라고 한다. 여기서의 *p*-는 확률의 의미를 나타내는 probability에서 유래한다. 즉 위 경우라면 '(까마귀가 검은지 하얀지가 반반인 경우) 100번 연속으로 검은 까마귀가 발견되었다'는 관찰 결과가 얻어지는 확률이 1조분의 1보다 작다는 것이 p-값이다. 이것이 작으면 '그 귀무가설은 존재할 수 없다'고 생각하는 편이 자연스럽다.

어느 정도 p-값이 작아야 '존재할 수 없다'고 생각하는지의 기준은 분야에 따라 차이는 있지만 대략 5% 미만, 즉 귀무가설 아래 20번에 1번 정도밖에는 일어나지 않는 데이터가 얻어졌을 경우 '존재할 수 없다'고 생각하는 것이 관례다.

왜 5%를 경계선으로 하는지의 수학적 근거가 딱히 있는 것은 아니지만, 《통계의 힘》에서도 종종 등장하는 위대한 통계학자 피셔가 일찍이 '(p-값을 5%로 판단하는 것이) 편리하다'는 글을 남긴 것이 계기가 되었던 듯하다.

귀무가설은 '까마귀가 검은지 아닌지는 반반'이라는 자신의 주장을 완전히 포기하는 경우 가장 자주 사용된다고 했지만 '검은 까마귀가 90%', '검은 까마귀가 99%' 역시 귀무가설이다. 그러나 이것을 무한정 늘어놓는 것은 결코 바람직하지 못하다. '검은 까마귀가 90%'라는 가설 아래서 100마리 모두 검은 까마귀일 확률이 존재할 수 없을 만큼 작은 값이라면 '검은 까마귀가 80%, 70%……' 같은 가설은 더더욱 존재할 수 없는 값이 된다.

그래서 그 어떠한 귀무가설도 어디까지가 존재할 수 없고 어디부터가 부정할 수 없는가 하는 구간을 나타낸다. 이것이 앞에서 언급했던 신뢰구간의 진정한 의미다. 본래 '존재할 수 없는 귀무가설'과 '부정할 수 없는 귀무가설'의 경계선이 어디부터 어디까지라는 범위를 나타내는 것이 예지 네이만이 정의한 신뢰구간이다.

실제 계산해보면 '97.0%의 까마귀가 검다'는 가설 아래서는 우연히 100마리 연속으로 검은 까마귀와 마주칠 확률이 4.8%이지만, '97.1%의 까마귀가 검다'는 가설 아래서는 이 확률이 5.3%로 높아진다. 즉 p-값이 5%를 밑도는지 어떤지 하는 지점에서 가설을 판단한다면 '97.1~100%까지의 가설은 모두 부정할 수 없다. 이것이 신뢰구간의 올바른 의미다.

이런 통계적 가설검정이나 p-값, 신뢰구간을 사용함으로써 '지금 데이터가 얻어지는 범위에서 97.1%의 까마귀가 검다, 100%의 까마귀가 검다'고 생각해도 문제가 없다는 결론을 얻을 수 있다. 참고로 동남아시아에는 회색 까마귀가 있고 돌연변이로 새하얀 날개를 지닌 알비노 까마귀라는 것도 있으므로 '모든 까마귀가 검다'는 것은 분명 사실은 아니다. 하지만 적어도 현실적인 의사결정으로서 '지금 우리는 앞으로 마주치게 될 까마귀를 검다고 생각하는 편이 낫다'는 사실을 이해할 수 있다.

여기서는 통계적 가설검정을 사용하여 멍청한 B와 토론했지만, 물론 덜렁거리는 A에게도 충고할 수 있다. 다만 A가 맨 처음 주장했던 '스포츠를 하면 출세한다'는 가설을 검정하기 위해서는 좀 더 본격적인 통계 가설검정 방법을 알아야 한다.

08
z 검정으로 덜렁이를 가르쳐라

앞에서 덜렁이인 A가 주장했던 '스포츠를 하면 출세한다'를 통계적으로 어떻게 검정할 수 있는지 살펴보자.

멍청이 B와 토론할 때처럼 그 가설이 언급하는 범위를 실제의 데이터로 검정 가능한 곳까지 구체적으로 정하는 것이 우선적으로 해야 할 일이다.

예를 들어 '인류 역사상 동서고금의 모든 사람들이 스포츠를 함으로써 출세했다'고 말하고 싶다면 당연히 인류 역사상 동서고금의 모든 사람들의 스포츠 경험과 출세 유무를 조사해야 하지만 그것은 참으로 비현실적이다. 나라 안 또는 회사 내부 따위로 제한을 두지 않으면 실제 데이터를 수집할 수 없다.

게다가 '스포츠를 한다'거나 '출세한다'는 표현에 의미의 폭도 있다. '스포츠를 한다'는 것이 조깅이나 근력 트레이닝 등의 경험이나 중학교 시절 육상부에서의 활동만으로도 상관없는지 혹은 무슨 대회에서 상위 입상을 할 만큼 본격적이고 지속적으로 선수 생활을 했는지 등의 정의를 미리 분명하게 정해놓아야 한다. 그렇지 않으면 어떤 분석 결과가 나오든 나중에 발뺌할 구실이 생기기 때문이다. 제한시간이나 경기규칙, 경기장의 크기조차도 정해놓지 않은 상황에서 축구를 하려고 하면 초등학생이 점심시간에 그저 시간을 때우기 위해 공을 차는 정도의 놀이에 그칠 수 있다. 직장인이 그런 회의에 시간을 빼앗기는 것은 엄청난 손실이다.

■ 덜렁이는 분할표를 어떻게 잘못 보는가

데이터의 수집 범위를 정하거나 용어의 정의를 내릴 때는 토론 상대나 분석 결과를 공유할 상대가 가설에 대해 어떤 이미지를 갖고 있는지 신중하게 듣고 언어화하는 방식을 취해야 한다. 또 주변에 쓸 만한 데이터가 있으면 우선 그것의 사용을 전제로 '이 범위와 이런 정의에 입각하여 가설을 검정하고 싶은데 괜찮으신가요?'라고 제안하여 합의를 끌어내는 방식도 있다.

예를 들면 A는 대기업의 인사부에서 일하고 있으며 과거 10년 동안 졸업하고 입사한 직원들의 인사고과와 현재의 지위와 관련된 데이터에 접근할 수 있다고 한다. 그런데 데이터에 포함된 총 500명의 직원 중 300명이 대학의 체육 동아리 출신이고 나머지 200명이 기타 동아리 출신이며 100명이 과장 또는 그 이상의 직급에서 일하고 있을 뿐 나머지 400명은 아직 평사원이었다.

이처럼 운 좋게 데이터가 확보된 상태라면 우선 이를 사용하여 가설을 검정할 수 있는지 없는지 살펴봐야 한다. 이 자료에는 각 동아리에 소속돼 있었지만 활동을 게을리한 사람이나, 동아리 자체가 그다지 적극적으로 활동하지 않은 경우도 포함되어 있을지도 모른다. 하지만 체육 동아리에 들었던 사람이 그렇지 않은 사람보다 '스포츠를 했을 확률'이 높게 마련이고 입사 10년 이내에 과장 또는 그 이상의 직급에 있는 사람은 그 후의 출세 경쟁에서도 한걸음 앞서나갈 것임에 틀림없다.

이런 방향으로 일단 A와 합의가 되었다면 실제 데이터를 '체육 동아리 출신인가 아닌가'×'과장 이상의 직급인가 아닌가'의 2×2 분할표에 정리해본다. 이와 같이 여러 요인을 가로세로에 적어넣고 각각에 해당하는 사람이 몇 명, 혹은 몇 %라는 식으로 정리하

도표 2-8 체육 동아리 출신 여부와 출세

	과장 이상	직급 없음	합 계
체육 동아리 출신	63명	237명	300명
기 타	37명	163명	200명
합 계	100명	400명	500명

면 〈도표 2-8〉과 같이 나타난다.

체육 동아리 출신자 300명 중 과장 이상으로 출세한 사람은 63명이고 기타 동아리 출신자 200명 중 출세한 사람은 37명이다. A가 통계학을 이해하고 있지 않으면 이런 말을 할지도 모른다.

'보라고, 역시 체육 동아리 출신자들이 더 많이 출세했군!'

이는 결론을 덜렁거리며 냈기 때문이다. A 회사의 채용 방침 때문인지는 몰라도 체육 동아리 출신자가 반수 이상을 차지하고 있으므로 단순 계산에서 체육 동아리 출신의 출세자가 많은 것은 당연한 결과다. 그래서 조건을 맞추기 위해 비율 형태로 나타내보자. 앞에서 구한 분할표를 바탕으로, 체육 동아리 출신자와 기타 출신자의 비율을 막대그래프로 나타낸 것이 〈도표 2-9〉다.

도표 2-9 체육 동아리와 기타 동아리 출신자의 출세율 비교

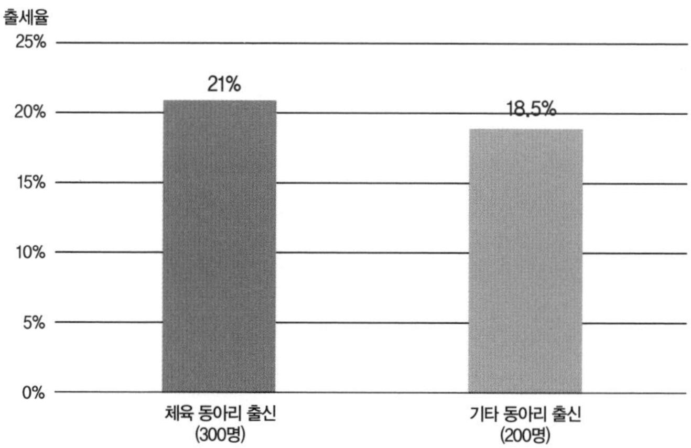

그래프를 보면 2.5% 정도 체육 동아리 출신자의 출세율이 높다. 여기서도 역시 A가 통계학을 잘 모른다면 이렇게 말할 것이다.

'이것 보라고, 역시 체육 동아리 출신자가 더 출세하네!'

그렇지만 이 역시 지나치게 덜렁댄 반응이다.

완전히 동일한 확률로 앞면이 나오는 2개의 동전을 여러 차례 던졌을 때 동전 2개가 모두 '앞면이 나오는 비율'이 매번 일치하지는 않는다. 어느 때는 한쪽 동전의 앞면이 나오는 비율이 높고, 또 어느 때는 반대다. 단지 비율만 비교하여 '이쪽이 높다!'며 일희일비하는 것은 어리석은 행동이다. 몇 번인가 동전을 던져 우연히 앞면이 많이 나왔을 뿐인데도 '얏호! 앞면이 잘 나오는 동전을 찾아냈다!'라거나 '앞면을 쉽게 나오게 하는 방법을 발견했다!'라고 기뻐 날뛰는 것이야말로 덜렁이의 전형이라 할 수 있다.

시험 삼아 300명의 체육 동아리 출신자 21% 출세율에 대해 표준오차를 생각해보면 다음과 같이 구해진다.

$$\text{체육 동아리 출신자 출세율의 표준오차(SE)} = \sqrt{\frac{0.21 \times (1-0.21)}{300}} = 2.35\%$$

체육 동아리 출신자의 출세율 21%에 대해 ±2SE의 범위를 생각하면 '16.3%(=21%-2×2.35%)~25.7%(=21%+2×2.35%)라고 생각하면 거의 틀림없다'라는 결과가 얻어진다.

혹은 앞에서 소개한 신뢰구간의 개념에 근거하여 좀 더 정확히 표현하면 'p-값이 5%를 밑도는가 하는 유의수준으로 가설검정하여 출세율이 16.3%라는 가설~출세율이 25.7%라는 가설은 부정할 수 없다'라고 말할 수도 있다. 이 비율과 평균값±2SE라는 가장 자주 사용되는 신뢰구간은 5%의 유의수준이고 부정할 수 없는 가설 범위라는 의미로 특별히 '95% 신뢰구간'이라고 부른다. 전체의 100%에서 5%의 유의수준으로 기각되는 것을 제외하고 남은 95%의 신뢰구간이라는 의미다.

95%의 신뢰구간에서 나온 5%란 값은 지나치게 큰 경우의 2.5%와 반대로 지나치게 작은 2.5%의 양끝을 합쳐놓은 것이다. 이런 의미로 특별히 '유의수준은 양쪽 5%' 혹은 '유의수준 5%의 양측검정'이라는 표현을 쓰기도 한다〈도표 2-10, 2-11〉. 일반적으로 별다른 제한이 없을 경우 유의수준은 양측인 것으로 생각해도 무방하지만 크든 작든 한쪽 5%만 기각하는 방식은 '단측검정'이

도표 2-10 신뢰구간의 사고방식(가정하는 '참값'이 지나치게 작아서 존재하지 않는다고 생각하는 경우)

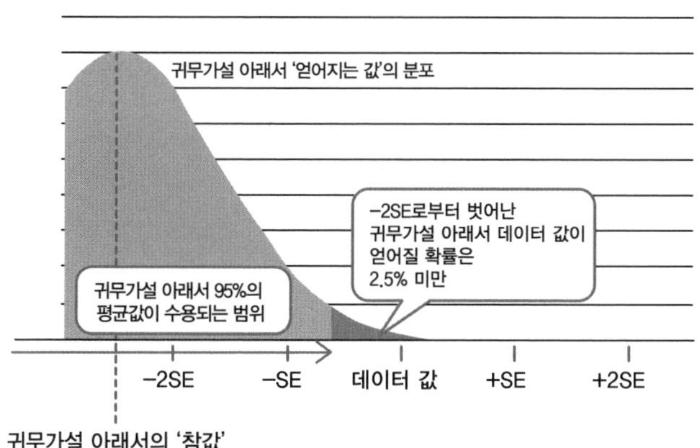

도표 2-11 신뢰구간의 사고방식(가정하는 '참값'이 지나치게 커서 존재하지 않는다고 생각하는 경우)

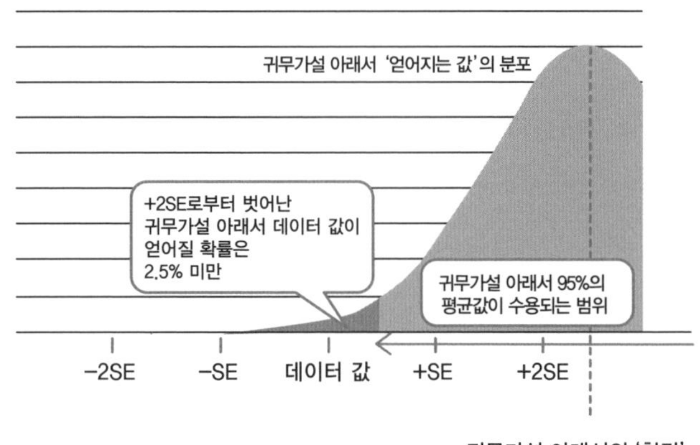

라고 부른다. 또 양쪽을 합쳐 10%의 유의수준에서 부정할 수 없는 가설의 범위는 90% 신뢰구간, 양쪽 1%의 유의수준에서 부정할 수 없는 가설의 범위는 99% 신뢰구간이라 하듯이 5% 이외의 유의수준을 사용하는 경우에도 '100%, 즉 가설을 기각하는 양쪽 유의수준의 값'으로 신뢰구간의 의미를 표현한다.

마찬가지로 기타 동아리 출신자의 18.5%라는 출세율의 표준오차는

$$\text{기타 동아리 출신자 출세율의 표준오차(SE)} = \sqrt{\frac{0.185 \times (1-0.185)}{200}} = 2.75\%$$

로 인원수가 적은 만큼 어느 정도는 커지지만 이에 대해서도 역시 ±2SE의 95% 신뢰구간을 생각하면 그들의 출세율은 '유의수준 5%, 출세율 13.0%(=18.5%−2×2.75%)~출세율 24.0%(=18.5%+2×

2.75%)라는 가설은 부정할 수 없다'는 결과로 나타난다.

여기서 '신뢰구간 그림'을 앞의 막대그래프에 추가하면 〈도표 2-12〉처럼 된다. 보기만 해도 얼른 알 수 있듯이 ±2SE의 신뢰구간 그림으로 표시된 곳이 상당히 중복되어 있다. 이만큼의 오차가 있다면 두 그룹의 비율 차이가 우연한 불규칙성에 의한 것인지 어떤지 한눈에 판단하기는 어려운 상태다.

도표 2-12 체육 동아리와 기타 동아리 출신자 출세율 비교(표준오차 포함)

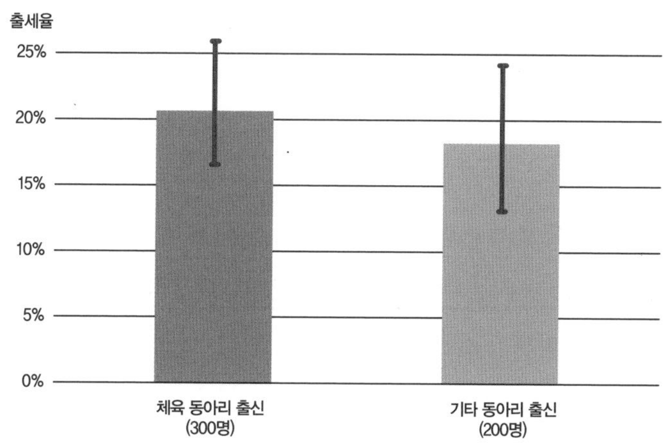

※ 신뢰구간 그림은 비율±2SE의 범위를 나타낸다

■ '비율 차이'의 표준오차도 구할 수 있다

그런데도 여전히 체육 동아리 출신자가 출세한다고 주장하고 싶은 A는 이런 말을 꺼낼지도 모른다.

"체육 동아리 출신자의 출세율이 최대 25.7%라는 것을 '부정할 수 없다'는 말이지? 반대로 기타 동아리 출신자의 출세율이 최소 13.0%라는 것 역시 '부정할 수 없다'는 거고? 그렇다면 체육 동아리 출신자가 2배 가까이 출세 가능성이 높다는 생각도 '부정할 수 없다'는 말이 성립되는 거 아닌가?"

왜 이런 의문이 생기는가 하면 여기서는 각 그룹의 출세율을 별개로 '몇 %부터 몇 %까지 가설이 존재할 수 없는가/부정할 수 없는가'라고 생각했기 때문이다. 진정으로 우리가 알고 싶은 것은 각 그룹의 출세율이 아니라 '어느 그룹이 출세 가능성이 높은가'에 대한 답이었다.

물론 그런 검정도 당연히 가능하다. 앞에서 표준오차를 소개했을 때 평균값의 표준오차가 있듯이 비율의 표준편차도 있고 '표준편차의 표준오차'라는 다소 복잡하면서 까다로운 것도 존재한다고 했다. 어떤 불규칙성을 지닌 데이터에서 뭔가의 값을 산출하는 한 거기에는 반드시 표준오차가 존재한다.

당연히 '평균값 차이'의 표준오차나 '비율 차이'의 표준오차라는 것도 존재한다. 그리고 다수의 데이터를 모두 모아놓은 것이 정규분포에 수렴하기 때문에 평균값이나 비율 역시 정규분포에 수렴한다고 이미 언급했는데, 마찬가지로 평균값의 차이나 비율의 차이도 수백 수천의 데이터만 있으면 정규분포에 수렴한다. 따라서 평균과 비율의 차이를 가설검정할 수도 있으며 ±2SE 범위에서 95% 신뢰구간을 구할 수도 있다.

■ '비율'과 '평균' 차이의 의미를 판단하는 z 검정

'비율 차이'의 표준오차는 어떻게 구할까?

수식을 전개하는 설명은 권말로 돌리지만【보충 8】, 앞에서 언급했듯이,

- 비율이란 어떤 상태를 취하는가(1) 취하지 않는가(0) 하는 이항변수의 평균이라는 생각에 근거하면 이항변수의 분산은 비율×(1-비율)로 구해진다.
- '분산의 가법성'이라는 성질만 알면 이 표준오차의 계산 방법을 이해할 수 있다.

분산의 가법성을 위 경우에 빗대어 설명하자면 '체육 동아리 출신자의 출세율과 기타 동아리 출신자의 출세율을 더한 것'의 분산은 '체육 동아리 출신자의 출세율'의 분산과 '기타 동아리 출신자의 출세율'의 분산을 더함으로써 구해진다는 뜻이다.

물론 이 상태라면 알고 싶은 것은 합계가 아니라 차이가 되어버리지만 그다지 걱정할 필요는 없다. '기타 동아리 출신자의 출세율에 -1을 곱한 것'의 분산과 '기타 동아리 출신자의 출세율'의 분산은 제곱으로 계산되기 때문에 동일하다. 그러므로 '양쪽 값을 더한 것'의 분산을 구하는 것처럼 '양쪽 값의 차이' 역시 분산 가법성에 의해 구해진다.

지금까지의 계산 순서를 정리하면 우선 귀무가설에 근거하여

'양 그룹에 전혀 차이가 없었을 경우 양 그룹 공통의 출세율'을 구한다. 그러면 '양 그룹 공통의 원시 데이터의 분산'은 앞에서 언급했듯이 출세율×(1-출세율)의 계산으로 구해진다. 다만 여기서 '분산의 가법성'을 사용하여 모두 더하고자 하는 것은 '원시 데이터의 분산'이 아니라 '그룹별 출세율의 분산'이다.

여기서 말하는 '그룹별 출세율의 분산'은 이를테면 '각 그룹의 출세율의 표준오차'의 제곱이다. 그러므로 각 그룹의 출세율의 표준오차, 즉 '원시 데이터의 분산'을 데이터 수의 √로 나눈 것을 제곱하고 분산 가법성에 근거하여 모두 더하면 '양 그룹의 출세율의 차이'의 분산이 구해진다. 마지막으로 이 분산의 √를 생각하면 그것이 '양 그룹 출세율 차이'의 표준오차가 되는 것이다.

분산과 표준오차를 여러 차례 오가며 생각하느라 머리가 혼란스러울지 모르지만, 이와 같은 순서를 거쳐 '양 그룹 출세율 차이의 표준오차'를 계산하면 다음과 같다.

양 그룹 출세율 차이의 표준오차

$$= \sqrt{\frac{\text{전체의 출세율} \times (1-\text{전체의 출세율})}{\text{체육 동아리 출신자의 인원수}} + \frac{\text{전체의 출세율} \times (1-\text{전체의 출세율})}{\text{기타 동아리 출신자의 인원수}}}$$

$$= \sqrt{0.2 \times (1-0.2) \times \left(\frac{1}{300} + \frac{1}{200}\right)} = 3.65\%$$

이와 같은 가설검정 방법, 즉 비율이나 평균, 그것들의 차이는 표본크기가 큰 경우 정규분포를 따른다는 점을 이용하고, 우연한 데이터의 불규칙성에 의해 생기는 것인지 아닌지 생각하기 위한 방법을 z 검정이라고 한다.

z 검정이라는 이름의 유래는 아무리 자료를 찾아도 발견되지 않았는데, 수학에서 관례적으로 '값을 알 수 없는 숫자'에 x나 y를 사용하는 것과 관계가 있는 것이 아닌가 한다. z 검정에서 사용하는 z 변환은 평균과 비율 혹은 그 차이가 본래부터 어떤 값이든 '평균값에서 표준오차가 얼마만큼 벗어나 있는가'라는 값으로 변환하는 것을 말한다. 여기서 x나 y는 흔히 '본래 알 수 없는 값'을 나타내기 위해 사용되었고 '변환 후 알 수 없는 값'을 새로 표현하기 위해 z를 사용하는 것이 관례화되었기 때문이라는 것이 필자의 개인적인 생각이다. 적어도 드래곤볼 Z나 쾌걸 조로의 Z처럼 '뭔지는 몰라도 그저 그럴 듯한 느낌을 주는 알파벳'이라는 이유로 사용된 것은 아니다.

이상으로 체육 동아리 출신자는 출세율이 21%, 기타 동아리 출신자는 출세율이 18.5%임을 알았다. 즉 2.5% 정도로 체육 동아리 출신자의 출세율이 높다는 '비율 차이'에 대해 ±2SE라는 범위를 생각할 때 95% 신뢰구간은 -4.8%(=2.5%-2×3.65%)~9.8%(=2.5%+2×3.65%)가 된다.

이것은 다시 말해 '양쪽 5%라는 유의수준에서 체육 동아리 출신자 쪽이 9.8%나 출세율이 높다는 가설도 부정할 수 없지만, 한편으로는 4.8% 출세율이 낮다는 가설도 부정할 수 없다'는 결과를 함축하고 있다. 그러니까 '어디가 높고 낮은지 잘 모른다'는 결론이 얻어진 셈이다.

좀 더 엄밀하게 말해 '양쪽의 출세율에 전혀 차이가 없다'는 귀무가설에 대한 p-값을 구한다면, 실제 얻어진 2.5%라는 출세율의 차이를 표준오차인 3.65%로 나눈 값이며 그것은 '정규분포의 중심(평균)으로부터 표준편차가 얼마만큼 벗어난 값인지'를 생각하면 쉽게 이해가 간다. 계산하면 약 0.685라는 값이 구해지지만 정규분포에서 중심(평균값)으로부터 표준편차×0.685보다 큰 값이 구해질 확률이 약 25%가 된다(이 확률을 직접 계산하고 싶다면 엑셀을 열고 '=1-normsdist(0.685)'을 입력하면 된다). 이처럼 양측검정에 기초하여 '크기를 불문하고 이번처럼 (표준편차×0.685 이상 큰 차이가) 얻어질 확률'은 50%(=25%의 배)나 된다.

다시 말해 '양쪽의 출세율에 전혀 차이가 없다'는 귀무가설 아래서도 약 50%의 확률로 '그룹 간에 이 정도의 (또는 그 이상으로 큰) 출세율 차이는 우연히 생길 수 있다'는 것이다.

물론 이 결과는 '양쪽의 출세율에 유의차가 있는지 어떤지는 모른다'는 말일 뿐 '유의차가 없다'고 단언할 결과가 얻어진 것은 아니다. 그러므로 A는 추가적으로 윗세대나 관련 회사 직원까지 데이터를 확장해 동일한 분석을 할 필요가 있다. 데이터를 16배로 늘려도 똑같은 출세율 차이를 보인다면 표준오차는 앞에서 구한 3.65%의 4분의 1, 즉 0.91%가 되고 출세율 차이의 95% 신뢰구간은 '0.7%(=2.5%-2×0.91%)~4.3%(=2.5%+2×0.91%)', 즉 '양쪽 유의수준이 5%라면 최저로도 0.7%는 체육 동아리 출신자의 출세율이 높다'고 할 수 있다. 반대로, 진짜 우연한 차이였다면 데이터를 늘리면 출세율 차이가 사라질 가능성도 존재한다.

이와 같이 '비율 차이'에 관해서도 그 차이가 어느 정도이며 전체에 어떤 정도의 불규칙성이 있는지 알면 역산을 함으로써 표본 크기를 설계할 수 있다.

■ '평균의 차이'도 z 검정으로 접근할 수 있다

이 책은 본래 평균과 비율은 본질적으로 같다는 사고방식을 바탕으로 전개되고 있다. 그러므로 비율의 차이가 정규분포로 표현되는 것이라면 평균값의 차이에 관해서도 마찬가지로 z 검정을 사용하여 '우연한 차이인지 의미 있는 차이인지' 생각할 수 있다.

예를 들면 '출세했는가 아닌가'를 '과장 이상이 되었는가'의 비율이 아니라 실적 달성의 보수로 지급된 보너스의 많고 적음으로 평가하는 경우를 생각해보자. 입사 10년차 이내의 젊은 층이라면 직위보다 보너스 수령액을 기준으로 사용할 수도 있다.

예를 들면 체육 동아리 그룹 300명에게 지급된 보너스가 평균 80만 엔이고 표준편차는 12만 엔, 기타 동아리 그룹 200명에게는 보너스가 평균 78만 엔이며 표준편차 10만 엔이었다고 하자〈도표 2-13〉. 이 2만 엔이라는 평균 보너스의 차이 역시 우연한 차이라고 할 수 있는 정도인지 z 검정을 해보자.

도표 2-13 체육 동아리와 기타 동아리 출신자의 보너스 수령액 비교

	평균 보너스	표준편차	인원수
체육 동아리 출신	80만 엔	12만 엔	300명
기타 동아리 출신	78만 엔	10만 엔	200명

비율 차이처럼 '평균값 차이'의 표준오차도 계산할 수 있다. 표준편차를 인원수의 √로 나눈 것이 각 그룹 평균값의 표준오차다. 이들을 제곱하면 '평균값의 분산'이 되므로 분산의 가법성에 의해 그 합계가 바로 '평균값 차이의 분산'이다. 마지막으로 이 '평균값 분산'의 √를 계산하면 그것이 곧 '평균값 차이'의 표준오차다. 실제 계산해보면 양 그룹의 평균 보너스 차이에 관한 표준오차 9900엔이라는 값이 구해진다〈도표 2-14〉.

이 결과를 평균값 ±2SE의 95% 신뢰구간으로 표현하면 오차를 고려하더라도 체육 동아리 그룹은 0.02만 엔(=2만 엔-0.99만 엔×2)에서 3.98만 엔(=2만 엔+0.99만 엔×2) 정도 금액이 높다고 생각해도 무방하다. 다시 말해 적어도 양쪽 5%의 유의수준에서 '양 그룹의 평균 보너스에 전혀 차이가 없다'는 귀무가설은 기각되고 만다.

앞에서와 마찬가지로 p-값을 구한다면 2만 엔이라는 평균값

의 차이를 그 표준오차인 9900엔으로 나눈 값 2.02를 사용하고 정규분포에서 중심(평균값)으로부터 표준편차×2.02보다 큰 값이 얻어지는 확률을 계산하면 된다. 실제 구해보면 '크기는 불문하고 이번과 같은 (표준편차×2.02 이상으로 큰) 차이가 얻어질 확률'은 0.043이다. 이것이 '평균 보너스에 전혀 차이는 없다'는 귀무가설이 얼마만큼 존재할 수 없는지를 나타내는 p-값이다. 이 확률값은 5%라는 유의수준보다 작으므로 두말할 것도 없이 귀무가설을 기각한다.

이것이 그룹 간 보너스 평균 지급액 차이에 대해 통계적 가설 검정을 한 결과다. 이 회사의 입사 10년차 이내의 젊은 사원 층에서는 직급의 의미로 살펴본 '출세'의 차이는 우연한 불규칙성이라 할 범위라는 사실을 알 수 있다. 그러나 평균 보너스 지급액의 많

도표 2-14 평균값 차이의 표준오차 계산

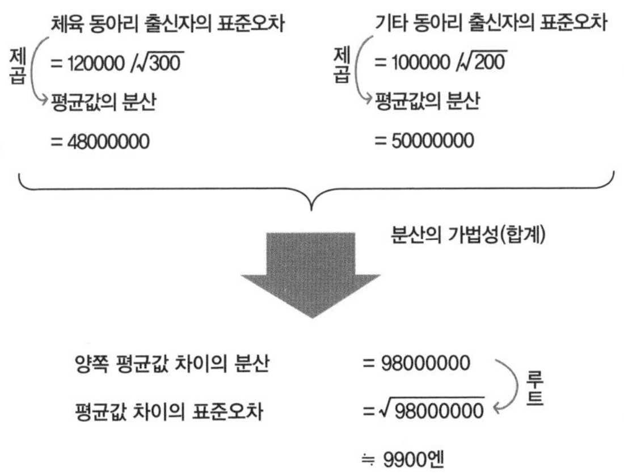

고 적음으로 생각하면 우연이라고는 생각하기 어려운 수준으로 체육 동아리 출신자들이 고액의 보너스를 수령했다.

■ 의학이나 비즈니스 분야에서의 가설검정 사용법

현대 의학의 세계에서는 기본적으로 양쪽 5%의 유의수준에서 유의한 데이터가 존재하지 않는 가설을 공공연하게 주장하는 것이 허락되지 않지만, 그렇다고 유의하지 않은 치료 행위가 절대로 허락되지 않는 것도 아니다. 유효성이 확립된 치료법이 없는 상황에서 구조적으로 효과가 있을 가능성이 시사되고 그것에 대해 의사와 환자 쌍방의 합의가 이뤄진 경우에는 '시험 삼아 우선은 치료를 받는다', '그 결과 무사히 치료에 성공한다면 그 자체로 다행이다'는 의사결정도 다반사로 일어난다. 특히 생명에 큰 영향을 미치지 않는 희귀병은 데이터 수집에 어려움이 있어 연구가 진전되지 않기 때문에 이런 상황에 놓이기 쉽다.

어쩌면 비즈니스맨도 동일한 상황일 수 있다. 학자라면 다소 멍청한 쪽에 있더라도 허용될지 모르지만 '유의수준 5%'가 아니라며 신중하게만 의사결정을 한다고 능사는 아니다. 자신이 단지 오차에 속고 있을 수도 있다는 리스크를 인정하고 기회를 거머쥐어야 할 때가 종종 있다.

다만 무엇이든 허둥지둥 직감으로 의사결정을 하는 경우와, 데이터와 가설검정을 바탕으로 '그럼에도 리스크를 떠안는다'는 경우 사이에는 큰 차이가 존재한다. 후자라면 ① 리스크를 거의 떠안지 않고 끝나는 경우, ② 리스크를 떠안지 않도록 데이터를 추가 수집해야 하는 경우, ③ 무조건 리스크를 떠안아야만 하는 경우 등으로 나눠 생각해볼 필요가 있다.

다시 말해 가설검정의 p-값이나 신뢰구간은 '자신이 덜렁이'인지 아닌지 깨닫게 해준다. 그것을 어떻게 활용하는가 하는 선택은 여러분의 경험과 직감에 의존해야 한다.

09
데이터가 적은 경우 t 검정과 피셔의 정확검정

앞에서 살펴보았듯이 수백에서 수천 건 이상의 데이터가 각 그룹에 존재한다면 '평균값 차이가 정규분포를 따른다'고 보고 z 검정을 하면 된다. 그러나 통계학에는 소수의 데이터만 가지고도 평균값의 차이가 우연한 불규칙성이라고 할 만한 수준인지 아닌지 생각하게 하는 검정 방법이 존재한다. 예를 들면 앞의 사례에서는 대기업이어서 직원 수가 많았지만 수십 명밖에 없는 조직이라도 '보너스의 평균 지급액에 차이가 있는지' 따져보는 상황이 존재할 수 있다. 이럴 때 t 검정을 사용하면 된다.

통계적 가설검정의 '검정'은 영어로 test인데, t 검정의 't'도 'test'에서 유래한다는 설이 대세다. 정규분포가 아니라 소수의 데이터를 검정(test)하기 위해 t 분포라는 것을 생각해내고 그것을 사용하여 검정을 하기 때문에 t 검정이라 부르는지도 모른다.

t 검정의 발명자인 윌리엄 고셋은 옥스퍼드 대학에서 화학과

수학을 전공한데다가 회귀분석과 상관계수의 발명자인 C. 피어슨 아래서 통계학도 배웠다. 그렇지만 대학에 소속되어 있는 연구자는 아니었다. 그는 기네스 맥주로 유명한 기네스사에서 통계학이나 화학 분야의 지식을 살려 양조 공정과 원재료를 개량하는 일을 담당했다. 그가 발명한 t 검정을 'student의 t 검정'이라 부르기도 하는데 고셋이 비밀스럽게 연구 성과를 공표하기 위해 student라는 별명을 사용했기 때문이다. 윌리엄 고셋이 세상을 뜨기까지 회사는 그가 퇴근 후 남모르게 통계학 연구를 하여 큰 업적을 남긴 사실조차 몰랐다고 한다.

피어슨은 예산과 인원 모두가 풍족했으므로 실험동물이나 연구에 참가할 사람들을 얼마든지 모으고, 측정하고, 계산할 수 있었다. 그래서 그는 '데이터가 다수 확보돼 있으면 정규분포를 따른다'라는 것만 생각해도 불편이 없었다.

그런 피어슨에게 고셋은 이런 편지를 적어 보냄으로써 부러운 마음을 드러내 보였다.

> 나처럼 적은 데이터만 가지고 일하는 사람에 비하면 당신은 참으로 엄청난 혜택을 받은 사람임에 틀림없습니다.

그렇게 예산과 인원이 풍부한 피어슨이라도 기네스 사내에서 효모의 수를 계측할 때나 자택에서 이론 연구를 할 때 수백에서 수천이나 되는 수의 표본을 구하기는 쉽지 않았을 것이다. 그래서 고작 수십 건 정도의 데이터에서 우연한 불규칙성이라고는 생각하기 어려운 의미 있는 차이가 생기는지 어떤지를 밝히기 위해서 t 분포와 그것을 사용한 t 검정을 고안했던 것이다.

■ 'z 검정보다도 우선 t 검정을 선택하는 것이 기본'인 이유

현재 평균값 차이가 의미 있는지 아닌지 생각하는 경우 일반적으로 z 검정이 아닌 t 검정을 사용한다. 흔히 '대는 소를 수용한다'는 표현이 있지만 통계학에서는 반대로 '소(를 위한 분석방법)는 대(를 위한 분석방법)를 포용한다'는 말이 성립된다. 즉 데이터 수가 많은 상황을 위한 분석방법인 z 검정을 단 스무 건의 데이터에 적용하는 것은 적절하지 않을 때도 있지만, 반대로 수천 건의 데이터에 t 검정을 하는 것이 문제가 되지는 않는다(이 경우 양쪽의 결과는 일치한다). 그러므로 평균 차이를 검정한다면 '우선 t 검정을 선택하는 것이 기본'이라고 생각할 수 있다.

z 검정과 t 검정은 어느 쪽이든 '평균값 차이'가 '평균값 차이의 표준오차'의 몇 배가 되는가 하는 값이 확률적으로 얼마만큼 존재할 수 없는지를 나타내는 p-값을 구할 수 있는 공통점이 있다. 다만 z 검정에서는 분포 중심에서 ±2SE 이상 벗어날 확률이 5%라는 정규분포를 사용했지만 수십 건 정도의 데이터에서는 그다지 '정규분포의 모양'을 띠지는 않는다.

특히 이 문제는 분산에서 더욱 뚜렷해진다. 이론상 분산의 '참값'이란 데이터의 '진정한 평균값에서 벗어난 제곱 평균값'이다. 다만 실제는 '진정한 평균값'을 알 수 없기 때문에 대신 '데이터 평균값'과의 차이의 제곱을 사용하여 계산한다. 그러나 데이터가 적으면 적을수록 '데이터 평균값'은 '진정한 평균값'에서 벗어나기 쉽다. 이 때문에 데이터가 적으면 적을수록 표본의 분산은 '진정한 분산'보다 적은 값이 되고 표본의 분산을 사용하여 계산한 표본의 표준오차도 당연히 적은 값이 되고 만다.

이해를 돕기 위해 다소 극단적인 경우를 생각해보자. 본래 정규분포를 따르는 집단에서 추출된 3개의 표본 모두가 '진정한 평균값보다 크다'가 될 확률은 존재할 수 없을 정도로 적지는 않다. 1/2의 세제곱, 즉 1/8 정도의 확률로 생기는 현상이다.

예를 들면 일본 성인 남성의 키를 조사했는데 본래 집단 전체의 평균값(=진정한 평균값)은 170cm이고 정해진 표본 3명의 키는 각각 172cm, 174cm, 176cm였다고 하자. 3명의 평균 키는 174cm이지만 '진정한 평균값'으로부터 벗어난 차이로서 분산을 생각했을 경우와 '데이터 평균값'에서 벗어난 차이로서 분산을 생각할 경우 어떻게 되겠는가?

'진정한 평균값'에서 벗어난 차이의 제곱을 모두 더하여 인원수로 나누면 4, 16, 36의 합계 56을 3으로 나눠 약 18.7의 값이 얻어진다. 한편 '데이터 평균값'에서 벗어난 차이의 제곱을 모두 더해 인원수로 나누면 4, 0, 4의 합계 8을 3으로 나눠 약 2.7이라는 값밖에는 얻어지지 않는다. 또 더 정확한 불편성이라는 개념에 근거하여 '인원수-1'의 값으로 나누어도 '데이터 분산'으로서는 단지 4라는 값이 얻어진다.

'데이터 평균값'이 데이터를 바탕으로 계산되는 이상, 데이터 값과 그 평균값은 독립되어 존재하지 않는다. 데이터가 가끔 본래의 분포 안에서 큰 것에 편중돼 있으면 당연히 그 평균값도 커지고 반대로도 역시 마찬가지다. 그러므로 '데이터 평균값'과 '진정한 평균값'이 일치하지 않는 한, '데이터와 거기서 구한 평균값'은 '데이터와 진정한 평균값'보다도 전체적으로 볼 때 반드시 가까운 값이 된다. 그것이 한정된 데이터만으로 분산을 구하면 아무래도 값이 작아지기 쉬워지는 이유다.

그래서 고셋과 그가 발견한 것의 가치에 남보다 먼저 주목했던 피셔는 '데이터를 통해 얻어진 분산과 그 데이터 수 사이에 어떠한 관계가 있는지'를 수학적으로 정리하였다. 피셔는 카이제곱 분포를 사용하면 계산에 사용된 데이터의 수마다 다르고 데이터로부터 구해진 분산이 진정한 분산과 어느 정도 달라지는지의 분포를 계산할 수 있다는 사실도 명백히 밝혔다. 여기서 말하는 카이제곱분포는 측지학 연구로 유명한 헬머트에 의해 발견되고 피어슨에 의해 명명된 개념이다.

카이제곱분포는 평균값이 0, 분산이 1(즉 표준편차도 1)의 정규분포를 따르는 x라는 변수를 생각했을 때 이 변수의 제곱을 전부 더한 것의 분포다〈도표 2-15〉. 본래부터 사용되고 있었던 'x'라는 변수의 제곱을 생각하기 때문에, x 대신 그와 모습이 비슷한 그리스

도표 2-15 카이제곱분포 생성

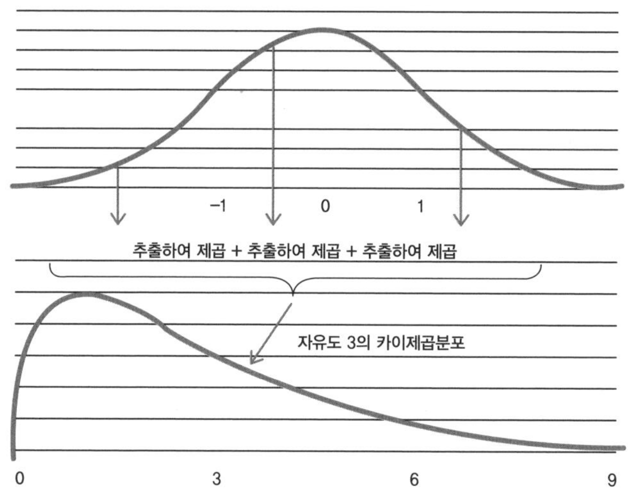

문자 x(카이)를 사용해 '카이제곱분포'라는 이름이 붙여진 것 같다. 카이제곱분포는 모두 더한 x의 제곱수(이것을 전문용어로 자유도라고 한다)에 의해 분포의 형상이 달라지지만〈도표 2-16〉, 자유도가 무한대인 경우는 정규분포와 완전히 일치하고 수백에서 수천만큼 큰 자유도에서는 '정규분포'라 불러도 아무런 문제없는 상태가 된다.

카이제곱분포의 성질에 근거하여 데이터 수에 의해 혹은 카이제곱분포의 자유도별로 '평균값 차이'가 '평균값 차이의 표준오차'의 몇 배 이내로 수용될 확률이 몇 %인지 계산하기 위한 분포가 t 분포다.

예를 들면 정규분포를 사용한 z 검정에서는 '평균값 차이'가

도표 2-16 자유도별 카이제곱분포 생성

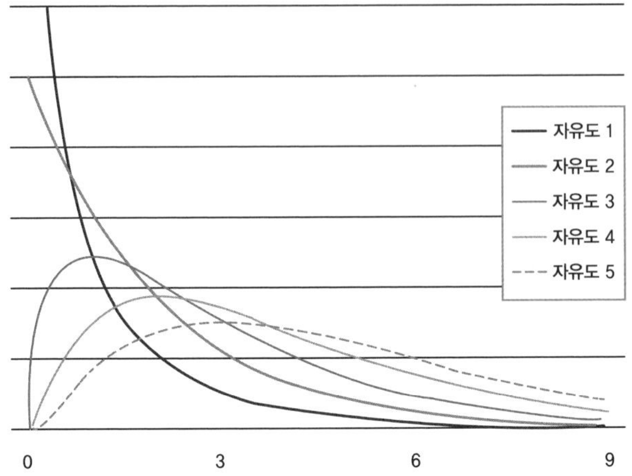

'평균값 차이의 표준오차'의 1.96배 이내로 수용될 확률이 95%라는 성질로부터 95% 신뢰구간을 산출했다. 그러나 t 분포에 근거하면 동일한 95% 신뢰구간에서도 그것보다는 구간이 약간 넓게 나타난다. 가령 2개의 그룹에서 5명씩 총 10명의 데이터에서 구할 경우 95% 신뢰구간은 ±1.96SE가 아니라 ±2.31SE라는 구간으로 생각해야 한다. '한정된 데이터로부터 산출한 표준오차'는 '데이터를 대량으로 모으면 구해지는 진정한 표준오차'보다 조금 적어지기 때문에 생각해야 할 구간은 그만큼 다소나마 길어진다〈도표 2-17〉.

아울러 10명씩 총 20명이면 ±2.10SE, 30명씩 총 60명이면 ±2.00SE, 100명씩 총 200명이면 ±1.97SE 그리고 250명씩 총 500명이라면 정규분포와 마찬가지로 ±1.96SE가 된다. 이것이

도표 2-17 정규분포와 t 분포

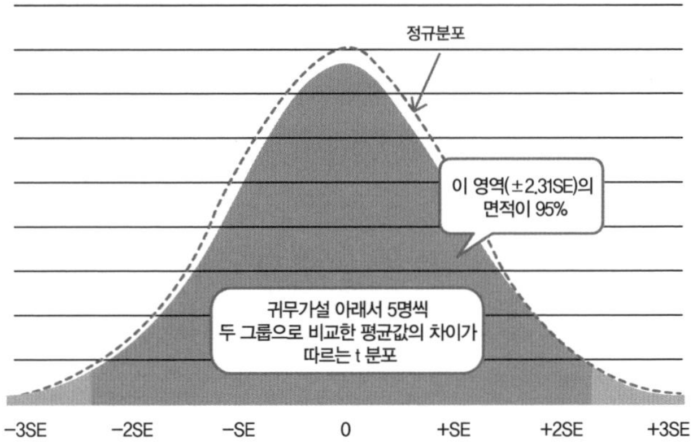

'수백에서 수천 명의 데이터를 다룰 줄만 알면 (t 검정이 아니라) z 검정도 실용적으로 사용하는 데는 아무 문제가 없다'라고 말하는 이유다.

■ 데이터 수가 한정된 경우 쓰이는 '피셔의 정확검정'

그렇다면 비율의 차이에 대해 데이터 수가 한정된 경우에는 어떻게 생각해야 할까. 사실 비율 형태로 집약한 '어느 상태를 취할지 말지'의 이항변수는 평균값으로 집약하는 양적변수보다도 취할 수 있는 분포의 형상이나 분산 범위가 제한되어 있으므로 어느 정도는 데이터 수가 적더라도 정규분포에 수렴하기 쉽다. 그러므로 10건이나 20건밖에 데이터가 없는 상황이 아니라면 z 검정을 사용하는 타당성을 그다지 신경 쓰지 않아도 된다.

좀 더 상세하게 말하자면 두 그룹이 어느 상태를 취하는지의 비율에 차이가 없다는 귀무가설의 상황에서 '그룹별'×'어느 상태를 취할까 말까'라는 분할표를 만들 경우 어떤 칸에도 가급적 10, 최저 5 이상의 숫자가 들어가는 경우는 z 검정을 해도 문제없다는 것이 관례적으로 허용되는 기준이다.

예를 들면 앞에서 살펴본 체육 동아리와 기타 동아리 출신자의 출세율이라는 상황으로 말하면 30명씩 분류된 두 그룹에서 그룹을 합계한 전체의 출세율이 40%인 경우, 그룹 간 출세율에 차이가 없다는 귀무가설 아래서는 모든 칸에 10 이상의 값이 들어가기 때문에 문제 없다〈도표 2-18〉.

두 그룹을 합친 전체 출세율이 단 1%밖에 되지 않는 경우 '귀무가설 아래서 모든 칸에 최저 5 이상'이라는 조건을 채우려면 각

도표 2-18 귀무가설 아래서의 분할표(z 검정용)

	과장 이상	직급 없음	합 계
체육 동아리 출신	12명 (40%)	18명 (60%)	30명
기타 동아리 출신	12명 (40%)	18명 (60%)	30명
합 계	24명 (40%)	36명 (60%)	60명

도표 2-19 귀무가설 아래서의 분할표(비z 검정용)

	과장 이상	직급 없음	합 계
체육 동아리 출신	3명 (1%)	297명 (99%)	300명
기타 동아리 출신	3명 (1%)	297명 (99%)	300명
합 계	6명 (1%)	594명 (99%)	600명

그룹에 데이터가 500명씩 없으면 z 검정에서의 정규분포로의 수렴은 적절하지 않게 된다. 예를 들면 각 그룹에 300명이 있더라도 출세자가 전체에서 6명밖에 없다면 z 검정에 맞는 데이터가 아니라고 할 수 있다〈도표 2-19〉.

이런 상황이 신경 쓰인다면 피셔의 정확검정 혹은 피셔의 직접확률검정을 사용하는 방법이 있다. '정확' 혹은 '직접확률'이란 정규분포로의 수렴이 아니라 정확한 확률 계산을 사용하여 p-값을 산출한다는 의미다. 두말할 필요도 없이 이 분석방법의 발명자는 피셔다.

예를 들면 〈도표 2-20〉처럼 체육 동아리 출신자 6명 중 4명이 과장 이상으로 출세하였고 기타 동아리 출신자 4명 중 1명이 출세했다는 데이터가 얻어진 경우를 생각해보자. 체육 동아리의 출세율은 66.7%(=4/6), 기타 동아리의 출세율은 25%(=1/4)로 체육 동

도표 2-20 피셔의 정확검정이 필요한 상황

	과장 이상	직급 없음	합 계
체육 동아리 출신	4명 (66.7%)	2명 (33.3%)	6명
기타 동아리 출신	1명 (25%)	3명 (75%)	4명
합 계	5명 (50%)	5명 (50%)	10명

아리 출신자의 출세율이 41.7% 높다. 이 차이는 과연 우연한 불규칙성에 의해 생긴 것이라고 말할 수 있을까?

피셔의 정확검정은 이를테면 고등학교에서 배우는 '빨간 구슬이 6개, 흰 구슬이 4개, 총 10개의 구슬로부터 5개의 구슬을 꺼냈을 때 빨강이 4개 이상 될 확률은 얼마인가' 하는 문제와 완전히 똑같다〈도표 2-21〉.

물론 이 경우 빨간 구슬이란 체육 동아리 출신자 6명, 하얀 구슬이란 기타 동아리 출신자 4명이고, 양쪽을 포함하는 집단에서 '출세자'가 임의로 5명 정해졌다는 귀무가설을 생각하고 있다. 이 상황에서 각 조합의 확률을 계산하고 합계함으로써 실제 얻어진 데이터의 정도 혹은 그 이상의 편중이 생길 확률, 즉 p-값을 직접적으로 계산하는 것이다.

실제 계산하는 방법은 권말을 참고하고【보충 10】 결과만을

도표 2-21 피셔의 정확검정

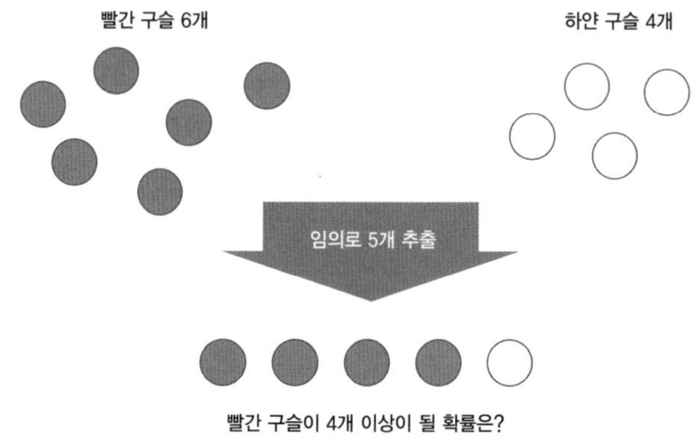

살펴보면 출세자 5명 중 4명 이상이 체육 동아리 출신자가 되는 p-값은 26.2%(총 252가지 방법 중 4명이 체육 동아리인 경우는 60가지로 23.8%, 5명 전원이라면 여섯 가지로 2.4%)다. 다만 이것은 체육 동아리의 출세율이 높은 경우만을 생각하는 단측검정 p-값이라는 점에 주의하자.

체육 동아리의 출세자 수는 1~5명까지 가능성이 있지만, 이 모든 상황이 일어날 수 있는 확률을 나타내면 〈도표 2-22〉처럼 된다. 이 가운데 귀무가설 아래서 가장 일어나기 쉬운 결과는 당연히 체육 동아리 6명 중 3명(50%)이 출세하고, 기타 동아리 4명 중 2명(50%)이 출세하는 정중앙의 상황이지만, 체육 동아리의 출세자가 4명 이상이 될 확률은 오른쪽 확률만을 생각하는 단측검정이다.

양측검정으로 생각하면 어느 쪽 출세율이 높은지를 불문하고

도표 2-22 단측검정과 양측검정

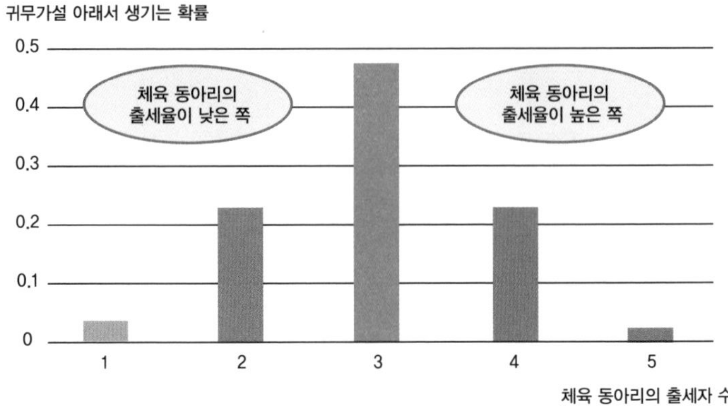

'실제 얻어진 데이터 또는 그 이상으로 귀무가설 아래서 일어나기 어려운 상황'의 확률을 모두 더해야만 한다. '출세자 5명 중 4명이 체육 동아리 출신'이라는 실제 얻어진 조합이 우연히 얻어질 확률은 23.8%(=60/252)이지만, 이 이하의 확률로밖에 일어나지 않는 상황으로서 '출세자 5명 중 2명만이 체육 동아리 계열(60/252=23.8%)'과 '출세자 5명 중 1명만이 체육 동아리 계열(6/252=2.4%)'이라는 왼쪽 부분도 모두 더한다. 그 결과 얻어진 총 52.4%(=체육 동아리 계열의 출세자가 5명이 되는 2.4%+4명이 되는 23.8%+2명이 되는 23.8%+1명이 되는 2.4%)가 양측검정 p-값이다.

다시 말해 단 10명의 데이터에서 실제 얻어진 데이터 혹은 그 이상으로 일어나기 어려운 체육 동아리와 기타 동아리 출신자의 출세율 차이가 우연히 얻어질 확률은 52.4%라는 것이다. 이처럼

2회에 1회 이상의 확률로 우연히 생기는 정도의 차이라면 당연히 '어쩌다가 그렇게 되었을 뿐인지도 모른다'며 의심하는 편이 나을 것이다.

■ t 검정에 대해 알아두어야 할 최소한의 것

이와 같이 t 검정이나 피셔의 정확검정을 사용하면 적은 데이터를 가지고도 평균과 비율의 차이가 우연한 범위인지, 의미가 있는 것인지 올바르게 판단할 수 있다.

전문서적으로 통계학 공부를 본격적으로 시작하면 t 검정이나 피셔의 정확검정 설명은 반드시 나오지만, t 검정 자유도나 카이제곱분포와의 관계 등에 대해 수학적으로 이해하기는 대단히 어렵다. 그러나 수백에서 수천 건 이상의 데이터를 컴퓨터로 분석하는 현대인이라면 최소한 아래와 같은 내용들은 기억해둘 필요가 있다.

- t 검정에 의하면 수십 건 정도의 데이터로도 정확하게 z 검정을 할 수 있으며, 수백에서 수천 건의 데이터가 있을 경우 t 검정과 z 검정의 결과는 일치한다.
- t 검정은 z 검정과 같이 '평균값 차이'가 '평균값 차이의 표준오차'의 몇 배인가를 생각하고 그것이 어느 정도 존재하기 어려운지를 밝히기 위해 p-값을 구한다.
- 피셔의 정확검정은 '조합의 수'를 사용하여 수십 건 정도의 데이터

로도 정확하게 비율의 차이에 의미가 있는지를 알기 위해 p-값을 구한다.

아울러 이 책의 권말에도 t 분포와 카이제곱분포의 관계에 관해서 해설해놓았는데, 고지마 히로유키가 펴낸《완전 독학 통계학 입문》이라는 책은 거의 책 전반에 걸쳐 친절하게 t 분포의 도출을 설명하고 있다. t 검정의 배경을 수학적으로 이해하고 싶은 사람이라면 먼저 위 책을 참고하는 편이 나을지도 모른다.

10
다중검정과 덜렁이 처방전

z 검정 외에 소수의 데이터를 위한 t 검정과 피셔의 정확검정을 자유자재로 다룰 줄 알면 양적변수에 대한 평균값 차이나 질적변수에 대한 비율 차이에 관해서도, 그것이 우연한 범위라고 말할 수 있는지 판단할 수 있다.

이제 셋 이상 그룹 간에 평균과 비율 차이를 검정하려면 어떻게 하는지 살펴보자. 지금까지는 '체육 동아리 출신인가 아닌가'의 두 그룹 간 평균과 비율 차이를 생각했는데 세상의 모든 문제가 두 그룹 비교만으로 해결될 리는 없다. '체육 동아리 출신자', '조기축구 출신자', '스포츠 무경험자' 등 세 그룹 사이에서 평균 보너스 수령액이나 출세율을 비교하여 생각해보자.

통계학에는 물론 세 그룹 이상을 비교하기 위한 별도의 분석방법이 있다. 세 그룹 이상의 평균값 차이에 대해서는 피셔의 **분산분석**을 사용하는 것이 좋다. '다른 그룹 간 평균값의 불규칙성을 나타내는 분산과 그룹 안에서 얻어진 값의 불규칙성을 나타내는 분산의 비교를 통해 z 검정이나 t 검정과 마찬가지로 그룹 간 평균값 차이가 어느 정도인지 p-값을 산출할 수 있다.

세 그룹 이상의 비율 차이는 카이제곱분포를 그대로 사용하는 카이제곱검정이 있다. 피어슨이 만든 분석방법으로 지금까지 생각했던 2×2 분할표에서만이 아니라 셋 이상 그룹 분할표의 편중이 우연히 생기는 수준인지 아닌지 알 수 있다. 〈도표 2-23〉은 세 그룹 중에서 몇 %나 되는 사람이 직무에 '매우 만족/만족/불만족/매우 불만족'이라고 응답했는지 그 결과를 나타낸 것이다. 이를 바탕으로 우연이라 생각하기 어려운 편중이 존재하는지를 판단할 수 있다. 지금까지 살펴보았듯이 두 그룹 간에 '어느 상태를 취하는가/취하지 않는가'라는 비율 차이를 생각할 때는 z 검정과

도표 2-23 세 그룹의 직무 만족도

	매우 만족	만족	불만족	매우 불만족	합 계
체육 동아리 출신	19명 (19%)	58명 (58%)	20명 (20%)	3명 (3%)	100명
조기축구 출신	22명 (11%)	116명 (58%)	50명 (25%)	12명 (6%)	200명
스포츠 무경험	12명 (8%)	90명 (60%)	36명 (24%)	12명 (8%)	150명

카이제곱검정 p-값이 완전히 일치했는데 그 증명은 권말의【보충 11】을 참고하기 바란다.

■ 분산분석과 카이제곱검정이 비즈니스에서 별로 사용되지 않는 이유

둘 다 비즈니스의 의사결정에 별 도움이 되지 않는다. 그 이유는 분산분석에 의해 검정할 수 있는 귀무가설이 '모든 그룹 간 평균값 차이가 전혀 없거나' 혹은 '모든 그룹 평균값은 사실상 완전히 동일'한 것이기 때문이다. 다시 말해 분산분석을 한 결과 p-값이 적어졌다는 것은 '모두 동일하다고 말할 수는 없다'는 정보를 나타내는 데 불과하다. 그러면 비즈니스맨들은 '구체적으로 어떤 그룹과 어떤 그룹 사이에 차이가 있는가?' 하고 물을 것이다.

카이제곱검정도 마찬가지로 p-값이 적다는 것은 '모든 그룹에 각 응답 카테고리의 비율이 전부 같다고 한정할 수 없다'는 사실만을 나타낸다. 더욱이 카이제곱검정은 그룹이 셋 이상 있는 경우뿐만 아니라 '매우 만족/만족/불만족/매우 불만족'같이 선택항목이 여럿 있을 때도 사용할 수 있지만 구체적으로 어느 그룹이 서로 다르며 일부 그룹에만 '매우 만족'이 많은지 '매우 만족'의 비율이 전 그룹에 골고루 섞여 있는지 같은 의문은 해결해주지 못한다.

예를 들어 체육 동아리 출신자의 보너스 평균액(즉 실적평가)이 가장 높고 다음으로 조기축구 출신자, 마지막으로 스포츠 무경험자의 순서로 이어진다고 가정하자〈도표 2-24〉.

도표 2-24 세 그룹 간 보너스 평균 지급액 비교

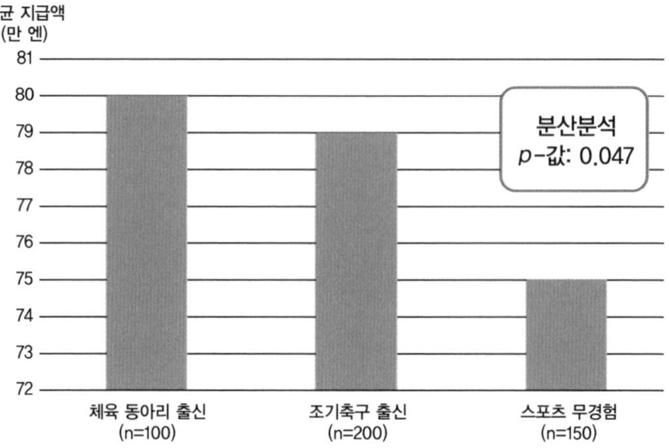

분산분석 p-값은 '그룹 간 평균 보너스가 완전히 동일하다고는 생각하기 어렵다'는 결과를 나타낸다. 그렇지만 이를 바탕으로 앞으로 체육 동아리 출신자만 뽑아야 하는지, 운동 경험만 있으면 조기축구 출신자라도 상관없는지 판단하기가 불가능하다. 조기축구 출신자의 보너스 수령액은 스포츠 무경험자 그룹보다 체육 동아리 출신자에 가깝다며 평균값만 보고 판단한다면 가설검정을 하지 않고 판단하는 것과 별반 다르지 않다.

■ t 검정이나 카이제곱검정의 단순한 반복이 의미하는 것

그렇다면 분산분석이 아니라 t 검정 등을 사용하는 '두 그룹 간 검정'을 여러 차례 반복하는 것은 어떨까. 예를 들어 세 그룹 간의 비교라면 ① 체육 동아리-조기축구, ② 조기축구-스포츠 무경험, ③ 스포츠 무경험-체육 동아리의 세 경우에서 그룹 간 비교를 하면 모든 그룹 간에 의미 있는 차이를 보이는지 알 수 있다〈도표 2-25〉. 차이가 당연히 큰 체육 동아리-스포츠 무경험자 사이에서는 유의한 차이가 아닌 반면 그보다는 차이가 작은 조기축구-스포츠 무경험 사이에서는 5%를 밑도는 유의한 차이를 보이고 있다. 이 같은 결과는 인원수 크기 때문이다. 그래서 평균값만의 차이로 판단하기는 어려운 일이다.

이처럼 '어떤 그룹 간에 유의한 차이가 생겼는가'라는 결과 쪽이 '모두 같다고는 한정할 수 없다'는 분산분석보다 더 유용하다. 마찬가지로 카이제곱검정이라면 선택항목 간 비교로 '구체적으로 어느 그룹이 어떻게 다른가'에 대답할 수 있다〈도표 2-26〉.

도표 2-25 두 그룹 간 검정 반복

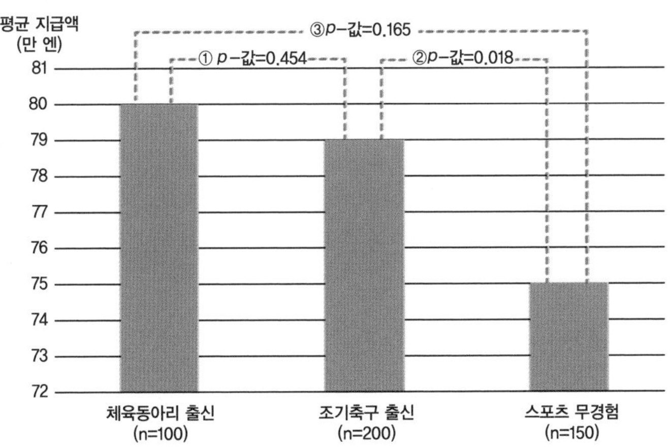

그러나 세 그룹 정도라면 상관없지만 이것이 세대별 비교였다면 어떨까. 10대, 20대, 30대, 40대, 50대, 60대 등 여섯 세대 모두에서 '어떤 그룹 사이의 차이에 의미가 있는가'를 알려면 마치 미로를 헤매는 것처럼 복잡하게 열다섯 가지나 되는 p-값을 제시해야 한다〈도표 2-27〉. 15는 여섯 세대에서 2개를 선택하는 '경우의 수'인데 열 그룹이라면 45가지나 되는 p-값을 검토해야 한다. 또 카이제곱검정으로 비율을 구하는 방법을 세 종류 생각했다면 p-값의 개수는 3배로 더 늘어나 135개나 필요하게 된다.

이는 참으로 귀찮은 일인데다가 이해하기도 어렵고 잘못된 판단을 할 수도 있다. p-값이 5% 미만이라는 것은 '덜렁이가 될 위험성'을 5% 이내로 억제하자는 의미라고 이미 밝힌 바 있다. 즉 어느 데이터로부터 단 하나의 p-값을 생각하고 그것이 5% 미만이면 의미 있는 차이로서 주목한다는 자세를 가지는 한, 우리는 95%의 확률로 '덜렁이가 되지는 않을 것'이다.

그러나 동전 던지기처럼 독립된 p-값을 두 가지 생각하고 5% 미만이라는 것에 관해서는 의미 있는 차이로서 주목한다는 사고방식으로 '덜렁이의 실수를 저지르지 않을 확률'은 95%의 제곱인 90.25%다. 나아가 3개의 p-값을 구한다면 95%의 3제곱으로 약 85.74%, 계속해서 100의 p-값으로 판단했을 경우 덜렁이의 실수를 저지르지 않을 확률은 0.59%밖에 되지 않는다. 다시 말해 판단에 사용하는 p-값이 많을수록 덜렁이 리스크가 상승된다.

도표 2-26 카이제곱검정을 사용한 분석

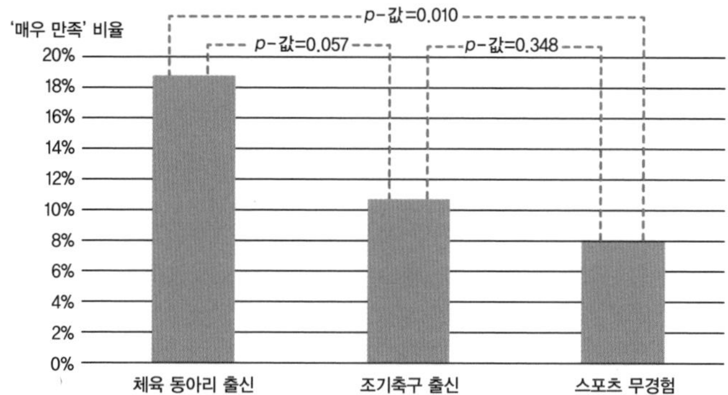

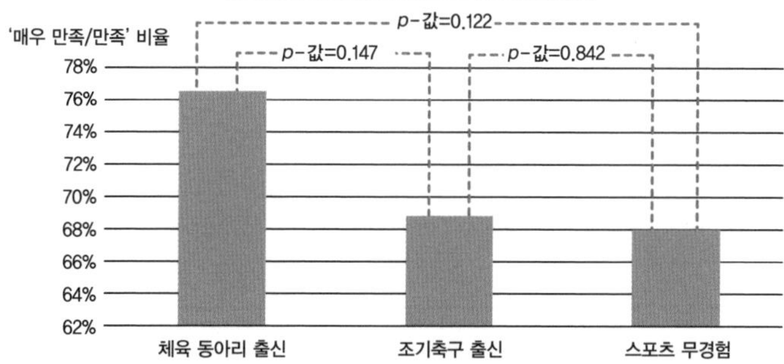

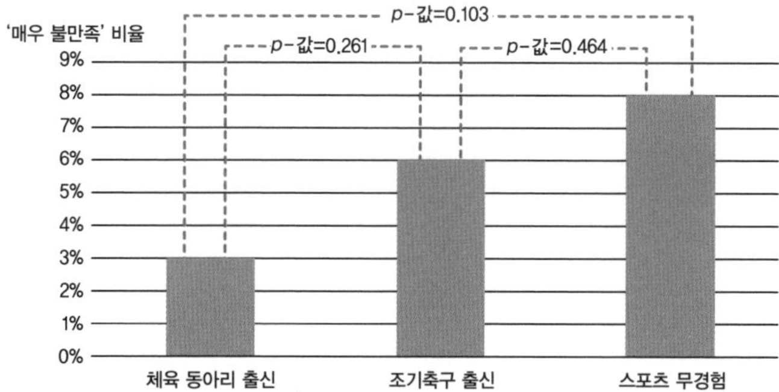

도표 2-27 여섯 세대를 비교한 p-값

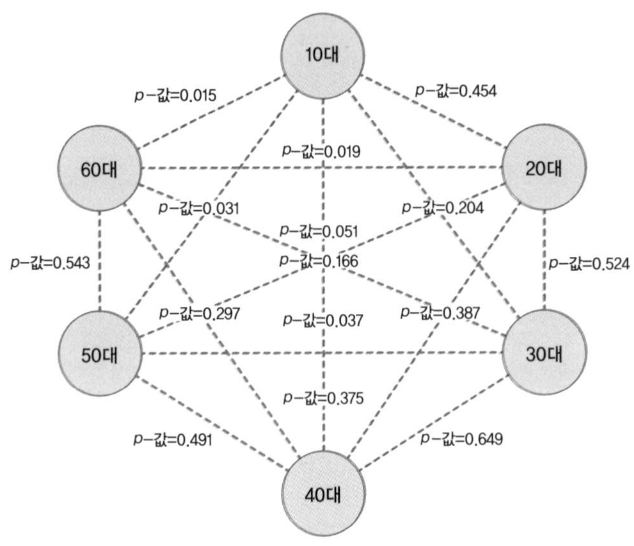

■ 처방전 ① 본페로니 방법

위와 같은 상황을 줄이는 방법은 크게 세 가지다.

첫 번째는 여러 가설검정을 한 다음 최종적으로 '덜렁이 리스크'를 5%로 유지하기 위해 상응하는 통계 분석방법을 사용하는 접근법이다. 단순하게 다수의 검정만 반복하면 덜렁이 리스크가 상승하는데 이를 전문용어로 검정의 다중성이라고 부른다. 여러 그룹 간에 다수의 비교를 하는 것 자체는 다중비교다. 통계학에는 다중비교 분석방법이 여러 가지 있는데 이를 이용하면 '덜렁이 리스크'를 5% 이내로 유지할 수 있다.

가장 간단한 다중비교법은 p-값별로 '유의인가 아닌가'의 판단기준으로 '5%라는 유의수준을 검정한 횟수로 나눈 값'을 사용하는 것이다. 즉 5회의 검정을 하면 각각의 p-값은 1% 미만인지 아닌지의 기준으로, 10회라면 0.5% 미만인지 아닌지로 판단한다. 이 방식은 발명자의 이름을 따서 본페로니 방법이라 부른다. 이를 통해 최종 덜렁이 리스크가 5% 이내로 유지되는 증명은 권말에 자세히 설명해놓았다【보충 12】. 1% 미만인가 아닌가로 판단한다면 한 번의 검정으로 '덜렁이 실수를 저지르지 않는 확률'은 99%이고 이것을 동전 던지기와 같이 5번 반복할 경우 '단 한 번도 덜렁이 실수를 저지르지 않는 확률'은 99%의 5제곱인 95.1%다. 즉 다섯 번의 검정을 사용해 저지르는 덜렁이 리스크는 4.9%이니 무사히 5% 이내를 유지한 셈이 된다.

다만 본페로니 방법에 의해 덜렁이 리스크가 통제되었다고 해도 무제한 검정을 해도 되는 것은 아니다. 100회의 검정을 했다면 p-값 0.05% 미만이라는 것만 '유의차'로 인정받기 때문이다. 이는 덜렁이 리스크를 너무 신경 쓴 나머지 반대로 '멍청이 리스크'를 상승시켜버리는 꼴이다. 본페로니 방법보다 좀 더 복잡한 방식을 사용하면 덜렁이 리스크를 5% 이내로 유지하면서 멍청이 리스크도 억제할 수 있기는 하다. 하지만 분석 전문가끼리라면 모를까, 일반 기업 회의에서는 '벤저민-호크베르그 방법(벤저민과 호크베르그가 고안한 다중비교를 위한 p-값)에 근거하여 이 p-값은 유의하다고 생각합니다'라고 보고하는 게 좋은 커뮤니케이션이라고 보기는 어렵다. 어쩌면 '검정 횟수로 5%를 나눠 판단한다'는 단순한 본페로니 방법조차도 사람들은 그게 뭐냐며 어리둥절해할 것이고 설명하자면 이야기가 길어진다. 그래서 다음에 등장할 두 방식을 눈여겨보기 바란다.

■ 처방전 ② 기준 카테고리를 하나 정한 다음 비교한다

모든 경우의 수로 비교하면 그룹의 수가 늘어남에 따라 폭발적으로 p-값의 수가 증가한다. 이런 불편을 없애기 위해 기준이 되는 그룹(기준 카테고리라고 부른다)을 하나 정한 다음 비교하는 방식이 두 번째 처방전이다. 이렇게 되면 그룹 수가 하나 늘 때마다 검정 횟수도 하나씩만 늘기 때문에 p-값의 수가 상당히 준다. 열 그룹의 모든 경우의 수를 비교하면 45회의 검정이 필요하다고 이미 말했지만, 하나의 기준 카테고리와 나머지 아홉 그룹과의 차이를 생각하면 9회의 실행만으로 해결된다. 아울러 본페로니 방법을 사용하더라도 검정 횟수가 주는 만큼 '멍청이 리스크'가 늘지 않기 때문에 이 방식을 병용하는 것이 좋다.

기준 카테고리는 수학적으로 어느 것을 선택해도 상관없지만 '보통 그룹', 즉 데이터 전체에서 차지하는 비율이 높고 누구에게나 이미지가 떠오르기 쉬운 집단을 선택해야 결과도 알기 쉬워진다. 어느 화장품의 구매금액을 비교할 때 화장품을 그다지 살 것 같지도 않은 '50대 남성'을 기준으로 삼고 '50대 남성과 비교하여

60대 남성의 구매금액은 유의하게 낮다'든가 '50대 남성과 비교하여 30대 여성의 구매금액은 유의하게 높다'고 한들 이미지가 한번에 다가오지 않는다. 그러나 20대 여성을 기준으로 삼고 '20대 여성과 비교하여 10대 여성의 구매금액이 유의하게 높다'고 하면 이 상품은 의외로 젊은층에서 반응이 좋지 않은가 하는 이미지를 떠올리기 쉽다. 또 기준 카테고리에 해당하는 인원수나 건수가 어느 정도 확보돼 있으면 평균값 차이의 표준오차가 적어지고 유의한 p-값을 찾아내기 쉬운 이점도 있다.

■ 처방전 ③ 탐색적 p-값과 검정적 p-값을 적절히 사용한다

마지막 세 번째는 '탐색적 p-값과 검정적 p-값을 나눠 생각하는 방식'인데 셋 중 가장 중요하다.

다양한 분류 방법과 항목을 포함하는 데이터에서 뭔가 비즈니스로 직결되는 아이디어를 찾고자 할 때 처음부터 미리 '덜렁이 리스크'를 신경 쓰다 보면 결국 아무것도 발견하지 못할 수도 있다. 그래서 p-값을 기준삼아 이익으로 연결될 만한 새로운 아이디어를 탐색하려는 목적과 그 결과로 얻어진 아이디어는 진정 이익을 창출할 수 있는지 검정해야 한다. 이처럼 2개의 전혀 다른 목적 아래서 p-값의 사용방법을 생각해야 한다.

탐색 단계에서는 검정 다중성에 의한 '덜렁이 실수를 저지를 위험성'뿐 아니라 그에 앞서서 '애당초 임의화된 데이터는 아니었다'는 한계도 감안해야 한다. 체육 동아리 출신자는 기타 동아리 그룹과 비교해 유의하게 보너스 수령액이 많다는 해석 결과가 얻어졌더라도 '스포츠 경험에 의해 인간성이나 능력이 커져 그것이 보너스에 반영되었다'는 해석이 올바르다고 단정할 수는 없다. 체육 동아리 출신자는 영업직 등 실적에 따라 보너스가 지급되는 직종에 배치되기 쉬운 반면, 그렇지 않은 사람들은 총무나 경리 등 업무가 보너스 산정에 반영되기 어려운 직종에 몰려 있을 수도 있다. 이런 왜곡과 편중만 있어도 유의차는 얼마든지 생길 수 있다.

통계 해석 결과를 활용하려면 최종적으로 '아이에게 스포츠를 가르치면 장래 성공할 수 있을까?', '우리 회사는 체육 동아리 출신자를 많이 채용하기 때문에 실적이 오르는 것인가?', '자신이 어떤 행동이라도 취하면 그에 따르는 이득이 있는가?' 따위를 질문하고 그에 대한 답을 찾을 필요가 있다. 그러나 문제는 이미 축적돼 있는 데이터만으로 분석하는 경우가 대다수라는 점이다. 임의화되어 있지 않은 한계 때문에 앞으로 어떻게 해야 하는가의 실마리는 얻어질지언정 절대적인 해답은 찾아내지 못한다.

실마리를 찾는 시점에서는 어디까지나 '탐색'이라는 마음가짐으로 무조건 p-값이 5% 미만인, 단지 우연이라며 기각하기 힘든 관계성을 찾는다. 적어도 이 시점에 p-값을 사용하면 단지 우연일 수밖에 없는 평균과 비율의 차이를 믿음으로써 생기는 덜렁이 리스크만큼은 없앨 수 있다. 그리고 얻어진 결과 중 '이렇다 할 만한 것'이 있으면 그것을 검정한다. 가장 좋은 방법은 임의화 비교실험이지만 그렇지 못하더라도 가급적 결과를 왜곡시키는 요인을 조정할 수 있는 분석방법을 사용한다. 또 검정 다중성이 일어나지 않도록 p-값의 판단기준을 세워야 하며 어쩔 수 없이 검정을 여러 번 해야 한다면 다중성을 교정하여 덜렁이 리스크를 억제하도록 최대한 노력해야 한다.

'검정 다중성'의 위험을 숙지할 필요는 있겠지만 탐색 시점에 굳이 본페로니 방법을 사용할 필요는 없다. 신중한 판단이 요구되는 상황이라 본페로니 방법을 사용했는데도 유의한 수준의 p-값을 얻는 데 그칠 가능성이 높기 때문이다.

이상의 내용을 배웠으니 이제 그룹 간 평균과 비율의 차이 비교에 관해서는 실용상 문제가 없을 것이다. 다음 장부터는 그룹별로 분류하는 형태가 아닌 경우 어떻게 통계 해석을 하고 임의화할 수 없는 경우에는 결과를 왜곡시키는 요인을 어떻게 조정하는지 살펴볼 것이다.

제3장

통찰의 왕이 되는 분석방법들

- 다중회귀분석과 로지스틱 회귀분석

11
통계학의 왕도 '회귀분석'

지금까지 배운 내용을 활용하면 아웃컴이 양적인 수치로 표현되든 질적으로 분류되든 그룹 간 우연이란 말하기 어려운 수준의 차이가 있는지 없는지 생각할 수 있다.

서두에서 '아웃컴(결과)과 설명변수(원인) 사이의 인과관계를 통찰하는 것'이 이 책의 큰 틀이라고 밝혔는데, 그룹(원인)에 의해 아웃컴(결과)이 좌우되는 것은 아닌가 하는 것은 남녀나 출신 같은 질적 설명변수를 생각한다는 것과 같은 뜻이다. 설명변수와 아웃컴이 모두 질적인 경우 z 검정이나 카이제곱검정으로 아웃컴의 비율을 비교한다. 설명변수는 질적이고 아웃컴은 양적인 경우 z 검정이나 t 검정으로 아웃컴의 평균값을 비교한다. 그렇다면 설명변수가 양적인 경우 어떤 분석을 하는 것이 좋을까〈도표 3-1〉?

물론 하려고만 들면 양적 설명변수와 양적 아웃컴의 관계성을 분할표로 표현할 수는 있다. 어느 시장조사에서 과거 1년 동안의

도표 3-1 설명변수와 아웃컴에 의한 분석방법 정리

		설명변수	
		질적(범주형)	양적(연속형)
아웃컴	질적 (범주형)	비율 차이를 z 검정/카이제곱검정	제3장의 내용
	양적 (연속형)	평균값 차이를 z 검정/t 검정	

내점횟수와 구매금액의 관계성을 분석했다고 치자. 그 결과 연간 내점횟수의 최솟값은 0회이고 최댓값은 50회, 연간 구매금액은 최솟값이 0엔이고 최댓값이 10만 엔이라면 51×100001의 분할표로 표현할 수 있다.

그러나 이와 같은 분할표를 실제 만들 리는 없다. 총 500만 개가 넘는 칸에 해당하는 사람이 거의 없어서 대다수 0의 값만 들어가기 때문이다. 이론적으로는 분할표에 대해 카이제곱검정을 사용하지 못하는 것은 아니지만 인원수를 상당히 늘리더라도 '귀무가설 아래서 모든 칸에 5~10 이상의 값이 들어간다'는 조건은 충족시키기가 어렵다. 게다가 이렇게 황당한 표는 사실 어느 누구도 보고 싶어 하지 않는다〈도표 3-2〉.

그렇다면 어떻게 해야 할까. 자주 쓰이는 현실적인 해결책은 0~50회라는 설명변수를 0~10회/11~20회/21~30회/31~40회/41~50회같이 다섯 그룹으로 나누고, 또 아웃컴도 2만 엔씩

도표 3-2 약 500만 칸의 분할표

		연간 내점횟수						
		0	1	2	…	48	49	50
연간 구매금액	0엔	253명	0명	0명	…	0명	0명	0명
	1엔	0명	0명	0명	…	0명	0명	0명
	2엔	0명	0명	0명	…	0명	0명	0명
	3엔	0명	0명	0명	…	0명	0명	0명
	…	…	…	…	…	…	…	…
	99.997엔	0명	0명	0명	…	0명	0명	0명
	99.998엔	0명	0명	0명	…	0명	0명	0명
	99.999엔	0명	0명	0명	…	0명	0명	0명
	100.000엔	0명	0명	0명	…	0명	0명	0명

잘라 다섯 그룹으로 나누는 방법이다. 이렇게 하면 〈도표 3-3〉과 〈도표 3-4〉처럼 5×5 분할표에 값을 넣을 수 있다. 이러면 사람들의 관심을 끌고 '귀무가설 아래서 모든 칸에 5~10 이상'이라는 조건도 충족시킨다. 따라서 카이제곱검정에 의해 '설명변수와 아웃컴 사이에 우연이라고는 말하기 어려운 관련성이 있는지'를 생각할 수도 있다.

실제 이와 같은 분할표 결과에 카이제곱검정을 하면 p-값은 0.001미만인 결과가 얻어진다. 다시 말해 '내점횟수와 구매금액 사이에 아무런 관련도 없다'는 귀무가설이 옳을 경우 우연히 이 같은 결과가 얻어질 확률은 현저하게 낮다는 것이다.

도표 3-3 **재정리된 5×5 분할표**(실제 데이터)

		연간 내점횟수					합 계
		0~10회	11~20회	21~30회	31~40회	41~50회	
연간 구매금액	0~2천엔	796명	254명	44명	1명	0명	1095명
	2~4천엔	129명	319명	259명	59명	4명	770명
	4~6천엔	7명	70명	231명	252명	101명	661명
	6~8천엔	0명	2명	23명	138명	229명	392명
	8~10천엔	0명	0명	1명	13명	68명	82명
	합 계	932명	645명	558명	463명	402명	3000명

도표 3-4 **재정리된 5×5 분할표**(귀무가설이 올바를 경우 마땅히 얻어지는 데이터)

		연간 내점횟수					합 계
		0~10회	11~20회	21~30회	31~40회	41~50회	
연간 구매금액	0~2천엔	340명	235명	204명	169명	147명	1095명
	2~4천엔	239명	166명	143명	119명	103명	770명
	4~6천엔	205명	142명	123명	102명	89명	661명
	6~8천엔	122명	84명	73명	60명	53명	392명
	8~10천엔	25명	18명	15명	13명	11명	82명
	합 계	931명	645명	558명	463명	403명	3000명

그렇지만 앞 장에서도 이미 말했듯이 카이제곱검정의 p-값에 의해 '내점횟수와 구매금액 사이에 아무런 관련이 없다는 것은 생각하기 어렵다'는 사실만 드러나서는 결국 어떤 행동을 해야 하는

지 판단하기가 쉽지 않다.

반대로 양적 설명변수와 양적 아웃컴의 관계성에 어떤 정보가 얻어진다면 우리가 의미 있는 행동을 할 수 있을까?

예를 들어 '양적 설명변수를 늘리는 게 좋은지 줄이는 게 좋은지 혹은 늘려도 줄여도 상관없는지'를 알면 설명변수를 늘리거나 줄이거나 혹은 신경 쓰지 않는 등의 행동을 할 수 있다. 이는 양적 설명변수와 양적 아웃컴의 관계성 중에서 가장 단순한 것이다.

내점횟수가 늘수록 고객 1명의 총 구매금액이 오른다면 당연히 내점횟수를 늘리기 위해 노력해야 한다. 반대로 내점횟수가 늘수록 고객 1명의 총 구매금액이 떨어지는 경우도 있을 수 있다. 대다수 우량고객은 어쩌다 한 번 내점하더라도 대량으로 쇼핑하지만 자주 내점하는 고객 중에는 아무것도 사지 않거나 할인 행사 상품만 골라 사는 고객이 있을 수도 있기 때문이다. 이런 상황이라면 '내점횟수를 늘리는 방법'이 오히려 악영향을 끼칠지도 모른다.

이처럼 분할표 분석을 하면 500만 개 이상의 칸이 필요한 데이터라도 결국 우리는 '설명변수를 늘리는 게 좋은지 줄이는 게 좋은지' 같은 별 도움도 되지 않는 대략적인 행동밖에는 할 수 없다. 그렇다면 그 대략적인 행동을 위해서라면 애당초 '양적 설명변수가 늘 때마다 평균적으로 얼마만큼 아웃컴이 느는가/주는가'라는 경향성을 나타내는 분석방법을 쓰는 게 나을지도 모른다. 그것이 바로 이번 장에서 설명하게 될 회귀분석이다.

■ 산포도와 회귀직선으로 '경향'을 파악한다

앞에서 제시한 리서치 결과를 바탕으로 가로축에 내점횟수를, 세로축에 구매금액을 잡고 그래프로 만들었더니 〈도표 3-5〉와 같은 그림이 얻어졌다. 이처럼 가로 세로축에 양적 항목을 잡고 점을 그려넣은 그래프를 전문용어로 산포도라고 한다. 산포도를 보니 내점횟수가 많은 고객이라 해서 아무것도 사지 않거나 할인행사 상품만 골라 산 것이 아니고 구매금액도 제법 많다는 사실을 알 수 있다. 이제 이 그래프를 보았을 때 느끼는 '왠지 모르게 내점횟수가 많을수록 구매금액도 많다'는 사실에 수학적 뒷받침을 하고 구체적으로 '얼마나 금액이 많아지는 경향'이 있는지 표현할 수만 있으면 된다.

도표 3-5 내점횟수와 구매금액 산포도

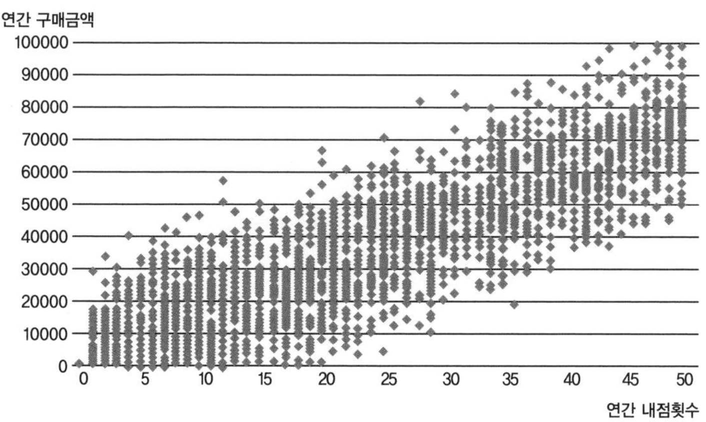

어떻게 해야 객관적으로 '경향성'을 표현할 수 있을까. 우리는 이미 그 방법을 알고 있다. 1장에서 가우스는 불규칙성이나 오차를 포함하는 데이터에서 '거기서 벗어난 값의 제곱합'을 최소화하는 점을 '참값'의 추정값으로 보는 것이 좋다는 최소제곱법을 생각했다. 그 결과 다수의 데이터의 평균값이야말로 '참값'의 적절한 추정값이라는 결론에 이르렀다는 설명도 했다.

마찬가지로 '경향성을 나타내는 직선과 실제 데이터 값을 벗어난 값의 제곱합'을 최소로 만드는 직선이야말로 가장 타당한 경향성이라고 생각할 수 있다〈도표 3-6〉.

이처럼 최소제곱법을 사용하는 회귀분석에 대해 《통계의 힘》에서 이미 했던 설명을 복습해보기로 하자. 진화론으로 유명한 다윈의 사촌형제인 프랜시스 골턴은 다윈의 아이디어를 마땅히 인

도표 3-6 데이터 값을 벗어난 값의 제곱합을 최소로 만드는 직선

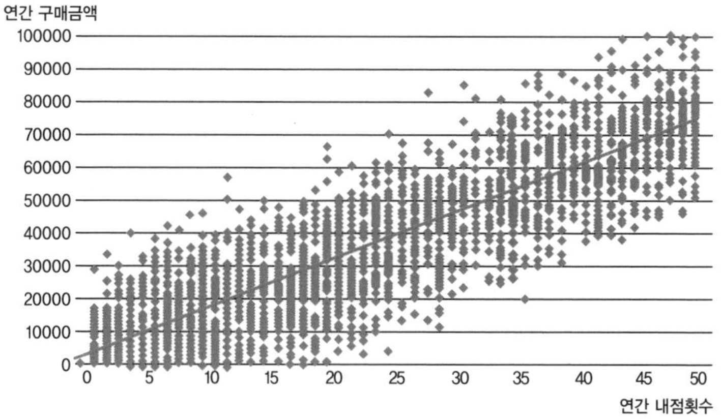

간의 진화에 응용해야 한다고 믿고 부모와 자녀의 키를 잰 데이터를 모아 그 관계성을 분석했다. 부모의 키가 크면 자녀의 키도 크다. 게다가 키가 큰 사람일수록 키 큰 배우자와 결혼하기 쉽다. 한편 부모의 키가 작으면 자녀의 키도 작고 키 작은 사람일수록 키가 작은 배우자와 결혼하기 쉽다고 생각할 수 있다. 이와 같은 경향대로 계속 진행되면 인간은 키가 큰 그룹과 작은 그룹으로 양극화되는 '진화'가 이루어지겠지만 실제도 그렇게 되는가 하는 것이 연구의 주제다.

그러나 사실상 이런 양극화는 적어도 수백여 년 중에는 절대로 일어나지 않는다. 분명 부모의 키가 크면 자녀도 키가 크겠지만 부모의 평균 키만큼 크지는 않다. 반대로 부모의 키가 작으면 자녀의 키도 작겠지만 부모의 평균 키만큼 작지도 않다. 인간을 지배하는 법칙성에는 오차나 불규칙성이 다분히 포함되어 있고, 사람의 키라는 단순한 값에서조차 그런 법칙성이 작용하여 '이론상의 예측값보다 평균값에 가까운 값'이 되기 쉽다.

이런 경향을 나타내는 것이 《통계의 힘》에서도 제시된 바 있는 〈도표 3-7〉인데 점선으로 나타낸 '부모의 평균 키'보다도 실제의 '경향성'을 나타내는 실선의 각도가 완만하다. 골턴은 이것을 평범으로 회귀라 불렀고 이후 통계학자들은 평균값으로 회귀라 부르게 된다. '평균값으로 회귀'가 일어나는 현상에 대한 분석방법이라는 뜻에서 회귀분석의 방법이 생겨난 것이다.

도표 3-7 1000그룹의 가족 키 조사

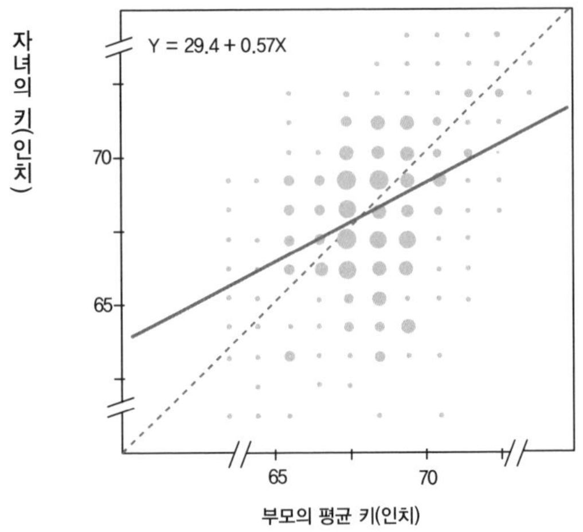

■ **회귀분석으로 '잘 보이지 않는 관계성'의 분석이 가능하다**

최소제곱법을 이용하여 얻은 2개의 양적 항목 간의 경향성을 나타내는 직선(이것을 **회귀직선**이라고 부른다)의 수식(이것을 **회귀식**이라고 부른다)을 실제 구했던 사람은 골턴의 제자인 피어슨이다. 그래서 회귀분석의 발명가로 알려지지만 최소제곱법 계산 자체는 그보다 약 100년 전 가우스에 의해 발견되었다. 또 천문학 분야에서는 이미 천체의 원형궤도(또는 타원형궤도)라는, 회귀직선보다도 더 복잡한 법칙성을 분석할 때 최소제곱법을 사용하였다. 그런데도 왜 그보다 훨씬 단순한 회귀분석을 '발명'이라 하는 것일까.

가우스의 최소제곱법에는 없으면서 골턴과 피어슨의 회귀분석에는 존재하는 가장 큰 차이점은 '잘 보이지 않는 관계성을 분석할 수 있다'는 데에 있다. 언제 밤하늘의 어디에 별이 있었는지 관찰하고 기록하면 누구라도 별이 원을 그리며 움직인다는 사실을 알 수 있다. 가우스의 최소제곱법은 그런 누가 보아도 아는 움직임을 정확하게 수식으로 기술하고 앞으로 언제 어디에 그 별이 존재하는지 예측할 수 있도록 했다.

그러나 부모의 키와 자녀 키의 관계성은 밤하늘과 같은 누구라도 볼 수 있는 면 위에 존재하지 않는다. 분명 부모의 키와 자녀의 키로 산포도를 그리면 뭔가의 경향성은 엿보이지만 굳이 산포도의 가로축에 부모의 키를 둘 이유는 없다. 부모의 수입이나 유소년기의 운동 경험, 지금까지 먹은 빵의 개수도 자녀의 키와 관계 있다. 그 어느 것을 산포도의 가로축에 두든 아무 상관이 없다.

다시 말해 피어슨은 최소제곱법을 밤하늘이라는 구체적인 형태에서 출발하여 어떤 변수로도 나타낼 수 있는 산포도라는 추상적인 것으로까지 확장했다. 그것은 어떤 정보도 일단 수치화하면 관련성을 명백히 할 수 있는 통계학의 만능성으로 승화된다.

12
중학 수학으로 이해하는 회귀직선과 회귀식

그렇다면 실제 회귀식은 어떻게 구하는가.

단순한 예로 다음과 같은 상황을 생각해보자. A, B, C 3명의 영업직원에게 이달의 고객 방문횟수와 성사 계약건수를 물었다. 그 결과 A는 한 번도 방문을 하지 않아 단 1건의 계약도 성사시키지 못했다. B는 2회 방문하고 3건의 계약을 체결했다. C는 4회 방문하여 3건의 계약을 성사시켰다〈도표 3-8〉. 이 결과로부터 방문횟수를 설명변수, 계약건수를 아웃컴으로 경향성을 해석하고 방문 1건을 늘릴 때마다 평균 몇 건의 계약 성사가 기대되는가 하는 부분을 명백히 하고 싶다.

설명변수인 방문횟수를 가로축(X축), 아웃컴인 계약건수를 세로축(Y축)에 두고 산포도를 그리면 〈도표 3-9〉처럼 되고 여기에 회귀직선을 그어 경향성을 해석할 수 있다. 또 중학교에서 배우듯이 X축(가로)과 Y축(세로)으로 나타낸 그래프상의 직선은 Y=aX+b

도표 3-8 영업직원 3명의 방문횟수와 계약건수

	방문횟수	계약건수
A	0회	0건
B	2회	3건
C	4회	3건

도표 3-9 영업직원의 방문횟수와 계약건수 산포도

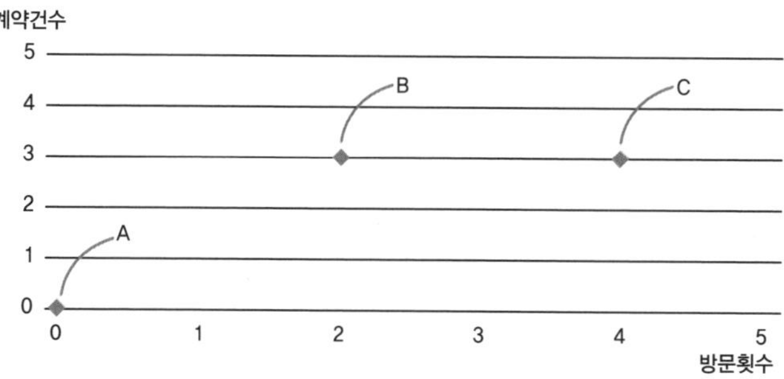

의 식으로 표현할 수 있다. a는 X값이 1 늘 때마다 Y값이 몇 단위 늘어나고 줄어드는지를 나타내는 '기울기'이고 b는 X가 0인 경우 Y가 몇 개가 되는지를 나타내는 '절편'이다.

회귀분석 중에서 특히 중요한 것은 설명변수(X)가 1 늘면 아웃컴(Y)이 몇 단위 늘어나고 줄어드는지를 나타내는 '기울기'인데 이

값을 회귀계수라고 부른다. 회귀직선을 나타내는 수식(회귀식)이 Y=2X+1이라면 '회귀분석의 결과 회귀계수가 2이며 절편은 1이다'라고 말한다.

최소제곱법을 사용하여 회귀직선을 구할 때 어떤 '제곱합을 최소화'하는가 하면, 각각의 점에 대해 '실제의 아웃컴(Y)의 값'과 'X값과 회귀식에서 구해지는 아웃컴(Y)의 예측값'의 세로축 방향 차이의 제곱합을 최소화한다.

예를 들어 회귀직선이 Y=2X+1이라면 B의 계약건수(Y)는 방문횟수(X) 2회와 회귀식에서 2×2+1=5로 추정된다. 회귀식에서 추정된 5건의 계약건수는 실제(3건)보다 2건 많다. 마찬가지로 A의 추정 계약건수는 실제(0건)보다 1건 많고 C의 추정 계약건수는 실제(3건)보다 6건 많다. 이때 벗어난 값의 제곱합을 전문용어로 잔차제곱합이라고 부르는데 이 값이 가장 작아질 때 최량의 회귀직선으로 생각한다.

Y=2X+1이라는, 지금 적당히 정한 회귀직선은 아무래도 실제 계약건수보다 상당히 많게 추정한 것 같아서 도저히 최량이라고 말하기는 어렵다〈도표 3-10〉.

그래서 회귀계수와 절편의 값은 아직 알 수 없으므로 우선 각각을 a, b로 두고 '아웃컴의 회귀직선에 의한 예측값과 실제 값 차이의 제곱합을 최소화하는 a, b의 조합은 무엇인가'를 생각해보면 그것이 곧 회귀분석 결과다. 구체적인 계산은 권말을 참조하고 【보충 13】, 대학에서 배운 '편미분'을 통해 계산하면 a와 b가 각각

도표 3-10 적당히 그린 회귀직선

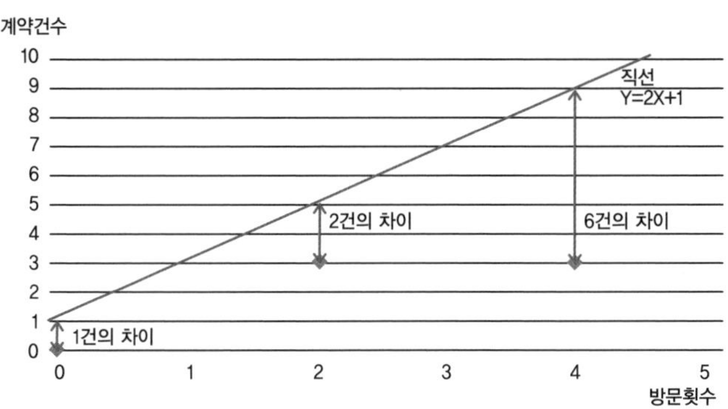

얼마일 때 잔차제곱합이 최소가 되는지 알 수 있다. 학창시절 '사회에 나가면 도대체 무슨 도움이 되지' 하고 의구심을 가졌던 수학 지식들이 통계학의 세계에서는 이처럼 자주 활용된다.

실제 계산해보면 회귀계수(a)가 0.75, 절편(b)이 0.5일 때 잔차제곱합이 최소가 된다. 이때 A와 C의 예측값은 실제보다 0.5건 많고 B는 1건 적다. 이렇게 벗어난 값의 제곱을 모두 더한 잔차제곱합은 1.5가 된다. 회귀계수와 절편으로 나타내는 회귀직선과 회귀직선에서 벗어난 각각의 차이를 앞의 산포도에 기록한 것이 〈도표 3-11〉이다.

이로써 방문횟수가 1회 늘 때마다 평균 0.75건씩 계약이 체결되는 것은 아닌가 하는 경향을 파악할 수 있는데 이것이 피어슨이 고안한 회귀분석 방식이다.

도표 3-11 최소제곱법으로 그린 회귀직선 ①

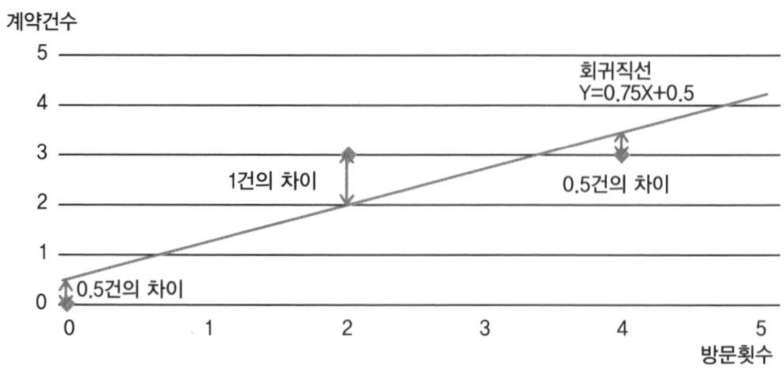

■ **회귀분석에서는 '기울기'의 표준오차를 생각한다**

앞에서 표준오차나 신뢰구간의 중요성을 여러 번 봤던 여러분이라면 결코 이 대답에 만족하지 못할 것이다. '데이터가 단 3건밖에 없는 상황이라면 이것은 우연히 발생한 경향성이라 말할 수도 있지 않은가?'라는 의문을 품는 것이 당연하기 때문이다.

앞에서 그룹별 평균과 비율을 다뤘을 때 살펴보았던 '단 1명의 변심'이라는 실험을 다시 한 번 해보자. A와 C는 예측값과 실측값이 0.5건 벗어났고 B는 1건 벗어났다. 만약 이 Y=0.75X+0.5라는 회귀직선에 나타난 경향성이 진정으로 존재한다고 보고 최소한 그 경향성에서 ±0.5건 정도 벗어나는 것은 우연히 일어날 가능성이 있다고 생각할 수 있다.

그러므로 현재 C는 '회귀직선의 예측값보다 실제 성사된 계약 건수(Y)는 0.5건 적다'는 상태이지만, 반대로 '회귀직선의 예측값보다 실제 성사된 계약건수(Y)가 0.5건 많다'는 데이터가 어쩌다 얻어졌을지라도 특별히 이상한 일은 아닐 것이다. 이 경우 C의 실제 계약건수는 3건이고 예측값은 3.5건이므로 성사된 계약건수가 4건이라는 데이터가 얻어졌다면 결과는 어떻게 달라질까.

최소제곱법을 사용하여 계산하면 Y=X+0.33, 즉 회귀계수 1과 절편 0.33의 결과가 얻어진다〈도표 3-12〉. 데이터상으로 볼 때 당연히 일어날 가능성이 있는 단 1명이 변심했을 뿐인데도 원래 회귀계수의 1/3이나 되는 값이 늘거나 준다.

z 검정이나 t 검정에서는 '평균값 차이'의 표준오차(SE)를 생각했지만 회귀분석에서는 회귀계수의 표준오차(SE)를 생각한다. 무한한 양의 데이터를 모으기만 하면 당연히 알 수 있는 '진정한 회귀계수'가 존재한다고 할 때 얼마만큼의 건수, 그리고 어떤 불규칙성이 있는 데이터에 의해 그것을 추정하려고 든다면 도대체 어느 정도의 불규칙성이 나타나겠는가 하는 것이 바로 회귀계수의

도표 3-12 최소제곱법으로 그린 회귀직선 ②

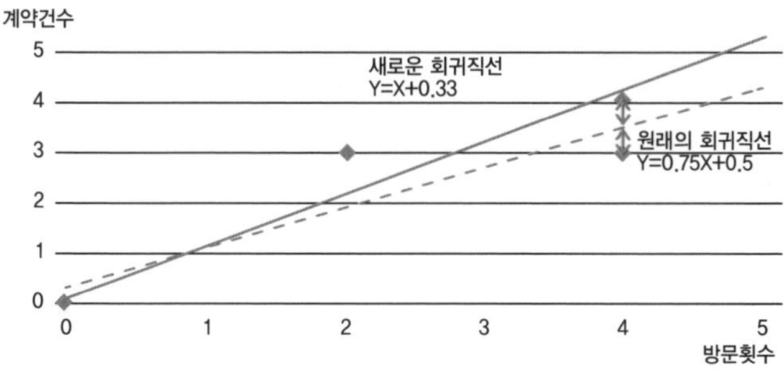

표준오차가 갖는 의미다.

또 평균, 비율과 마찬가지로 회귀계수에서도 '원시 데이터가 그 무엇이든 모두 더하면 정규분포에 가까워진다'는 중심극한정리가 작용한다. 즉 수백에서 수천 건 이상의 데이터로 회귀분석을 수행하면 100회 정도의 데이터 수집과 분석을 통해 산출되는 회귀계수의 95회 정도는 '진정한 회귀계수±2SE'의 범위에 수용되고, 반대로 '실제 얻어진 회귀계수±2SE(즉 95% 신뢰구간)'의 범위 밖에 진정한 회귀계수가 존재하는 귀무가설은 양쪽 5%의 유의수준에서 '있을 수 없다'로 판명된다. 데이터 수가 수백 건 이하라면 회귀계수에 대해서도 평균값의 차이와 마찬가지로 정규분포보다 t 분포를 사용하는 편이 정확하다는 점까지 완전히 동일하다.

그렇다면 도대체 어디에 차이가 있을까. z 검정에서 사용하는 평균값의 표준오차는 '평균값에서 벗어난 값을 제곱'하여 계산했다. '이 벗어난 값(편차)의 제곱합'은 전문용어로 편차제곱합이라 하고 이것을 데이터 수로 나눈 것이 분산이다. 회귀계수의 표준오차는 '아웃컴의 예측값과 실제 값의 차이를 제곱한 합을 데이터 수로 나눈 것'인 잔차제곱합을 사용한다. 참고로 잔차제곱합을 데이터 수로 나눈 것은 전문용어로 평균제곱잔차(제곱한 차이의 평균값이라는 의미, 평균제곱오차라고도 한다)라고 한다.

■ 회귀분석 오차의 계산에 추가로 필요한 것

또 하나 고려해야 할 사항은 그룹 간의 평균값을 비교할 때는 필요가 없었던 요소인 '설명변수의 불규칙성 크기'다. 일례로 앞에서 살펴보았던 3명의 데이터로 완전히 동일한 회귀식과 잔차를 갖는 경우를 다시 검토해보자〈도표 3-13〉.

한 번도 방문하지 않아서 계약도 성사시키지 못한 A만 남기고, 지금까지 50회 방문하여 39건의 계약을 체결한 D와 100회 방문하여 75건의 계약을 성사시킨 E 등 2명의 상위실적을 올린 영업직원의 데이터가 얻어졌다.

여기서도 역시 A와 E의 예측값은 실제보다도 0.5건 많았고 D의 예측값은 실제보다도 1건 적었으며 잔차제곱합은 1.5다. 그렇지만 그래프에서 받는 인상은 앞의 경우와 비교할 때 '거의 차이

도표 3-13 최소제곱법으로 그린 회귀직선 ③

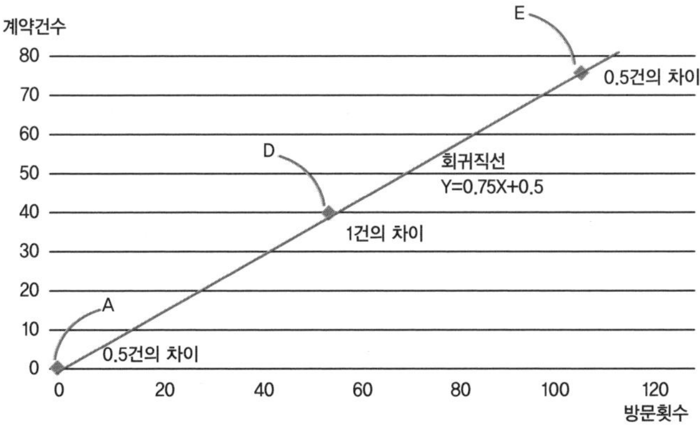

가 없다'의 상태처럼 보인다.

이것은 주관적인 느낌의 문제만은 아니다. 앞의 경우와 마찬가지로 '단 1명의 변심'을 생각했을 때 실제 값이 회귀직선의 예측값보다 0.5건 적은 E가 회귀직선의 예측값보다 0.5건 많은 76건의 계약을 성사시켰다. 이런 상황에서 다시 회귀식을 계산하더라도 Y=0.76X+0.33이니, 앞의 경우는 0.25나 회귀계수가 변했는데도 이번에는 단지 0.01밖에 변하지 않은 셈이다.

다시 말해 회귀계수의 표준오차 크기를 생각할 경우 '아웃컴(Y)의 예측값과 실제 값이 평균적으로 어느 정도 벗어나 있는가'라는 크기를, 설명변수(X)가 어느 정도 불규칙한지의 크기에 대한 비율로 상대적인 판단을 할 필요가 있는 것이다.

이 같은 이유로 수백에서 수천 건 이상의 데이터가 있을 때 회귀계수의 표준오차는 다음과 같이 나타난다【보충 13】.

$$\text{회귀계수의 표준오차} = \sqrt{\frac{\text{잔차제곱합}}{\text{설명변수의 편차제곱합} \times \text{데이터 수}}}$$

앞에서 예시한 상황은 데이터 수가 3으로 그다지 많지 않아 실제는 t 분포를 사용하여 표준오차나 신뢰구간을 구하면 그만이었다. 하지만 시험의 의미로 수백에서 수천 건 이상의 데이터에 사용해야 하는 앞의 식을 사용하여 A, B, C 3명의 데이터에 대해 회귀계수의 표준오차, 신뢰구간, p-값을 구하면 〈도표 3-14〉처럼 된다. 잔차제곱합은 1.5, 설명변수 편차제곱합은 8, 따라서

도표 3-14 회귀계수, 표준오차, 신뢰구간과 *p*-값

	값
회귀계수	0.75
회귀계수의 표준오차(SE)	0.25
95% 신뢰구간(회귀계수±2SE)	0.25~1.25
p-값	0.0026

$\sqrt{1.5 \div (8 \times 3)} = 0.25$ 다. 이것을 사용하여 '회귀계수±2SE'라는 95% 신뢰구간을 생각하면 0.25~1.25라는 계산결과가 나온다. 그리고 회귀계수에서 '전혀 의미 없다'고 생각하는 귀무가설은 '진정한 회귀계수는 0'이라고 보지만 이 귀무가설 아래서 실제 얻어진 회귀계수 0.75의 값은 표준오차 3의 값만큼 벗어나 있는 셈이다. ±2SD와는 달리 꼭 기억할 필요는 없지만 정규분포에서는 평균값±3SD의 범위를 뛰어넘는 확률이 양쪽에서 0.13%씩밖에는 없다〈도표 3-15〉. 따라서 양측검정의 *p*-값은 이 둘을 더하여 0.0026이 된다. 즉 이 3명에게서 얻어진 회귀계수는 '우연이라고는 말하기 힘든 경향성'을 나타내고 있다.

다만 권말에 제시해놓은 t 분포를 사용한 표준오차와 신뢰구간의 산출방법을 통해 좀 더 정확하게 신뢰구간을 구하면 사실은 -4.75~6.25로 구간이 상당히 넓어진다. *p*-값도 0.333, 즉 '3회에 1회 정도(또는 그 이상)의 차이가 우연히 얻어지는 수준'이다.

도표 3-15 평균값 ±3SD의 범위를 뛰어넘는 확률

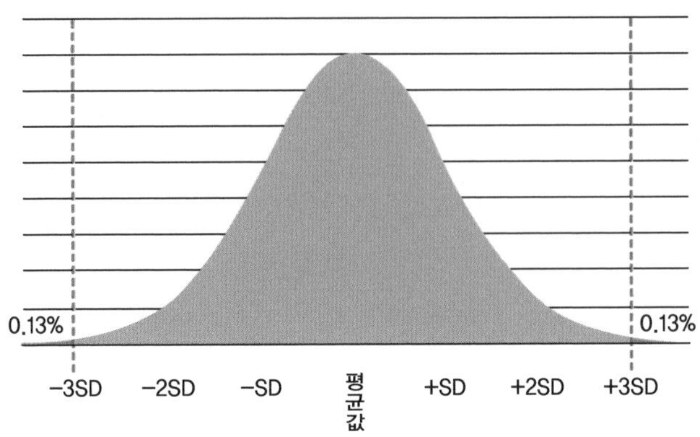

현대의 분석방법에서 회귀계수의 표준오차나 신뢰구간을 산출하는 데 t 분포를 사용하지 않고 정규분포에 가까워지기란 사실상 불가능하다. 그러므로 굳이 신경 써야 할 부분은 아니지만 이 책에서 개념의 이해를 위해 사용한 정규분포와 현실에 응용해야 하는 t 분포 아래서의 계산결과가 한정된 수(수백 건 미만)의 데이터만 있는 상황에서는 반드시 일치하지는 않는다. 이 점에 관해서는 꼭 주의를 기울였으면 한다.

피어슨이 발명한 회귀계수를 따르는 분포나 표준오차의 계산방법을 명백히 정해놓은 것은 피셔의 수많은 업적 중 하나다.

13
다양한 설명변수를 한번에 분석해주는 다중회귀분석

회귀분석으로 양적 설명변수가 늘어날수록 아웃컴이 어느 정도 늘거나 주는지의 관계성을 알 수 있다. 하나의 설명변수와 아웃컴의 관련성을 보기 위한 회귀분석을 가리켜 특히 단순회귀분석이라 부른다. '단순'은 '설명변수가 하나뿐'이라는 의미다.

그러나 단순회귀분석이나 산포도만 보고 설명변수와 아웃컴 사이에 의미 있는 관련성이 없다고 느껴지는 상황이라도 사실 배후에 숨어 있는 경우도 많다. 반대로 단순회귀분석으로는 의미 있는 관련성을 보였지만 단지 외관상의 관련성인 경우도 있다.

■ 관련성을 간과하거나 오인하게 되는 이유

영업직원의 방문횟수와 계약건수를 생각해보자〈도표 3-16〉. F는 고객을 1회 방문하여 2건의 계약, G는 2회 방문하여 5건의 계

도표 3-16 영업직원의 방문횟수와 계약건수의 산포도

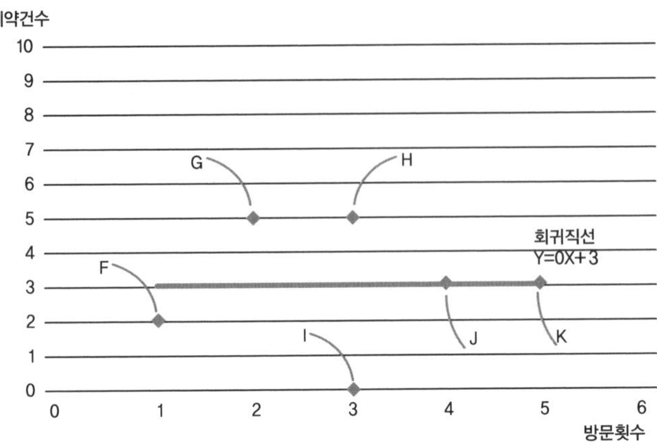

약, H는 3회 방문하여 5건의 계약을 각각 성사시켰다. 또 I는 3회 방문했지만 단 한 건도 성사시키지 못했으며 J는 4회 방문하여 3건의 계약, K는 5회 방문하여 3건의 계약을 성사시켰다.

적어도 산포도의 외관만 보아서는 방문횟수와 계약건수 사이에 그다지 관련성이 없어 보인다.

이 데이터를 앞에서와 마찬가지로 방문횟수를 설명변수(X), 계약건수를 아웃컴(Y)이라 해 회귀식을 구하면 Y=0X+3이다. 즉 설명변수가 몇 개가 되든 Y는 늘거나 줄지 않고 '3건 성사'라는 수평 직선의 앞뒤로 불규칙한 모습을 보이는 결과가 얻어진다. 특별히 표준오차를 구할 필요도 없고, '설명변수와 아웃컴은 무관하다'는 귀무가설이 올바르다면 이런 결과가 얻어지는 것이 당연하며 p-값은 이론상 최댓값인 1.00이 된다. 이것이 가장 극단적인 '언뜻 보기에 아무 관계도 없다'라는 상황이다.

그렇지만 여기서 F, G, H 3명은 여성이고 I, J, K 3명은 남성이라는 정보가 주어진다면 어떤 변화가 생길까. 남성만으로 보면 왠지 모르게 우상향의 경향성이 보이며, 여성만으로 보더라도 역시 우상향의 경향성이 엿보인다. 그러나 여성 3명은 남성보다 방문횟수가 적고 계약건수는 많다. 그런데도 이 두 그룹의 데이터를 한데 모아 분석하면 '아무 관련성도 없다'는 결과가 나타난다〈도표 3-17〉.

이처럼 하나의 설명변수와 하나의 아웃컴 간의 관계성만 분석하면 간과하고 있었던 다른 요인에 의해 결과가 왜곡되는 경우가 종종 생긴다. 이쪽의 그래프에서는 일부러 성별을 산포도 위에 명시했는데 우리가 평소 산포도를 그리거나 단순회귀분석을 했을

도표 3-17 남녀별로 점을 바꾼 영업직원의 방문횟수와 계약건수 산포도 ①

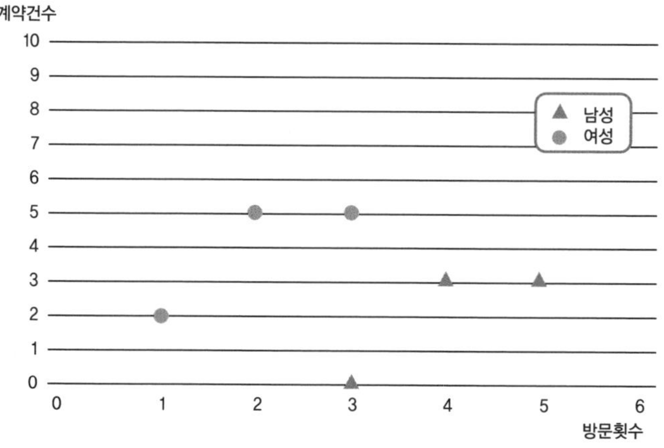

때는 이런 요인에 관한 정보는 전혀 주어지지 않는다. 즉 어느 설명변수와 아웃컴의 관계성에 대해 산포도를 그림으로써 '가시화'를 시켰다고는 생각하지만, 사실상 거기에는 우리가 간과하고 있는 '수없이 많은 진실'이 숨겨져 있다.

■ 서브그룹 해석은 한계에 부딪치기 쉽다

이런 문제에 대처하는 방법 중 하나가 서브그룹 해석이다. 데이터 안에 방문횟수와 계약건수 외에 성별이나 세대, 출신지에 관한 정보가 포함되어 있었다면 데이터를 성별, 세대별, 출신지별로 각각 나눠 분할된 그룹(이것을 서브그룹이라고 부른다)별로 방문횟수와 계약건수의 관계성을 분석한다. 그 결과 모든 서브그룹에서 방문횟수와 계약건수의 관계성이 동일하게 나타났다면 적어도 서브그룹 해석에 사용한 요인이 '결과를 왜곡시키는 것'이었는지 아닌지를 확인할 수 있다.

서브그룹 해석은 매우 단순하여 누구나 이해하기 쉽지만 한계도 있다. 데이터에 포함된 항목이 많아지면 대량의 결과를 일일이 확인해야 하는 점이다.

예를 들어 성별이라면 남녀 두 그룹으로, 나이별이라면 10대, 20대, …, 70대 등으로 나눠 일곱 그룹으로, 거주지역을 일본의 행정구역별로 나눈다면 47그룹 등으로 분류해야 하니 이 경우만 꼽더라도 총 56가지(=2+7+47)나 된다. 이외에도 '서브그룹으로 검토해야 하는 요인'은 무궁무진하다. 더군다나 '도쿄 출신의 20대 여성'이라는 식으로 범위를 좁혀서 자세히 검토하려들면 덧셈이 아닌 곱셈이 되어 서브그룹의 수가 폭발적으로 늘어난다. 2(성별)×7(나이)×47(지역)의 곱셈 결과에서 나타나듯이 658가지의 서브그룹이 존재하게 된다.

이러면 '귀찮고 성가시다'로 끝나는 것이 아니라 오차 면에서도 문제가 발생한다. 분석에 사용하는 데이터 수가 적으면 오차가 크다고 이미 설명했는데 3000명 분량의 데이터가 있어서 658개의 서브그룹으로 분할하면 하나의 서브그룹에 포함되는 평균 인원은 4~5명 정도밖에는 되지 않는다. 이런 식이라면 오차가 너무 커져서 서브그룹마다 제멋대로의 결과가 나타날 수 있다. 혹은 각각의 경향성은 모두 '우연한 경향성인지 아닌지 판단이 서지 않는다'는 결과를 초래할 수도 있다.

■ 다중회귀분석이라면 한번에 분석이 가능하다

어떻게 해야 이 같은 서브그룹의 한계를 피하면서 다른 요인에 의해 결과가 왜곡될 위험성에서 벗어날 수 있을까? 그 대답이 다중회귀분석에 의해 복수의 설명변수와 아웃컴의 관련성을 '한번에 분석'하는 방법이다. 다중회귀분석의 '다중'은 '여러 겹'으로 풀이되는데 설명변수가 여럿 있는 회귀분석이라는 뜻이다.

다중회귀분석을 사례로 설명해보자. 앞에서 예로 든 남녀 3명의 방문횟수와 계약건수의 산포도를 다시 살펴보면 남성그룹과 여성그룹이 각각 동일한 경향성을 보이는 사실을 알 수 있다. 남녀 각각의 그룹에 대해 '평행의 회귀직선'을 그렸다면 화살표로 표시했듯이 평행선 사이의 차이를 살펴볼 필요가 있다〈도표 3-18〉. 화살표로 나타낸 이 세로의 차이는 '방문횟수가 같다면 성사된 계약건수가 남녀 간에 이 정도 차이가 생깁니다'라는 추정의 결과다.

이 차이의 크기만큼 산포도의 점과 회귀직선을 위로 평행 이동시키면 2개의 평행선이 정확히 겹치는 상태가 된다. 이 상태의 산포도와 1개로 합쳐진 직선의 기울기는 만일 전원의 성별이 여성이라면 방문횟수와 계약건수 사이에 이와 같은 관련성이 있음을 나타내는데 이는 성별 영향을 고려한 관련성이라 생각하면 된다〈도표 3-19〉.

도표 3-18 남녀별로 점을 바꾼 영업직원의 방문횟수와 계약건수 산포도 ②

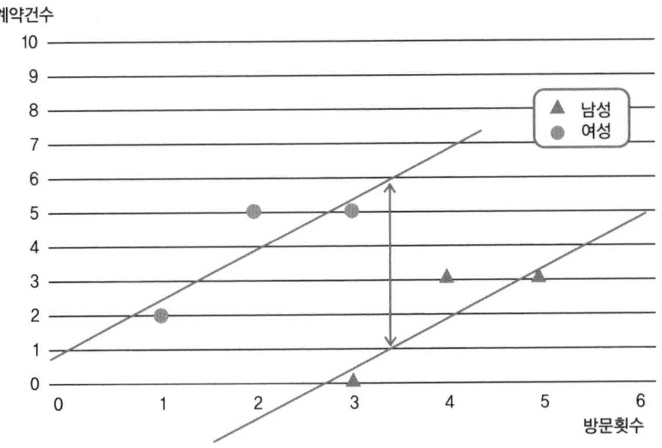

도표 3-19 **남녀별로 점을 바꾼 영업직원의 방문횟수와 계약건수 산포도 ③**

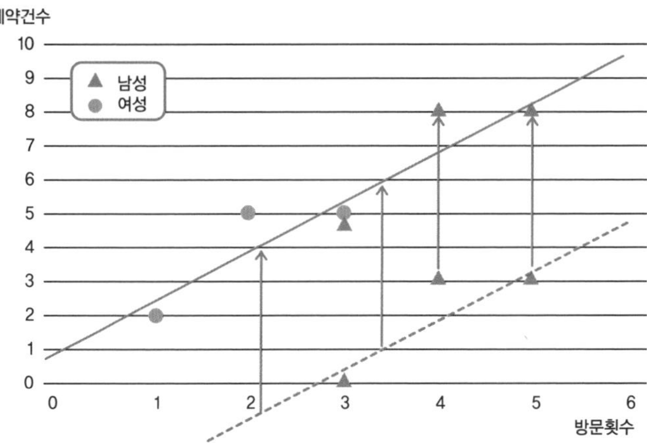

이처럼 '어느 요인이 동일하다면~' 같은 조건을 달고 그 조건을 따르는 분석결과를 나타내는 것을, 그 요인으로 '조정한다'라고 표현한다.

지금까지의 내용을 정리해보자. 서브그룹 해석 아래서는 성별이나 세대, 거주지역 등의 조건이 다르면 방문횟수가 동일하더라도 계약건수가 달라질 수 있다는 사실을 그대로 인정한다. 그래서 완전히 개별적으로 서로 다른 분석을 함으로써 더 정확한 설명변수와 아웃컴 간의 관련성을 찾으려고 한다. 한편 다중회귀분석 아래서는 '방문횟수가 동일하더라도 계약건수가 다르다'는 문제에 대해 '구체적으로 얼마나 달라지는가' 하는 값을 추정하고 그 값으로 조정함으로써 정확한 관련성을 찾으려고 한다.

■ 회귀분석, z 검정, t 검정의 결과가 일치하는 이유

다중회귀분석에서 실제의 회귀계수와 절편을 계산할 때도 단순회귀분석과 전혀 다름없이 최소제곱법을 사용한다. '우선 성별 간의 차이를 계산하고 나서 방문횟수와 계약건수의 관련성을 분석'하는데 그 순서는 상관이 없다. '기타 설명변수의 조건이 같다면 이 설명변수(=성별)가 1 변할 때마다 아웃컴은 얼마나 늘어나는가/줄어드는가'를 나타내는 회귀계수가 각각 산출된다. 여기서 중요한 것은 '성별이라는 설명변수에 대한 회귀계수란 어떠한 의미를 갖는가?'이다.

지금까지 회귀분석이란 양적인, 즉 숫자에 의해 크기가 표현되는 설명변수와 아웃컴에 대해 이루어지는 분석이라고 말했다. 다중회귀분석은 그런 설명변수 여럿을 동시에 분석하는 것인데 '성별'이라는 질적인, 즉 숫자에 의해 크기가 표현되지 않는 설명변수에 회귀분석을 한다는 말은 도대체 어떠한 의미를 담고 있을까.

물론 회귀분석에서는 설명변수가 숫자의 형태여야 하지만 여러분은 이미 양적변수와 질적변수의 특징을 모두 지니고 있고 평균값과 비율이 '본질적으로 동일'하다는 의미를 나타내는 데이터의 유형을 배웠다. 따라서 0과 1로 표현되는 '이항변수'의 형태로 바꿔주면 질적인 설명변수도 양적인 설명변수처럼 회귀분석으로 처리할 수 있다는 사실을 알고 있다. 이것은 단순회귀분석이든 다중회귀분석이든 아무 상관없이 적용되는데 여기서 질적인 설명변수를 표현하기 위한 0과 1의 이항변수를 더미변수라고 부른다.

사실상 지금까지 따로따로 설명해왔던 z 검정이나 t 검정, 이항변수를 설명변수로 두는 단순회귀분석은 완전히 동일한 성질을 지니고 있다. 이것을 이해하기 위해 앞에서 예로 든 데이터로 돌아가보자.

체육 동아리 출신 300명에게 지급된 보너스가 평균 80만 엔이고 표준편차는 12만 엔, 기타 동아리 출신 200명의 보너스가 평균 78만 엔이고 표준편차가 10만 엔일 때 두 그룹의 보너스 차이 2만 엔은 과연 우연한 차이라고 말할 수 있을까?

〈도표 3-20〉 왼쪽의 '기타 동아리 출신'은 평균값이 78만 엔이고 ±2SD, 즉 58만~98만 엔의 범위에 대다수 데이터가 흩어져 있다. 오른쪽 체육 동아리 출신은 평균값이 80만 엔이고 ±2SD인 56만~104만 엔의 범위에 대다수 데이터가 흩어져 있다. 당연히 두 그룹 평균값 차이는 2만 엔이고 이것이 두 그룹의 표준편차에서 구해지는 '평균값 차이의 표준오차'와 비교하여 충분히(가령 z 검정이라면 2배 이상으로) 큰지 아닌지 생각하는 것이 z 검정이었다.

체육 동아리 출신인가 아닌가의 설명변수를 '체육 동아리 출신이면 1, 그렇지 않으면 0'이라는 더미변수로 표현하여 회귀분석한 결과가 〈도표 3-21〉이다.

회귀직선은 최소제곱법에 따라 회귀직선의 예측값과 실제 값 차이의 제곱합이 최소화되는 선으로 그리는데, 더미변수가 0(기타 동아리 그룹)의 경우 '데이터 차이의 제곱합이 최소화되는 점'은 앞

도표 3-20 동아리별 보너스 지급액의 비교

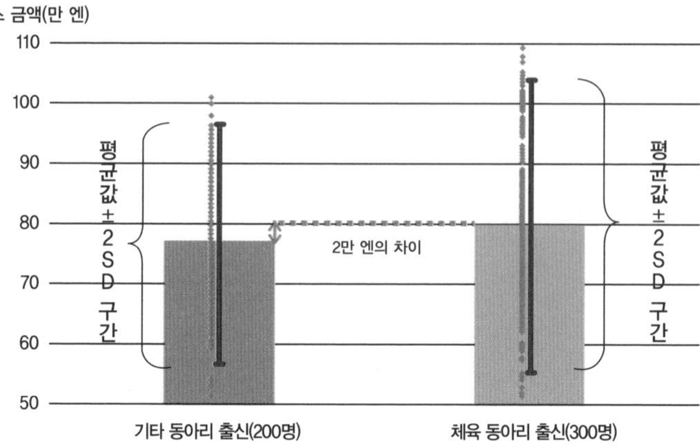

에서 배웠듯 데이터의 평균값을 가리킨다. 마찬가지로 더미변수가 1(체육 동아리 그룹)인 경우 '데이터 차이의 제곱합이 최소화되는 점' 역시 평균값이다. 그러므로 최소제곱법에 근거하여 그려진 회귀직선은 기타 동아리 출신, 체육 동아리 출신 등 각 그룹 보너스 금액의 평균값을 나타내는 점을 지나간다.

그렇다면 이 회귀직선의 절편과 회귀계수(기울기)는 도대체 무엇을 나타내는가. 절편이란 설명변수가 0일 때 아웃컴(Y)이 회귀직선 위에 얼마나 되는가 하는 값이므로 당연히 '기타 동아리 출신자의 평균값'이다. 또 회귀계수, 즉 회귀직선의 기울기란 '설명변수가 1 많아질 때마다 평균 아웃컴이 얼마만큼 늘고 주는지'를 나타낸다. 이 그래프에서 '설명변수가 1 많아진다'는 것은 '기타 동아리 그룹에서 체육 동아리 그룹이 된다'는 뜻이고, 그에 따라

도표 3-21 동아리더미에 의한 회귀분석 결과

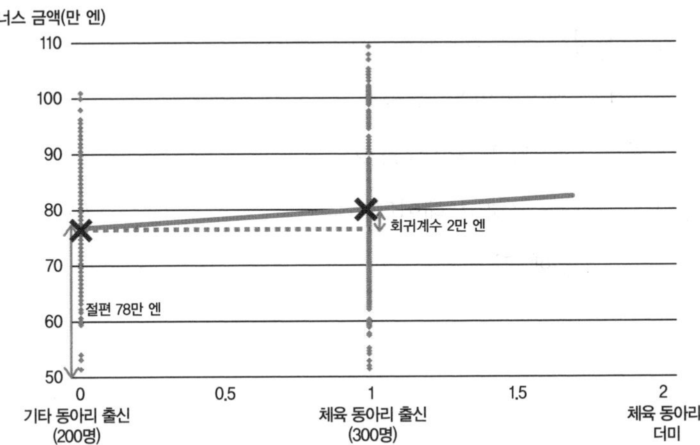

아웃컴이 어떻게 늘고 주는지는 기타 동아리 출신자에 비해 체육 동아리 출신자의 보너스는 평균 얼마나 늘어나는가 하는 뜻이다.

다시 말해 이 두 값의 설명변수에서의 회귀계수란 z 검정이나 t 검정에서 생각했던 '그룹 간 평균값 차이'와 완전히 같은 의미다.

아울러 z 검정이나 t 검정에서 사용하는 '평균값 차이의 표준오차'와 두 값의 설명변수에 대해 단순회귀분석에서 사용하는 '회귀계수의 표준오차'는 완전히 똑같다. 자세한 설명은 권말로 돌리지만【보충 14】, 개념적으로는 다음과 같이 이해하면 된다.

'평균값 차이의 표준오차'를 구하기 위해 필요한 '각 그룹 값의 분산'은 '그룹 각각의 값과 평균값의 차이에서 벗어난 값의 제곱의 평균값'이다. 한편 '회귀계수의 표준오차'를 구하기 위해 필요한 '평균제곱잔차'란 '회귀직선에서 벗어난 값의 제곱의 평균값'

인데 그 회귀직선이 그룹별 평균값를 지나가는 이상, 이 역시 '평균값에서 벗어난 값의 제곱의 평균값'이다. 즉 양쪽을 통해 보려는 불규칙성도 본질적으로는 같은 것이다.

두 가지 계산방법은 '그룹별 차이의 제곱 평균값을 구하고 데이터 수로 나누어 모두 더하는가' 혹은 '전체에서 벗어난 값의 제곱의 평균값을 구하고 데이터 수와 설명변수의 분산으로 나누는가' 하는 부분에 차이가 있지만 이상하게도 이 둘의 계산 결과는 완전히 일치한다.

■ 카테고리가 셋 이상인 경우

체육 동아리 출신인가 아닌가, 성별이 남성인가 여성인가처럼 처음부터 둘로 분류가 가능한 질적 설명변수의 경우 '남성은 1, 여성은 0'으로 더미변수화하든 반대로 '남성은 0, 여성은 1'로 더미변수화하든 특별히 달라지는 것은 없다. 더미변수는 관례적으로 '1로 주어진 쪽의 카테고리명'으로 부르기 때문에 남성이 1이고 여성이 0인 더미변수라면 '남성더미', 반대로 여성이 1이고 남성이 0인 더미변수라면 '여성더미'라고 표현한다.

또 회귀계수는 '1 늘어날 때마다 아웃컴이 몇 개 많아지는가/적어지는가'를 나타내므로, '남성더미'의 회귀계수는 '남성은 여성과 비교하여 아웃컴이 몇 개 많은가/적은가'를 나타낸다. 반대로 '여성더미'의 회귀계수는 '여성은 남성과 비교하여~'라는 결과를 나타낸다. 그러므로 '남성더미'를 사용하여 얻은 회귀계수와 '여성더미'를 사용하여 얻은 회귀계수는 플러스와 마이너스가 바뀌는 것일 뿐 크기는 동일하다.

아울러 표준오차와 p-값에 관해서는 완전히 같은 값이 된다. 그러므로 이항 분류가 가능한 질적 설명변수의 경우 어느 쪽의 카테고리를 0으로 하든 1로 하든 전혀 신경 쓸 필요가 없다.

그러면 카테고리가 셋 이상인 질적변수에서는 어떻게 더미변수화를 할 수 있을까? 앞의 다중비교 부분에서도 언급했듯이 '기준 카테고리'를 선택해야 한다. 앞의 '남성더미'에서는 0으로 잡은 '여성'이라는 기준 카테고리가 있고 그 기준 카테고리와 비교하여 '남성'이라는 카테고리의 아웃컴은 얼마만큼 많고 적은가 하는 정보를 회귀계수가 나타내게 된다. 마찬가지로 세 가지 카테고리 이상의 질적변수에서도 하나의 기준 카테고리를 정하고 그 카테고리와 비교할 때 어떻게 되는가 하는 더미변수를 여럿 만들게 된다.

예를 들면 어느 웹사이트에 접속하기 위해 사용자가 필요한 장치를 '컴퓨터/태블릿/스마트폰/PMP'라는 4개의 카테고리로 분류한 데이터가 있었다고 하자. 이 경우 일례로 컴퓨터를 기준 카테고리라고 하면

- '태블릿이면 1, 그렇지 않으면 0'인 태블릿더미
- '스마트폰이면 1, 그렇지 않으면 0'인 스마트폰더미

도표 3-22 접속장치(4분류)에 따른 더미변수화

원래의 카테고리	태블릿더미의 값	스마트폰더미의 값	PMP더미의 값
컴퓨터	모두 0 (기준 카테고리)		
태블릿	1	0	0
스마트폰	0	1	0
PMP	0	0	1

- 'PMP이면 1, 그렇지 않으면 0'인 PMP더미 등 3개의 더미변수가 생기게 된다〈도표 3-22〉

기준 카테고리는 어느 것으로 정해도 상관없지만 이 역시 다중비교 부분에서 언급했듯이 '일반적인 것'을 하는 것이 결과를 훨씬 알기 쉽다. 전체 중에서 고작 몇 %밖에 되지 않는 PMP 사용자와 비교하여 태블릿 사용자의 평균 매출이 얼마만큼 높다는 결과를 얻었다고 한들 딱히 떠오르는 이미지가 없다.

이렇게 '카테고리의 수에서 1을 뺀 수'만큼의 더미변수를 만들고 이 더미변수만으로 다중회귀분석을 한 회귀계수는 '하나의 카테고리를 기준으로 삼은 복수의 z 검정/t 검정'에서 사용하는 평균값의 차이와 완전히 같은 값이 된다. 또 표준오차나 p-값이 꼭 일치할 리는 없지만 카테고리별 아웃컴의 분산이 같다고 간주되는 경우에는 대체로 동일한 결과를 나타낸다.

■ 더미변수의 개념을 확인한다

직감이 좋은 독자라면 이쯤에서 한 가지 의문을 가질지도 모른다. 예를 들어 앞의 '태블릿더미'가 '태블릿은 1, 그 이외에는 0'이라는 사실에서 '태블릿더미'의 회귀계수는 '컴퓨터(기준 카테고리)와 태블릿 사용자의 차이'가 아니라 '태블릿 사용자 이외의 사용자와 태블릿 사용자의 차이'를 나타내는 것은 아닌가 하는 의문이다. 이 부분은 어떻게 해석해야 할까.

분명 이치에 맞는 의문임에는 틀림없다. 하지만 다중회귀분석에서 나타나는 각각의 회귀계수가 '다른 더미변수의 값이 같을 때 이 더미변수가 하나 더 증가하면 아웃컴은 몇 개 많은가/적은가'라는 것만 알고 있으면 충분히 해결될 문제다. 즉 다중회귀분석에서 '태블릿더미'의 회귀계수란 '스마트폰더미와 PMP더미와의 값이 같을 때 태블릿더미가 하나 증가하면'이라는 아웃컴의 변화를 나타낸 것이다.

동일한 질적변수로 안에서 중복 없이 분류되어 있는 이상, 태블릿더미가 1인 사용자(태블릿 사용자)는 스마트폰더미나 PMP더미나 모두 0이다. 그리고 '다른 더미변수의 값이 같을 때'라는 제한이 있으므로 태블릿더미가 0인 사용자 중에서 비교 대조가 되는 것은 '스마트폰더미도 PMP더미도 0'인 사람들뿐이다. 태블릿더미가 0이고 스마트폰더미도 PMP더미도 모두 0이라는 것은 이를테면 기준 카테고리로 정해진 컴퓨터 사용자를 가리킨다. 그러므로 셋 이상의 카테고리가 있는 질적변수에서 구한 더미변수를 모두 동시에 다중회귀분석에 적용하는 한, 하나의 기준 카테고리와 기타 카테고리 사이의 차이라는 형태로 다중비교할 때와 동일한 결과가 얻어진다.

■ 현장에서 압도적으로 사용되는 다중회귀분석

지금까지 살펴본 더미변수의 사고방식을 이해했다면 맨 처음 6명(F~K씨)의 데이터로 다중회귀분석한 결과를 확인해보자.

다중회귀분석에서도 회귀계수와 절편의 산출은 최소제곱법을 따르고 편미분으로 '아웃컴에 대해 회귀식에서 추정되는 값과 실제 값 차이의 제곱합'이 최소화되는 값의 조합을 구하는 것이 다르지 않다.

실제 수십 가지 설명변수를 포함하는 수백에서 수천 건의 데이터를 직접 계산하는 것은 현실적인 방법이라 할 수는 없다. 그래서 편미분을 몰라도 중학교 과정에서 배우는 연립방정식으로 다중회귀분석하는 방법을 권말에 설명해놓았으므로 계산방법이 궁금한 사람이라면 참조하기 바란다【보충 15】.

다중회귀분석에서도 역시 '아웃컴의 예측값과 실제 값의 차이의 제곱합'과 '설명변수의 분산'에서 회귀계수의 표준오차를 구한다는 점에서 다를 바는 없지만 다수의 설명변수가 얽혀 있기 때문에 단순한 나눗셈만으로는 해결할 수 없는 측면이 있다.

그것을 대신하기 위해 등장한 것이 '행렬적 의미의 나눗셈'인 역행렬이다. 행렬이란 다수의 숫자를 직사각형으로 늘어놓고 한꺼번에 계산하는 선형대수를 말한다. 보통 a×2=1이라는 수식이 있으면 a=1÷2=0.5처럼 나눗셈을 통해 a의 값을 구하지만 행렬끼리 계산할 때는 기본적으로 '나눗셈'이 존재하지 않으므로 모두 곱셈으로 해결해야 한다. 예를 들어 A×B=C라는 행렬끼리의 관계성을 나타내는 식에서 A값을 구하려면 '='의 양쪽에 'B의 역행렬(B^{-1})'을 곱하고 $A \times B \times B^{-1} = C \times B^{-1}$이라는 계산을 하게 된다. 선형대수를 모르는 사람이라면 우선 'B^{-1}'은 'B와 서로 곱함으로써 수식에서 사라지는 행렬'이라 생각하면 된다. 그렇다면 $A = C \times B^{-1}$의 역행렬 계산을 통해 A의 값이 구해진다.

여기에 흥미가 있는 사람이라면 사와 다카미쓰 교수가 쓴《회귀분석》을 참고하기 바란다. 이 책은 선형대수적 기법으로 쓰인 회귀분석 교과서이므로 도움이 될 것이다. 그렇지 않은 사람이라면 단순회귀분석을 할 때와 마찬가지로 표준오차를 구하는 것이라고만 이해해도 별다른 문제는 없다.

한걸음 더 나아가 신뢰구간이나 p-값을 구하는 방법은 완전히 동일하다. 수백에서 수천 건 정도의 데이터가 있으면 정규분포에 근거하여 ±2SE의 범위와 p-값을 구하고 그보다 적다면 t 분포를

도표 3-23 성별, 방문횟수, 계약건수의 다중회귀분석 결과

	회귀계수	p-값
절편	1.00	0.450
방문횟수	1.50	0.058
남성더미	−5.00	0.031

사용한다는 점에서도 단순회귀 때와 전혀 다르지 않다.

실제 앞에서 예로 든 남녀 6명의 방문횟수와 계약건수의 다중회귀분석을 한 결과가 〈도표 3-23〉이다. 여성더미의 회귀계수는 -5, 즉 방문횟수가 같으면 남성은 여성에 비해 평균적으로 계약건수가 5건 적다. 또 방문횟수에 대해서는 회귀계수가 1.5이므로 성별의 조건이 같다면 방문횟수가 1회 늘 때마다 평균 1.5회씩 계약건수가 많아지는 경향을 보인다. 이 결과를 앞의 산포도를 통해 이해하고자 한다면 〈도표 3-24〉와 같이 정리할 수 있다.

t 분포에 기초하여 산출된 각 회귀계수의 신뢰구간과 p-값을 보면 남성이 여성보다 계약건수가 적다는 경향에 관해서는 이 정도의 데이터만 가지고도 우연이라 말하기 어려운 수준(p-값=0.031)인 것 같다.

방문횟수와 계약건수의 관련성에 관해서는 5%를 밑도는 수

준은 아니었다(p-값=0.058). 6명이라는 한정된 데이터가 아니라 좀 더 인원수를 늘려 분석하면 그것 역시 '우연이란 말하기 어렵다'는 결과가 나타났을지도 모른다.

지금까지가 다중회귀분석에 관한 내용이다. 이 분석방법을 사용하면 설명변수가 양적이든 질적이든, 게다가 그 설명변수가 몇 개이든 한번에 분석할 수 있으며 아울러 상호의 설명변수가 결과를 왜곡시킬지도 모르는 위험성마저 배제할 수 있다.

z 검정이나 t 검정, 단순회귀분석 같은 분석방법은 당연히 기본적으로 이해해놓는 것이 필수다. 하지만 이런 분석방법을 사용하는 것보다도 업무에서 설명변수의 후보가 대량인 데이터가 있다면 우선 모든 설명변수를 다중회귀분석에 적용하여 p-값이 작고 회귀계수가 큰 것을 탐색하는 방식을 압도적으로 많이 선호한다.

도표 3-24 다중회귀분석 결과의 시각적 의미

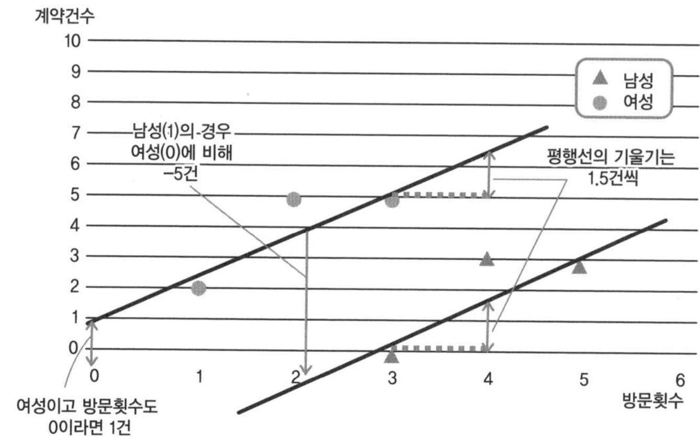

데이터에서 양적인 아웃컴을 이끌어내고 다중회귀분석을 자유자재로만 쓸 수 있으면 수많은 비즈니스 현장에서 새로운 이익을 창출하는 아이디어를 발견할 수 있다.

14
로지스틱 회귀분석과 그 계산을 가능케 하는 로그오즈비

양적인 아웃컴은 다중회귀분석을 사용하면 좋다는 것과, 설명변수는 질적이든 양적이든 게다가 수효 불문하고 동시에 다룰 수 있다는 사실도 알았다. 이제 질적 아웃컴에 대해 동일한 분석방법을 익히기만 하면 어떤 아웃컴이나 설명변수의 관계성도 분석할 수 있다. 그 대표적인 분석방법이 로지스틱 회귀분석이다.

여기서 로지스틱은 '물류'가 아니라 '기호 논리학'이라는 의미다. 기호 논리학에서는 '이항논리'라 하여 참(true)과 거짓(false)과 같이 아웃컴이 두 종류로 나타나는 자료를 다루는데 이와 같은 이항논리에 관한 아웃컴을 분석하는 회귀분석의 의미로 기억해두면 편리할 것이다.

또 로지스틱 회귀분석은 질적인 아웃컴에 대해 단순회귀분석인지 다중회귀분석인지 구별하지 않으며 설명변수가 1개이든 여러 개이든 관계없이 기본적으로는 로지스틱 회귀분석이라고 부른다(오래된 교과서에서는 이따금 설명변수가 여럿 있는 로지스틱 회귀분석을 가리켜 특별히 다중로지스틱 회귀분석이라고 한다).

여기서 하나의 양적인 설명변수와 이항(2개의 값)으로 표시되는 질적 아웃컴과의 관계를 나타내는 산포도를 그려보자. 〈도표 3-25〉는 어느 기업의 영업직원에 관한 자료다. 가로축은 고객 방문 횟수, 세로축은 계약 성사(1) 미성사(0)의 이항 아웃컴을 나타낸다. 계약 성사가 엄청 힘든지 성사된 계약건수에 불규칙성이 없으며 '성사시킨 사람도 고작 1건이고 대다수는 1건도 성사시키지 못한 상황'이라면 '계약을 성사시켰는가 아닌가'는 질적인 이항 아웃컴으로 판단하는 편이 낫다.

10회 이내의 방문밖에 하지 못한 직원은 대다수 계약을 성사시키지 못했는데 그 이상 방문하면 계약을 성사시키는 경우가 많

도표 3-25 방문횟수와 계약 성사 여부(이항) 산포도

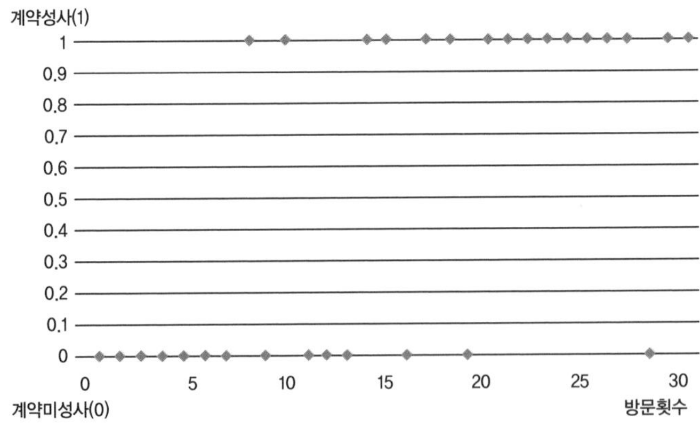

도표 3-26 방문횟수와 계약 성사 여부(이항) 회귀직선

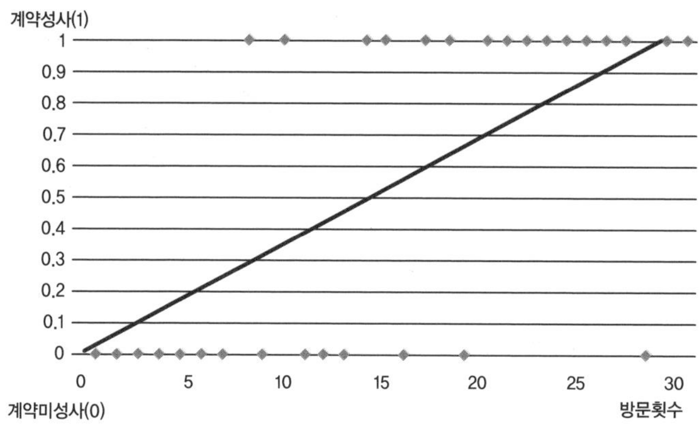

아졌다. 게다가 20회 이상 방문하면 거의 모두가 계약을 성사시키고 있는데 이 같은 양적인 설명변수와 이항 아웃컴의 관계성은 어떻게 분석하면 좋을까?

지금까지와 마찬가지로 단순회귀분석하면 〈도표 3-26〉처럼 되지만, 이런 데이터에 직선을 적용시키려고 하니 조금 무리가 느껴진다. 되도록이면 〈도표 3-27〉과 같은 곡선으로 '어느 일정 지점까지는 거의 제로를 유지하다가 차츰 아웃컴이 1이 되는 확률로 상승하고, 다시 어느 일정 지점을 지나면 대다수 아웃컴이 1' 되는 곡선의 그래프로 설명하는 것이 훨씬 자연스럽다. 이와 같은 곡선을 수학적으로 기술할 수 있는 방법 중 하나가 로지스틱 회귀분석에서 사용하는 로짓 또는 로그오즈비라는 변환이다.

도표 3-27 방문횟수와 계약 성사 여부(이항)에 '적용 가능한 이미지'

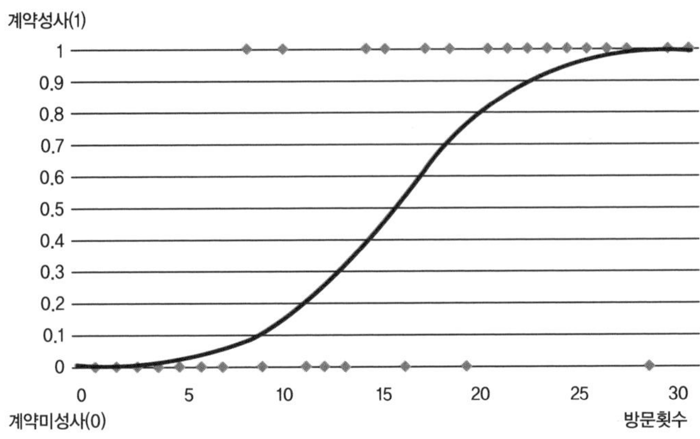

■ 도박과 의학 연구의 오즈는 계산방법이 동일

느닷없이 '오즈(odds)'라는 말을 듣게 되면 경마의 배당금이 먼저 떠오를지도 모른다(우리나라에서는 쓰지 않지만 해외에서는 사용).

경마나 스포츠 도박업자들은 참가자의 흥과 분위기를 한껏 띄우면서도 상금을 지불할 때 적자가 될 위험성을 없애기 위해 승률이 낮을수록 당첨확률이 높아지는 구조를 설계한다.

3마리만 출전하는 경마에서 50%의 확률로 A가 이기고 30%의 확률로 B가 이기며 20%의 확률로 C가 이기는 등 참가자 전원이 우승 확률을 미리 알고 있다고 치자. 이때 'A, B, C 각 말에 대해 100엔어치의 마권을 사게 하고 승자를 맞힌 사람에게는 300엔씩 지불합니다'라는 규칙이 정해져 있다면 어느 누구라도 A의 마권을 살 것이다. 기댓값(=얻어지는 확률×금액)으로 생각할 때 A의 마권은 150엔(=300엔의 상금×50%의 승률)의 가치가 있지만 B는 90엔(=300엔×30%), C는 60엔(=300엔×20%)의 가치밖에는 없기 때문이다. 다시 말해 100엔을 지불하고 흑자를 기대할 수 있는 것은 A의 마권뿐이다.

그렇다면 A가 이길 경우 업자 측은 판매한 마권의 매수×200엔의 손해를 입게 된다. 물론 50%의 확률로 A가 이기지 못하면 업자 측이 판매한 마권의 매수×100엔의 이익을 얻게 되지만, 기댓값만 생각하면 손해이고 지불 능력을 엄청나게 초과할 만큼 A의 마권이 팔린다면 50%의 확률로 파산할 위험성도 있다.

이런 상황에서 벗어나려면 '건 금액에 대해 예상되는 승률의 역수배(역수를 취한 비율로) 상금'을 지불하면 된다. 예를 들어 50%의 확률로 승리하는 A에 대해서는 1÷0.5배, 즉 2배의 상금을 지불한다. 마찬가지로 30%의 확률로 이기는 B라면 1÷0.3 즉 3.33배, 20%의 확률로 이기는 C라면 1÷0.2, 즉 5배의 상금을 지불한다. 이렇게 하면 어느 쪽에 걸더라도 기댓값 상금이 같아지기 때문에 예측이 분산되고, 패자의 손실 부분을 승자의 상금으로 돌릴 수 있게 된다.

다만 '승률의 역수배 상금' 방식이라면 거는 쪽이 전혀 승패를 예측하지 못하더라도 지불률의 역수, 즉 '도박업자가 상정하는 승률'에 비례하는 비율로 모든 말에 내기를 걸면 '득도 실도 없는 구조'가 성립한다. 예를 들어 1000엔을 가진 사람이 500엔을 A말에,

300엔을 B말에, 200엔을 C말에 걸면 어떤 말이 이기더라도 반드시 1000엔이 돌아오게 마련이다. 이렇게 되어서는 아무 재미도 없을 뿐만 아니라 도박의 의미도 없다. 그렇지만 '승률의 역수'가 아니라 '승리 오즈의 역수'배로 상금을 지불하면 이런 사태는 발생하지 않는다.

오즈란 어떤 상황을 취하는 확률에 대해 '확률÷(1-확률)'로 구해지므로 승리에 관한 오즈라면 '승률÷(1-승률)'로 구할 수 있다. 앞에서 50%의 확률로 이기는 A라면 0.5÷(1-0.5)=1, 30%의 확률로 이기는 B라면 0.3÷(1-0.3)=0.43, 20%로 이기는 C라면 0.2÷(1-0.2)=0.25의 값이 각각의 오즈다.

이런 방식이라면 '오즈의 역수'라거나 '지불률'이라 표현해야 더 이해가 쉽겠지만 아무튼 이런 식으로 오즈의 역수를 계산한 것이 경마장 등에서 발표하는 바로 그 '오즈'다(다만 일본은 패리뮤추얼 베팅parimutuel betting이라는 좀 더 복잡하고 업자 측이 확실히 손해를 덜 보는 계산방법을 취하고 있다). 예를 들면 A의 승리를 맞힌 사람에게는 1÷1=1.0배, 즉 구매한 금액과 같은 상금을 지불하고, B의 승리를 맞힌 사람에게는 1÷0.43=2.33배, C의 승리를 맞힌 사람에게는 1÷0.25=4.0배의 상금을 지불하는 방식이다〈도표 3-28〉.

정해진 승률이 낮을수록 '1-승률'의 분모가 1에 접근하므로 오즈의 역수와 승률의 역수는 점점 가까운 값이 된다. 한편 승률이 높아지면 오즈의 역수는 승률의 역수보다도 작은 값이 된다. 50%를 넘는 승률이 기대되는 경우 오즈의 역수인 지불률은 1.0보다

도표 3-28 경주마 3마리의 승률과 오즈

	승률	승률의 역수배의 지불률	오즈 =승률÷(1-승률)	오즈의 역수배의 지불률
A말	50%	2.00배	1.00	1.00배
B말	30%	3.33배	0.43	2.33배
C말	20%	5.00배	0.25	4.00배

작아지지만 그 경우는 그래도 1.0으로 고정될 것이다(큰 이득이 나지 않도록 조정). 요컨대 좀처럼 이기기 힘들 것 같은 선택을 한 사람에게는 비교적 많은 분배를 하고 우승이 거의 확실한 후보를 맞혔을 경우 큰 득이 되지 않도록 판을 짜는 것이 도박의 기본이다. 이는 '승률의 역수가 아니라 오즈의 역수배의 상금' 방식에 의해 성립된다.

■ 케이스 컨트롤 조사에 사용되는 오즈비

이처럼 '확률÷(1-확률)'에 의해 구해지는 오즈는 도박과 관계없는 조사에서는 어떠한 의미를 가질까. 오즈는 특히 해당자의 비율이 낮은 질적 아웃컴에 대해 그 확률을 좌우할 가능성이 있는 요인을 조사할 때 중요한 의미를 가진다.

예를 들면 어느 개인 쇼핑몰의 고객 1만 명을 조사하고 지금까지 월 100만 엔 이상 구매한 적이 있는 VIP 고객인가 아닌가 하는 아웃컴과 그것을 좌우하는 요인으로서 그 쇼핑몰을 좋아하는지 아닌지 하는 설명변수에 대해 조사한 결과가 〈도표 3-29〉처럼 나타났다고 하자.

1만 명을 대상으로 조사하더라도 VIP 고객이 전체의 0.02% 정도밖에 되지 않는다면 해당자는 고작 2명뿐인 셈이다(최악의 경우 0명이 될 확률도 배제할 수 없다). 표를 보면 알듯이 쇼핑몰을 좋아하는 사람 가운데서 VIP 고객이 2000명 중 1명(0.05%)이고 그렇지 않은 사람 가운데서 VIP 고객이 8000명 중 1명(0.01%)인 경우 이 둘의 차이는 p-값을 구할 필요도 없이 단 1명의 변심으로도 늘 생길 수 있는 수준 차이에 불과하다. '귀무가설 아래서 모든 칸에 5~10명이 해당'이라는 z 검정이나 카이제곱검정의 조건조차도

도표 3-29 쇼핑몰 호감도와 VIP 고객 여부 ①
(무작위로 선택한 1만 명을 조사한 경우)

	VIP 고객	비VIP 고객	합계
쇼핑몰에 호의적	1인	1999인	2000인
쇼핑몰에 비호의적	1인	7999인	8000인
합계	2인	9998인	10000인

채우지 못한다.

이 경우 전체 100만 명이 될 때까지 데이터를 모으는 방법이 불가능하다고 말할 수는 없지만 결코 쉬운 일이 아니다. 그래서 케이스 컨트롤(case control) 조사라 불리는 데이터 취급방법을 쓸 필요가 있는데 이를 위해서는 오즈비(odds ratio, 그룹 간 오즈의 비율)를 생각해야 한다.

케이스란 질병의 사례, 즉 발병한 사람들의 그룹을 말하며 컨트롤이란 비교 대조(통계학에서는 컨트롤을 '대조'라고 한다. 오자가 아니다)의 의미, 즉 '조건이 동일한데도 병에 걸리지 않은 사람들'의 그룹이다.

다시 말해 조건이 동일한데도 병에 걸린 사람과 걸리지 않은 사람 사이에 어떤 차이가 있는지 살펴보는 것이 케이스 컨트롤 조사의 취지다. 앞 쇼핑몰의 경우는 당연히 질병의 사례로 적용시킬 수는 없겠지만, 동일한 상황에서 '무슨 까닭인지는 몰라도 100만 엔 이상 구매한 VIP 고객'과 '그렇지 않은 고객'을 각각 케이스와 컨트롤로 놓고 생각할 수는 있다.

케이스 컨트롤 조사에서는 우선 인원수가 적은 '케이스'를 가급적 한데 모은다. 예를 들어 무슨 병의 증상이 있는 사람들의 데이터가 일반적인 임의추출법으로 모으기 어렵다면 관련 의료시설을 돌아 어떻게든 수십 명 정도의 대상자를 확보한다. 그리고 같은 날 같은 의료시설을 찾아온 다른 병의 증상이 있는 환자들에게도 조사 협력을 요청한다. 대체로 케이스 그룹과 컨트롤 그룹의 인원수가 같은 경우가 많지만 아무리 애를 쓰더라도 더러는 케이스 그룹의 인원수가 적은 경우도 있다. 이럴 때 오차와 p-값을 작게 하기 위해서는 최소한 컨트롤 그룹만이라도 케이스 그룹 인원수의 수배 정도의 대상자를 모은다.

■ 비율의 '차이'가 아니라 '비'를 생각하는 것이 특징

케이스 컨트롤 조사에 근거하여 같은 수의 VIP 고객과 그렇지 않은 고객에 대해 조사한 결과가 〈도표 3-30〉이다.

그러나 지금까지 살펴보았듯이 위 결과에서 '쇼핑몰에 호의적이거나 비호의적으로 느끼는 사람 사이에 VIP 고객률의 차이가 있

도표 3-30 쇼핑몰 호감도와 VIP 고객 여부 케이스 컨트롤 조사
(VIP 고객과 비VIP 고객이 같은 수인 경우)

	VIP 고객	비VIP 고객	합계
쇼핑몰에 호의적	50명(70명 중 71%)	20명(70명 중 29%)	70명(200명 중 35%)
쇼핑몰에 비호의적	50명(130명 중 38%)	80명(130명 중 62%)	130명(200명 중 65%)
합계	100명(200명 중 50%)	100명(200명 중 50%)	200명

쇼핑몰에 호의적인 사람의 'VIP 고객 오즈'=50/70÷(1-50/70)=50/20=2.5
쇼핑몰에 비호의적인 사람의 'VIP 고객 오즈'=50/130÷(1-50/130)=50/80=0.625
따라서 이 쇼핑몰에 호의적인 오즈비는 4.00배(=2.5÷0.625)로 'VIP 고객의 확률이 높다'

다'는 생각을 할 수는 없다. 케이스와 컨트롤, 즉 VIP 고객과 그렇지 않은 고객을 모으는 비를 바꾸기만 해도 이와 같은 비율은 크게 변하기 때문이다. 시험 삼아 VIP 고객과 비VIP 고객률 1:2의 비율로 모았을 경우를 비교해보면〈도표 3-31〉, 전체 조사 대상자에서 차지하는 VIP 고객의 비율이나 쇼핑몰에 호의적인 사람의 비율, 쇼핑몰에 호의적이거나 그렇지 않은 사람 각각에서의 VIP 고객의 비율 등, 온갖 '비율'이 달라져버린다.

그러나 오즈를 사용하여 VIP 고객률의 뺄셈에 의한 '차이'가 아닌 나눗셈에 의한 '비(=오즈비)'를 생각하면 이것은 케이스와 컨트롤의 비에 따르지 않고 일정해지는, 의미 있는 지표가 얻어진다. 이 역시 자세한 설명은 권말로 미루지만【보충 16】, 〈도표 3-32〉

도표 3-31 쇼핑몰 호감도와 VIP 고객 여부 케이스 컨트롤 조사
(VIP 고객과 비VIP 고객 비율이 1 : 2인 경우)

	VIP 고객	비VIP 고객	합계
쇼핑몰에 호의적	50명(90명 중 56%)	40명(90명 중 44%)	90명(300명 중 30%)
쇼핑몰에 비호의적	50명(210명 중 24%)	160명(210명 중 76%)	210명(300명 중 70%)
합계	100명(300명 중 33%)	200명(300명 중 67%)	300명

쇼핑몰에 호의적인 사람의 'VIP 고객 오즈'=50/90÷(1−50/90)=50/40=1.25
쇼핑몰에 비호의적인 사람의 'VIP 고객 오즈'=50/210÷(1−50/210)=50/160=0.3125
따라서 이 쇼핑몰에 호의적인 오즈비는 4.00배(=1.25÷0.3125)로 'VIP 고객의 확률이 높다'

와 같은 오즈비의 형태라면 임의추출법으로 구하든 케이스 컨트롤 조사를 통해 구하든 결과는 모두 완벽하게 일치한다.

도표 3-32 쇼핑몰 호감도에 의한 VIP 고객 오즈비

$$\text{VIP 고객 오즈비} = \frac{\text{쇼핑몰에 호의적인 사람의 ‘VIP 고객률} \div \text{(1−VIP 고객률)’이라는 오즈}}{\text{쇼핑몰에 비호의적인 사람의 ‘VIP 고객률} \div \text{(1−VIP 고객률)’이라는 오즈}}$$

이것을 확인하려면 맨 처음 '무작위로 선택한 1만 명에 대한 조사'에서의 오즈비를 계산한 〈도표 3-33〉을 참고하기 바란다. 'VIP 고객 중에 쇼핑몰에 호의적인 사람의 비율'과 '비VIP 고객 중에 쇼핑몰에 호의적인 사람의 비율' 부분만 완벽하게 조사되면 케이스(VIP 고객)와 컨트롤(비VIP 고객)의 비율이 1:1이든 1:2이든 혹은 임의추출법에 근거하여 2:9998이든 오즈비의 값은 동일해진다.

도박 부분에서 언급했듯이, VIP 고객률이 케이스 컨트롤 조사를 써야 할 수준으로 아주 낮으면 '1-VIP 고객률'이 거의 '1'이 되므로 오즈와 VIP 고객률 사이의 차이는 대다수 없어진다. 이때의 오즈비는 'VIP 고객률이 그룹 간에 약 몇 배 다른지'를 잘 나타내는 지표가 된다.

더욱이 비율의 차이가 의미를 갖지 않으므로 설명변수의 그룹

도표 3-33 쇼핑몰 호감도와 VIP 고객 여부 ②
(무작위로 선택한 1만 명을 조사한 경우)

	VIP 고객	비VIP 고객	합계
쇼핑몰에 호의적	1인	1999인	2000인
쇼핑몰에 비호의적	1인	7999인	8000인
합계	2인	9998인	10000인

쇼핑몰에 호의적인 사람의 'VIP 고객 오즈'=1/2000÷(1−1/2000)=1/1999
쇼핑몰에 비호의적인 사람의 'VIP 고객 오즈'=1/8000÷(1−1/8000)=1/7999
따라서 이 쇼핑몰에 호의적인 오즈비는 4.00배(=1/1999÷1/7999)로 'VIP 고객의 확률이 높다'
또 이 쇼핑몰에 호의적인 사람의 VIP 고객률은 1/2000
비호의적인 사람의 VIP 고객률은 1/8000로 오즈와 거의 같은 값이 얻어진다

간에 z 검정을 하는 것은 적절하지 않지만 카이제곱검정을 한다면 특히 지금까지 해왔던 계산으로 아무 문제없으며, 또 p-값을 산출하여 '이 오즈비는 우연한 불규칙성으로 생긴 차이라 말할 수 있는지 없는지'도 생각할 수 있다.

■ 프레이밍험 연구에서 나온 로그오즈비의 활용과 로지스틱 회귀분석

필자가 본래 전문으로 삼고 있는 역학 분야에서는 이와 같은 케이스 컨트롤 조사 등을 할 때마다 먼저 데이터를 어떻게 잡을지 궁리하고 분석하여 발병 원인이 무엇인지 생각한다. 《통계의

힘》에서 이미 소개했던 존 스노에 의한 콜레라의 원인 규명이 이 분야에서 처음 개가를 올린 업적이었다. 그리고 케이스 컨트롤 조사를 위한 역학 관계자들은 오즈라는 사고방식에 매우 친숙하다.

1948년부터 보스턴 근교의 프레이밍험이라는 마을에서 당시 원인이 불분명한 병이었던 심장병이나 뇌졸중 같은 순환기 계통 질환의 역학 연구가 진행되었다. 이때 가능한 한 많은 설명변수와 '병이 된다/되지 않는다' 혹은 '죽는다/죽지 않는다' 등 이항으로 짜인 아웃컴과의 관련성을 명백히 밝혀야 할 필요성이 제기되었다. 그래서 이 프로젝트에 관여한 제롬 콘필드라는 통계학자는 로지스틱 회귀분석이라는 새로운 분석방법을 고안해냈다. 거기서도 오즈는 큰 역할을 하여 해석 결과에서 '다른 설명변수가 동일하다면' 하는 가정에 의해 조정된 설명변수의 오즈비를 산출할 수 있었다.

콘필드는 '로그오즈비(오즈비에 로그를 취한 값)'를 사용하면 0과 1의 값만 취하는 이항의 아웃컴이 다중회귀 분석의 양적인 아웃컴과 마찬가지로 마이너스 무한대부터 플러스 무한대까지의 값을 나타내도록 변환할 수 있다는 사실을 발견했다.

'로그'는 고등학교에서 배우는 log라는 기호로 나타내는 연산의 한 형태다. 영어로는 logarithm이라 쓰는데 그리스어의 logos(이성)와 arithmos(숫자)라는 말을 결합하여 발명자인 스코틀랜드의 수학자 존 네이피어가 명명했다. 예를 들어 '$x=\log_2^{8}$'이라

쓰여 있으면 '2를 x제곱하여 8이 되는 x의 수는 무엇?'이라는 의미다. 2는 세제곱하면 8이기 때문에 x의 값은 3인 셈이다. 따라서 위 식을 다시 적으면 $3 = \log_{2}^{8}$로 나타낼 수 있는데 이것은 다시 '2를 밑으로 하는 8의 로그는 3' 같은 식으로 읽기도 한다. 이처럼 log 다음에 오는 작은 숫자를 '밑수'라 부르는데 이는 1(1이라면 몇 제곱을 하든 1이 되므로 앞 식의 x가 정해지지 않는다)을 제외한 0보다 큰 수라면 무엇이든 상관없다. 하지만 미분이나 적분을 할 때 편리하다는 이유로 네이피어 수(존 네이피어의 이름에서 유래)라 불리는 약 2.718의 값이 자주 사용된다. 참고로 약 3.14라는 원주율을 π라는 문자로 나타내듯이 네이피어 수는 일반적으로 'e'라는 알파벳으로 표현한다.

■ '0과 1'의 아웃컴이 로그오즈비로 변환되는 이유

로그오즈비에서 0과 1의 아웃컴을 변환하면 어떻게 될까?

0과 1의 아웃컴에서 비율을 구하면 최솟값은 당연히 '그룹 전원이 0이므로 비율도 0'이 되는 상황이다. 이때 오즈는 0÷(1-0)=0÷1=0이다. 그리고 밑수를 네이피어 수로 할 경우(다만 1보다 크면 네이피어 수이든 10이든 이후는 동일) 0의 로그(log 0), 즉 약 2.718의 값을 '몇 제곱하여' 0이 된다는 말 중에서 '몇 제곱하여' 부분을 생각하면 그 대답은 '마이너스 무한대'라는 말이 된다. 2.718의 수를 몇 번인가 계속 곱하더라도 2.718보다 작은 수가 되지는 않지만 여러 차례 계속 나누다 보면 1보다 점점 작은 값이 되며, 여기서 '여러 차례 나눈다'는 말은 '마이너스 몇 제곱'의 의미이고 마이너스 무한 제곱한 결과가 0이라는 말이 되기 때문이다.

그러면 이제 '그룹 전원이 1이고 비율도 1'인 상황을 생각한다. 이때 오즈는 1÷(1-1)=1÷0이라서 계산이 불가능하지만 '거의 전원이 1이고 비율도 1에 가까운 상황'이라면 고등학교에서 배우는 '수의 극한' 개념에 근거하여 오즈는 무한대가 된다. 그리고 '무한대의 대수', 즉 네이피어 수를 몇 번 곱하면 무한대가 되는가의 대답도 역시 무한대 번이 되는 것이다.

마지막으로 정중앙이 되는 '비율이 0.5'인 때를 생각해보면 오즈는 0.5÷(1-0.5)=0.5÷0.5=1이다. 그리고 '1의 로그(log 1)'란 '2.718이라는 수에 한 번도 제곱을 하지 않았다'는 것을 나타내므로 0이 그 답이다.

다시 말해 최소이면서 마이너스 무한대, 최대이면서 플러

도표 3-34 비율의 값과 대응하는 오즈, 로그오즈비 값

원래의 비율 (p라 한다)	0	0.5	1 (1에 근접)
오즈 p÷(1−p)	0	1	∞
로그오즈비 log(p÷(1−p))	−∞	0	∞

스 무한대, 정중앙에 0과, 다중회귀분석일 때의 양적 아웃컴과 동일한 상태로 0과 1의 아웃컴을 변환할 수 있는 것이다〈도표 3-34〉.

이런 식으로 로그오즈비의 형태로 변환된 아웃컴과 다중회귀분석과 마찬가지로 양적인 설명변수와 더미변수를 모두 포함하는 설명변수 간의 관계성을 회귀계수에 의해 명백히 정해놓는다. 다만 회귀계수는 '설명변수가 1 크면 아웃컴이 얼마나 큰지' 직감적으로 알 수 있는 형태가 되지는 않으므로 알기 쉽도록 다시 변환할 필요가 있다. 변환 방법은 극히 단순하여 대응하는 설명변수에 회귀계수의 '로그' 부분만 제외하면 된다. 즉 네이피어 수(약 2.718)의 회귀계수 제곱을 계산하면 그것이 '설명변수가 1 증가할 때마다 아웃컴이 1 되는 비율은 약 몇 배인가'라는 근사값으로서의 오즈비를 나타낸다.

예를 들면 VIP 고객인가(1) 아닌가(0)를 나타내는 아웃컴에 관한 로지스틱 회귀분석에서 남성더미의 회귀계수가 2.00이라면 2.718의 제곱, 즉 약 7.39라는 오즈비가 구해진다. 따라서 '남성은 여성에 비해 약 7.39배나 아웃컴이 1 되기 쉽다'는 것을 알 수 있다. 또 이 결과를 남성더미가 아닌 여성더미의 형태로 나타내고 싶다면 1÷7.39의 역수를 계산하여 '여성은 남성에 비해 약 0.14배쯤 VIP 고객이 되기 어렵다'는 것을 알 수 있으며, 남성더미인 채로 VIP 고객이 0이고 일반 고객을 1로 두는 경우에도 마찬가지로 '남성은 여성에 비해 약 0.14배 일반 고객이 되기 어렵다'는 결과를 찾아낼 수 있다.

로지스틱 회귀분석에서 회귀계수의 추정은 회귀식과의 오차가 정규분포를 거의 따른다고 가정하면 가중최소제곱법이라는 최소제곱법의 응용방법을 통해서도 계산할 수 있다. 그러나 현재 그런 가정이 일반적으로는 성립하지 않는 경우일지라도 최고가능도법(최우추정법이라고도 한다)이라는 방식에 따르면 '가장 그럴싸한 회귀계수값을 추정'하는 작업을 할 수 있다. 그러나 최고가능도법에 근거하여 로지스틱 회귀계수의 값을 추정하는 것은 미분이나 적분의 도움을 받더라도 한번에 처리하지는 못한다. 동일한 가중최소제곱법이라도 반복최소제곱법을 사용하거나 뉴턴-라프슨법(만유인력으로 유명한 뉴턴의 생각을 수학자 라프슨이 개량한 분석방법)의 반복계산을 통해 해답을 찾을 수는 있다.

이 정도쯤 되면 대학 이상의 수학 개념을 쓰지 않고는 설명하기가 어려우므로 이 책이 의도하는 수준을 뛰어넘지만 관심 있는 사람이라면 J. 돕슨의 《일반화 선형모형 입문 제2판An Introduction to Generalized Linear Models, Second Edition》을 참고하기 바란다.

업무상 다루고 싶은 아웃컴은 흔히 크기를 알 수 있도록 숫자 형태로 된 것이 아니라 '이 사람은 한 번이라도 내점한 적이 있는가 없는가', '이 회원은 이미 탈퇴했는가 아닌가'처럼 0과 1로 표현된 것들이 대다수다. 그러므로 로지스틱 회귀분석은 경우에 따라서 다중회귀분석 이상으로 편리할지도 모른다. 배후에 있는 숫자 부분은 그렇다 치더라도, 이처럼 강력한 분석방법이 존재한다는 사실을 이해만 했더라도 나름의 큰 발전이다.

15
회귀모형의 총정리와 보충

지금까지 살펴본 내용을 통해 '설명변수와 아웃컴의 관련성을 분석한다'는 목적으로 사용되는 대표적인 분석방법은 대충 정리되었으리라 믿는다. 이 방법들은 모두 일반화 선형모형이라 불리는 것들의 일부분이다. '선형'이란 회귀분석의 직선 같은 것을 이미지로 떠올리면 이해하기 쉬울 것이다.

t 검정, z 검정, 단순회귀분석에 대해서 '설명변수가 이항인가 양적인가의 차이가 있을 뿐 그 어느 것도 거기에서 벗어난 값의 제곱합이 최소화되는 직선을 생각한다'면 완전히 같은 의미라고 말했는데 이것이 선형모형이다.

혹은 넓은 의미의 회귀분석을 사용하여 설명변수와 아웃컴 사이의 관련성을 모형화한 형식으로 나타낸다는 의미에서, 이런 분석방법 혹은 그것에 의해 모형화된 관련성을 일컬어 회귀모형이라 부르기도 한다.

다중회귀분석과 로지스틱 회귀분석도 아웃컴을 변환시킨 것일 뿐 결국은 선형모형과 동일하다. 이런 선형모형은 여러 분석방법을 일반화하여 표현할 수 있다는 점에서 일반화 선형모형이라 부르며 1972년 넬더와 웨더번이 만들었다. 어찌되었든 일반화 선형모형은 "방법이 여러 가지 있는데도 결국 회귀분석을 하는 걸 보면 일반화해서 정리할 수 있겠군요?"라는 말에 그 의미가 함축되어 있다고 봐도 좋다. 《통계의 힘》에서도 일반화 선형모형에 기초하여 통계 분석방법을 표로 제시했는데 여기서도 지금까지 소개한 분석방법을 모두 모으면 〈도표 3-35〉처럼 정리할 수 있다(피셔의 정확검정은 보통 일반화 선형모형에 포함시키지 않지만 여기서 함께 살펴보는 게 이해하기 쉬울 것이다). 실무에서 '이런 경우 어떤 분석방법을 사용했더라?'는 생각이 든다면 표를 참고하기 바란다.

전부 기억하기 힘들다면 질적 설명변수와 아웃컴을 모두 이항

도표 3-35 지금까지 소개한 분석방법의 '일반화 선형모형' 정리

		설명변수				
		질적(2분류)		질적(3분류 이상)	양적	다차원 변수(양과 질 모두)
		건수 많음	건수 적음			
아웃컴	양적(연속형)	평균값 차이를 z 검정	평균값 차이를 t 검정	평균값 차이를 분산분석	단순 회귀분석	다중 회귀분석
	질적(범주형)	비율 차이를 z 검정	비율 차이를 피셔의 정확검정	비율 차이를 카이제곱검정	로지스틱 회귀분석	

변수로 변환하여 '양적 아웃컴은 다중회귀분석, 이항 아웃컴은 로지스틱 회귀분석을 사용한다'는 원칙만 알아두면 된다. 단순회귀분석과 t 검정 결과가 일치하는 것과 마찬가지로 2×2 분할표를 그리고 z 검정이나 카이제곱검정을 하는 장면에서 설명변수가 더미변수 하나만의 로지스틱 회귀분석을 해도 완전 똑같은 결과가 얻어진다.

그러나 아웃컴이 양적이면 다중회귀분석, 질적이면 로지스틱 회귀분석이라고 했지만 실제로는 어느 쪽을 선택해야 할지 판단하기 곤란한 상황이 있게 마련이다. 아웃컴이 셋 이상의 카테고리로 나뉘는 경우 아웃컴을 질적이라 생각하여 로지스틱 회귀분석을 써야 할지, 양적이라 생각하여 다중회귀분석을 써야 할지 선택하기가 어렵다. 이에 대한 현실적인 대처법을 추가 설명한다.

한 가지 더, 아웃컴뿐만 아니라 설명변수도 양적인 설명변수를 양적인 상태 그대로 분석하는 것이 좋은지 질적인 설명변수로 다루는 것이 좋은지 판단하기가 어려운 상황이 있을 수 있다. 설명변수와 아웃컴의 관계성이 우상향의 직선 또는 우하향의 직선 같은 관계성이 아닌 경우 등이다. 이 점도 추가적으로 설명한다.

■ 아웃컴이 셋 이상의 카테고리로 나뉘는 경우

앞에서도 언급했듯이 여기서는 아웃컴이 셋 이상의 카테고리로 나뉘는 경우를 다뤄보겠다. 일례로 매장 서비스에 대한 고객

만족도를 조사하기 위해 '0. 매우 불만족/1. 약간 불만족/2. 약간 만족/3. 매우 만족'이라는 항목 중 번호를 선택하게 하는 경우를 생각해보자.

이 항목을 아웃컴으로 분석하고 싶은 경우 다중회귀분석을 사용하는 것은 물론 가능하다. 여러 설명변수에 대응하는 회귀계수에서 이를테면 '남성은 여성에 비해 만족도 점수가 평균 0.8점 높다'거나 '집에서 매장까지 이동하는 시간이 1분 증가할 때마다 만족도는 0.1점씩 내려간다'는 사실을 알 수 있다〈도표 3-36〉.

여기서 문제가 되는 것은 '아웃컴이 평균 몇 점씩 오르는가/내리는가'라는 결과를 어떻게 나타내는가 하는 경우 수반되는 암묵적인 가정이다. 이와 같이 '평균 몇 점'이라 생각하는 것은 '매우 불만족(0점)'과 '약간 불만족(1점)' 사이의 차이나 '약간 만족(2점)'과 '매우 만족(3점)' 사이의 차이도 모두 똑같은 1점으로 생각하고 있다는 점이다.

도표 3-36 성별, 이동시간과 고객 만족도 점수에 대한 다중회귀분석 결과

	회귀계수	p-값
절편	2.10	0.003
남성더미	0.80	0.017
집에서 매장까지의 이동시간(1분당)	−0.10	0.046

그러나 현실적으로는 '매우 불만족(0점)'과 '약간 불만족(1점)' 사이에서 느끼는 고객의 불만족 차이는 크고, '약간 만족(2점)'과 '매우 만족(3점)' 사이에는 조금의 차이만 존재할지도 모른다. 반대로 상당하다고 느낄 정도의 감동이 없으면 절대로 '매우 만족(3점)'이라 응답하지 않는 식의 커다란 간격이 도사리고 있을 수도 있다. 이들을 전부 동일하게 1점 차이라 생각하는 경우, 자신이나 해석결과를 공유하는 상대가 과연 납득해줄지는 해석 전에 꼭 검토해둘 필요가 있다〈도표 3-37〉.

이 경우 아웃컴이 금액이라면 0엔과 1000엔의 차이나 9000엔과 1만 엔의 차이가 모두 동일한 1000엔이라는 의미를 가지므로 문제가 될 일은 전혀 없으며 아울러 다중회귀분석을 하더라도 역시 아무런 상관이 없다.

도표 3-37 고객의 감정과 응답의 관계

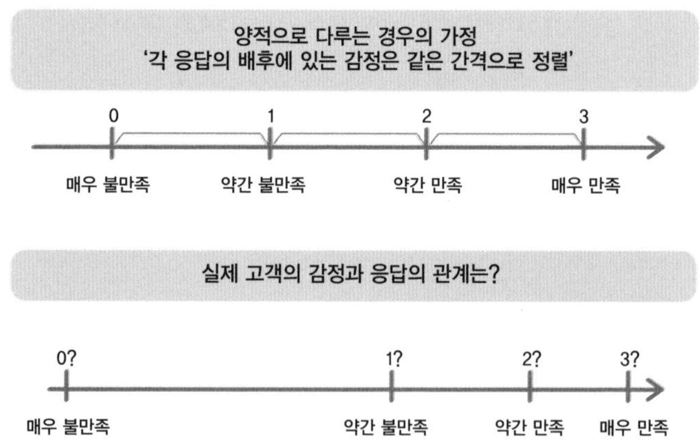

그렇다면 로지스틱 회귀분석에서 다룬다면 어떻게 해야 하는가. '만족도의 항목에서 무엇을 알고 싶은가'를 생각하고 이항변수화하면 된다. 앞 만족도 조사에서 '매우 불만'으로 응답한 고객을 줄이고 이탈 방지와 클레임 대책에 반영하고 싶은가, 아니면 '약간 만족', '매우 만족'으로 응답한 고객을 늘리고 브랜드 파워나 SNS를 활용하여 입소문을 퍼뜨리고 싶은가에 따라 방법이 달라진다.

전자라면 '전혀 만족할 수 없다'인가(1) 아닌가(0)라는 이항의 아웃컴을 설정하고 '전혀 만족할 수 없다'는 상태가 되는 리스크와 무엇이 관련 있는지 분석해야 한다. 후자라면 '약간 만족 또는 매우 만족'인가(1), 혹은 '약간 불만족 또는 매우 불만족'의 이항 아웃컴을 생각하여 분석해야 한다. 양측이 모두 중요하다면 둘 다 분석하고 회귀계수(오즈비) 중 어디가 같고 다른지도 고찰한다.

또 만족도를 향상시킨 경우 이탈 방지나 브랜드 파워에 반영할 수 있는 새로운 항목을 찾았으면 그 새 항목의 달성도를 아웃컴으로 두고 '매우 불만'의 인원수를 줄이는 게 중요한가, '매우 불만'과 '약간 불만'의 인원수를 모두 줄여야 하는가, 아니면 '매우 만족'의 인원수를 늘려야 하는가를 각각 분석할 필요가 있다.

그 밖에 이항변수로 하지 않고 '0~3점'이라는 만족도 점수인 채로 분석하는 순서형 로지스틱 회귀분석(ordinal logistic regression analysis) 분석방법도 있기는 하다. 그러나 위와 같은 상황에서 순서형 로지스틱 회귀분석을 사용하면 '매우 불만족'과 '약간 불만족'

의 차이나 '약간 만족'과 '매우 만족'의 차이가 모두 동일한 설명변수처럼 똑같이 관련되어 있다는 가정을 하는 셈이 된다. 실제는 불만족스럽게 느끼는 이유만 아무리 줄인들 '매우 만족'으로 이어진다는 장담을 할 수는 없으므로 아무 맥락 없이 이 분석방법을 사용하는 것은 그다지 권장하고 싶지 않다.

■ 순서성의 유무와 카테고리 수가 포인트

위에서는 네 카테고리라는 비교적 적은 수, 즉 '매우 불만→ 약간 불만→ 약간 만족→ 매우 만족'의 순서성을 갖는 아웃컴을 예로 들었지만 이와 같은 순서성은 카테고리 수에 따라 조금씩 사정이 달라지게 마련이다.

일반적인 기준으로 카테고리 수가 3~4개 정도라면 '분류 방식을 바꿔 이항변수로 변환'하려는 생각을 갖는다. 카테고리 수가 7개 이상인 경우 '그렇게 세밀하게 나누면 카테고리 사이의 차이를 일일이 생각하는 것만으로도 큰일'이므로 양적 아웃컴으로 취급하여 다중회귀분석하겠다는 판단을 하기도 한다. 5~6개 카테고리 정도가 중간으로 분석 목적에 따라 적절하게 판단해야 한다.

또 '이 상품을 어떻게 생각합니까?'라는 질문에 '1. 근사하다고 생각한다/2. 귀엽다고 생각한다/3. 익숙해지기 쉽다고 생각한다/4. 느낌이 고급스럽다고 생각한다' 식으로 응답하도록 하는 경우 순서성이 전혀 존재하지 않는다. 이때는 카테고리가 몇 개이든 다중회귀분석을 하는 것은 불가능하다. 카테고리 수가 너무 많을 때는 의미가 유사한 카테고리를 정리할 필요가 있지만 무슨 형태로든 '어느 카테고리(1)와 그 이외의 카테고리(0)'라는 이항변수를 만들고 로지스틱 회귀분석을 해야 한다.

순서성이 없는 세 카테고리 이상의 질적 변수에 대해서도 그대로 분석할 수 있는 다항 로지스틱 회귀분석이라는 분석방법이 있지만 인과관계의 통찰을 중시한다는 이 책의 입장에 따른다면 아웃컴을 이항변수화하여 로지스틱 회귀분석을 하는 편이 결과를 해석하는 데 한결 용이할 것이다.

■ 설명변수와 아웃컴의 관계성이 직선이 아니라면(물리학이나 계량경제학)

다음으로 양적인 설명변수를 양적인 상태 그대로 분석하는 것이 좋은지, 아니면 질적인 설명변수로 다루는 것이 좋은지 구별하기 어려운 경우다. 즉 설명변수와 아웃컴의 관계성이 우상향의 직선 또는 우하향의 직선이 아닌 경우 어떻게 해야 하는지 알아보자.

'우상향의 직선/우하향의 직선 관계성이 아닌 경우'로는 〈도표 3-38〉의 산포도를 생각할 수 있다. 완구점에서의 구매금액을 아웃컴, 나이를 설명변수로 둔 분석 결과인데 나이가 10~20세 전후까지는 구매금액이 높지만 30대에 바닥을 치고 그 이후는 나이가 많아짐에 따라 구매금액이 상승하는 관계성을 나타내고 있

도표 3-38 완구점에서의 나이와 구매금액의 관계(회귀직선으로 파악한 경우)

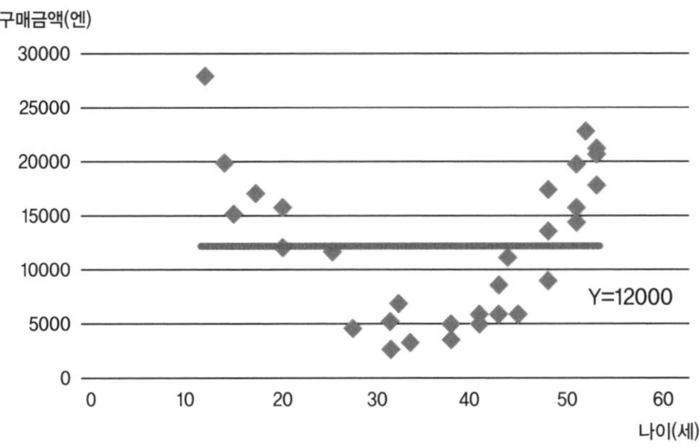

다. 스무 살 전후는 '자신을 위한 구매'이고 서른 살 이후부터는 '자녀를 위한 구매'가 아닌가 하는 추측을 할 수 있다.

이것을 그대로 회귀분석으로 옮기면 도표에서 보듯이 '연령(X)과는 무관하게 구매금액(Y)은 1만 2000엔'이라는 수평의 회귀직선이 구해지는데, '무관하게'라기보다는 '직선적인 관계성은 아니다'라고 생각해야 하는 상황이다.

이런 경우 물리학 등 자연과학에서의 통계학이나 계량경제학 분야에서는 흔히 '제곱항'의 회귀계수를 생각하라는 조언을 들을 때가 많다. 본래의 설명변수를 제곱한 새로운 설명변수(이것을 제곱항이라고 부른다)를 구한 다음 본래의 설명변수와 제곱항을 모두 설명변수로 갖는 다중회귀분석을 하면 회귀직선은 직선이 아니라 고등학교에서 배우는 2차함수의 포물선 모양의 '회귀곡선'이 된다. 이렇다면 '설명변수와 아웃컴에 관계성이 없다'는 결과가 나오지는 않을 것이다.

하지만 이렇게 하면 결과를 파악하기가 어려워지는 문제가 생긴다. 실제 본래의 나이와 나이의 제곱이라는 2개의 설명변수를 최소제곱법에 적용하면 〈도표 3-39〉와 같은 결과가 얻어진다. 〈도표 3-39〉에서의 수식(이차함수식)을 보면 나이가 1 증가할 때마다 아웃컴(구매금액)은 3124엔씩 감소하는 한편 나이의 제곱값이 1 증가할 때마다 아웃컴(구매금액)은 46.8엔씩 증가하는데 대다수는 그 의미가 머릿속으로 확 들어오지 않는다. '그래서 나이가 많을수록 더 산다는 거야? 아니면 낮은 쪽이 더 산다는 거야?'라고 반문당하기 일쑤다.

수학에 좀 자신 있는 사람이면 이 설명만으로도 포물선을 떠

도표 3-39 **완구점에서 나이와 구매금액의 관계** (회귀곡선으로 파악한 경우)

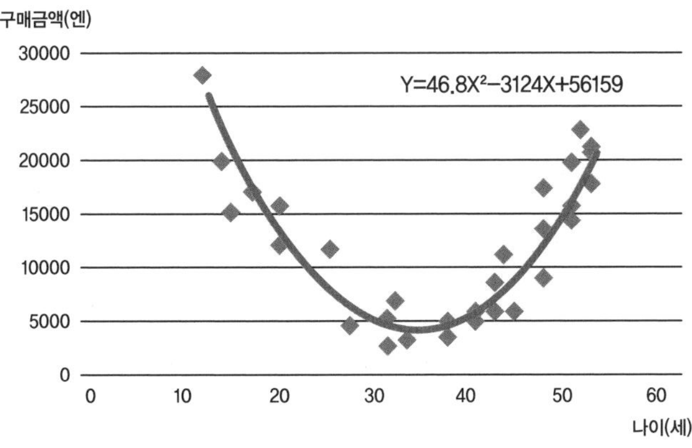

올릴 수 있겠지만 그래도 '몇 살 때 포물선이 바닥을 그리는지'라든가 '10대와 40대 중 어느 쪽이 유망한 시장인가' 같은 당연히 생기는 의문에 아무 대답도 해주지 못한다.

이것은 물리학이나 계량경제학이 결과를 예측하거나 시뮬레이션에 중점을 두고 있는 데 비해 의학 연구나 비즈니스에서는 원인의 통찰이 중요하다는 점도 영향을 미치기 때문이다. 전자의 사고방식이라면 수식으로 예측만 잘해도 필요에 따라 설명변수의 값을 입력하면 언제든 예측값이 무엇인지 알 수 있는 장점이 있다. 제곱항이 아니고 로그나 √라도 정확히 예측 가능한 수식만 세울 수 있으면 의미를 갖는 것이다.

■ 설명변수와 아웃컴의 관계성이 직선이 아니라면(의학 연구나 비즈니스)

의학 연구나 비즈니스의 경우 '왜 이와 같은 분석 결과가 되었는가', '어떻게 하면 아웃컴을 올리고 내리고 할 수 있는가'의 원인 탐색이 중요하다. 분석 결과도 그 의문에 답할 수 있어야 한다.

〈도표 3-39〉에서와 같이 나이와 구매금액의 관계성이 단순한 우상향/우하향의 직선이 아니라 '몇 살 때 구매금액이 바닥을 치는가'라든지 '10대와 40대 중 어느 쪽이 유망한 시장인가' 같은 질문이 중요하다면 나이를 '10대/20대/30대/40대/50대'같이 다섯 카테고리로 분류하고 질적인 설명변수처럼 기준을 정하여 더미변수를 설정하면 된다.

도표 3-40 세대를 더미변수화한 경우 다중회귀분석 결과

	회귀계수	95% 신뢰구간			p-값
절편	19950	15986	~	23914	<0.001
20대더미	-9100	-14705	~	-3495	0.003
30대더미	-15710	-20827	~	-10593	<0.001
40대더미	-11061	-15825	~	-6298	<0.001
50대더미	-1184	-6153	~	3784	0.628

그렇게 하여 얻어진 결과가 〈도표 3-40〉이다. 10대라는 중요 타깃층을 비교의 기준으로 삼으면 절편으로 '10대의 평균 구매금액'인 1만 9950엔이라는 값이 나타난다. 그리고 20대의 구매금액은 10대보다 9100엔 낮고 30대는 1만 5710엔, 40대는 1만 1061엔 낮다. 이런 결과는 p-값으로부터 '우연이라고 말할 수 있는' 수준의 차이지만 50대에서 살펴보면 약 1200엔 정도 낮을 뿐이고 p-값도 0.628이어서 '그다지 주목할 차이는 아니다'는 사실을 알 수 있다. 이 결과에서 30대는 그다지 관심을 둘 필요가 없고 50대 이상은 '의외의 관심군'으로 이 세대 사람들이 아이에게 사 주고 싶어 하는 상품을 노려볼 필요가 있다는 아이디어가 생길지도 모른다.

이런 방식은 앞의 아웃컴에 대해 '0점과 1점 사이의 차이와 2점과 3점 사이의 차이는 똑같은 1점일까?'라고 생각했듯이 양적인 설명변수에 대해서도 '열아홉 살부터 스무 살 사이의 한 살 차

이와 서른아홉 살부터 마흔 살 사이의 한 살 차이는 똑같이 한 살의 증가라는 형태로 아웃컴에 영향을 미치는 것일까?'라는 점을 깊이 생각하는 것이 중요하다.

이번에는 세대를 열 살씩 구분지어 분류했지만 딱히 규칙은 정해져 있지 않으며 또 똑같은 간격으로 해야 한다는 원칙도 없다. 예를 들면 10대~22세까지를 '학생 그룹'이라거나 23~30세까지를 '독신 사회인 그룹' 등으로 나누는 편이 여러모로 편리하다고 생각하면 그대로 따르더라도 아무 문제가 없다.

여기서 한 가지 주의했으면 하는 부분은 그룹별로 해당 데이터 수가 너무 적은(예를 들면 전체의 5% 미만만 해당한다든지 전부 해서 수십 건도 안 된다든지 하는) 카테고리가 생기지 않도록 하는 것이 바람직하다는 점이다. 극단적으로 데이터 수가 적은 카테고리가 생기면 표준오차가 커지고 기준 카테고리와의 사이에 의미 있는 차이가 발견될 가능성이 제한되어버린다.

심사숙고하여 궁리한 끝에 겨우 카테고리를 정했는데도 의미 있는 차이가 발견되지 않는다면 참으로 안타까운 일이 아닐 수 없으며, 차라리 다른 유사 카테고리와 병합하는 편이 더 알기 쉬운 결과를 얻어낼지도 모른다. 이 규칙만 명심하면 업무상의 관례나 경험 등을 총동원해 적절하게 카테고리 분류를 하는 것만으로도 충분하다. 분석 결과가 알기 쉬운 것이 되느냐의 여부는 이런 사소한 부분에서도 영향을 받는다.

16
회귀모형의 실제 활용법 - 투입편

지금까지 다중회귀분석과 로지스틱 회귀분석이 무엇인지 살펴보았다. 회귀계수나 p-값, 신뢰구간은 도대체 무엇을 나타내며 무슨 계산을 통해 산출되는지도 대체로 이해했으리라고 믿는다.

다 이해했더라도 실제 적용하여 쓰려고 하면 어려운 부분이 몇 가지 있다. 대표적으로 '어떤 설명변수를 몇 개 정도 사용하여 분석해야 하는가'라는 투입(input) 면과 '나온 결과에서 어떤 의미를 찾아내고 어떻게 해석하여 어떤 행동을 취하는가' 같은 산출(output)의 면 두 가지로 나눠 정리할 수 있다.

수리 부분이 주인 교과서에서는 자세한 설명은 하지 않고, '매우 어려운 부분이므로 주의하십시오'라거나 '전문가에게 의논하기 바랍니다' 같은 약도 독도 되지 않는 말로 슬쩍 넘어가기도 한다. 하지만 필자는 그런 '어려운 부분'을 가급적 언어화하고 실용적인 측면에서 어떻게 판단할지를 최대한 짚어주고 싶다.

■ 과적합 또는 과학습을 피하는 몇 가지 방법

우선 투입, 즉 '어떤 설명변수를 몇 개 정도 사용하여 분석하면 좋은지'에 대해 알아보자. 기본적으로 설명변수가 증가할수록 예측값에서 벗어난 값인 잔차는 작아지게 마련이지만 그것이 꼭 좋은 것만은 아니라는 것이 과적합(overfitting) 또는 머신러닝 분야에서의 과학습(overtraining)이라 불리는 문제다.

과적합이란 '적합의 정도가 지나치다'는 뜻으로 얻어진 데이터의 아웃컴 값에 대해 회귀모형에서 벗어난 값, 즉 잔차가 본래라면 관계가 없어야 마땅한 설명변수의 불규칙성과 '때마침 닮아 있다'라는 경우가 종종 생기는데 바로 그런 상태를 이르는 말이다. 설명변수를 필요 이상으로 증가시키는 것은 이처럼 '본래라면 관계가 없어야 마땅한 설명변수로 무리하게 아웃컴의 변동을 설명한다'는 과적합의 위험성을 상승시켜버린다.

그렇게 되면 '지금 어느 데이터에 관해서는 적합도가 좋지만 앞으로 새로이 얻어지는 데이터로 회귀식에 적용시키면 거꾸로 적합도가 나빠진다'는 현상이 일어난다. 본래 전혀 관계없는 설명변수가 회귀식에 포함되기 때문에 그다음에 똑같은 데이터 수집과 분석을 했을 때 이번처럼 '때마침 맞아떨어지는 경우'를 기대할 수가 없는 것이다.

이 같은 문제에 대처하려면 '의미 있는 설명변수만 회귀식에 포함'되도록 하는 방법이 효과적인데 그것을 변수선택법이라고 한다. 변수선택법에는 여러 가지가 있지만 그중 가장 기본적인 방법을 들라면 전진선택법(forward)과 후진제거법(backward)이다.

전진선택법은 우선 후보가 되는 설명변수 모두에 대해 단순회귀분석을 한다. 그 결과 가장 회귀계수의 p-값이 작았던 설명변수를 첫 번째 설명변수로 선택한다. 그다음 첫 번째 설명변수와 그 이외의 설명변수를 하나씩 조합하여 2개의 설명변수를 포함하는 다중회귀모형들을 분석한다. 그리고 여러 다중회귀모형 중에서 두 번째 추가되는 설명변수의 회귀계수에 대응하는 p-값이 가장 작은 설명변수를 채택하고 이 변수를 두 번째 회귀모형에 추가시킨다. 추가된 설명변수에 대응하는 p-값이 일정기준(자주 사용되는 것은 0.05) 이내라면 이 과정을 계속하여 최종적으로 얻어진 것을 '타당한 회귀식'으로 생각하는 방법이다.

후진제거법은 반대로 처음에 모든 설명변수를 포함하는 회귀식을 계산하고 대응하는 p-값의 가장 큰 설명변수부터 차례대로 제외한 다음 모든 설명변수가 일정기준(자주 사용되는 것은 0.05) 이내가 되면 종료하는 방식이다.

언뜻 보아서는 둘의 결과가 같은 것처럼 느껴지지만 사실 꼭 그렇지만은 않다. 다중회귀분석에서의 회귀계수는 '다른 설명변수가 같다고 하여 이 설명변수가 1 증가할 때마다 아웃컴이 몇 개 큰가/작은가'의 결과를 나타낸다고 설명했지만, 그로 인해 '다른 설명변수'에 포함되던 것이 바뀌면 회귀계수나 표준오차, p-값 같은 것들도 바뀌어버린다. 이것은 특히 설명변수 사이에 관련성이 존재하는 경우 매우 주의가 필요한 부분이다.

일례로 나이, 소득이나 가족구성 등의 요인이 서로 관련되어 있는 경우를 생각해보자. 이때 나이만으로 다중회귀분석을 하면 '나이가 1 증가할 때마다'라는 경우의 회귀계수는 나이에 수반되는 정신면의 변화나 소득, 가족구성 변화 등 사회적 환경면의 차이를 모두 뭉뚱그리는 것이다. 그중에는 '나이가 늘면 소득도 증가하기 쉬운데 그로 인해 구매금액은 어느 정도 증가하는지'와 '나이가 늘면 배우자나 아이가 있을 확률도 높은데 그로 인해 구매금액은 어느 정도 증가하는지' 같은 영향도 당연히 포함되어 있다. 하지만 다중회귀분석에서의 회귀계수는 '다른 설명변수가 같다고 하여 이 설명변수가 1 증가할 때마다……'라는 의미이므로 나이와 소득, 가족구성을 모두 다중회귀분석할 경우 나이의 회귀계수는 '소득과 가족구성이 같다고 하고 나이가 1 증가할 때마다……'라는 것이 된다.

다시 말해 이 양측을 분석한 결과 얻어지는 회귀계수는 같은 '나이' 설명변수에 대응한다고 말할 수는 있어도 사실상 전혀 다른 것이다. 그러므로 변수를 증가시키거나 감소시키면 회귀계수의 의미가 바뀌고 그때까지 0.05 미만이었던 p-값이 갑자기 커지거나 작아지기도 한다.

그래서 전진선택법에서는 최종적으로 p-값이 0.05 이상인 것도 포함되고 후진제거법에서는 반대로 출발시점이나 도중에 0.05 미만의 p-값을 나타내는 회귀계수들이 얼마든지 있었는데도 무슨 영문인지 마지막에는 0.05 미만의 p-값을 나타내는 설명변수가 모두 제거될 가능성도 있다.

그래서 좀 더 현명한 방식으로서 생겨난 것이 단계별선택법(stepwise)인데 이것이 변수선택법 중 가장 많이 쓰인다. 단계별선택법에서는 우선 전진선택법과 마찬가지로 p-값이 작은 설명변수를 하나씩 추가한다. 그런데 어느 일정기준(변수의 추가보다 조금 느슨하게 0.1이 자주 사용된다) 이상의 p-값을 나타낸 설명변수가 발생하면 전 단계에서 추가되었다 하더라도 제거하는 과정을 사이에 둔다는 점에 차이가 있다. 추가도 제거도 불가능해지면 자동 종료가 되므로 전진선택법과 후진제거법의 장점을 모두 가지고 있다.

마지막으로 모든 회귀모형에 대한 변수선택법이라 하여 전체 설명변수의 조합을 가지고 모형을 만드는 방식도 있다. 가령 잔차제곱합, 즉 회귀분석에 의한 예측값에서 벗어난 값의 크기 등에서 회귀모형의 '적합도'를 평가하고 그것이 최대화되는 것을 찾는 방식이다.

앞에서 언급했듯이 설명변수의 수가 증가할수록 과적합에 의해 단순 '적합도'는 커지게 마련이므로 '설명변수의 수에 비해 적합도가 좋은지 나쁜지의 지표'인 AIC(Akaike's Information Criterion: 아카이케 정보량 기준)가 이런 목적으로 자주 사용된다. 이것은 일본의 전 통계수리연구소 소장인 아카이케 코지가 1971년에 고안하여 1973년에 발표한 지표다(참고로 전진선택법이나 단계별선택법에서도 p-

값을 기준으로 하지 않고 'AIC가 개선되는가 아닌가'라는 관점에서 설명변수를 선택하는 경우가 있다).

이외에도 더 근본적인 부분에서 과적합에 속임을 당하지 않고 적절한 설명변수를 선택하는 방법으로 교차타당도법(cross validation)이라는 것도 있다. 교차타당도법에서는 회귀식을 구하는 분석용 데이터와 그 적합도를 시험하기 위해 데이터를 나누는 방식을 취한다. 가장 간단한 것은 임의로 반씩 나눈 한쪽의 데이터로 회귀식을 구하고 그 회귀식을 시험 데이터에 적용시켜서 AIC 등을 통해 적합도를 평가한다. 회귀식을 추정하는 데이터와 적합도를 평가하는 데이터를 서로 나눈 상태에서 가장 적합도가 좋았던 회귀식은 과적합이 아니라 앞으로 얻어지게 될 데이터에 대해서도 최적일 것이라고 판단한다.

다만 AIC나 교차타당도법에 의한 검정은 그렇다 치더라도 모든 회귀모형을 변수선택법으로 시험하는 것은 계산량의 관점에서 볼 때 결코 추천할 만한 일이 못된다. 설명변수의 후보가 50개라면 각각의 설명변수를 포함하고 포함하지 않는가의 두 유형으로 2의 50제곱, 즉 약 1126조 가지의 회귀모형을 시험하는 꼴이 된다.

■ 다중공선성은 확인했습니까?

지금까지 살펴본 다양한 변수선택법을 적절히 활용하면 과적합의 사태가 발생하는 일은 피할 수 있지만 p-값이나 AIC 기준에 의해서만 설명변수를 선택하는 것은 삼갔으면 한다. 전술한 것처럼 소득이라는 설명변수가 더해짐으로써 나이에 대한 회귀계수의 의미가 바뀐다. 만약 소득에 관한 회귀계수 자체는 p-값이 커진 것에 불과하다고 여기면 그만이겠지만 조건을 조정하기 위한 변수로서 소득도 설명변수 안에 포함시키는 편이 나은 경우도 있다.

그래서 '애당초 무엇을 알고 싶었는가' 하는 시점이 중요하다. 앞에서 나이를 단독으로 사용한 회귀계수는 '소득의 증가나 가족 구성 변화를 뭉뚱그린 나이에 의한 영향', 한편으로 소득이나 가족구성이라는 설명변수와 동시에 사용한 경우 나이에 대한 회귀계수는 '소득과 가족구성이 같았던 경우 나이에 의한 영향'을 의미한다고 말했다. 이중 어느 쪽이 더 결과를 해석하는 사람들의 이미지에 어울리는가 하는 점을 고려하고 후자와 같은 사고방식이 어울린다면 p-값이 크든 작든 소득을 나이와 같이 설명변수에 포함시키는 것이 좋다.

이처럼 설명변수 사이에 관련성이 있는 경우 서로를 넣을까 말까로 회귀계수가 달라지는 것을 다중공선성(multicollinearity)이라 하며 다중회귀분석(또는 여러 설명변수를 사용한 로지스틱 회귀분석)을 할 때 자주 등장한다. 통계학을 어설프게 조금 아는 시기에는 '다중공선성은 확인했습니까?'라며 다른 사람의 분석 결과에 끼어드는 사람들이 하나둘씩은 꼭 있게 마련이다.

다중공선성 때문에 생기는 문제가 몇 가지 있지만 앞의 소득과 나이처럼 '어느 정도 관련은 있으나 그 관련성이 엄청 강하다고 말할 정도는 아니다'라는 설명변수들이 포함되어 있는가 아닌가로 회귀계수의 값이 서로 바뀌는 것에 대해서는 그다지 큰 문제로 작용하지는 않는다. 회귀계수가 바뀌더라도 '다른 설명변수가 같다면' 하는 조건 안에 무슨 설명변수가 포함되어 있고 거기에 자신이 떠올린 결과와 별다른 차이가 없다면 문제는 없는 것이다.

다만 '관련성이 엄청 강한' 설명변수가 포함되어 있으면 회귀계수의 추정이 불안정해지고 의미도 모르는 결과가 얻어지기도 한다. 이런 문제가 나타났다면 확실히 주의할 필요가 있는데 그에 대해 대처법은 다음 장에서 살펴본다.

지금까지의 내용을 종합하여 최종적으로 어떤 설명변수를 택하고 어떤 설명변수를 버리는지 생각할 수 있게 되었다면 이제 여러분도 전문 분석가가 되었다고 볼 수 있다.

s t a t i s t i c s

17 회귀모형의 실제 활용법 - 산출편

마지막으로 '도출된 결과에서 어떤 의미를 끄집어내고 어떻게 해석하여 어떤 행동을 하는가'라는 면을 살펴보고 이 장을 매듭짓자.

〈도표 3-41〉은 구매금액을 아웃컴으로 하는 다중회귀분석의 결과다. 남성보다 여성이, 나이가 많은 편이, DM 발송건수가 많은 쪽이 구매금액이 높은 경향을 보이고 있다. 가족구성은 우연이라 말할 수 있을 만큼의 관련성밖에는 나타나지 않았다. 이 결과에서 무엇을 말할 수 있는지 확인해보자.

이런 설명변수에서 가장 중요한 것은 무엇일까? 두 가지 주목해야 할 부분이 있다. 하나는 p-값이 일정 수준(예를 들면 0.05) 이내인가 아닌가 하는 관점에서 우연이라 말하기 어려운 것에만 주목한다. 이 점은 여러분도 이제 아무 문제가 없을 것이다.

절편에 관해서도 p-값이 0.001 미만으로 값이 작아져 있고

도표 3-41 구매금액을 아웃컴으로 한 다중회귀분석 결과

설명변수	회귀계수	95% 신뢰구간			p-값
절편	6000	4000	~	8000	<0.001
남성더미	−3000	−3500	~	−2500	<0.001
나이	500	50	~	950	0.029
기혼더미	1000	−3000	~	5000	0.624
자녀 보유더미	2000	−2000	~	6000	0.327
DM 발송건수	400	200	~	600	<0.001

절편에 대한 *p*-값은 '절편이 본래 0인데 우연히 이런 값이 얻어졌다고 할 수 있는지'에 대응하고 있다. 그러니까 이 6000이라는 절편의 추정값은 우연한 불규칙성 때문에 얻어질 만한 것은 아니다.

다음으로 *p*-값이 5% 미만인 것 중에 중요성이 높은 것은 아웃컴에 가장 큰 변동을 준다. 그래서 절편을 제외하고 *p*-값이 0.05 미만인 회귀계수를 살펴보면 절댓값이 가장 큰 것이 남성더미인데 이것이 과연 가장 중요한 부분이라 할 수 있을까?

대답은 당연히 '아니다'이다. 아웃컴에 미치는 변동의 크기는 회귀계수만으로 정해지는 것이 아니다. 회귀계수는 '설명변수가 1 증가할 때마다'라는 정보를 나타내는데 '설명변수를 얼마만큼 움

직이게 하는 것인가'에 관한 정보와 맞춰보지 않으면 어느 정도 영향을 미치는지 알 수 없다.

적어도 남성더미에 관해서는 0과 1 값밖에는 존재하지 않는다. 그러므로 고객수는 전체 표본크기이며 여성 고객을 적극적으로 공략하고 고객 중에 차지하는 남성의 인원수×3000엔이라는 영향만 미칠 따름이다.

한편 나이는 어떨까? 확실히 회귀계수로서는 성별보다 작지만 '나이 많은 고객을 적극적으로 공략하여 고객의 평균연령을 다섯 살 상승시킨다'는 방법을 생각할 수 있을지도 모른다. 그렇다면 고객수는 증가하지 않았더라도 고객의 인원수×5×500엔이라는 영향력이 생길 수는 있다.

보유 고객수가 10만 명이고 현재 고객의 남녀비가 50: 50이라면 전자의 방법에 의한 영향력은 최대 1억 5000만 엔(=5만 명×3000엔) 정도다〈도표 3-42〉. 후자의 방법에 의한 영향력은 2.5억

도표 3-42 고객수는 같고 '남성 고객의 비율을 감소시킨다'의 최대 효과

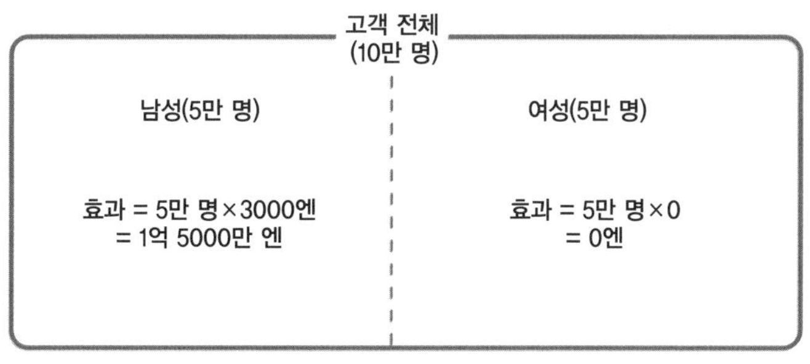

도표 3-43 고객수는 같고 '평균 나이를 다섯 살 올린다'의 최대 효과

고객 전체
(10만 명)

효과 = 10만 명×다섯 살 분×500엔
= 2억 5000만 엔

최대 2억 5000만 엔 효과

엔(=10만 명×다섯 살 분×500엔) 정도다〈도표 3-43〉. 최대 1억 5000만 엔 매출이 느는 방법과 2.5억 엔 매출이 느는 방법 중 어느 쪽을 선택하라면 누구라도 대답은 같을 것이다.

지극히 간단한 계산의 예인데 회귀계수의 값만으로는 설명변수의 중요성을 판단할 수 없다. 그러므로 추가적으로 '얼마만큼 설명변수를 움직이게 할 여지가 있고 또 실제 설명변수를 얼마만큼 움직이게 하는 방법이 있는가'를 고려해야만 한다.

■ '누구에게 방법을 써야 하는가'를 분명히 짚어주는 상호작용항 분석

그런 관점에서 주의 깊게 살펴보면 회귀계수로서는 가장 작지만 DM 발송건수가 꽤 주목할 만하다. 나이나 성별은 설명변수를 움직이는 수고와 시간이 엄청나고 생각대로 조절이 가능한지도 알 수 없지만 DM 발송건수를 늘리고 줄이는 일은 쉽게 할 수 있

기 때문이다.

1통에 100엔 안팎의 비용이 드는 DM을 발송하기만 해도 400엔의 매출이 증가한다면 비용을 빼더라도 300엔 이득이다. 그렇다면 평상시 보내지 않았던 고객에게도 보낼 필요가 있다는 생각을 누구나 할 수 있다. 지금까지 예산의 제약 때문에 임의로 선택한 10%의 고객에게만 DM을 발송했다면 나머지 9만 명×300엔으로 한 번 할 때마다 2700만 엔의 매출 증가를 기대할 수 있다〈도표 3-44〉. 앞에서 살펴본 고객의 성별 비율이나 평균 나이를 바꾸는 방법과 비교할 때 '최대 효과'는 낮을지 몰라도 확실성이라는 측면에서는 무시할 수 없다.

이러니 여성의 매출이 높다는 앞의 정보에서 '여성에게 DM을 발송한다'는 아이디어가 떠오르는 사람도 있을 것이다. 그러나 그 방법이 현시점에서 올바르다고 단정할 수는 없다. 앞의 다중회귀분석 결과는 '다른 설명변수가 같다고 하고 이 설명변수가 1 크

도표 3-44 고객수는 같고 'DM 발송건수를 늘린다'의 최대 효과

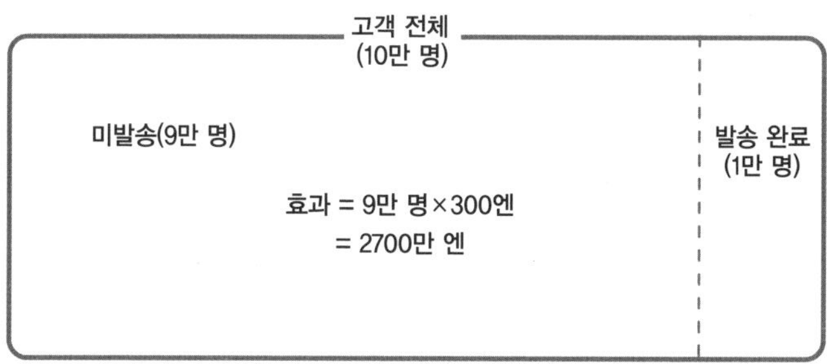

면……'의 관련성을 나타내기 때문이다. 즉 '나이나 성별이 같다면 DM을 발송하는 것이 낫다', '나이와 DM 발송건수가 같다면 여성의 구매금액이 높다'라는 정보는 제시하고 있지만 '여성에게 DM을 발송하는 것이 좋다'는 말은 단 한마디도 없으며 실제는 완전히 정반대인 사태가 벌어질 수도 있다.

정반대의 사태란 〈도표 3-45〉와 같은 경우를 말한다. 맨 처음 다중회귀분석의 의미를 설명할 때와 마찬가지로 가로축에 DM 발송건수, 세로축에 구매금액을 잡은 산포도다. 이중에서 ▲로 나타낸 것은 남성이고 ●는 여성이다.

도표를 보면 여성은 DM 발송과 그다지 관계없이 어느 정도 높은 구매를 보이며 남성은 여성보다 기본적으로는 구매금액이 낮지만 DM 발송건수가 증가할수록 구매금액이 높아지는 경향을 보

도표 3-45 여성에게 DM을 발송하는 것이 좋다고 말하지 않는 경우

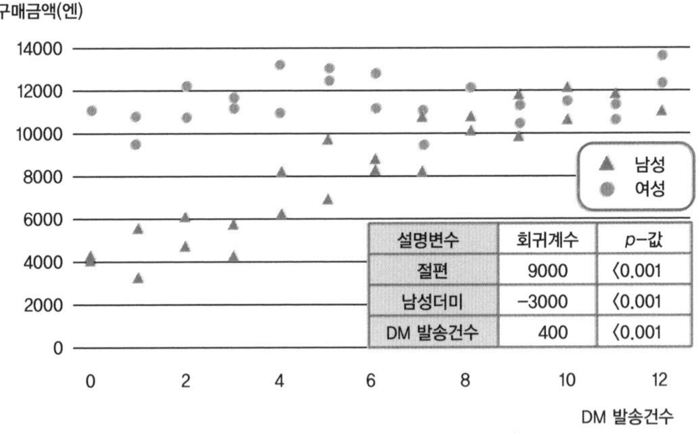

설명변수	회귀계수	p-값
절편	9000	〈0.001
남성더미	−3000	〈0.001
DM 발송건수	400	〈0.001

인다. 그래서 DM을 많이 발송 받은 남성 중에는 여성보다도 구매금액이 더 높은 사람도 있다. 실제 이 같은 데이터를 분석하더라도 'DM 발송건수가 1통 증가할 때마다 400엔씩 구매금액이 높아진다', '여성은 남성과 비교할 때 3000엔 정도 구매금액이 높다' 등의 회귀계수가 얻어진다.

왜 이런 일이 일어나는가 하면 '남녀 간에 DM 발송건수와 구매금액의 관련성은 일정하고 평행인 직선으로 나타낼 수 있는 것으로 한다'는 다중회귀분석의 가정이 성립하지 않기 때문이다. 이 가정이 성립하지 않더라도 '성별이 같다고 했을 때'의 DM 발송건수와 구매금액의 관련성이나 'DM 발송건수가 같다고 했을 때'의 성별과 구매금액의 관련성은 구해진다. 그러나 DM을 여성에게 보내야 하는 사실이 중요하다면 남성과 여성 사이에서 DM과 구매금액의 관련성이 어떻게 다른가 하는 완전히 다른 관점으로 분석해야만 한다.

이는 상호작용항이라 불리는 것을 설명변수에 포함하는 해석이다. '상호작용'이란 영어로 interaction인데 '다른 설명변수가 모두 똑같다면……' 같은 관련성이 아니라 '2개(또는 그 이상)의 설명변수가 함께 증가한 경우, 무엇인가 특히 아웃컴이 증가하거나 줄 가능성이 있는가'를 나타낸다.

실제의 계산상으로는 앞의 제곱항과 마찬가지로 서로 다른 설명변수끼리 곱한 값을 계산하고 그것을 설명변수에 첨가하면 된다. 예를 들어 이번 경우라면 남성더미×DM 발송건수를 통해 상호작용항이 계산되는데 남성더미는 '남성의 경우 1이고 그 이외에는 0'의 값이므로 남성에 관해서는 DM 발송건수가 그대로, 여성에 관해서는 0이라는 값이 상호작용항이 된다〈도표 3-46〉.

도표 3-46 상호작용항 사례

	남성더미		DM 발송건수		남성더미×DM 발송건수의 상호작용
A	1	×	4	=	4
B	1	×	9	=	9
C	0	×	2	=	0
D	0	×	10	=	0
E	1	×	11	=	11
F	0	×	6	=	0
……	……		……		……

도표 3-47 상호작용항을 포함한 다중회귀분석 결과

설명변수	회귀계수	95% 신뢰구간			p-값
절편	11000	10200	~	11800	〈0.001
남성더미	-7200	-8300	~	-6100	〈0.001
DM 발송건수	60	-50	~	170	0.290
남성×DM 발송건수	700	540	~	860	〈0.001

상호작용항을 포함한 다중회귀분석의 결과가 〈도표 3-47〉이다. 상호작용을 포함하여 'DM 발송건수가 같다면' 남성과 여성의 차이는 7200엔이나 되고 절편을 모두 고려하면 'DM이 발송되지 않은 경우 여성의 매출은 1만 1000엔', 'DM이 발송되지 않은 경우 남성의 매출은 3800엔(=1만 1000-7200)'으로 추정된다. 이것은 앞에서 제시한 산포도하고도 일치한다.

또 남성과 DM 발송건수의 상호작용, 즉 '남성에게만 발송한 DM 건수'의 효과는 700엔으로 앞의 상호작용을 고려하지 않았던 경우에 DM 발송건수에 대응하는 회귀계수(400엔)의 배 가까운 값이 얻어졌다. 한편 이 결과의 DM 발송건수에 대응하는 회귀계수가 작고(60엔), p-값도 0.05보다 크다(0.290)는 것은 '남성에게 발송하는 DM의 효과를 제외하면, 즉 여성에게만 DM을 1통 발송해도 우연한 불규칙성이라 말할 수 있을 정도의 차이밖에는 나타나지 않는다'는 결과다. 요컨대 남성에게는 DM을 1통 보낼 때마다 700엔 정도(오차를 고려해도 540엔 정도) 매출이 오르는 데 비해 여성에게는 DM을 1통 보낼 때마다 60엔밖에는 매출이 오르지 않으므로 오차를 고려할 경우 매출이 오르는지 아닌지, 오히려 마이너스의 영향이 있는 것은 아닌지조차 판단이 서지 않는 상태다.

이렇게 DM처럼 변화를 주기 쉬운 설명변수와 성별이나 나이처럼 변화를 주기 어려운 설명변수가 둘다 존재하는 경우 '변화를 주기 쉬운 설명변수×주기 어려운 설명변수' 같은 상호작용을 검토하면 '누구에게 이 방법을 써야 하는지'가 명백해진다.

■ 조정하고 임의화 비교실험으로 검정한다

이제 남성에게 DM 발송을 늘리면 좋다는 사실을 알았으므로 지금부터 전면적으로 이 방법을 쓰면 되는 것일까? 그것은 어쩌면 덜렁이의 실수를 저지르는 결과로 이어질지도 모른다. '다른 설명변수나 상호작용항을 포함시켜 분석하면 DM에 관련된 회귀계수가 0이 된다'는 리스크가 존재하기 때문이다.

'매장/서비스의 이용기간'이라는 설명변수는 앞에서 말한 결과에 포함되어 있지 않지만 사실은 이것이 영향을 미칠지도 모른다. 즉 이용기간이 오래된 고객일수록 DM을 받을 기회가 많으며 구매금액이 누적되어 총액이 높아지는 상황에서도 DM과 구매금액 사이에 우연이라고는 말하기 어려운 관련성이 나타날 수 있다. 따라서 다중회귀분석에 이용기간이라는 설명변수를 추가하고 '이용기간이 같을 때'라는 조건을 붙이면 DM 발송건수와 구매금액 사이의 관련성은 없다는 결과로 바뀌어버린다. 물론 이 경우 앞으로 DM을 보낸다고 해서 구매금액이 증가하지는 않을 것이다.

이와 같이 상관과 인과를 혼동해서는 안 된다는 것은 통계학을 조금만 접하더라도 반드시 배우는 내용이다. 그렇다고 '그 밖에 조정해야 할 설명변수나 상호작용은 없는지 신중하게 생각하자'며 해석 결과를 끝내 활용하지 않는다면 지금까지 분석을 했던 의미가 없다. 결국 멍청이의 잘못을 저지르는 셈이 된다.

물론 그 밖에 조정해야 할 설명변수나 상호작용은 없는지 생각할 필요는 있지만 그것만으로는 까마귀가 검다는 것과 마찬가지로 아무리 오랜 시간이 지나도 '조정해야 할 변수는 이제 더 이상 존재하지 않는다'는 사실을 증명하지 못한다. 따라서 건설적인 의논과 실제 준비가 가능한 데이터 범위 안에서 최대한 조정해보고 그 결과 효과가 있을 만한 방법이 발견되었다면 그 즉시 검정해보는 것이 좋다.

검정이란 임의화 비교실험이다. DM을 예로 들면 임의로 선택한 수백 명 정도의 고객에게 먼저 발송해본다. 광고라면 임의로 선택한 일부 지역만 하고, 연수라면 임의로 선택한 일부 직원만을 대상으로 실시하며, 새로운 IT시스템은 임의로 선택한 일부 영업소에만 먼저 써본다. 그리고 선택 대상에서 제외된 나머지와 얼마만큼 아웃컴 차이가 나타나는지 비교한다.

그런 다음 평균값이나 비율의 차이를 t 검정, z 검정을 하여 분석하기만 하면 된다. 조정이나 상호작용은 모두 관계없고 효과가 나타나면 우연이란 말하기 어려운 수준으로 양 그룹의 아웃컴에 차이가 생길 것이다. 이 차이는 어느 정도 논의를 거쳐 고도의 분석방법을 통해 얻어진 회귀계수보다도 정확한 효과를 나타내고 있다. 여기까지 하고 나면 '상관'이 아니라 '인과'를 확인했다고 볼 수 있다.

임의화 비교실험은 데이터를 수집하는 시점에 '조정해야 할지도 모르는 다른 변수'를 그룹 사이에서 확률적으로 전부 균등하게 만들어준다. 해석 분석방법도 단순하고 p-값이나 신뢰구간까지도 이해하고 있으면 결과도 쉽게 해석할 수 있다.

결점이 있다면 단 한 번의 실험으로 검정할 수 있는 것은 하나의 설명변수가 아웃컴에 미치는 효과뿐이며 또 데이터를 수집하는 데 시간이 걸리는 점이다. 시험해야 할 아이디어가 100개나 되더라도 모두 시험해보지 않으면 어떤 것이 가장 효과적인지 알 수 없고 또 실험을 하고 나서 효과가 생기기까지 종종 오랜 시간이 소요되기도 한다.

그래서 다중회귀분석이나 로지스틱 회귀분석을 자유자재로 쓸 수 있으면 이미 축적된 데이터 중에서 어떤 아이디어가 유망할지 예측하기가 쉽다. 어차피 시험해야 한다면 유망할 듯한 아이디어부터 한 다음 임의화 비교실험을 통해 효과가 실증되었다면 되도록 빠르게 전면적으로 실시하는 편이 더 큰 이익을 창출할 수 있다.

올바른 설명변수와 아웃컴의 관련성을 기존 데이터에 대한 회귀분석만으로는 찾아내기 힘들지 몰라도 임의화 비교실험을 거친다면 시험해야 하는 아이디어를 부담 없이 분석할 수 있다. 지금까지의 내용을 충분히 이해하고 익혔다면 계속 고도의 분석방법을 배우려 하기보다는, 이제 여러분이 직접 임의화 비교실험을 통해 검정하는 능력이 몸에 배었는지 한번 도전해봤으면 한다.

이제부터는 통계학 자체보다 사내 조정 등 인간관계의 문제가 더 큰 화두로 등장할 수 있다. 그것이야말로 데이터에서 현실적인 가치를 창출한다는 관점으로 보면 통계학의 수리적인 측면의 이해보다도 훨씬 더 중요하다.

제4장

데이터의 배후를 파악한다

– 인자분석과 군집분석

s t a t i s t i c s

18
심리학자가 개발한 인자분석의 유용성

다중회귀분석과 로지스틱 회귀분석을 자유자재로 쓸 수 있으면 어떠한 아웃컴과 설명변수도 관련성을 분석할 수 있지만, 앞장의 끝부분에서 언급한 다중공선성은 어떻게 생각하고 취급할까 하는 부분은 결코 간단히 처리할 수 있는 문제가 아니다.

지금까지 몇 번인가 설명도 없이 사용해왔지만, 한쪽이 클 때는 다른 쪽도 크다는 말처럼 대소가 일치하는 상태를 가리켜 통계학 전문용어로 '양의 상관관계'라거나 단순히 '상관관계'라고 표현한다. 반대로 '한쪽이 클 때 다른 쪽은 작다'라는 경우 '음의 상관관계'라고 말한다. 다중공선성 문제 때문에 다중회귀분석과 로지스틱 회귀분석의 모든 설명변수를 상관관계가 아닌 상태로 두는 것은 비현실적이지만, 상관관계가 존재하는 설명변수를 함께 회귀모형에 포함시키는 것 역시 결코 바람직하다고 볼 수는 없다.

〈도표 4-1〉과 같은 로지스틱 회귀분석 결과를 얻었다고 하자.

도표 4-1 어느 미백 화장품의 이미지와 오즈비

설명변수	오즈비	p-값
미백에 효과 있음	1.18	0.008
피부색이 환해짐	0.95	0.048
얼굴의 잡티가 없어짐	1.02	0.131

※ 나이, 직업, 가족구성 등 조정 완료

어느 미백 화장품의 이미지에 대해 20대 여성에게 10점 만점으로 평가해달라고 요청하고 각 이미지(설명변수) 점수가 1점 오를 때마다 이 상품을 구매하게 될 확률이 오즈비로 대략 몇 배가 되는지를 나타낸 결과다. 나이나 직업, 가족구성 등의 개인 속성도 설명변수에 포함시키고 '이들이 같을 때'로 조정을 완료한 오즈비와 과연 그 오즈비가 우연한 불규칙성 때문에 생긴 것이라 말할 수 있는지의 기준이 되는 p-값을 제시했다. 결과를 보니 '미백에 효과 있음'인 경우 구매의사는 높아지지만 '피부색이 환해짐'인 경우에는 오히려 구매의사가 낮아진다. 또 얼굴의 잡티가 없어지는 것은 구매의사와 우연한 범위라 할 정도의 관련성밖에는 없다.

그런데 미백에 효과가 있는 화장품이라면 피부색도 환하게 만들어주는 것 아닐까.

'다른 설명변수가 같았을 때' 다중회귀분석의 회귀계수 부분으로 돌아가 생각해보자. '미백에 효과 있음'이라 생각하는지 여부의 조건이 동일하다면 '피부색이 환해짐'이라 여기지 않는 경우 구매의사가 높아진다는 것인지도 모른다. 그러나 '미백에 효과는 있지만 피부색은 환해지지 않음'이라 생각하는 사람과, 반대로 '미백에 효과는 없지만 피부색은 환해짐'이라 생각하는 사람들이란 도대체 어떤 사고방식의 소유자일까? 과연 이렇게 모순적인 사고방식을 가진 사람인가 아닌가 하는 부분에도 주의를 기울이며 마케팅을 할 필요가 있을까?

그 대답은 '아니다'일 것이다. 이런 질문 항목은 모두 '피부색이 희고 아름다워짐'이라 느끼는가 하는 하나의 요인에 대해 그것을 어떻게 말로 표현하는가 하는 사소한 차이일 뿐이다. 이처럼 서로 강하게 상관관계에 있는 3개의 질문 항목을 모두 설명변수로 채택하고 '다른 질문 항목의 점수가 같을 때~'의 관련성을 보면 본질을 외면한 결과가 얻어질 위험성이 있다.

■ 단계별변수선택법에 의한 변수의 선택 혹은 '축소'로 대응 가능한가

이런 경우 대처방법은 간단하게 두 가지로 나눠볼 수 있다.

① 상관이 강한 다수의 항목에서 대표적인 일부 항목만 골라 설명변수로 채택

② 상관이 강한 항목끼리 합산하여 하나의 설명변수로 채택

①은 서로 상관 있는 것 같은 설명변수에 대해서는 (그 이외의 설명변수로 조정한 상태에서) 회귀계수(로지스틱 회귀분석인 경우의 오즈비도 포함)에 관한 p-값이 가장 작은 것만을 설명변수로 채택하는 방식이다.

앞의 미백 화장품을 빗대어 말하자면 나이, 직업, 가족구성 등 각각의 속성에 이미지에 관한 항목 하나만 포함시키는 세 가지 로지스틱 회귀분석을 생각할 수 있다. 그중 이미지에 관한 p-값이 가장 작아진 것을 최종 결과로 생각하면 그 항목이 '구매의사의 차이를 잘 설명하는 표현'이라 생각할 것이다.

서로 상관관계에 있는 설명변수가 많을 때 모든 항목을 일일이 확인하는 것은 엄청난 작업이다. 이런 경우 네 가지 변수선택법 중에서 먼저 단계별변수선택법을 적용시켜보는 것이 한 가지 방법이다.

변수선택법을 적용하면 설명변수의 수가 적어지는 만큼 모든 설명변수를 포함시킨 모형보다도 서로 상관 있는 설명변수의 조합은 줄어들 가능성이 높다. 변수선택을 한 뒤에도 여전히 앞의 미백효과에서 드러난 결과처럼 '뭔가 이상하다'는 생각이 들었다면 '이상하다'는 일부의 설명변수를 삭제한 상태에서 다시 분석하고 결과가 어떻게 바뀌는지 확인한다.

②와 관련된 가장 단순한 방식은 서로 상관하는 설명변수를 모두 더하는 방법이다.

'미백에 효과 있음', '피부색이 환해짐', '얼굴의 잡티가 없어짐' 같은 10점 만점의 세 항목을 전부 더하여 30점 만점의 '미백 효과 이미지' 점수로 설명변수에 사용한다. 이렇게 하면 상관성 때문에 결과를 제대로 파악하지 못하는 사태를 피할 수 있다.

이와 같이 다수의 변수를 그보다 적은 수의 변수로 줄이는 것을 전문용어로 '축소한다'라고 한다. 가급적 본래의 변수가 가진 의미를 잃지 않고 되도록 적은 수의 변수로 표현했을 때 '좋은 축소모형을 설정했다'라고 말하는 경우가 많다.

그러나 이 같은 단순한 더하기가 좋은 축소인지 아닌지 필자에게 묻는다면 자신 있게 그렇다고 답할 수는 없는 게 솔직한 심정이다. 첫 번째 문제는 과연 이 세 항목은 진정으로 상관하고 있는가 하는 부분이다. 직감적으로 세 항목 설명변수들의 합의 크기가 일치하는 듯 느껴지더라도 실제는 그 정도까지는 아니라는 결과가 나타날 때도 종종 있다.

또 하나의 문제는 세 항목이 서로 상관이 있더라도 그 강도가 동일하다고는 할 수 없는 부분이다. '미백에 효과 있음'과 '피부색이 환해짐'의 상관성은 강하여 응답자 대다수의 점수가 일치하는 반면 '얼굴에 잡티가 없어짐'은 '다소는 상관하고 있다'는 정도에 불과했다고 치자. 이 경우 '미백에 효과 있음'과 '피부색이 환해짐'의 두 가지는 공평하게 더해도 될지 모르지만 '얼굴에 잡티가 없어짐'은 더하는 방식을 유연하게 조절하는 편이 나을지도 모른다.

■ 인자분석은 직접적으로 해결할 수 있다

이런 문제를 해결하는 분석방법으로 인자분석(factor analysis)이라는 것이 있다. 영국의 심리학자 찰스 에드워드 스피어만이 처음 만들고 미국 심리학자 루이스 리언 서스턴이 개량했다. 두 사람은 모두 인간의 지능 파악이라는 동일한 목적을 갖고 물리적으로 보거나 접촉할 수 없는 개념을 어떻게 측정할까 하는 의문에서 인자분석을 고안해냈다.

스피어만은 1904년에 저술한 논문에서 고전, 국어(그들에게 국어는 영어다), 프랑스어, 수학, 음악, 소리나 빛 따위에 대한 반응검사의 점수가 서로 상관관계에 있음을 밝혀냈다〈도표 4-2〉. 그중 고

도표 4-2 여섯 가지 검사의 상관성

	고전	프랑스어	국어	수학	반응검사	음악
고전	-	0.83	0.78	0.70	0.66	0.63
프랑스어	0.83	-	0.67	0.67	0.65	0.57
국어	0.78	0.67	-	0.64	0.54	0.51
수학	0.70	0.67	0.64	-	0.45	0.51
반응검사	0.66	0.65	0.54	0.45	-	0.40
음악	0.63	0.57	0.51	0.51	0.40	-

※ 표 안의 수는 -1(완전한 음의 상관)부터 1(완전한 양의 상관)의 범위에서 상관의 정도를 표시한다

전과 프랑스어의 상관은 아주 강하고 음악과 반응검사의 상관은 그다지 강하지 않다. 하지만 이 여섯 항목의 점수를 계산했더니 이들 전부가 강한 상관관계에 있을 뿐만 아니라 계산에 사용되지 않은 다른 지표(가령 상식이나 교사의 평가 등)하고도 모두 강하게 상관관계에 있는 지표를 추정할 수 있다(이것을 전문용어로 '인자추출한다'라고 표현한다)는 사실이 밝혀졌다〈도표 4-3〉.

그들은 이렇게 '다양한 검사와 강한 상관관계가 있는 지표'를 '일반지능 g(g는 일반, 즉 general의 g)'라 부르고 '지능'이라는 보지도 만지지도 못하는 개념을 객관적으로 측정할 가능성을 제시했다.

지능처럼 현실세계에 확실히 영향을 미치는 개념은 표출 영역을 여러 가지 형태로 측정할 수 있다. 지능 자체는 측정이 불가능하더라도 지능이 높으면 고전과 외국어를 이해하고, 음악을 연주

도표 4-3 스피어만의 일반지능 g

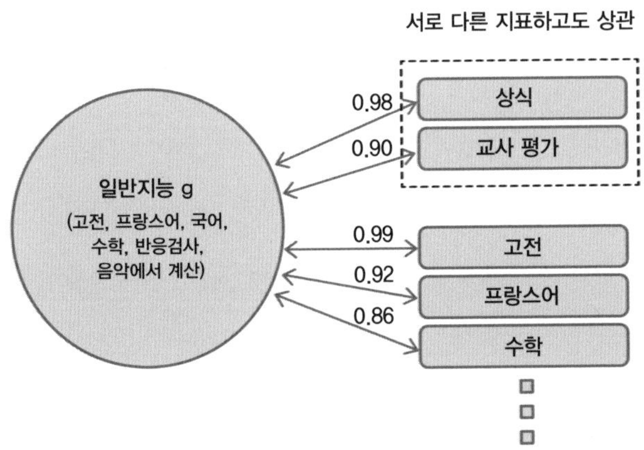

※ 표 안의 수는 −1(완전한 음의 상관)부터 1(완전한 양의 상관)의 범위에서 상관의 강도를 표시한다

하는 데 유리할 수 있다. 물론 음악의 경우라면 가끔 귀가 민감해진다든지 손끝의 놀림이 자신의 의지와 달리 제멋대로 움직였다든지 하는, 지능과는 전혀 다른 요인이 영향을 미칠지도 모른다. 그러나 지능과 관련된 모든 시험성적을 공통으로 설명하는 요인을 수학적으로 계산할 수만 있다면 인간의 지능도 측정 가능하다고 봐도 무방하다. 이렇게 일반지능처럼 현실적으로 측정할 수 있는 값을 좌우하는, 보지도 만지지도 못하는 무언가를 인자라고 하며, 인자분석은 그것을 수학적으로 명백히 밝히는 일이다.

또 루이스 리언 서스턴은 1934년과 1936년의 논문에서 스피어만의 사고방식을 수리 측면과 심리학적 이론 측면에서 더욱 정밀화하여 현대적인 인자분석의 기초와 다인자지능의 개념을 제시했다. 그는 대학생을 대상으로 스피어만보다 더 다양한 검사를 실시하고 그 데이터에서 다음 7개의 인자를 뽑아냈다.

① 수 처리능력(number facility)

② 언어의 유창성(word fluency)

③ 공간 파악 능력 등의 시각 처리(visualizing)

④ 기억력(memory)

⑤ 지각 속도(perceptual speed)

⑥ 귀납적 추론(induction)

⑦ 논리적 언어능력(verbal reasoning)

이런 7개의 인자는 서로 상관이 없도록 구해지며 입체의 부피를 구하는 문제에서는 공간 파악 능력 등의 시각 처리와 수 처리 능력이 관계하지만 언어의 유창성 등은 대체로 아무런 관련성이 없는 것처럼 보인다. 이로써 지능을 좀 더 다면적으로 볼 수 있는 방법이 생겨나게 되었다.

서스턴이 체계를 세운 인자분석 방식은 이후 심리통계학자들의 거듭된 개량을 거치면서 수많은 '보지도 만지지도 못하는 인자'를 측정 가능하도록 만들었다. 리더십이나 라이프스타일, 행복감 같은 것을 어떻게 측정하는지 심리학자들은 이미 일정 부분의 대답을 알고 있던 셈이다.

비즈니스와 관련하여 얻어지는 설문조사 결과나 행동로그 데이터에도 이런 지혜를 응용하면 좋다. 있는 그대로 응용한다면 '어느 상품/브랜드에 무슨 의식을 지니고 있는가', '어느 매장에서 무엇을 사고 있는가' 같은 개별항목으로만 한정될지 모르지만 이것을 '현실로 표출시킨 데이터'와 '그 배후에 있는 인자'로 생각하고 변수를 축소하면 다중공선성이 해결될 뿐만 아니라 그 밖에도 여러 가지 사실을 파악할 수 있다.

설문조사에서 '이 업계에서 브랜드 이미지는 어떤 인자에서 포착할 수 있는가', '이 매장의 상품을 구매함으로써 알 수 있는 라이프스타일에는 어떠한 인자가 있는가' 따위의 정보에 접할 수 있게 되는 것이다.

statistics

19
인자분석이란 무엇인가

다음과 같은 단순화된 상황을 생각해보자. 여러분 회사에서는 지금 직원 1명을 새로 고용하려고 하는데 지원자 전원의 면접을 치를 수 없을 만큼 바쁘다. 그래서 면접대상자의 범위를 좁히기 위해 그들에게 '회계'와 '비즈니스 상식'의 필기시험을 치르게 했다. 〈도표 4-4〉는 가로축을 회계 성적, 세로축을 비즈니스 상식 성적으로 잡고 하나하나의 점으로 지원자 1명을 나타낸 산포도다.

그래프를 보니 명백히 우상향의 경향성을 보인다. 즉 회계 시험에서 우수한 성적을 보인 사람은 비즈니스 상식에서도 뛰어나다는 사실을 알 수 있다. 어쩌면 '사무능력 인자' 같은 것이 존재하는지도 모른다.

산포도를 본 첫 느낌에 의존하여 감각적으로 '우선 두 과목 모두 70점 이상의 득점자를 면접 대상자로 선정'하는 것도 하나의 방법이지만, 이런 방식은 필기시험이 세 과목 이상 되는 순간 어

도표 4-4 직원 채용 필기시험 결과 산포도

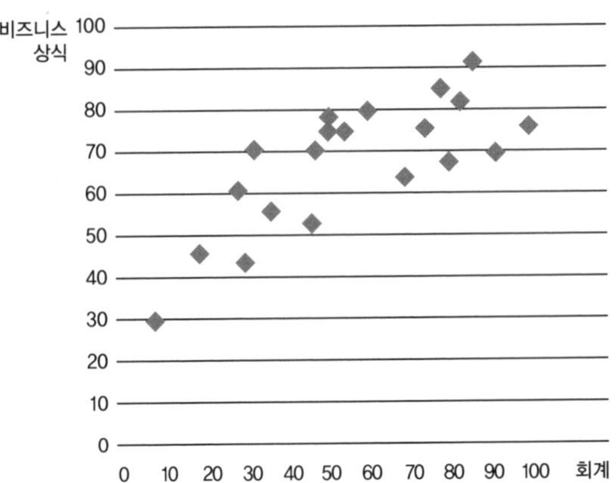

려워지고 네 과목 이상 되면 거의 불가능해진다. 두 과목이라면 2차원의 산포도에 시각화할 수 있지만, 세 과목이라면 3차원, 네 과목이라면 4차원 등으로 표현할 장치가 필요하고, 4차원 이상의 시각화는 실생활에서는 거의 불가능하기 때문이다.

그래서 3개 이상의 변수에 사용할 수 있는 방법을 배워보자.

■ 직선을 '잣대로 삼는다'

우상향 그래프, 즉 '회계와 비즈니스 상식 점수가 어느 정도 일치한다'는 상관을 보이면 이 산포도에 놓인 점의 정중앙을 긋는 직선을 그린 다음 그것을 잣대로 삼으면 된다. 여기서 말하는 '정중앙을 긋는 직선'은 단순회귀분석에서 등장하는 회귀직선과 마찬가지라 생각할지 모르지만 조금 다르다. 단순회귀분석에서는 세로축이 아웃컴, 가로축이 설명변수라는 명확한 구별이 있고 구하는 회귀직선은 '세로축(아웃컴)과 직선 사이의 세로축 방향으로 벗어난 값(의 제곱합)을 최소화한다'는 사고방식에 기초를 두고 있었다. 그러나 여기서는 2개의 변수(회계와 비즈니스 상식) 중 어느 쪽이 어떻다는 특별한 구별은 없고 벗어난 값의 최소화라는 측면에서는 세로축과 가로축 쌍방을 모두 의식해야만 한다.

그러므로 인자분석에서도 최소제곱법에 의해 인자를 구할 수 있지만 로지스틱 회귀분석에서의 최고가능도법과 마찬가지로 미분이나 연립방정식으로 일거에 해답을 구할 수는 없다. 그래서 어쩔 수 없이 뉴턴-라프슨법과 같은 반복계산을 통해 해답을 구하게 된다. 또 최소제곱법뿐만 아니라 최고가능도법을 사용할 수도 있으며 그 밖에도 '주인자법'이나 '주성분법', '알파인자법', '이미지 인자법' 따위의 여러 가지 계산 방법이 존재한다.

직선을 구하는 방법 자체는 전문서에 맡기고 직선을 '잣대로 삼는다'는 말뜻을 생각해보자. 우리가 '키'라는 잣대로 사람을 잰다는 말에는 무슨 뜻이 담겨 있을까? 키를 잴 때는 지면과 수직으로 잣대를 세우고 서 있는 자세로 머리의 정점이 잣대의 어느 눈금선과 일치하는지 살펴본다. 이 눈금선이란 '무수한 잣대와 수직인 선'이다. 이렇게 해서 얻어진 키의 값은 측정에 쓰인 본래의 잣대에서 벗어나 있더라도 바뀌는 일이 없다. 만약 키가 170cm인 사람이 있다면 본래의 잣대에서 100m 벗어난 곳에 있더라도 그

도표 4-5 '잣대로 잰다'의 뜻

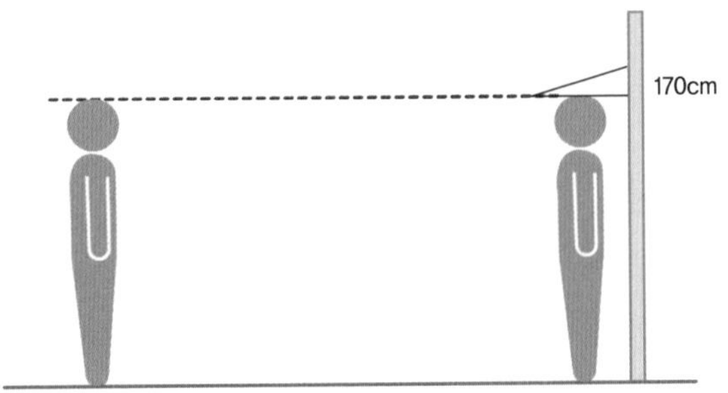

사람이 서 있는 자세의 머리에서 수평인 직선을 그으면 같은 높이에 있는 잣대의 170cm라는 눈금과 일치할 것이다〈도표 4-5〉.

다시 말해 산포도에 그은 직선을 잣대로 삼아 사무능력을 판단하는 것은 이 직선과 수직으로 교차하는 눈금 중에서 어느 것과 만나는 사람인지 판단하는 일이다. 〈도표 4-6〉은 인자분석에 의해 얻어진 산포도의 점의 중심을 통하는 직선과 그 직선과 수직인 몇몇 점선을 이어 만든 도표다. 5개의 점선 중에서 정중앙에 놓인 점선은 회계와 비즈니스 상식 등 모두가 지원자 전체의 평균값을 통과한다. 직선에서 가깝든 멀든 정중앙의 점선 전후에 존재하는 지원자는 '사무능력이 중간 정도'이고 그보다 하나 위의 점선 부근에 있으면 '사무능력이 높음', 그 이상이면 '엄청 높음'이라 생각할 수 있다.

사람에 따라서는 '동일한 사무능력'이라 판단되더라도 우하의 자리에 놓이거나(회계에 자신 있는 유형) 좌상의 자리에 놓이기도(비

도표 4-6 '사무능력 인자'의 축을 잣대로 삼은 이미지

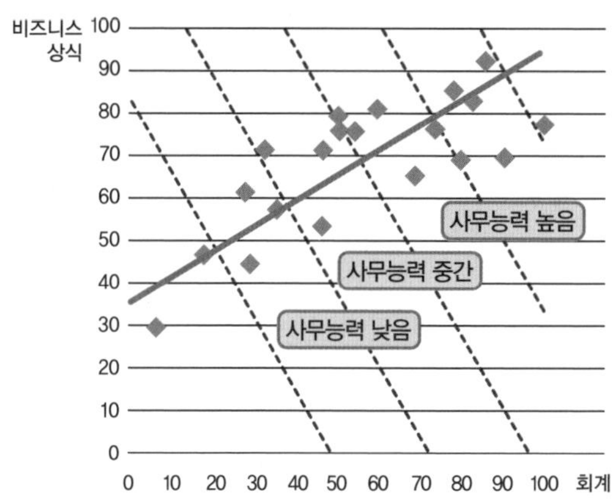

즈니스 상식에 자신 있는 유형) 하는데 그런 개별적인 부분은 제쳐두더라도 이렇게 눈금으로 판단한다는 것이, 얻어진 인자를 '잣대로 삼는다'는 행위다.

인자분석에 의해 얻어진 눈금으로 판단한 값을 인자점수라고 부른다. 앞에서 스피어만의 일반지능 g 부분에서 설명했듯이 '가급적 본래의 변수와 강하게 상관관계에 있는 지표'로 추정되는 것이 인자점수라고 이해해도 무방하다.

이번의 예는 2개의 변수만 존재하는 상황이라서 2차원 그래프로 표현할 수 있었지만 변수가 3개이든 4개이든 인자분석에 의해 인자점수를 정의할 수만 있으면 다수의 변수 전체를 살펴볼 필요 없이 인자점수의 크기만으로도 판단할 수 있다. 인자점수는 실용상 다중회귀분석이나 로지스틱 회귀분석의 설명변수로 삼아도 좋고, 아니면 아웃컴으로 취급하더라도 관계없다.

사람에 따라서는 이런 방식을 비합리적이라고 느낄지도 모른다. 회계와 비즈니스 상식에 자신 있는 사람도 그 유형이 여러 가지인데 모두 동일하게 인식하고 '사무능력이 뛰어난지 서툰지'만으로 판단하는 것은 사람의 개성을 무시하는 처사라며 비판적으로 바라보는 시각도 있다.

그러고 보니 스피어만의 일반지능 g라는 것도 상당히 비합리적인 지표임에 틀림없다. 국어가 자신 있는 사람, 수학이 자신 있는 사람, 음악이 자신 있는 사람 모두를 '지능이 높은지 낮은지'만으로 나타내기 때문이다. 서스턴이 수적 처리능력과 언어의 유창성은 다르다며 일곱 가지 인자로 지능의 존재를 명백히 정한 것도 '단 하나의 지능 지표'만 생각해서는 안 된다는 점을 강조하기 위해서였는지도 모른다.

서스턴의 일곱 가지 인자로 인간의 개성이 충분히 포착될 리는 만무하며, CHC 이론(Cattell, Horn, Carroll 세 사람의 머리글자)이라는 지능이론에서는 열 가지 인자의 대분류를 하고 각각의 대분류 안에 있는 70가지 이상의 인자로 인간의 지능을 포착한다.

그렇지만 인간이 의사결정을 하기 위해서는 살펴야 할 정보량이 가급적 적은 편이 분명히 낫다.

사람의 지능이나 능력, 있는 그대로의 마음 등 추상적인 것을 측정하려고 하기 때문에 이런 세부적인 사항이 걱정되는지도 모른다. 그러나 되돌아서 깊이 생각하면 애당초 키라는 물리적인 지표조차도 현실의 정보를 비합리적으로 정리해놓은 측면이 있다. 발이 길고 몸짓이 큰 사람이나, 전체적으로 체격이 크고 날씬한 사람이나, 얼굴이 크거나 작은 사람들 모두를 키가 큰지 작은지로 표현하니 말이다.

그렇다고 발의 길이나 몸집의 크기, 얼굴 크기의 값 등 모든 정보를 따로따로 전부 전달받는다면 정보가 지나치게 많아서 머릿속에 잘 들어오지 않는다. 그보다는 얼마나 큰 키인가 하는 단순한 정보가 사람을 훨씬 더 쉽게 기억하도록 만든다. 물리적인 측정이든 인자분석을 사용한 심리통계학적인 측정이든 '저마다 달라서 모두가 좋다'는 다양성이 있는 존재에 잣대를 대는 행위에는 적어도 '목적에 합치될 수 있도록 어떻게 정보를 단순화시킬까'라는 측면이 내포되어 있다.

■ 인자는 '최선이라 생각하는 수'로 정한다

인자를 분석할 때 인자수를 분석자가 자유롭게 설정할 수 있고 설정한 인자수에 의해 결과가 크게 바뀌기도 한다.

국어, 수학, 물리, 사회, 영어 등 다섯 과목의 시험에 대해 하나의 인자로 설명하려면 일반지능(모든 과목과 상관)의 형태로 표현될 것이고 2개의 인자로 설명한다면 문과지능(국어, 사회, 영어와 상관)과 이과지능(수학, 물리와 상관)으로 나뉠 수 있다. 3개 인자로 설명할 수도 있는데 언어지능(국어, 영어와 상관), 계산지능(수학과 상관),

암기지능(물리, 사회와 상관) 따위로 나누는 것이다. 인자가 둘인 경우는 동일 인자로 상관한다고 생각했던 수학과 물리가 별개로 떨어지고, 물리는 오히려 사회와 가까운 과목이라는 결과가 얻어지기도 한다〈도표 4-7〉. 더욱이 문과 지능이니 언어 지능이니 하는 분류는 분석자가 '이들을 한마디로 어떻게 표현하는 게 합리적일까' 하며 자기 나름의 이름을 붙였을 따름이다. 인자의 이름을 어떻게 붙이는가는 인자분석의 결과를 좌우하는 중요한 과정이다.

앞에서 서스턴은 인간지능을 공간 파악능력과 수 처리능력 등 총 일곱 가지 인자로 분류했다. 하지만 인간지능이 서스턴의 방식처럼 꼭 일곱 가지 인자로 나눠야만 실증되는 것은 물론 아니다. 아마도 일곱 가지로 하는 편이 어느 정도 수학적으로 타당하리라고 보았고 또 똑같이 수학과 관련된 능력이라도 도형을 다루는 공

도표 4-7 인자수에 의한 인자구조의 변화

인자 수	내용	상관하는 과목
1	일반지능	전 과목
2	문과지능	국어, 영어, 사회
	이과지능	수학, 물리
3	언어지능	국어, 영어
	계산지능	수학
	암기지능	물리, 사회

간 파악능력과 계산능력은 별개라고 여겼기 때문일 것이다.

그렇다면 과연 인자수를 몇 개로 잡는 것이 옳을까. 관례처럼 사용되는 수학적 기준이 몇 가지 있기는 하지만, 최종적으로는 '자신(과 결과를 보고하는 상대)이 최선이라 생각하는 수'의 기준을 먼저 정할 필요가 있다. 앞의 다섯 과목 시험에 대한 인자분석에서 인자수에 따라 각각 다른 결과가 얻어졌는데, 여러분이 학생의 학습 달성도를 파악하기 위해서라면 어느 것이 최선의 이미지에 가깝다고 생각하는가? 혹 여러분은 물리 과목을 '현실 문제에 대해 수학적 사고를 적용하는 과목'이라 생각하지는 않는가? 아니면 '일부 계산문제 등이 있기는 하지만 기본적으로는 사회와 같은 암기과목'이라고 생각하는가? 적절한 몇 개의 인자수를 결정하고 각각의 인자수로 분석한 결과를 비교 확인한 다음 자신 있게 최선이라 생각하는 것을 선택해야만 한다. 아울러 더욱 분명한 판단을 위해 수리적인 타당성도 꼭 확인하는 것이 인자분석을 할 때 반드시 필요한 과정이다.

인자수는 적으면 적을수록 결과는 단순하고 알기 쉽지만 반드시 포착해야 하는 정보를 일부 놓치게 되는 리스크가 있다. 직원 채용 때 일반지능을 나타내는 항목의 점수만 사용하면 '일반적인 지능에 비해 공간 파악능력이 높은 사람'을 가려낼 수 없다. 모집 직종이 인테리어 코디네이터나 기계 설계기사라면 안타까운 일이 아닐 수 없다.

최근의 조직행동론이나 인재관리연구는 '우수한 직원과 그렇지 못한 직원의 차이'라는 하나의 인자만 생각하는 연구 방식에서 직원이 진가를 발휘하는 환경과 자질의 조화를 생각하는 방식으로 차츰 전환되고 있다. 스피어만의 일반지능과 같은 방법만 생각해서는 최신 경향에 발맞춰갈 수 없다.

■ 직각파와 사각파가 있는 '회전' 과정

한편 분석자가 설정해야 할 조건은 인자수만이 아니다. 인자분석에서는 두 가지 인자 이상의 상태를 생각할 때 결과를 알기 쉽도록 하기 위해 회전이라 불리는 과정을 거치기도 한다. '회전은 하지 않는다'는 설정으로 분석할 수도 있지만 최근에는 그런 방식의 연구는 거의 찾아보기 힘들다.

회전에 의해 결과가 알기 쉬워지는 까닭은 그 과정을 거치는 동안 본래의 각 변수가 가능한 적은 수의 인자하고만 관련되도록 자동적으로 계산해주기 때문이다. 구체적인 계산방법에 관해서는 선형 대수적인 설명이 필요하므로 전문서를 참고하기 바라며 여기서는 '회전이란 무엇인가' 하는 부분만 간략하게 살펴본다. 사실 인자분석 전문서라 할지라도 수학에 질색하는 학생들을 배려하여 '회전'에 대해서는 대체로 수식을 사용하지 않고 설명하는 경우가 적지 않다.

〈도표 4-8〉은 앞의 5개 과목에 대해 두 가지 인자로 파악할 때 가로축에 제1인자, 세로축에 제2인자와의 상관성의 강도를 각각

배치한 것이다. 표를 보니 제1인자는 '전 교과목과 상관', 제2인자는 '국어, 영어, 사회(플러스 상관), 그리고 수학, 물리(마이너스 상관)'의 결과를 나타내는데 두 인자에 중복적으로 상관하는 변수가 많아서 결국 무엇을 의미하는지 해석하기가 어렵다.

도표에서 최솟값 -1은 설명변수의 크기와 인자점수가 정반대라는 마이너스의 상관성을 나타내고 최댓값 1은 그 크기가 완전히 일치하는 경우를 나타내며 0은 둘 사이에 상관성이 전혀 없는 상태를 나타낸다.

여기서 인자 축을 '회전'시키려면 우선 본래의 인자 축과는 별도로, 똑같은 중심을 지나면서 '일부의 변수하고만 상관하는 새로운 축'을 생각해야 한다. 예를 들면 〈도표 4-9〉에서 보듯이 점선과 같이 직각으로 교차하는 새로운 인자 축을 생각하고 새로운 가

도표 4-8 회전 전 본래 변수와 인자와의 상관

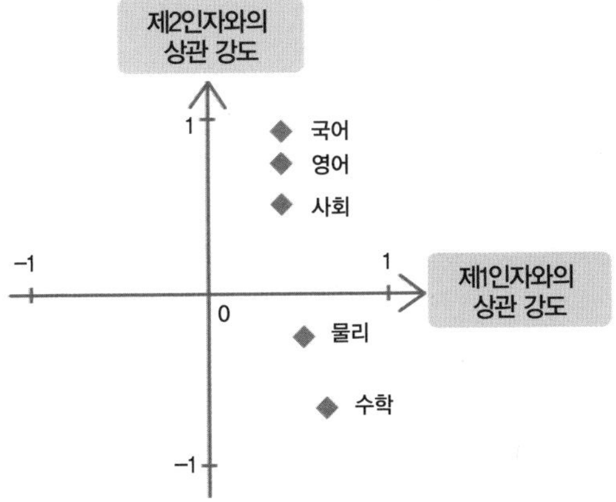

도표 4-9 직각회전 후 인자의 상태

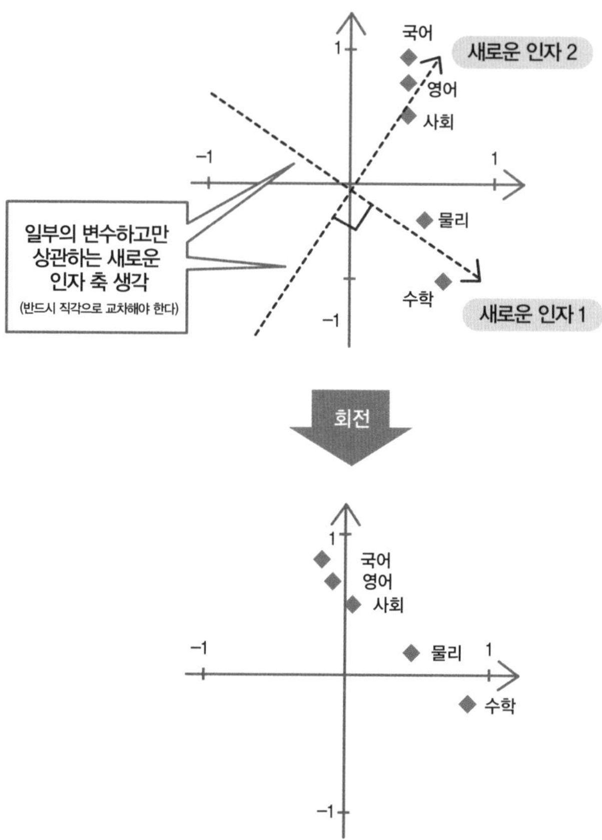

로축과 세로축으로 삼아 다시 그린 것이 아래 그림이다. 본래 변수의 점을 기준 삼아 위의 그림을 정확히 왼쪽으로 '회전'시킨 모습임을 알 수 있다. 이것이 회전의 개념이다. 그렇다면 회전 후의 제1인자는 '수학과 물리'이며, 제2인자는 '국어, 영어, 사회'하고만 잘 표현하는 상태가 되고, 앞에서 나타냈던 대로 문과 과목인지 이과 과목인지 손쉽게 해석이 가능해진다.

분석자는 이런 회전방법을 정할 필요가 있는데 크게 직각회전과 사각회전 두 가지 방법이 있다.

직각회전은 인자끼리 서로 직각, 즉 설명이 독립적으로 '서로 상관하지 않도록' 회전 과정을 진행한다.

사각회전이란 '서로 상관하든 안 하든' 별도로 움직이게 한다. 앞의 점선은 직각회전의 예이지만, 사각회전이라 '직각이 아니라도 된다'면 〈도표 4-10〉의 점선처럼 만드는 편이 더 깔끔하게 조정할 수 있다. 〈도표 4-9〉의 직각회전에서는 가로축과 세로축이 '인자 간 상관의 강도'라 생각해도 별 문제는 없지만, 〈도표 4-10〉의 사각회전에서는 올바른 설명 방법이라 할 수 없다. 그러므로 단지 '이미지' 정도로만 기억하고 있어도 무방하지만 그래도 신경이 쓰이는 사람은 도요타 히데키 교수의 《인자분석 입문-R로 배우는 최신 데이터 해석》 등의 전문서를 참고하기 바란다.

인자분석 책을 몇 권 읽어보면 직각파와 사각파가 나뉘어 있다는 사실을 알게 된다. 직각파는 나중에 다중회귀분석 등에 사용할 때 다중공선성이 걱정되지 않느냐는 시각을 가진 사람들이다. 한편 사각파의 주장은 깔끔하게 해석하기 쉬운 결과가 얻어질 뿐만 아니라 본래부터 현실에 존재하는 인자가 '반드시 서로 상관하지 않는다'는 가정은 너무 비현실적이라는 점을 강조한다.

도표 4-10 사각회전 후 인자의 상태

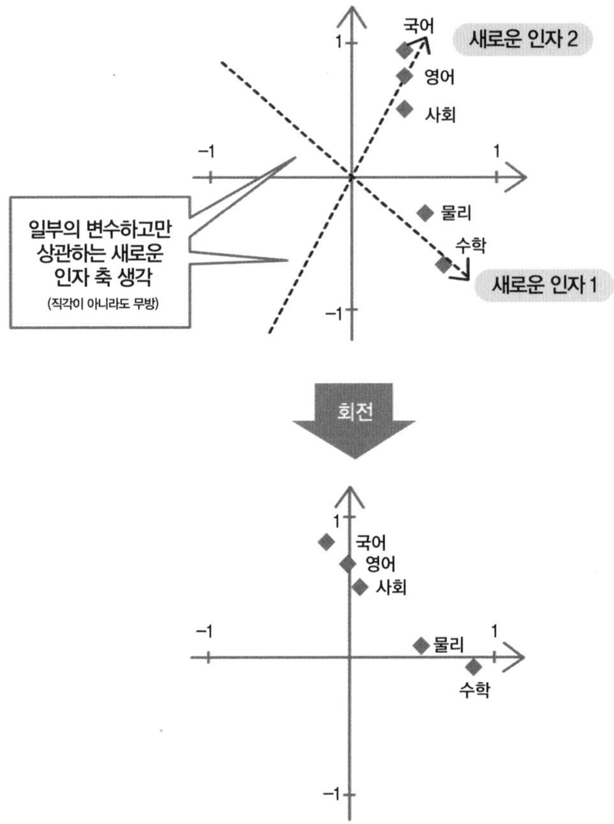

인자수나 회전 방법 혹은 인자의 추정방법 자체(최소제곱법, 최고가능도법, 주인자법, 주성분법 등)가 다양한 것처럼 인자분석을 하는 데도 여러 가지 조건이 있다. 이들을 대충 설명하기만 해도 책 한 권은 족히 되고 그렇다고 이것저것 많은 책을 읽으라고 권하면 혼란

을 일으킬 수도 있다. 그러니 학술논문을 쓴다면 모를까, 실제 사용하는 게 목적 때문이라면 '자신이나 보고해야 할 상대가 최선이라 생각하는 것'을 고르는 편이 낫지 않을까 싶다.

인자분석은 보지도 만지지도 못하는 지능의 측정을 위해 필요하다고 했지만, 인간은 사실 타인의 지능을 '느낌'으로 알 수 있다. 딱히 지능에 국한되는 게 아니라 고객의 브랜드 이미지나 라이프스타일, 직원의 숙련도나 리더십에서도 마찬가지다. 인자분석은 이 '느낌'을 개인의 독선이 아닌 데이터와 수리로 명석하게 증명해야 한다고 필자는 생각한다. 보지도 만지지도 못하는 것을 데이터만으로 측정하기는 곤란하지만 인간이라면 누구나 지니고 있는 '느낌'의 기능만 잘 활용한다면 꼭 불가능한 것만도 아니다.

여러분도 항목수가 많은 설문조사 결과를 분석할 기회가 있으면 지금까지 살펴보았던 인자분석 방법에 꼭 도전해봤으면 한다.

20
군집분석의 기본 개념

인자분석을 사용하면 배후의 공통된 인자를 상정할 수 있는 여러 변수를 축소하고 새로운 잣대를 만들 수 있다. 그러나 잣대를 만드는 것은 양적인, 즉 크고 작음에 의미가 있을 때 쓰이는 방법이다. 또 인자분석에 의해 새롭게 태어난 변수, 즉 인자점수를 회귀분석의 설명변수로 사용하는 것은 '인자점수가 높으면 높을수록 아웃컴이 높아지거나 반대로 낮아지는지'의 관계성에 주목한다는 뜻이다.

이것이 문제가 되는 경우는 〈도표 4-11〉과 같은 상태다.

이 그래프는 어느 IT기업에서 신규 채용된 영업직원의 연수성적에 대한 인자분석 결과다. 여러 과목의 수강 성적은 두 가지 인자로 잘 정리되어 가로축은 IT 숙련도 인자점수(프로그래밍이나 데이터베이스 등과 관련된 지식과 상관한다), 세로축은 비즈니스 숙련도 인자점수(관련 법이나 관리, 회계 지식 등)로 잡았고 각각의 점이 참가

도표 4-11 인자점수와 아웃컴의 관계성이 어려운 경우

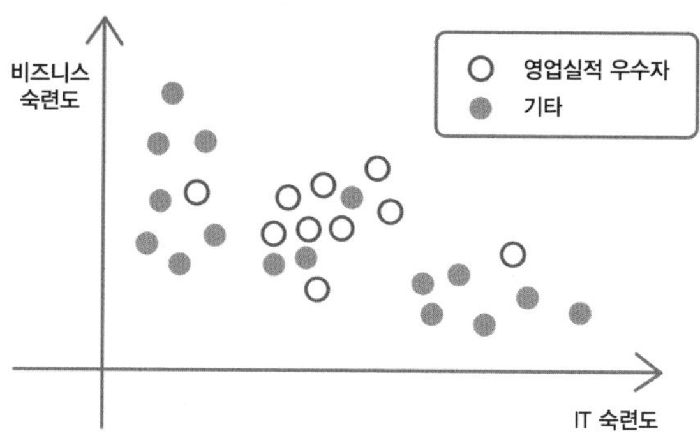

자 하나하나를 나타내는 산포도다. 인자분석으로 얻은 이 2개의 축에 주목하기만 해도 신입사원의 다양한 능력을 알기 쉽게 파악할 수 있다. 또 흰 점과 색깔 점은 그 후 영업실적이 상위 10위권 이내에 들었는지 아닌지를 나타낸다. 흰 점이 상위 10명, 색깔 점이 하위권 직원이다. 이 결과를 참고해 앞으로의 채용 방침이나 연수 내용을 개선하려는 것이 분석의 의도다.

여기서 IT 숙련도가 높을수록 영업실적이 좋고 나쁜지의 경향을 파악할 수는 없다. IT 숙련도가 높은 그룹은 우하로 모여 있는데 색상이 진한 것으로 보아 대다수 영업실적이 좋지 않은 사람들이다. IT 숙련도가 낮은 그룹은 좌상에 모여 있고 대다수가 색상이 진한 점이다. 비즈니스 숙련도에 관해서도 같은 말을 할 수 있다. 아무래도 영업실적이 가장 좋은 쪽은 두 숙련도가 함께 적당히 높은 중앙 그룹인 것 같다.

이처럼 어느 인자점수가 '높으면 높을수록 아웃컴이 높다/낮다'라는 상황이 아닌 경우, 이 인자점수를 회귀분석의 설명변수로 사용해도 '인자점수와 아웃컴 사이에 우연한 범위라고 말할 수 있는 결과가 되고 만다.

3장에서 이런 경우 '양적인 설명변수를 적당한 그룹으로 나눠 질적인 설명변수로 취급'하는 방식을 소개했는데, 여기서는 IT 숙련도 단독 혹은 비즈니스 숙련도 단독으로 '적당한 그룹으로 나누기'보다는 양측 조합에서 '적당한 그룹'으로 나눠 생각하는 편이 더 나을 것 같다는 내용이 산포도에서 시사된다.

다시 말해 '비즈니스 숙련도는 표준 이상이지만 IT 숙련도에 문제가 있는 그룹'과 '비즈니스 숙련도와 IT 숙련도의 균형이 잘 맞는 바람직한 그룹' 그리고 'IT 숙련도는 높지만 비즈니스 숙련도에 문제가 있는 그룹' 등 3개로 나누면 좋을 것 같다. 그리고 각 인자점수의 높고 낮음보다도 정중앙의 '균형형'인가 아닌가 하는 점이 입사 후 영업실적과 관계가 있는 것처럼 보인다.

이와 같이 다수의 설명변수가 저마다 '높으면 높을수록/낮으면 낮을수록' 아웃컴이 큰지 작은지의 양적인 관계에 주목할 뿐만 아니라 '질적으로 전혀 다른 그룹 간에' 아웃컴은 어떻게 다른지에도 주목하는 편이 나을 수 있다. 그러나 두 가지로만 정리되어 있으면 산포도에서 시각적으로 그룹을 나눌 수 있지만 인자수가 증가하면 그것이 어려워진다. 그렇다고 모든 데이터를 무조건 두 가지 인자로 파악하는 것은 말도 안 되는 소리다.

시각화만 할 수 있다면 인간의 눈과 직감만으로도 가능한 그룹 분류를, 설령 시각화할 수 없는 경우라도 자동적으로 그룹 분류할 수 있게 만드는 분석방법이 존재하는데, 그것이 바로 군집분석이다.

■ 군집분석은 '분류'에 대한 과학적 접근의 성과

인자분석에서는 여러 변수를 재정리하고 양적 인자점수라는 변수로 축소했다. 한편 군집분석은 '질적으로 완전히 다른 그룹'이라는 질적 변수로 축소하는 인자분석이라고 표현하는 사람도 있다. 질적으로 다른 그룹을 '군집'이라 부르며 여러 변수에서 군집을 나누는 분석방법이 군집분석이다.

'군집분석'은 '회귀분석' 등과 비교하면 상당히 폭넓은 개념이다. '다수의 변수들에서 그룹 분류를 하는 분석방법' 이상의 의미가 있다는 말이 아니라 어떤 계산방법이나 사고방식에 기초하든지 다수의 변수에서 그룹 분류를 하는 분석방법은 모두 군집분석이라 총칭한다.

그래서 군집분석의 발명가가 누구인지는 분명하지 않다. 다만 필자는 무언가의 형태로 데이터에서 그룹 분류를 시도했던 가장 오래된 연구에서 유래를 찾을 필요가 있다고 생각한다. 1951년 폴란드 국적의 플로렉 등에 의해 발표된 계산방법이 있기는 하지만, 현대의 분석도구로써 사용된 것이라면 1957년 마키티에 의한 방법이 가장 오래되었다. 둘다 단독으로 만들었다기보다는 1950년대부터 다양한 연구자들에 의해 차츰 형식이 갖춰져온 것 같다.

인간은 무언가의 특징을 눈으로 보고 나면 보통은 유사성을 바탕으로 그룹 분류를 한다. 이것은 고대 이래 누구나 감각적으로 해왔던 방법이다. 기원전 4세기에 아리스토텔레스가 저술한《동물지》라는 책을 예로 들어보겠다. 아리스토텔레스는 이 책에서 동물을 여덟 종류로 분류했다.

이후에도 동물과 식물, 광물의 특징을 관찰하고 분류하는 박물학은 자연과학의 왕도였다. 어느 생물이 '왜 이와 같은 특징을 가지게 되었는가'라는 인과관계의 통찰은 19세기에 다윈이 진화론을, 멘델이 유전법칙을 제창할 때까지만 해도 대다수 제대로 이루어지지 않았다. 그때까지 오로지 특징을 관찰하고 분류하는 생물학이 고작이었기 때문이다.

그저 감에 의존하여 나누는 것도 분류 작업의 일종이라 할 수는 있겠지만 그러한 작업의 결과를 수학의 힘을 빌려 객관적으로 증명하는 것이 그리 쉬운 일만은 아니다. 인간에게는 간단한 일일지라도 컴퓨터가 처리하기에는 여러 가지 복잡한 절차가 뒤따르기 때문이다. 하지만 1950년대부터 응용 수학자나 생물학자, 계산공학자가 분류 문제에 깊이 몰두하여 일정 성과가 나왔는데 그것이 바로 군집분석으로 총칭되는 방법이다.

■ 군집분석의 구체적인 계산방법

군집분석은 크게 '계층적으로 나누는가 아닌가'라는 관점에서 구별된다.

계층적이라는 것은 수형도를 그려 가지를 따라 나눠가듯 분류하는 방식이다. 아리스토텔레스는 여덟 종류의 동물을 다시 '유혈동물', '무혈동물'로 크게 나눴는데 이 역시 계층 분류라 할 수 있다〈도표 4-12〉. 18세기 생물학자 칼 폰 린네는 강(綱), 목(目), 속(屬)의 분류 방법을 고안하여 분류학의 아버지라 불리는데 이 역시 계층분류다.

도표 4-12 아리스토텔레스의 동물 분류

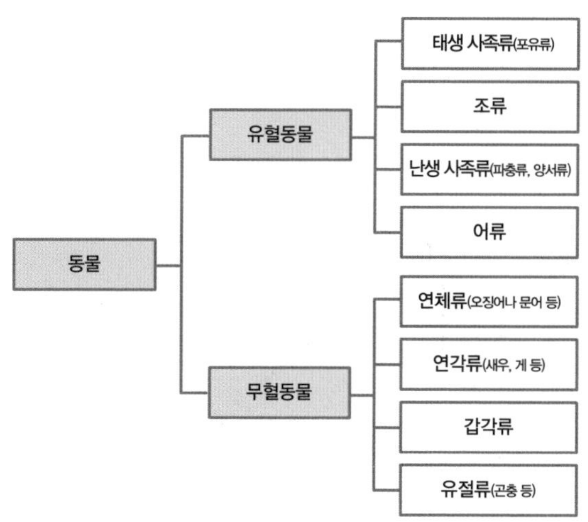

계층적 군집분석을 더 세밀하게 분류하면 수형도의 가지에서 '유사한 것끼리 모아가는' 응집형과 '가장 분명한 차이를 보이는 것들을 찾아 분할을 반복하는' 분기형 방식이 있다.

동물의 분류라면 '유사성'이나 '차이'는 외골격이나 척추, 아가미, 발굽 같은 특징 몇 개가 일치하는가를 생각하면 되겠지만 'IT 숙련도'와 '비즈니스 숙련도'라는 두 가지 축으로 직원의 유사성을 생각하는 경우라면 어떻게 해야 할까.

다시 〈도표 4-11〉로 가보자. 우리가 이 도표 위의 점들, 즉 직원들의 능력이 닮았다, 닮지 않았다고 생각하는 것은 어떤 상황일까? 대다수 사람은 그래프 상에서 가까운 거리에 있는 점들을 '닮았다'로, 먼 거리에 있는 점들을 '닮지 않았다'로 여길 것이다. 그러면 X축과 Y축으로 표현되는 평면 위에서 두 점 사이의 거리는 어떻게 구하면 될까?

도표 4-13 평면에서의 '점 사이의 거리' ①

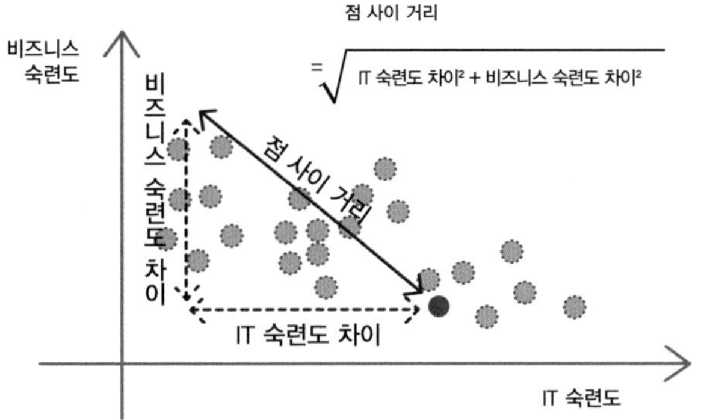

대답은 아주 간단하다. 중학교에서 배운 '삼각형의 정리'를 이용하여 〈도표 4-13〉처럼 구하면 된다. 분류하고 싶은 변수가 3개든 4개든 각 변수의 차이를 제곱하여 모두 더하고 √를 씌우는 방식으로 거리, 즉 유사성을 구할 수 있다.

실제는 거리를 구하기에 앞서 표준화라 불리는 계산을 하는 경우도 많다. 〈도표 4-14〉와 같이 가로축을 내점횟수, 세로축을 구매금액으로 잡은 산포도에서 세 사람의 거리, 즉 유사성을 생각해보자. A는 내점횟수가 3회로 1만 엔의 구매를 했다. B는 6회 내점하여 7만 엔, C는 9회 내점으로 4만 엔의 구매를 했다. 여기서 A는 B와 C 중 누구와 '닮았다'고 생각할 수 있을까?

그림만 보면 A와 B, 혹은 A와 C의 거리는 거의 동일하다. 내점횟수와 구매금액 각각의 거리를 생각해보자. 내점횟수를 보니

도표 4-14 A는 B와 C 중 누구와 닮았을까

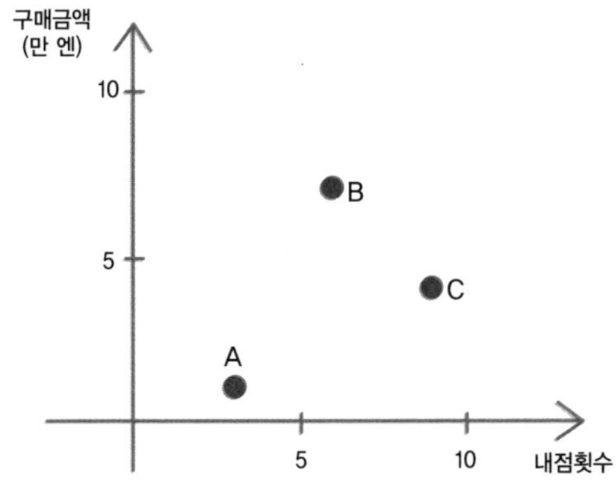

도표 4-15 평면에서의 '점 사이의 거리' ②

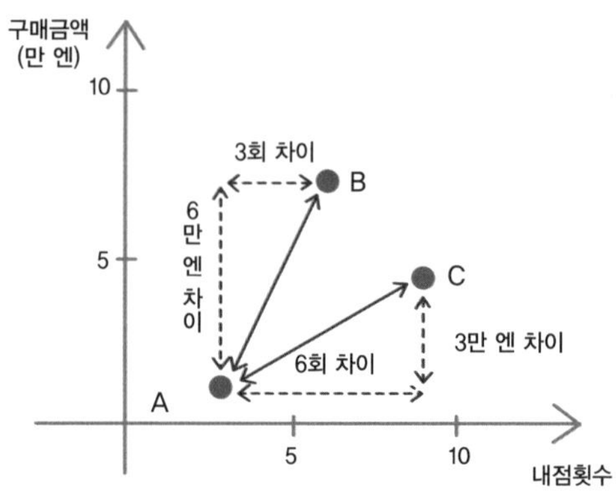

A와 B의 거리(3회 차이)는 A와 C의 거리(6회 차이)의 반이다. 구매금액을 보면 반대로 A와 C의 거리(3만 엔 차이)가 A와 B의 거리(6만 엔 차이)의 정확히 반이다〈도표 4-15〉. 승률로 따지자면 1승 1패나 다름없으니 어느 누구와 더 가깝다고 할 수 없다.

삼각형의 정리를 써서 계산하면 A와 B의 거리는 3의 제곱+6만의 제곱의 √이므로 계산 결과는 '약 6만'이다. 못 믿겠다면 전자계산기로 계산해도 되지만 어쨌든 3의 제곱은 6만의 제곱에 비해 대단히 작은 값이므로 이 계산에서 거의 무시할 수 있다. 똑같은 방법으로 계산하니 A와 C의 거리는 '약 3만'이다. 즉 A는 B보다도 C 쪽에 가까운 결과를 보이는 셈이다.

이렇게 두 축을 잡아 애써 삼각형의 정리를 이용해 계산했는데도 결국 구매금액에서만 유사성이 있다는 결과밖에는 얻어내

도표 4-16 단위를 맞춘 경우

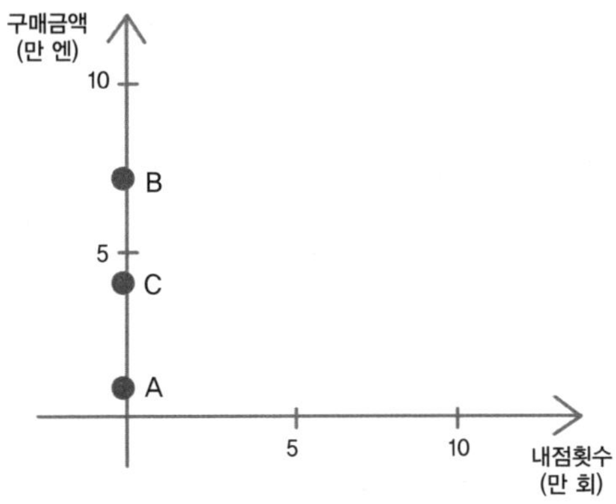

지 못한다. 왜 그런가 하면 구매금액 차이가 내점횟수 차이에 비해 1만 배 규모가 크기 때문이다. 앞의 그림에서는 세로축과 가로축이 거의 동일하도록 보정되어 있었지만 세로축과 가로축 모두 '1만'이라는 눈금을 같은 간격으로 그린다면 〈도표 4-16〉처럼 점이 일렬종대로 늘어설 것이다. 앞에서 삼각형의 정리를 통해 얻은 계산 결과는 결국 이 도면에서의 거리였던 셈이다.

그러면 어떻게 해야 세로축과 가로축의 단위를 맞출 수 있을까? 즉 어떻게 하면 '세로축 차이'와 '가로축 차이'가 본래의 값의 크기에 관계없이 동일하게 취급되도록 할 수 있을까?

양측의 조건을 모두 채우려면 우선 두 축에서 '평균적으로 어느 정도의 차이가 생길 수 있는지' 생각하고 그 값에 비해 어느 정도의 크기인가를 생각하면 된다. 구매금액 축에서는 '평균 1만 엔 정도의 차이가 생긴다'면 3만 엔의 금액은 '3배'의 차이라 할 수 있다. 또 내점횟수는 '평균 1회 정도의 차이가 생긴다'면 방문횟수 3회의 차이 역시 '3배'이므로 양측은 동일한 의미를 갖는 차이라고 보정할 수 있게 된다.

그리고 '평균 어느 정도의 차이가 생기는가'라는 의미를 갖는 지표로서 우리는 이미 아주 편리한 것을 알고 있다. 바로 표준편차(SD)다. 어떤 불규칙성을 가진 정규분포라도 '표준편차가 얼마만큼 벗어나 있는지'로 순위를 추측할 수 있는 것처럼, 어떤 불규칙성을 가진 정규분포라도 '평균 50에 표준편차가 10'이라는 보정을 가하면 편차값의 형태로 해석하기가 쉬워지듯이 군집분석을 위해 거리를 산출하는 경우에도 각 변수 축에서의 차이를 '그 변수의 표준편차가 얼마인지' 알 수 있으면 축의 규모를 보정해줄 수 있는 것이다.

〈도표 4-17〉은 앞의 3명 사이의 거리를 내점횟수와 구매금액 각각의 표준편차로 보정한 것이다. 가로축의 내점횟수에 대해 A와 B의 차이는 표준편차 1개분, A와 C 사이에서는 표준편차 2개분이다. 세로축의 구매금액은 A와 B 사이의 차이는 표준편차 2개분, A와 C 사이의 차이는 표준편차 1개분이다. 여기서도 삼각형의 정리를 통해 기울기의 거리를 구하면 그 어느 쪽도 $\sqrt{1^2+2^2}=\sqrt{5}$ 로 표준편차의 $\sqrt{5}$ 배가 되고, 처음 그래프를 보면 알듯이 똑같은 거리라는 결과로 귀착된다. 앞에서도 설명한 것처럼 이런 표준화의 과정은 군집분석뿐 아니라 인자분석에서도 사용된다.

도표 4-17 평면에서의 '점 사이의 거리' ③

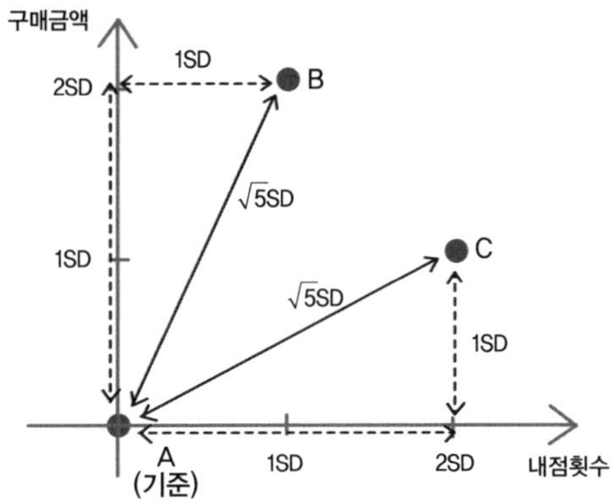

■ 계층적 군집분석에서 비계층적 군집분석으로

계층적인 군집분석은 그것이 분기형이든 응집형이든 오늘날 그다지 널리 사용되지 않다. 이런 계산방법은 분류해야 할 데이터 수가 증가함에 따라 계산량도 폭발적으로 늘기 때문이다.

100건의 데이터로 응집형의 군집분석을 했다고 치자. 이중 유사성'이 있는 쌍을 정리하려면 총 100×99÷2=4950개의 거리를 계산하여 작은 것부터 순서대로 늘어놓아야 한다. 100×99÷2의 계산식은 이 책에서 몇 번인가 등장했던 '경우의 수'의 계산이다. 분류하는 대상이 그 100배인 1만 건이면 1만×9999÷2로 약 5000만 개의 거리를 계산하고 다시 늘어놓아야 한다. '모든 대상자의 거리(유사성)'를 계산하려면 분류해야 할 대상이 100배가 될 때 계산량이 100배가 아니라 100의 제곱인 약 1만 배로 엄청나게 증가한다. 대상 건수가 1000배가 되면 계산량은 약 100만 배, 1만 배가 되면 약 1억 배나 되듯이 빅데이터 시대일수록 그 계산량은 '상상조차 하기 힘들 정도'로 증가한다.

더욱이 분기형의 경우 그 이상 급증할 수 있다. '10명을 2개의 군집으로 분류하는 경우의 조합'을 하나도 빠짐없이 전부 생각하려면 우선 인원수를 배당하는 방법으로 1명과 9명인지, 2명과 8명인지, 3명과 7명인지, 4명과 6명인지, 각 5명씩인지 등 다섯 유형의 조합이 가능하다. 그 각각에 대해 '10명에서 1명을 선택하는 경우의 수(나머지 9명은 자동적으로 정해진다)', '10명에서 2명을 선택하는 경우의 수(나머지 8명은 자동적으로 정해진다)' 등 구한 경우의 수를 전부 더한 횟수만큼 '군집 사이의 거리'를 계산해야 한다. 이런 경우 역시 분류해야 할 대상이 증가할수록 생각해야 할 경우의 수도 폭발적으로 늘며 당연히 계산량도 엄청날 수밖에 없다.

이런 이유로 오늘날에는 비계층적 군집분석이 주류다. 세밀한 부분까지 개선이 이루어지면서 이미 다양한 비계층적 군집분석이 차츰 영역을 넓혀가고 있다. 요즈음에는 '비계층적 군집분석을 반복함으로써 계층적 군집분석을 한다'는 말도 자주 사람들 입에 오르내리는데, 이처럼 계층적인지 비계층적인지조차 구별하기 어려운 경우도 종종 있다.

다음에서는 오늘날 실제 가장 자주 사용되는 대표적인 군집분석인 k-means 방법에 대해 소개하고자 한다. 이 분석방법을 이해한다면 여러분도 이제 비즈니스 영역에서 사용하는 분석방법의 대다수를 완벽하게 습득했다고 봐도 무방하다.

21
k-means 방법에 의한 군집분석

이제 비계층적 군집분석의 대표라 할 수 있는 k-means 방법에 대해 살펴보자. k-means란 'k개의 평균값'이라는 뜻으로 1967년 UCLA의 맥킨에 의해 고안되었다. 물론 이전에도 유사한 알고리즘이 제안되었지만 적어도 'k-means 방법'이라는 이름을 최초로 사용한 사람은 맥킨이다. 그때까지 주류였던 계층적 군집분석에 비해 계산량이 엄청나게 줄어들었고 속도도 빠르다는 것이 이 분석 방법의 가장 큰 자랑거리다. 그런데 어째서 'k개의 평균값'을 사용하는데 계산량이 줄어드는 것일까?

예를 들면 서로 만난 적이 없는 100명의 사람에게 100명 모두의 전화번호만 알려주고 '전원이 나머지 전원의 이름을 아는 상태로 만드십시오'라고 했다고 치자. 이때 가장 비효율적인 방식은 100명 전원이 자신을 제외한 99명 모두에게 전화를 걸거나 받거나 하여 자기소개를 하는 경우다. 그러면 '모든 경우의 수의 조합'

인 4950(=100×99÷2)회의 통화를 해야 하는데 이런 미련한 방식을 쓰는 사람은 아무도 없을 것이다.

대신 대표자 1명이 전원에게 전화를 걸고 자신을 제외한 나머지 99명의 이름을 모두 묻는 것이 효율적이다. 그리고 자신도 포함시킨 100명 모두의 명단을 만들고 그것을 전원과 공유하기 위해 자신을 제외한 99명 모두에게 다시 한 번 전화를 건다. 이렇게 하면 단 198회(=99×2회)로도 충분하므로 필요한 통화횟수가 25분의 1로 감소한다. 인원이 1만 명이라면 '모든 경우의 수'와 '1명의 연락담당' 방식의 차이는 더 커서 전자는 약 5000만 회, 후자는 약 2만 회로 2500분의 1까지로 감소한다.

이처럼 '전원이 주고받기'를 누군가가 중심이 되어 '중심이 되는 1명이 나머지 사람들과 연락'하는 방식을 취하면 경우의 수가 극적으로 줄어든다. 이것을 군집분석에 빗대서 말하면, 분석하고 싶은 대상 사이의 모든 거리를 계산하는 게 아니라 어딘가에 적당한 '중심'을 정하고 모든 대상자와 중심 사이의 거리를 계산하는 방식이라 할 수 있다. 그러면 당연히 계산량이 대폭 줄어든다.

〈도표 4-18〉처럼 이미 모든 점이 2개의 군집으로 나뉘어 있는 상황에서 새로운 한 점이 추가되었다고 치자. 이 한 점이 어느 쪽 군집에 속하는지를 알고자 할 때 모든 점과 모든 경우의 수를 일일이 따져가며 거리를 구할 필요는 없다. 각 군집의 중심과의 거리만 생각하고 '중심에서 가까운 거리에 있는 쪽의 군집으로 분류한다'라고 생각하면 되기 때문이다.

도표 4-18 새로운 점과 군집과의 거리

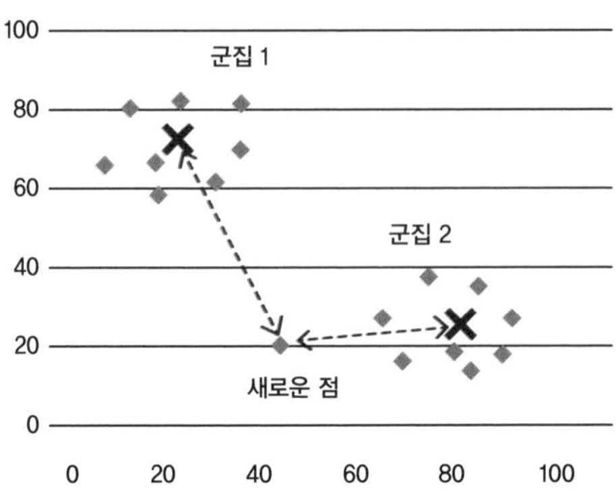

■ k개의 군집으로 나누고 분류와 계산 반복

데이터의 중심이란 무엇일까. 어떻게 정의하는가에 따라 다양한 대답이 나오겠지만 가장 단순하게 생각하면 평균값이나 마찬가지라 보면 된다. k-means 방법, 즉 'k개의 평균값을 사용하는 군집분석'은 k개의 평균값이라는 데이터의 중심점에서 떨어진 거리를 생각함으로써 분류 대상이 어떤 군집에 속하는지 밝혀내는 분석방법이다. 'k개의'라는 말은 최종적으로 분류하고 싶은 군집의 수이고 이것은 인자분석의 인자수와 같이 분석자가 설정해야 한다. 데이터를 3개의 군집으로 분류할 경우 3개의 평균값에서의 거리를 생각하고, 4개로 분류할 경우에는 4개의 평균값에서의 거리를 생각하면 된다.

앞의 그림을 예로 들자면 왼쪽 군집의 중심점은 왼쪽 군집에 해당하는 각 점의 '가로축에 대한 평균값'을 가로축 좌표에, '세로축에 대한 평균값'을 세로축 좌표에 잡은 점이다. 오른쪽 군집에 해당하는 점에 대해서도 각 축의 평균값을 각각의 축에 잡은 점이 중심점이 된다〈도표 4-19〉. 이미 앞에서 무게는 무시할 수 있는 막대기에 동일한 무게의 추를 단 중심점이 평균값이라고 설명한 바 있는데 이것은 1차원에서의 평균값과 중심의 관계를 나타낸 말이다. 〈도표 4-19〉에서 제시한 평면상의 중심(가로축과 세로축이 모두 각각의 평균값)은 이차원으로 확장시켜놓은 것이다. 즉 무게는 무시할 수 있는 판자 위에 무게가 같은 각각의 점이 자리 잡고 있는 중심이 바로 k-means 방법에서 사용하는 중심점이다.

도표 4-19 군집의 중심점은 중심(모든 축에서 평균값이 되는 점)

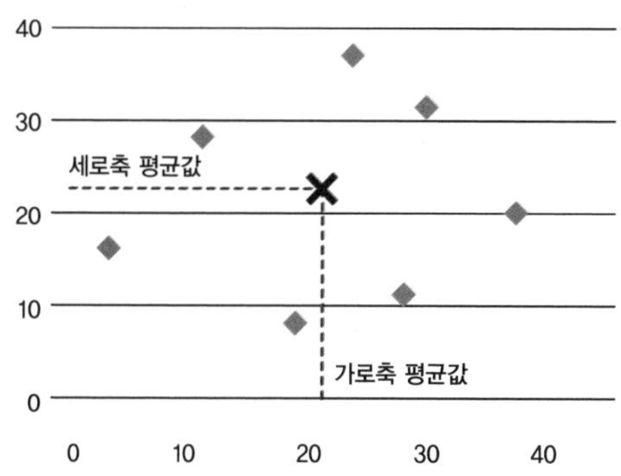

여기서도 직감이 좋은 독자라면 의문을 품을지 모른다. 분명 군집이 나눠지면 중심점을 알 것이고 각각의 점과 중심점 사이의 거리를 사용하여 어떤 군집에 속하는지 분류도 가능하다. 그러나 군집이 나눠지지 않은 상태에서는 중심점뿐만 아니라 거기에서의 거리조차 알 수 없다. 이래서는 아무리 시간이 지나도 군집으로 분류할 수 없는 것이 아닌가 하는 의문이다.

다시 말해 군집이 나눠져 있으면 중심점에서의 거리를 아니까 군집으로 분류가 가능하다는 것은, 닭이 먼저인가 달걀이 먼저인가 같은 무의미한 토론만 거듭될 뿐이다. 닭이 있으면 달걀을 낳고, 달걀이 부화되면 닭이 생기는지는 몰라도 현시점에서 그 어느 쪽도 존재하지 않는다면 아무리 오랜 시간이 지나도 달걀이든 닭이든 존재할 수 없다. 마찬가지로 본래의 출발시점에서 군집의 분류 방식도 중심점도 모른다면 아무리 오랜 시간이 지나도 군집분석은 시작도 끝도 없이 그저 종료되는 것은 아닌가 말이다. 그렇지만 k-means 방법은 실제 군집 분류 방식이나 중심점을 모르는 상태라도 언제든지 시작할 수 있다. 처음 시작할 때는 '임의로 모든 점을 k개의 군집으로 분류하는 작업'부터 처리한다. 임의로 모든 점을 분류하면 분명 의미 있는 군집이 되지는 않을 것 같다. 그러나 우선 군집이 분류되어 있으면 각 군집에서 평균값을 계산함으로써 k개의 중심점을 정할 수 있고 모든 점에서 얼마만큼 떨어져 있는지 거리도 계산할 수 있다〈도표 4-20〉.

도표 4-20 우선 임의로 군집 분류하여 중심 계산

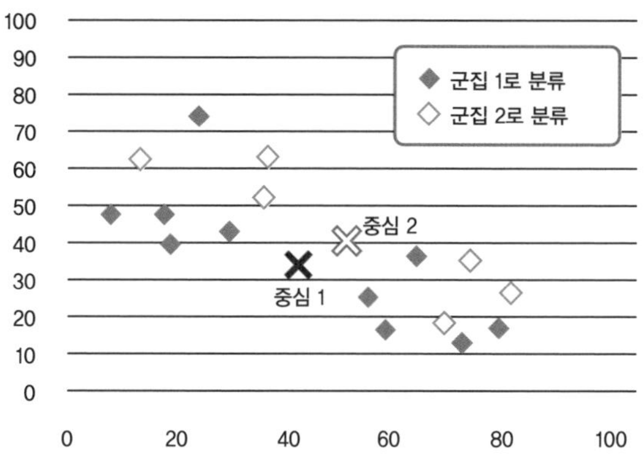

다음에는 k개의 중심점 중에서 어디부터의 거리가 가장 짧은가 하는 기준으로 모든 점을 새롭게 재분류한다〈도표 4-21〉. 이 시점에서도 '임의로 정한 점의 중심 중 어느 쪽에 가까운가'라는 것만으로는 의미 있는 군집이라 생각할 수 없을지도 모른다. 하지만 이 중심이 완전히 일치하기는 확률적으로 거의 불가능하고 일치하지 않는 배후에는 '편중'이란 것이 존재한다. 예를 들면 〈도표 4-21〉에서 검은 ×표로 나타낸 중심 1은 흰 ×표로 나타낸 중심 2보다 좌하에 위치하는데 이것은 임의로 분류한 군집 1 쪽에 '때마침 좌하에 존재하는 점이 많았기 때문에', 반대로 군집 2 쪽에 '때마침 우상에 존재하는 점이 많았기 때문에' 그렇게 된 것이다. 그렇다면 이 중심의 어느 쪽과 가까운가 하는 재분류 시점에 '좌하 쪽의 점인가 우상 쪽의 점인가'라는 분류가 가능해진다. 이와 같은 분류법이 옳은지 그른지는 현시점에서는 알 수 없지만 적어도

도표 4-21 어느 쪽의 중심에 가까운지로 점 재분류

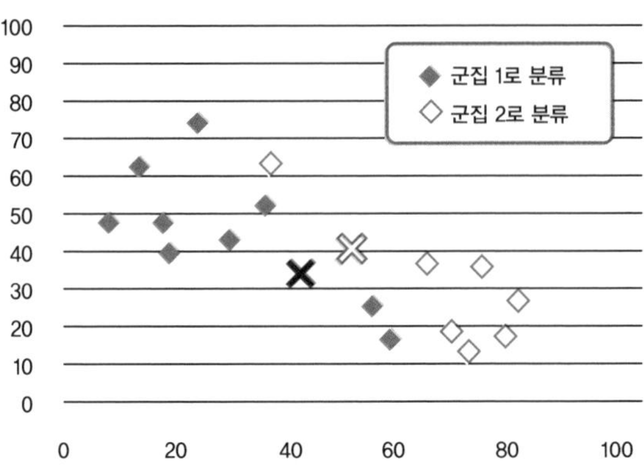

맨 처음 임의로 한 것보다는 더 나은 분류가 되었다.

이것으로 모두 끝나는 것이 아니라 이 시점의 군집 분류에 기초하여 다시 평균값을 계산하고 중심점을 구한다. 이 역시 맨 처음에 '임의로 나눈 점의 중심점'보다는 더 나은 중심점이 되었을 것이다〈도표 4-22〉. 이후에도 중심점에서 거리를 바탕으로 '분류→분류에 기초한 중심점 계산' 과정을 반복한다.

그림과 같이 군집이 좌상과 우하로 나눠져 있다면 맨 처음 임의로 나눈 시점의 중심 중에서 좌상향하는 것이 재분류와 중심의 재계산을 반복하는 동안 조금씩 좌상으로 이동하고, 한편 우하향했던 맨 처음의 점은 조금씩 우하로 이동해간다. 최종적으로 '중심도 분류도 변하지 않게 되었다' 같은 상황이 되면 그 시점의 분류가 '좋은 군집 결과'라고 생각하는 것이다〈도표 4-23〉.

도표 4-22 중심 재계산

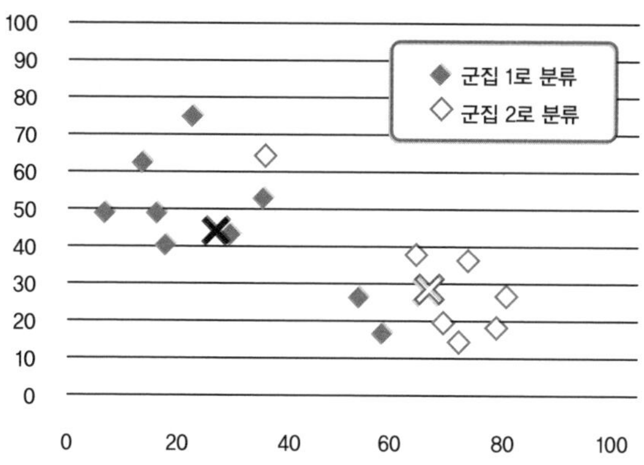

도표 4-23 분류도 중심도 바뀌지 않게 된 시점에서 종료

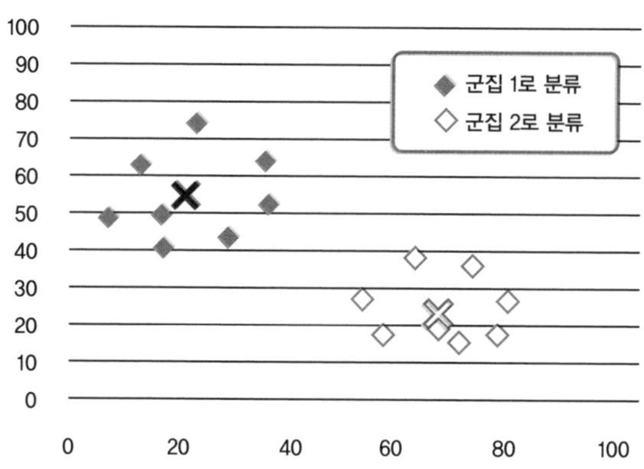

도표 4-24 이름을 정하기 전의 군집분석 결과

군집	인원수	접속 페이지별 이용 경향 비율의 평균값					
		메인 페이지	사이트 내 검색 페이지	상품 카테고리 페이지	상품 상세설명 페이지	이벤트 페이지	기타
1	1498	31.4%	2.1%	10.9%	39.1%	15.3%	1.2%
2	1360	19.6%	2.7%	9.0%	66.2%	1.3%	1.2%
3	3053	18.9%	14.6%	8.7%	54.3%	1.8%	1.7%
4	4089	26.3%	3.1%	19.2%	43.4%	6.9%	1.1%

■ 분류한 군집에 맞도록 이름을 정하는 것이 중요

이처럼 k-means 방법에서는 맨 처음 임의로 한 군집 분류에서 조금씩 더 나은 분류가 될 수 있도록 계산을 반복한다. 실제 해보면 'k'라는 군집수의 설정만 잘 맞으면 수많은 현실 데이터에 '분명히 이런 느낌일지도'라는 군집의 분류법을 얻는 경우도 많다. '최종적으로 어떤 군집으로 나뉘어졌는지' 파악하려면 각각의 군집에 해당하는 것으로 분류된 점의 수와 중심점, 즉 분석에 사용한 변수의 평균값을 확인하는 데서부터 출발한다. 예를 들면 〈도표 4-24〉와 같은 것이 꼭 확인할 필요가 있는 '군집분석의 결과'다.

이 표는 어느 쇼핑몰에서 표본 추출한 이용자의 페이지 접속별 이용 경향을 k-means 방법으로 군집분석한 결과다.

군집수(k)를 4의 값으로 놓고 보면 군집 1에는 1498명이 분류되었는데 그들은 총 접속 페이지 중 31.4%가 메인 페이지, 2.1%가 사이트 내 검색 페이지, 10.9%가 상품 카테고리 페이지, 39.1%가 상품 상세설명 페이지, 15.3%가 이벤트 페이지(계절별 캠페인이나 호객을 위한 컬럼 등), 1.2%가 기타(고객문의 등) 페이지 비율로 접속했다.

분석도구가 해주는 'k-means 방법의 군집분석'은 여기까지가 끝이지만, 실제 이 결과를 활용하려면 인자분석과 마찬가지로 각 군집의 이름을 설정하는 작업이 중요하다. 즉 '메인 페이지 31.4%, 검색 2.1%, 상품 카테고리 10.9%, ……, 기타 1.2%의 비율로 접속한 군집'이라는 사실만 나타낼 뿐, 표에 나타난 숫자를 아무리 주의 깊게 봐도 그것이 어떠한 군집, 혹은 어떠한 집단인지 아무런 이미지도 떠올릴 수 없다.

이미지를 떠올리지 못하면 각각의 군집에 어떠한 방법을 쓰면 좋은지 의사결정하는 데도 도움이 되지 않는다. 숫자상으로는 대단히 올바른 군집분석일지언정 이것만으로는 실제에서 별다른 의미가 없다. 이것이 군집에 이름을 붙이는 작업이 중요하다는 이유다. 무엇보다 중요한 것은 군집의 중심점을 나타내는 평균값, 그 자체라기보다는 그 평균값이 다른 군집에 비해 큰지 작은지 따위의 상대적인 비교다.

예를 들어 군집 1의 특징으로는, 메인 페이지의 비율이 군집 2와 3의 1.5배, 이벤트 페이지에 관해서는 군집 4의 2배, 군집 2와 3의 10배 정도가 높다. 즉 '무턱대고 메인 페이지와 이벤트 페이지를 보는 사람들'이고, 반대로 상품 상세설명 페이지는 그다지 보지 않는 경향이다. 메인 페이지에서 출발하여 상품을 찾는 일반적인 쇼핑몰의 동선을 따르지 않고 '느닷없이 이벤트 페이지로 들어가 캠페인이나 컬럼을 체크한다'는 특징이 있으니 군집 1은 '이벤트 페이지 이용자'라 명명하도록 하자.

군집 2는 다른 비율은 군집 중에서 최저 수준이면서 상품 상세설명 페이지로 이용자가 많이 유입되는 특징이 엿보인다. 예를 들면 '상품 카테고리 페이지 → 상품 상세설명 페이지 → 다시 상품 카테고리 페이지 → 거기서 또 상품 상세설명 페이지' 같은 움직임을 보인다면 상품 카테고리 페이지에 대한 비율도 높아지겠지만, 그렇지 않은 것을 보면 웹브라우저의 즐겨찾기를 이용하여 조금이라도 관심 있는 상품이라면 상세설명 페이지 위주로만 사이트를 이용하고 있을 가능성이 크다. 그런 의미에서 군집 2는

도표 4-25 군집에 맞도록 이름과 특징 정리

군집명	인원수	특징
이벤트 페이지 이용자	1498	메인 페이지와 이벤트 페이지의 접속 비율이 높다
상품 상세설명 페이지 이용자	1360	상품 상세설명의 접속 비율만 높다
검색 페이지 이용자	3053	검색 비율이 높다
일반 이용자	4089	모든 접속 비율이 표준적

'상세설명 페이지 이용자'라고 명명하자.

군집 3은 명백히 검색 페이지 이용이 많으므로 '검색 페이지 이용자'라고 이름 붙일 수 있다.

마지막으로 군집 4는 상품 카테고리 페이지 접속이 많고, 그 밖에는 많지도 적지도 않은 어중간한 접속률을 보이고 있다. 이렇게 '특징이 있는 듯 없는 듯한 군집'은 해당 인원수가 많은 경우에는 '일반', 반대로 적은 경우 '기타'라 이름을 붙일 때가 많다. 앞의 경우 해당 인원수가 모든 군집 중에서 가장 많기 때문에 '일반 이용자'라고 이름 짓기로 한다. 이런 식으로 지은 군집의 이름과 특징을 정리한 것이 〈도표 4-25〉다.

이처럼 '군집 간의 차이'를 파악할 때 분산분석이나 카이제곱 검정 등을 사용하여 '군집 간 평균값의 차이가 우연한 범위라고 할 수 있는가'라는 판단을 하기도 한다.

■ k-means 방법의 한계

마케팅에서는 '유사성이 높은 집단끼리 시장을 분류하여 파악하고 그에 걸맞은 각각의 전략을 짠다'는 시장세분화(segmentation)라는 것이 있는데 군집분석이 비즈니스에 가장 자주 사용되는 경우가 시장세분화를 위한 조사일지도 모른다.

마케팅 리서치 회사나 광고 기획사 중에는 여러 항목을 설문조사한 다음 군집분석을 하고 기지 넘치는 군집 이름을 붙여 보고하는 전문가가 포진해 있는 곳이 많다. 그들은 같은 수도권의 전업주부라도 '미시 마마', '귀티 마담' 그리고 '천생 엄마' 등 세 유형으로 나눌 수 있다는 자료 따위를 만들어 소비재 생산업체에 보고한다. 그런 회사들은 대체로 '엄선된 데이터에서 객관적인 사실만을 바탕으로'라는 구호를 내걸고 이런 군집분석 결과를 제시한다. 물론 개중에는 최신 분석방법을 사용하는 곳이 있기야 하겠지만 군집분석 결과가 유일하고 절대적인 분류 방법이라 말하는 것은 기본적으로 옳지 않다.

예를 들면 k-means 방법을 사용할 때도 군집수의 설정을 바꾸기만 해도 전혀 다른 결과가 나오는 경우가 많다. 혹은 맨 처음 '임의로 분류했다'는 부분만 달라지더라도 결과에 차이가 생기기 때문에 '다시 한 번 똑같은 분석을 했더니 전혀 다른 군집의 분류법이 되었다'는 경우도 종종 나타난다. 처음에 열 개 항목의 변수를 써서 군집분석을 했는데 느낌이 별로 좋지 않아서 '관계없을 듯한 한 항목을 분석에서 제외했다'는 것만으로도 결과는 얼마든지 바뀐다. 변수의 표준화를 할지 말지, 또는 어떤 방법으로 표준화를 하는지에 따라서도 당연히 결과가 달라진다.

또 k-means 방법의 한계로서, '중심에서 가장 가까운 거리의 군집으로 분류한다'는 것은 암묵적으로 모든 군집이 같은 반지름의 원형이라는 것을 가정하는 점에도 주의했으면 한다. 예를 들면 〈도표 4-26〉처럼 크기가 다른 3개의 타원형 군집이 눈으로 보기에는 어떤 상황인지 명백해 보이더라도 k-means 방법으로는

도표 4-26 k-means 방법으로는 깔끔하게 분류할 수 없는 예

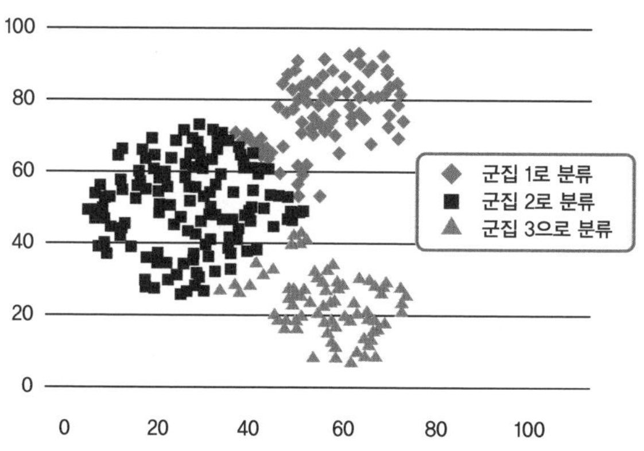

이 3개를 정확히 구분할 수 없다.

k-means 방법은 군집분석 중에 가장 널리 사용되지만, 이런 한계를 해결하기 위한 여러 새로운 분석방법도 제시되고 있다. 군집분석에 관한 내용만으로도 한 권의 책을 쓸 수 있을 정도이니, 더 깊이 알고 싶은 사람은 전문서를 참고했으면 한다. 어찌되었든 이런 새로운 분석방법을 사용하면 미묘한 차이일지언정 제각각 다른 결과가 얻어진다.

대다수의 경우 이처럼 다양한 시행착오를 거쳐 보고되는 것이 '군집분석의 결과'다. 인자분석에 대해 '데이터를 세 가지 인자로 이해하면 이런 식의 해석이 가능하다'는 설명을 한 적이 있는데, 군집분석에 대해서도 '이 방법에 의해 데이터를 3개의 군집으로 나누면 이와 같은 식의 해석이 가능하다'는 정도로만 이해해두었으면 한다.

무엇보다 군집분석은 '눈으로 볼 수만 있다면 왠지 모르게 이렇게 나눌 수 있다며 직감적으로 아는 것'을 어떻게든 수학적 혹은 과학적으로 하려는 분석방법이다. 인자분석과 마찬가지로 생각을 지나치게 한 나머지 사용할 수 없게 되기보다는 우선 최선이라 생각하는 분류가 떠올랐으면 망설이지 않고 그것을 사용하겠다는 자세를 갖는 것이 중요하다.

앞에서 k-means 방법의 한계를 나타낸 〈도표 4-26〉에서 보듯이 일부 다른 분류에 할당되는 경우도 있지만, '가로축 값이 작은 (좌측의) 군집', '가로축과 세로축의 값이 모두 큰 (우상의) 군집', '가로축 값이 크지만 세로축 값은 작은 (우하의) 군집' 같은 식으로 분류된다는 점에서는 차이가 없다.

■ 다중회귀분석이나 로지스틱 회귀분석과 병용할 것을 권장

'시장을 파악한다'는 것뿐이라면 이처럼 군집분석을 하고 이름을 붙이기만 해도 목적을 달성할 가능성이 높아진다. 그러나 거기서 분석을 끝마치는 것은 참으로 아깝기 그지없는 노릇이다.

군집분석을 통해 서로 상관하는 여러 변수가 축소되고 알기 쉬운 질적변수를 얻을 수 있었다. 그 질적변수를 설명변수로 사용하여 다중회귀분석이나 로지스틱 회귀분석을 하면 군집분석에 사용한 축소 전의 (서로 상관이 있는) 변수를 그대로 전부 설명변수로 삼을 때보다도 알기 쉬운 분석 결과가 얻어질 것이다.

예를 들어 앞의 군집분석 결과를 설명변수로 사용하면 쇼핑몰의 이용패턴에 따라 어떠한 방법을 쓰면 구매금액이나 사이트 방문 빈도인 아웃컴이 향상되는지 알 수 있다.

또 군집분석 결과를 나타내는 질적변수가 아웃컴에 해당하는 경우가 생길 수 있을지도 모른다. 예를 들면 우량고객의 특징을 나타내는 군집이 발견되고 거기에 해당하는 사람이 증가하면 할수록 이익으로 연결되는 상황이 바로 그것이다. 그렇다면 이 우량고객 군집에 속하는지 아닌지를 0과 1의 이항변수로 표현하고 로지스틱 회귀분석을 하면 된다. 그렇게 하면 '어떤 식으로 우량고객을 증가시킬 수 있는가' 하는 아이디어가 얻어질 것이다.

인자분석이든 군집분석이든 그 방법을 비즈니스에서 사용할 때는 '다수의 변수를 알기 쉽고 다루기 쉬운 형태로 만들 수 있다'는 점에 본질을 두고 임해야 한다. 그리고 단지 축소하고 분류하고 이름을 붙이는 데서만 끝내지 말고 그것을 바탕으로 다중회귀분석이나 로지스틱 회귀분석 등을 사용하여 아웃컴과 설명변수의 관련성을 어떻게 발견해낼지 끊임없이 궁리할 필요가 있다.

제5장

통계 분석방법의 총정리와 사용 순서

22
통계학의 이해도를 높여주는 단 한 장의 도표 실용판

이 책은 모든 비즈니스 종사자들에게 유용한, 데이터를 통한 아웃컴(최대화/최소화를 통해 이익으로 연결되는 성과 지표)과 설명변수(성과의 크기를 좌우하는 요인)의 관련성을 분석할 수 있도록 하는 데 목적을 두고 있다.

예를 들어 마케팅 부문에서는 매출이나 내점횟수, 인사관리 부문에서는 영업실적이나 노동생산성, 물류 부문에서는 재고 파기나 배송 실수의 횟수 등 다양한 것을 아웃컴으로 생각할 수 있으며, 설명변수로서는 성별, 나이, 심리 특성, 광고 접촉, 브랜드 이미지 등 더 많은 것을 떠올릴 수 있다. 하지만 대다수 기업에서는 이런 정보를 단순 계산으로밖에는 활용하지 못한 채 사장시키고 있다.

설명변수가 원인이고 아웃컴의 크기가 결과인 인과관계가 데이터에서 제시된다면 원인을 조절함으로써 당연히 더 큰 이익을 창출할 수 있다. 그러기 위한 실용 방법론으로 이 책은 자주 사용되는 분석방법과 그 사용법에 대해 상세하게 설명해왔다.

또 '통계학의 이해도를 높여주는 단 한 장의 도표'도 제시했는데 이는 사실상 이 책에서 '소개한 내용을 대략 정리해놓은 것'이나 다름없다. 여기서 한걸음 더 나아가 '실용적으로 자주 쓰이는 것'만 골라서 정리하면 〈도표 5-1〉과 같이 된다.

다시 말해 설명변수가 질적이라면 기준 카테고리를 정해놓고 이항으로 분류를 여러 번 한다. 수백 건 이상의 데이터가 있으므로 실용 측면에서 볼 때는 z 검정을 해도 무방하겠지만 더 확실히 검정한다는 의미로 평균값의 차이에 관해서만큼은 t 검정을 권장한다. 비율 차이는 데이터 수가 적더라도 크게 문제가 되지 않으

도표 5-1 '통계학의 이해도를 높여주는 단 한 장의 도표' 실용판

		설명변수	
		질적 (기준을 정하고 이항 분류로)	다수(양, 질 포함)
아웃컴	양적(연속형)	평균값 차이를 t 검정	다중회귀분석
	질적(범주형)	비율 차이를 z 검정 (카이제곱검정과 동일)	로지스틱 회귀분석
축소	양적(연속형)	인자분석	
	질적(범주형)	군집분석	

므로 z 검정이나 카이제곱검정 중 어느 하나를 사용한다. 양측 결과가 어떤 식으로 일치하는지는 권말에서 증명해놓았으니 꼭 참고하기를 바란다【보충 11】.

그러나 단순회귀분석은 '설명변수가 하나인 다중회귀분석'이나 마찬가지이므로 특별히 별도의 설명은 하지 않는다. 아웃컴과 설명변수 사이의 관련성만 보는 것이라면 이 도표의 전반부, 즉 일반화 선형모형의 범위 안에서 적절한 분석방법을 골라 사용하면 된다는 사실만 기억하면 된다. 또 설명변수가 양적이라면 그대로 두고, 질적이라면 0과 1의 이항변수로 변환하여 다수의 변수를 표준화한다. 그런 다음 인자분석을 하면 양적인 변수로 축소되고, 군집분석을 하면 질적인 변수로 축소된다.

덧붙이건대 t 검정은 '두 값의 설명변수를 하나만 사용한 다중회귀분석(즉 단순회귀분석)'이나 마찬가지인 것처럼, z 검정이나 카이제곱검정 역시 '두 값의 설명변수를 하나만 사용한 로지스틱 회귀분석'과 완전히 동일한 결과가 얻어진다. 하지만 지금까지 이 같은 내용을 구태여 강조하지 않았던 이유는 '이들 분석방법들은 실제 어떤 순서에 입각하여 사용하는가'라는 부분을 강조하기 위함이었다.

'실제 어떤 순서에 입각하여 사용하는가'라는 부분이 바로 지금부터 다룰 내용이다.

23
비즈니스에서 활용하는 경우 분석 순서

이 책은 수학적 배경을 이해하기 위해 '필요한 지식부터 먼저'라는 순서에 입각하여 설명을 했지만, 비즈니스 현장에서 사용할 경우 완전히 달라져야 한다. 그것을 나타낸 것이 〈도표 5-2〉이다.

기본적인 순서는 이렇다. 우선 대략적인 데이터의 정리와 확인이 끝나면 그중 최대화 혹은 최소화해야 할 아웃컴이 무엇인지 정

도표 5-2 비즈니스 현장에서 데이터 분석방법을 사용하는 순서

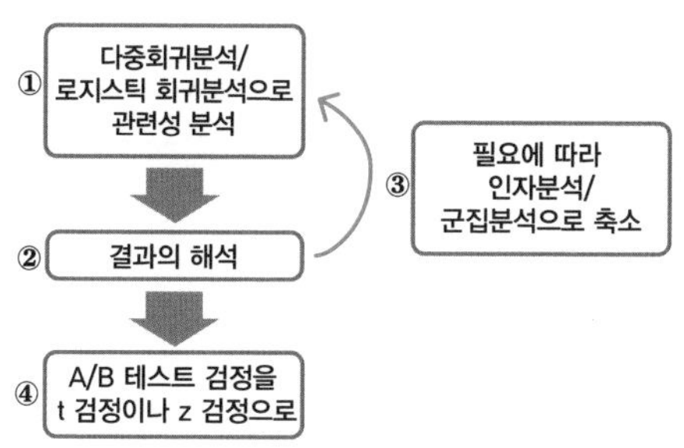

한 다음 그 이외의 모든 항목을 설명변수의 후보로 놓고 다중회귀 분석 또는 로지스틱 회귀분석을 한다〈도표 5-2 ①〉. 오늘날 대다수 회사는 '설명변수가 지나치게 많은 상황'이므로 필요에 따라서는 계단식 방법 등의 변수선택법도 사용하게 될 것이다.

그리고 그 결과가 무엇을 말하고 있는지 생각한다〈도표 5-2 ②〉. 운 좋게 단 한 번에 '이익을 올려주는 아이디어'가 발견될지도 모르지만, 대개는 '여러 설명변수와 아웃컴의 관련성이 나타나기는 하지만 그래도 십중팔구 뭔가 석연치 않다'는 결과를 얻는 데 그칠 것이다. 걱정할 필요는 없다. 이제부터 설명변수를 선별 선택함으로써 그런 문제의 대다수는 해결된다.

예를 들면 '구매상품 수가 하나 증가할 때마다 구매금액이 1000엔 높아지는 사실을 알았다'라는 식으로 아웃컴과의 관련성이 너무 당연한 듯 보이는 설명변수는 아무리 p-값이 작더라도 제외시키는 편이 낫다. 또는 구매상품 수라는 당연한 설명변수가 포함되어 있음으로써 다른 설명변수에 관한 회귀계수가 '구매상품 수가 같다면' 하는 식의 가정 아래서 아웃컴과의 관련성을 나타낼 때는 주의하는 편이 낫다.

그 밖에도 '다른 설명변수의 값이 동일하다는 가정하에서'라는 식의 영향이 특정한 회귀계수의 해석을 이해하기 어렵게 만드는 설명변수는 제외시키는 편이 낫고, 나이라는 양적 변수를 세대라는 질적 분류로 변환하는 등 설명변수의 취급방법을 바꾸는 것이 나을 때도 있다. 반대로 '이것만은 조건의 조정을 위해 포함되었으면 한다'는 설명변수가 자동 변수선택 과정에서 삭제돼버리면 강제로라도 그 설명변수를 포함시키도록 지정해야 할 때도 있다. 이런 설명변수의 선별선택과 결과 해석이라는 시행착오를 거듭하는 과정에서 인자분석이나 군집분석을 사용하면 적절한 결과를 얻는 데 엄청난 도움이 된다〈도표 5-2 ③〉.

■ 분석 결과에서 아이디어를 찾아내는 세 가지 방법

마지막으로, 어느 정도는 비즈니스 현장을 아는 사람들의 감각에도 합치되는 결과가 얻어졌다면 거기서부터 이익 창출을 위한 아이디어를 생각해야 한다. 분석 결과에서 아이디어를 찾아내는 방법은 크게 세 가지로 나눌 수 있다.

첫 번째로, 아웃컴과 관련된 설명변수가 광고나 상품 생산, 연수 등에 의해 '조정'이 가능하다면 그 설명변수를 조정하는 것이 이익을 낳는 아이디어가 된다. 가급적 회귀계수를 바탕으로 '설명변수를 조정하여 몇 엔만큼의 영향력이 있는지'를 대략적이나마 계산할 필요가 있다.

어떤 회사에서 다중회귀분석을 통하여 자사 상품에 대한 브랜드 이미지를 조사한 결과를 예로 들어보자. 이 회사는 여러 가지 설명변수를 조정한 다음 '이 브랜드는 신뢰할 수 있다'는 응답자가 그렇지 않은 응답자에 비해 연간 구매금액이 1만 엔 높아진다는 사실을 알아냈다고 한다.

두 번째로 생각할 것은 현시점에서 '신뢰할 수 있다'고 생각할 만한 목표로 설정한 시장의 고객은 몇 사람이나 되는가 하는 점이다. 임의 추출된 표본을 조사한 결과 90%의 응답자가 '신뢰할 수 없다'고 대답했을 때 일본 전체에서 상정된 고객 수가 100만 명이라면 90만 명의 사람들이 브랜드를 신뢰하도록 만들기만 해도 평균 1만 엔 정도나 구매금액을 높일 여지가 있다. 즉 단순계산으로 90억 엔(=90만 명×1만 엔) 정도의 '아직 매출을 올릴 여지'가 발견되는 것이다.

물론 일본인 모두에게 신뢰를 얻는 것은 불가능한 목표지만 지금까지 광고나 제품 생산에서도 그다지 다루지 않았던 '신뢰' 키워드를 전면에 내세움으로써 나머지 90만 명 중 불과 10% 정도의 신뢰만이라도 얻는다면 9억 엔의 이익을 올릴 수 있다.

또는 '조정'할 수 없는 설명변수와 아웃컴 사이의 관련성이 발견되는 경우도 종종 있다. 남성보다 여성의 구매금액이나 이익률이 높다는 관련성이 발견되었어도 남성들을 성전환시킬 수는 없는 노릇이다. 세대나 가계수입, 거주지역 등 여러 가지 속성에 관해서도 똑같은 이치가 적용된다.

그러나 '조정'은 불가능해도 '재배치'는 가능하다. 즉 매장을 방문하는 사람들 개개인의 성별을 바꿀 수는 없더라도, 현재 매장 방문자가 남녀 반반씩이라면 '여성의 비율이 80%'인 매장 만들기를 지향할 수 있다. 매장의 인테리어나 간판, 광고매체나 캠페인 등을 다시 검토함으로써 이런 '재배치'는 얼마든지 가능하다. 또 '조정'

과 마찬가지로 전체의 비율을 어느 정도 재배치하면 얼마만큼의 이익으로 직결되는지도 어림짐작의 계산은 충분히 할 수 있다.

마지막으로, 이제 조정도 재배치도 불가능한 설명변수 활용법에 관해 설명하겠다. 계절이나 날씨에 따라 제품 판매량에 변화가 있다는 사실을 알았다고 치자. 계절을 여름으로 바꾼다거나 날씨를 비 오는 날로 바꾸는 따위의 이른바 조정 작업은 당연히 불가능할 터이고, '여름의 영업일 비율을 높인다'거나 '비 오는 날의 영업시간 비율을 높인다'거나 하는 재배치 방법도 현실적이 대안이 될 수는 없다. 하지만 다른 관점에서 이익으로 연결시킬 수는 있다. 계절이나 날씨에 맞춰 사전에 필요한 물품의 구입이나 생산, 재고 상태를 예측하여 최적화하면 '비용 삭감'은 충분히 가능하다.

지금까지 살펴본 '분석 결과에서 아이디어를 찾아내는 세 가지 방법'을 일목요연하게 정리한 것이 〈도표 5-3〉이다.

도표 5-3 분석 결과에서 찾아내는 아이디어

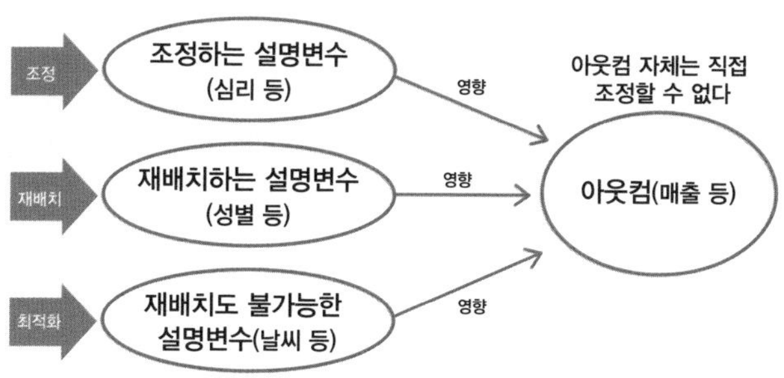

■ 마지막에는 임의화 비교실험이나 A/B 테스트로 검정

물론 이 시점에 알게 된 아이디어와 비즈니스에 미치는 영향력에 대한 대략적 계산은 어디까지나 어림셈일 따름이다. 다른 설명변수나 상호작용으로 조정하면 사라질지도 모르고 '인과의 방향이 반대'인 상황도 생각할 수 있다.

앞에서 예로 든 '신뢰할 수 있다'는 브랜드 이미지로 돌아가 보면, '신뢰할 수 있으므로 상품을 많이 샀다'는 것인지 '상품을 많이 샀기 때문에 신뢰가 생겨난 것'인지는 회귀계수나 p-값을 아무리 주의 깊게 살펴보더라도 구별할 수 없다. 후자의 메커니즘 때문이라면, 아무리 광고를 잘하여 신뢰를 얻더라도 생각했던 것만큼의 매출 증가는 기대할 수 없을지도 모른다.

이것이 바로 통계학의 어려운 부분으로 '상관과 인과를 혼동하지 않도록 신중히 생각합시다'라는 주의사항이 수많은 교과서에 어김없이 실려 있는 까닭이다. 하지만 이 책에서도 그런 무책임한 발언으로 얼렁뚱땅 넘어갈 생각은 추호도 없다. 대신 필자는 '이익이 될 것 같은 아이디어를 찾았으면 적절한 임의화 비교실험 또는 A/B 테스트를 통해 검정합시다'라고 주장하고 싶다. 경제학자가 머리를 싸안을 만큼 괴로운 금융정책이라면 모르겠지만, 비즈니스 정책의 효과는 임의화 비교실험을 통해서 얼마든지 인과관계를 검정할 수 있다.

일정한 인원수 이상을 모아 임의로 반반씩 나눈다. 새로운 방법을 시험하는 그룹을 A그룹이라 하고, 기존의 방법을 실행하는 그룹(또는 특별히 아무것도 하지 않고 데이터만 잡아놓은 그룹)을 B그룹이라고 한다. 충분히 많은 수의 대상을 임의로 나누는 작업은, 충분히 많은 개수를 던진 동전의 앞뒤가 그다지 편중되지 않는 것과 마찬가지로 데이터를 실제 측정하든 말든 모든 조건이 이 두 그룹 간에 평균적으로 거의 같아지는 것을 의미한다.

이런 상황에서 새로운 방법을 시험한 A그룹의 아웃컴(매출이나 생산성 등)이 B그룹에 비해 우연한 오차라고는 생각할 수 없는 수준으로 높다고 하면 그것은 통계적 가설검정에 의해 인과관계가 나타난 것으로 생각해도 무방하다. 바로 이 시점에 t 검정이나 z 검정을 사용하는 것이다〈도표 5-2 ④〉.

의학의 최전선에서 인간의 목숨을 다루는 의사결정에서조차 이런 방식을 따르고 있는 마당에, 비즈니스상의 의사결정에 이런 실증방법을 받아들여 '좀 더 신중히 논의하자'며 태평한 소리나 늘어놓고 있지 말자.

■ 임의화에 필요한 '일정 수 이상'을 어떻게 판단하는가

마지막으로 '일정 수 이상' 임의로 나누라는 말은 몇 사람 이상을 가리키는지 살펴보자.

임의화에 필요한 인원수는 평균값의 차이든 비율 차이든 검정력에 따라 '표준오차의 몇 배 차이가 예상되는가'라는 관점에서 추측할 수 있다. 검정력을 85%, 즉 진정으로 우연이 아닌 차이가 생긴 상황에서 p-값이 0.05를 밑돌 확률이 85%라 할 경우 평균값이든 비율이든 표준오차는 방법을 시행함으로써 예상되는 차이의 3분의 1 이하여야 한다. 즉 평균 1만 엔의 차이가 예상되는 방법이라면 표준오차를 3333엔(=1만 엔÷3) 이내로 억제해야 한다. 평균값의 차이든 비율의 차이든 표준오차는 표준편차와 데이터 수로 정해진다는 것을 여러분은 이미 알고 있다. 이런 점에서 현재 아웃컴의 표준편차로부터 생각하여 '어느 정도의 데이터 수(즉 표본크기)가 필요한가'라고 계산하는 것이 임의화 비교실험에서 표본크기를 설계하는 방법이다.

이 방법을 바탕으로 실제 표본크기를 계산해보자. 예상되는 차이의 3분의 1로 표준오차를 설정하고 싶을 때 원시 데이터의 표준편차를 예상되는 차이로 나눈 값을 제곱하고 그 36배의 계산을 통해 전체 데이터 수를 구하며 이를 반반씩 나누어 각 그룹의 표본크기로 계산한다. 예를 들어 객단가(고객 1인당 평균 매입액)를 1000엔 상승시킬 것으로 예상되는 방법에 대해 임의화 비교실험을 하고 싶은 경우, 본래 객단가의 표준편차가 5000엔이라면 (5000÷1000)의 제곱×36=900명이라는 데이터 수가 구해지고, 이것을 반반씩 나눈 수인 450명이 한 그룹에 해당하는 데이터 수다.

이것은 어디까지나 근사값이기는 하지만 '표준오차를 예상되는 차이의 몇 분의 1로 억제하는가'의 '몇 분의 1' 부분을 계산하면 '정규분포에서 평균값보다 표준편차 ○배만큼 오른쪽으로 이

동한 곳까지의 면적이 검정력과 일치한다'라는 ○의 값에 1.96을 더함으로써 구할 수 있다.

예를 들면 앞의 85%라는 검정력과 정규분포의 면적이 일치하는 점은 '평균값에서 표준편차 1.04배만큼 오른쪽으로 이동'을 뜻하므로 1.04+1.96의 계산에서 3이라는 값이 구해진다. 그래서 예상되는 차이의 3분의 1 이하로 표준오차를 억제하면 된다는 결과다. 이것은 검정력 95%라면 1.64+1.96으로 약 3.6분의 1, 검정력 97.5%라면 1.96+1.96으로 약 3.9분의 1이 된다.

p-값을 5% 이외의 값으로 판단하는, 즉 '덜렁이 리스크'를 바꾸는 경우에는 더하는 값인 '1.96'을 바꿔야 하는 점에 주의해야 한다. 이에 대한 근사값 계산방식도 권말에서 자세히 설명해놓았는데【보충 17】, 사실 표본크기 설계에 관한 내용만으로도 책 한 권은 족히 되고도 남을 것이다. 이 부분에 흥미가 있는 독자라면 나가타 야스시 교수의《표본크기를 정하는 방법》을 참조하기 바란다.

지금까지 다중회귀분석과 로지스틱 회귀분석을 통해 아이디어를 탐색하고 필요에 따라 인자분석이나 군집분석으로 변수를 축소한 다음 최종적으로 임의화 비교실험과 t 검정이나 z 검정으로 아이디어의 유효성을 검정하는 순서를 살펴보았다. 이런 과정을 실제 밟아나가다 보면, 여러분의 비즈니스 현장에서도 꼭 '이익을 창출하는 새로운 아이디어'를 찾아낼 수 있을 것이다.

24
한걸음 더 내딛기 위한 통계학 공부

이 책을 한 번 읽었다고 결코 통계학 전문가는 될 수 없다. 이제야 비로소 통계학의 출발선상에 서게 되었다고 보는 것이 더 타당하다. 그래서 마지막으로, 여러분이 이 출발선상에서 어떻게 한 걸음을 더 내디뎌야 하는지에 관해 이야기하고자 한다.

현시점의 여러분은 비즈니스 현장에서 가장 자주 사용되는 통계 분석방법에 대해 그것이 대충 무엇을 의미하고 어떤 수학적 개념으로 구성되어 있으며 또 어떤 식으로 사용해야 하는지 이해했다고 볼 수 있다. 한편 이 책에서 여전히 '얻지 못한 지식'은 크게 나누어 세 가지가 있다.

첫 번째는 도구와 실제 데이터를 적용한 실천이요, 두 번째는 수리 면에서의 깊이 있는 이해이며, 마지막으로는 이 책에서 전혀 취급하지 않은 최근 50년 동안 새로이 생겨난 훨씬 더 발전적인 분석방법에 관한 내용 등이다.

■ SAS, R, SQL과 통계 분석방법

우선 첫 번째로 도구와 실제 데이터를 사용한 실천 내용을 살펴보자. 이 책에서는 불과 수 건에서 수십 건 정도의 데이터에 기초하여 수작업으로도 계산할 수 있는 통계 분석방법에 초점을 맞추고 있는데, 오늘날 수작업으로 통계해석을 하는 경우는 거의 없다. 실제 p-값이나 회귀계수, 인자점수 같은 여러 계산은 대체로 SAS(statistical analysis system, 새스: 통계 프로그램 패키지)나 R(R 프로그래밍 언어의 줄임말. 통계 계산과 그래픽을 위한 프로그래밍 언어이자 소프트웨어 환경) 따위의 도구를 사용한다(일부는 엑셀만으로 가능한 경우도 있다). 이런 도구와 더불어 불현듯 나타나는 숫자가 도대체 무엇을 의미하는지 우선적으로 이해할 필요가 있다.

SAS, R, 엑셀 등을 사용하여 이 책에서 소개한 분석방법을 해볼 경우 어떤 기능을 참고하면 좋은지 정리해놓은 것이 〈도표 5-4〉다. 오랫동안 가격이 너무 비싸 일반 사람들은 사용할 엄두조차 못 내던 분석도구인 SAS도 최근에는 학습용 무료 프로그램을 배포하게 되었고, R은 무료 오픈소스 도구다. 또 요즘은 대다수 컴퓨터에 엑셀이 설치되어 있을 것이다. 〈도표 5-4〉를 참고하여 뭔가 자신의 주변에 있는 실제 데이터를 적용하여 여기에서 소개한 분석방법을 직접 사용해보길 바란다.

'도구와 실제 데이터를 적용한 실천'은 위와 같은 도구의 조작 방법을 이해하고 p-값이나 회귀계수를 구한다고 해서 되는 것이

도표 5-4 통계학 데이터 분석방법에 대응하는 SAS, R, 엑셀 기능

분석방법	SAS	R	엑셀
평균값 차이에 대한 t 검정	ttest 과정	ttest 함수	ttest 함수
비율 차이에 대한 z 검정/카이제곱검정	freq 과정	xtabs 함수와 prop.test 함수	피봇테이블과 chitest 함수
다중회귀분석	reg 과정	lm 함수	분석도구 '회귀분석'
로지스틱 회귀분석	logistic 과정	glm 함수	해당 기능 없음
인자분석	factor 과정	factanal 함수	해당 기능 없음
군집분석 (k-means 방법)	k-means 과정	k-means 함수	sql server와의 제휴로 데이터마이닝

아니다. 실제 데이터 중에서 '최대화/최소화해야 하는 아웃컴은 무엇인가'를 생각하는 능력이 없으면 제아무리 도구를 잘 다룬다 하더라도 아무것도 발견하지 못한다.

또 데이터가 여러 개의 표, 일례로 '고객의 속성정보'라는 표와 '고객의 과거 구매이력'이라는 표 양쪽에 걸쳐 있는 경우 데이터를 가공하거나 결합하지 않으면 SAS든 R이든 분석할 수 없다. 게다가 동일한 데이터에서 '어떠한 설명변수를 생각할 수 있을까'라는 것도 분석도구의 사용설명서에는 적혀 있지 않은 내용이다.

이런 노하우도 포함하여 '도구와 실제 데이터의 사용'에 관한 기초를 좀 더 자세히 알고 싶은 독자라면《1억 명을 위한 통계해석》이라는 책을 참고해보라.

'분석 이전에 어떻게 데이터를 축적하여 가공하는가'라는 점에 관해서는, 데이터베이스와 그 조작언어인 SQL의 기초지식을 쌓는 것도 많은 도움이 된다. 완전 초보자라면 데이터베이스 엔지니어로 유명한 미크의 《SQL 제로부터 시작하는 데이터베이스 조작》, 그리고 SQL이나 데이터베이스에 어느 정도 경험이 있는 엔지니어라면 《달인에게 배우는 SQL 철저 지침서》나 《달인에게 배우는 DB설계 철저 지침서》 등이 참고가 될 것이다.

한편 R에 대해서는 그런 대로 익숙해 있으리라고 여겼던 데이터 공학도들조차도 비즈니스 현장에서 크게 도움이 되지 못하는 경우를 자주 목격했다. 그 이유는 이런 '아웃컴이나 설명변수를 생각하는 힘'과 '기존 데이터를 가공하는 힘'이 부족하기 때문이라는 사실을 깊이 명심했으면 한다.

■ 통계학과 수학의 올바른 관계

지금까지의 내용을 제대로 이해했다면 아마도 기본적인 분석은 누구나 가능할 것이다. 하지만 여러 차례 강조했듯이 '이 결과를 보고 무엇을 말할 수 있고 말할 수 없는가' 혹은 '이 같은 결과를 해석할 때 주의해야 할 부분은 어디인가' 하는 점을 제대로 이해하기 위해서는 두 번째로 꼽았던 '수리 면에서의 깊이 있는 이해'가 매우 중요하다.

우리는 현실 세계에서 책에 다 옮겨 적을 수 없을 만큼 '판단하기 어려운 장면'에 자주 부닥치며 살아간다. 데이터가 교과서에서 배운 형태가 아니라거나 교과서에서 배우지 않은 방법으로 결과를 도출하라는 요구를 받을 때도 있다. 이 책은 '자주 부닥치지 않는 문제'도 최대한 다뤘다고는 생각하지만 그렇다고 모든 것을 정리하기란 사실상 불가능하다. 하지만 수리 면에서 각 분석방법이나 얻어지는 지표의 본질을 자세히 관찰하면 그런 '판단하기 어려운 장면'에 대답하기 위한 근거를 찾아낼 수 있다.

미국 하버드대학 수학과 교수인 아서 벤자민은 TED talk 등에서 고등학교의 수학 교육 과정에서는 미적분이나 선형대수보다 통계학을 가르쳐야 한다고 주장했다. 하지만 필자는 그 주장의 반만 맞다고 생각한다. '대다수 사회인이 미적분이나 선형대수를 계산할 일이야 없겠지만 통계학은 모든 사회인에게 필수'라는 그의 주장은 맞다. 그러나 이 책을 여기까지 읽은 독자라면 이미 알아차렸으리라 여기지만, 통계학을 엄밀하게 이해하기 위해서는 미적분이나 선형대수 같은 지식이 반드시 필요하다. 설령 엄밀하게 이해할 필요까지는 없을지라도 미적분이나 선형대수라는 공통의 언어를 누구나 알고 있다면, 책을 쓰는 쪽도 즐거운 작업이 될 것이며 읽는 쪽도 이해하기가 쉬워진다.

이 책은 수학적인 설명도 가급적 언어적으로 기술하기 위해 애썼지만 수학에 어느 정도 자신이 있는 사람에게는 '단 한 줄의 수식으로 끝나는 설명인데 왜 이렇게 장황하게 질질 끄는 거야!'

라고 느껴졌을 것이다. 미적분과 선형대수 이외에도 1차 함수 그래프라든지 학창시절만 해도 '대관절 나중에 무엇에 써먹지?'라고 생각했던 수학적 개념이 통계학에서는 아주 편리하게 사용된다. 필자가 대학 이후 통계학 공부를 따라갈 수 있었던 것도 고등학교나 대학시절에 배웠던 수학 덕을 톡톡히 보았기 때문이다.

그러므로 고등학교까지의 수학교육 커리큘럼은 '미적분이나 선형대수보다도 통계학을 가르쳐야 한다'고 말하기보다는 '최종적으로 통계학을 습득한다는 전제 아래서 현실적으로 어떻게 쓰이는지 용도를 깨우쳐주면서 미적분이나 선형대수를 가르쳐야 한다'는 것이 필자의 개인적인 견해다.

어쩌면 이 책에서 다뤄왔던 50년 이상 전에 발명된 기본적인 분석방법에서조차 미적분과 선형대수를 사용하지 않고서 자력으로 계산할 수 있는 방법은 매우 한정되어 있다. 여러분이 높은 수준의 통계학 분석방법을 이해하고자 한다면 수학적 리터러시가 갖춰져 있는지 여부로 그것이 가능하거나 불가능해질 수 있다. 앞으로 통계학을 본격적으로 공부하기를 바란다면 우선은 통계학 자체보다는 중학교나 고등학교, 혹은 대학의 교양과목으로서 기초적인 수학 학습을 하는 것이 급선무일지도 모른다. 몇 가지 책을 소개하자면 나가타 야스시 교수의 《통계학을 위한 수학입문 30강》이나 《통계적 방법의 구조 — 올바른 이해를 위한 서른 가지 급소》가 큰 도움이 될 것이다.

50년 전에 이미 지금까지도 유효한 기본 분석방법을 완성시켰던 통계학은 그 후 어떻게 진화했을까. 진화해온 통계학을 빠짐없이 소개하기는 힘들기 때문에 여기서는 '다중회귀분석과 로지스틱 회귀분석에 의한 아이디어의 탐색', '인자분석/군집분석에 의한 축소', '임의화 비교실험에 의한 검정' 등 세 가지 단계에 대해 살펴보려고 한다.

우선 첫 번째로, 회귀모형에 의한 아이디어 탐색 단계에서 이루어진 크나큰 발견은 '시간적인 요소'를 분석할 수 있게 되었다는 점이다. 로지스틱 회귀분석으로는 1년 동안의 데이터를 사용하여 '그 시기에 탈퇴한 고객과 그렇지 않은 고객의 차이점은 무엇인가' 같은 분석을 할 수 있다. 하지만 '1년 동안에 탈퇴했는지 여부'의 정보뿐만 아니라 '언제 탈퇴했는가 하는 시기'도 알 수 있다면 더 유용하다. 그런 경우 생존시간을 분석하는 생존분석을 사용한다. 고객의 탈퇴 문제에 대해 '생존분석'이라는 거창한 이름이 붙게 된 것은, 이 분석방법이 본래 의학 분야에서 환자의 생존시간을 분석하기 위해 생겼기 때문이다. 대표적인 분석방법은 발명자의 이름을 따서 붙인 콕스회귀분석인데 여기서는 오즈비가 아닌 하자드비(hazard ratio)라는 지표로 '일정 시간당 몇 배의 확률로 일어나기 쉬운가/어려운가'라는 결과를 얻을 수 있다.

또는 같은 사람이나 물건을 대상으로 여러 차례 얻어낸 데이터를 시계열(time series) 데이터라 부르는데 이런 데이터를 바탕으로 이루어지는 시계열분석이라는 분석방법도 나날이 발전하고 있다. 몇 개의 매장에서 주별로 설문조사 결과가 얻어졌다면 매장 수×52주 동안의 매출이나 설문조사 항목의 데이터가 모아지게 된다. 이런 데이터에서 '과거의 정보와 다음 주 매출의 관계성은 어떠한가'를 생각하는 것이 시계열분석이다.

시계열분석의 기본은 자기상관, 즉 앞의 예로 말하면 '같은 매장끼리의 데이터는 시점이 달라도 상관하여 일치한다'를 중시하는 점이다. 지난 주 매출이 높으면 그 기세로 다음 주 매출이 오른다는 양의 상관이 있듯이 반대로 지난 주 매출이 높았으므로 다음 주 매출은 저조해질 것이라는 음의 상관도 있을 수 있다. 이처럼 바로 직전의 값뿐만 아니라 몇 시점 전 값의 크기와 관련성이라든가 시점을 불문하고 공통되는 평균값과 분산을 가진 변동요인이 배후에 있는가 등 여러 가지 '시간적 변동'을 포착한다.

박스와 젠킨스에 의해 1970년부터 발표된 일련의 시계열 분석방법은 ARIMA(Autoregressive, Integrated and Moving Average: 자기회귀이동평균) 모형이라는 이름으로 정리되었고, 그 후 계절적 변동 등 여러 요소를 받아들이며 진화를 거듭해왔다.

이런 시계열분석은 주가나 경기의 예측이 필요한 분야에서 자주 이용되는데 이 책이 지향하는 통찰을 위해서도 사용할 수 있다. 이 시기 매출을 좌우하는 요인은 몇 개월 전 선보인 광고 덕이라느니 수개월 전에 나타난 매출 증가는 그 이전의 판매부진을 생각할 때 마이너스 결과나 마찬가지라느니 하는 식으로 숨겨진 이면을 엿볼 수 있다.

이처럼 '이전 시점의 값에서 이후 값의 변동을 설명한다'는 사고방식이 시계열분석이지만, 꼭 전후관계만 따지는 것이 아니라 여러 시점의 데이터를 '개체 차이' 파악을 위한 정보로 취급하기도 한다. 한편 다른 설명변수와의 관계성을 분석하는 방법은 경시데이터(longitudinal data)분석이라 부르는데 시계열분석과는 전혀 다르다. 이런 '사람마다 제각각'이라는 요인을 일반적인 회귀계수로 표현하려면 1명을 기준으로 '인원수-1'개분의 더미변수가 필요하다는 어처구니없는 사태가 발생하는데 그 부분을 잘 처리하기 위해 혼합효과모형을 사용한다. 아울러 개체 차이 파악을 할 때 시계열이 아닌 거주 지역이 소속돼 있는 시설 등의 공간적 정보를 생각하는 경우에도 혼합효과모형은 대단히 유용하다.

■ 한걸음 더 내딛기 위한 통계 분석방법 ② 새로운 축소

두 번째로, 인자분석에서는 변수의 축소에 대해 여러 설명변수의 배후에 있는 '관측값을 좌우하는 잠재적 인자'를 생각했지만 인자끼리는 그것들을 병렬적인 요소로 이해한다〈도표 5-5〉.

그러나 경우에 따라서는 잠재적 인자 간의 관계성이 중요할 때도 있다. 예를 들면 설문조사 항목의 응답을 축소한 결과 사각회전에 의해 '구매 의욕', '품질에 대한 신뢰', '상품 인지', '호감 가

도표 5-5 구매금액 인자분석

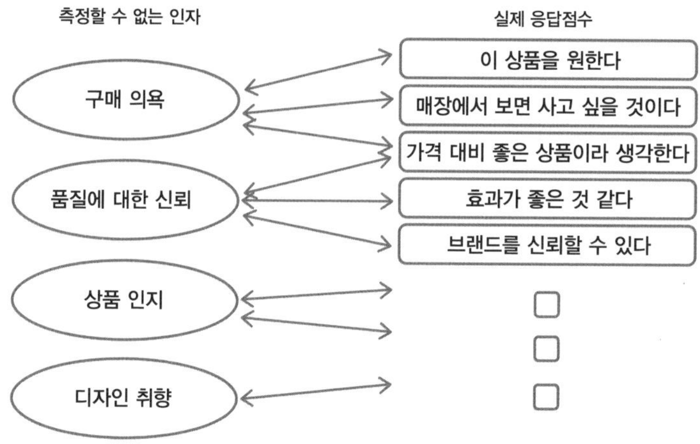

는 디자인' 등 네 가지 인자로 축소 가능하다는 사실을 알았다고 치자. 여기서 이런 네 가지 인자의 점수를 설명변수로 두고 이 상품의 구매금액을 아웃컴으로 하는 다중회귀분석을 한다. 그 결과 p-값에서 우연한 오차라고 말하기 어려운 수준의 관련성이 나타난 것은 구매 의욕 인자뿐이고 그 밖에는 우연한 오차의 범위라는 결과가 얻어질지도 모른다〈도표 5-6〉.

그러나 '품질에 대한 신뢰'나 '디자인 취향'은 아웃컴인 구매금액과 직접적인 관계가 없더라도 '구매 의욕'하고는 관계가 있을지도 모른다. 아울러 '상품 인지'는 '구매 의욕'과 직접적인 관계가 없더라도 '품질에 대한 신뢰'나 '디자인의 취향'과 관계가 있을 수도 있다. 그렇다면 '구매 의욕에 대한 인자점수가 같다고 했을 경

도표 5-6 **인자점수를 사용한 다중회귀분석**

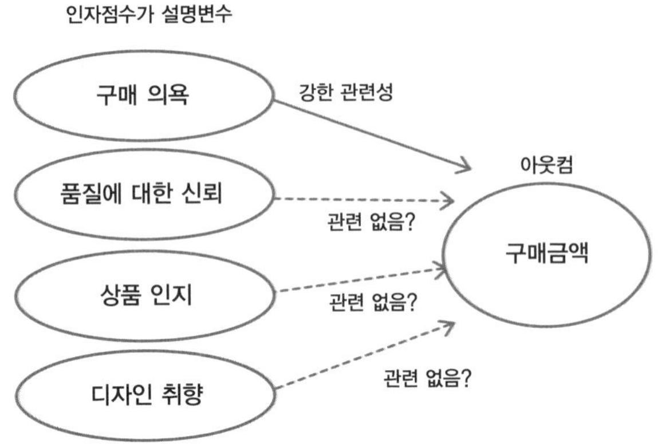

우 다른 인자점수의 크기와 구매금액 사이의 관련성'을 나타내는 다중회귀분석 결과는 오해의 소지가 생길 수도 있다. 오히려 그보다는 '상품 인지가 올라가면 디자인의 취향이나 품질에 대한 신뢰가 높아지므로 간접적인 상품 인지는 아웃컴에 영향을 미친다'라는 결과가 더 중요한 의미를 가질지도 모른다.

이와 같이 축소를 할 뿐만 아니라 직 · 간접을 불문하고 변수 사이의 다양한 관계성을 명백히 하는 분석방법이 있는데, 바로 구조방정식모형이다. 앞의 예를 구조방정식모형으로 할 경우 〈도표 5-7〉처럼 다중회귀분석만으로는 나타낼 수 없는 조금 복잡한 관련성이 제시되는 결과가 얻어진다. 이 책에서는 실용적으로 봤을 때 '인자점수를 회귀모형의 설명변수로 삼아도 된다'고 했지만 사실 구조방정식모형을 통해 인자와 아웃컴의 관련성을 분석하는 것이 여러 측면에서 바람직스러운 경향도 있다. 그 하나의 이유로 인자분석 시점에서의 (인자와 관측된 변수 사이의 관련성에서의) 오차와, 회귀분석 시점에서의 (인자와 아웃컴 간의 관련성에서의) 오차가 양쪽에 다 걸쳐 있지 않도록 처음부터 구조방정식모형만으로 분석하는 편이 낫다는 점을 꼽을 수 있다.

또 인자분석의 응용으로서 어떤 시험문제를 풀었는가 못 풀었는가 하는 사실을 바탕으로 그 배후에 있는 잠재적 능력을 추정하고 사안별로 '잠재적인 능력'을 어떻게 식별할지를 명백히 규정하는 항목반응이론이라는 것도 있다. 항목반응이론은 흔히 TOEIC이나 TOEFL 같은 현대적인 시험 용도로 사용되고 있으며, 시험의 품질이나 수험자의 공평성이 담보되어 있다.

군집분석도 여러 개량이 있다. 예를 들면 k-means 방법에서는 최초의 군집 분류를 완전히 임의로 했지만, 그 방법을 바꿈으

도표 5-7 구조방정식모형에 의한 결과

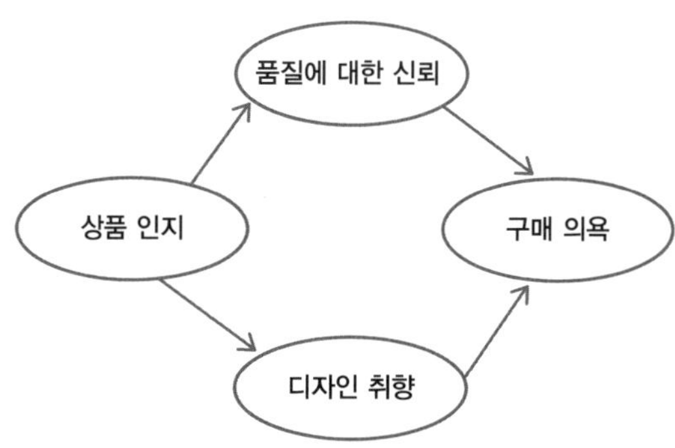

로써 더 효율적이고 안정적인 kmeans++ 방법이라는 것도 있다.

또는 커널함수를 사용하여 단순한 삼각형의 정리가 아닌 '거리'를 생각하고 k-means 방법으로는 판별이 불가능한 형상(앞쪽에서도 언급했듯이 k-means 방법에서는 같은 반지름의 원형 군집을 고려한다)의 군집으로도 분류할 수 있는 커널 k-means 방법이라는 분석방법도 있다. 이밖에 일정한 기준에 맞춰 k-means 방법을 반복하고 '최적인 수로 군집을 분할한다'는 x-means 방법이라는 것도 있다.

■ 한걸음 더 내딛기 위한 통계 분석방법 ③ 임의화 비교실험 검정

마지막 세 번째로 임의화 비교실험에 의한 검정법에 대해 살펴보자. 임의화 비교실험 자체는 이제 거의 완성 단계로 접어들었다고 봐도 무방하지만, '임의화 비교실험이 불가능한 상황에서 어떻게 착오 없이 검정하는가'에 대한 연구는 통계적 인과추론이라 하며 지금도 끊임없이 발전을 거듭하고 있다.

예를 들어 'DM을 발송 받은 그룹과 발송 받지 못한 그룹 사이에 5000엔의 매출 차이'가 나는 것을 알았다고 치자. 이런 경우 DM을 발송할지 말지를 임의로 선택한다면 두 그룹은 모든 조건이 평균적으로 같고 DM의 발송 여부만 다른 그룹이라 생각할 수 있으므로 매출 차이는 DM이 원인으로 작용한 결과라는 인과관계가 성립된다. 이것이 임의화 비교실험의 사고방식인데 실제는 '매출에 영향을 미칠 만한 사람을 선택하여 보낸다'는 편중이 존재하는 경우가 많다. 그렇다면 '발송의 결과로 매출이 올랐는지, 아니면 매출에 영향을 미칠 만한 사람에게 발송했기 때문에 매출이 올랐는지' 구별하기가 쉽지 않다. 그래서 다중회귀분석 등에서는 '다른 설명변수의 조건이 같다면'이라는 조정을 가한다.

《통계의 힘》에서도 소개했지만, 1980년대 이후의 통계적 인과 추론에서는 기존의 다중회귀분석 등과는 다른 접근법으로 성향점수라는 것을 사용한다. 성향점수 자체는 로지스틱 회귀분석을 통해 추정할 수 있지만, 앞의 예에 빗대자면 '다른 설명변수로부터 추정되는 DM이 발송될 확률'이 바로 성향점수에 해당한다. 성향점수에 의해 현재 얻어진 정보에서 가급적 편중 없이 인과적인 DM의 효과를 추정하려는 것이다. 이런 성향점수를 사용하는 대표적인 분석방법 중 하나가 주변구조모형이다.

지금까지 대충 떠오르는 대로 '한걸음 더 내딛기 위한 통계 분석방법' 몇 가지를 살펴보았다. 이들을 전부 이해할 필요는 없지만 이 책에서 설명한 분석방법만으로는 해결되지 않는 문제를 접할 때마다 여기에 적힌 내용을 참고하여 서점이나 도서관, 인터넷 등을 통해 그 분야의 입문서나 해설 논문, 대학의 강의 자료를 찾아보면 많은 도움이 될 것이다. 전 세계의 통계학자들은 지금 이 순간에도 끊임없이 현실적인 문제 해결을 위해 새로운 방법이나 이론 연구를 계속하고 있다. 그중에는 여러분이 앞으로 맞닥뜨리게 될 의문을 해결해주는 열쇠도 포함되어 있을 것이다.

| 에필로그

아이작 뉴턴은 위대한 선인이 쌓아올린 업적을 '거인의 어깨'에 비유했다. 그들의 어깨를 밟고서야 비로소 우리들은 높은 곳에 올라가 먼 곳을 바라볼 수 있다는 말이다.

이 책을 통해 전달하고자 하는 것도 통계학에 관한 그런 거인들의 어깨 한 자락일 따름이다. 여기에 등장하는 통계 분석방법은 모두 과거의 위대한 수학자나 통계학자들에 의해 만들어지고, 또 끊임없이 개념들이 더해지며 수정을 거듭해 집대성된 것들이다. 이런 지혜를 축적해놓은 선인들에게 뜨거운 감사의 말을 전하고 싶다.

아울러 이런 지혜를 전수해준 여러 은사님과 지금까지 크게 도움을 준 많은 책들의 저자 여러분께도 이 자리를 빌려 고맙다는 인사를 드린다. 참고문헌으로 그들의 저서를 독자 여러분에게 소개할 수 있었다는 사실만으로도 이 책을 세상에 내놓을 만한 가치는 충분하지 않은가 하는 생각이 든다.

또 공사다망한 와중에도 책 내용을 꼼꼼히 확인해준 나의 벗 다구리 마사타카 선생과 오카다 겐스케 선생에게도 심심한 사례의 말을 올리는 바이다. 다만 책 내용에 혹여 실수라도 있다면 그것은 전부 필자의 책임이라는 것을 미리 밝혀두고자 한다.

지금까지 장황하고 복잡하게 얽힌 내용의 이 책을 읽어준 독자 여러분에게도 깊은 감사의 말씀을 드린다. 이 책이 여러분의 인생을 조금이나마 풍족하게 만들 수만 있다면 그 이상의 기쁨이 없을 것이다.

마지막으로, 언제나 나를 무던하게 지지해주는 아내와 아이에게도 따뜻한 사랑의 말을 남기고 싶다.

니시우치 히로무

부록

〈수학적 보충〉

【보충 01】 절댓값과 중앙값

본문에서도 언급했듯이 중앙값의 정의는 데이터의 개수가 홀수인지 짝수인지에 따라 다르기 때문에 각각의 경우로 나누어 증명한다.

(i) 데이터 개수가 홀수인 경우

n을 자연수라 하면 데이터는 2n-1로 나타낼 수 있다. 그리고 데이터를 작은 순서대로 $x_1 \leqq x_2 \leqq \ldots \leqq x_{2n-1}$라 표현할 수 있는데 이 경우 중앙값은 x_n이다. 여기에서 참값을 t라 할 때(true의 머리글자를 땄을 뿐, 【보충 03】에서 설명하듯이 일반적인 표기법은 아니다), t가 $x_k \leqq t \leqq x_{k+1}$ (k=1, 2, 3, ... , 2n-2)의 구간에 있다면 '참값에서 벗어난 값의 절댓값의 합계' f(t)는

$$f(t) = \sum_{i=1}^{2n-1} |x_i - t| = \sum_{i=1}^{k} (t - x_i) + \sum_{i=k+1}^{2n-1} (x_i - t) = kt - \sum_{i=1}^{k} x_i - (2n - 1 - k)t + \sum_{i=k+1}^{2n-1} x_i$$

$$= (2k - 2n + 1)t - \sum_{i=1}^{k} x_i + \sum_{i=k+1}^{2n-1} x_i$$

로 나타낼 수 있다. 참고로 f(t)란 t에 의해 값이 변하는 함수라는 뜻이다.

$k \leqq n-1$의 범위에서는 t의 계수인 2k-2n+1이 음의 값이 되므로 t가 크면 클수록 f(t)는 작아지고 이 구간 $x_k \leqq t \leqq x_{k+1}$에서의 f(t)의 최솟값은,

$$f(t)_{min} = f(x_{k+1}) = (2k - 2n + 1)x_{k+1} - \sum_{i=1}^{k} x_i + \sum_{i=k+1}^{2n-1} x_i$$

반대로 f(t)의 최댓값은,

$$f(t)_{max} = f(x_k) = (2k - 2n + 1)x_k - \sum_{i=1}^{k} x_i + \sum_{i=k+1}^{2n-1} x_i$$

로 나타낼 수 있다. 또 '좌측 이웃 구간' 즉 $x_{k-1} \leqq t \leqq x_k$를 생각하면 역시

f(t)의 최솟값은,

$$f(t)_{min} = f(x_k) = (2(k-1) - 2n + 1)x_k - \sum_{i=1}^{k-1} x_i + \sum_{i=k}^{2n-1} x_i$$

$$= (2k - 2n + 1)x_k - 2x_k - \sum_{i=1}^{k-1} x_i + \sum_{i=k}^{2n-1} x_i$$

$$= (2k - 2n + 1)x_k - \sum_{i=1}^{k-1} x_i - x_k + \sum_{i=k}^{2n-1} x_i - x_k$$

$$= (2k - 2n + 1)x_k - \sum_{i=1}^{k} x_i + \sum_{i=k+1}^{2n-1} x_i$$

가 되고 앞의 $x_k \leqq t \leqq x_{k+1}$구간에서의 $f(t)_{max}$와 일치한다. 따라서 $k \leqq n-1$을 만족시키는 모든 k에 대해 구간 $x_k \leqq t \leqq x_{k+1}$ 각각의 우단에서 f(t)는 최솟값을 취하고, 또 이 최솟값은 t 혹은 k가 커짐에 따라 큰 변화없이 단조롭게 감소한다. 참고로 $-\infty < t \leqq x_1$구간에서의 최솟값도 그 우단 $f(x_1)$이고, 또한 이것은 그 우측 이웃 구간 $x_1 \leqq t \leqq x_2$에서의 최댓값이기도 하다.

따라서 $k \leqq n-1$범위에서는 k=n-1일 때의 구간의 우단 $f(x_{k+1})$에서 f(t)는 최솟값을 취하여,

$$f(t)_{min} = f(x_{n-1+1}) = f(x_n) \cdots\cdots ①$$

이다.

또 $k \geqq n$를 만족시키는 범위에서도 f(t)를 생각하면 역시,

$$f(t) = \sum_{i=1}^{2n-1} |x_i - t| = (2k - 2n + 1)t - \sum_{i=1}^{k} x_i + \sum_{i=k+1}^{2n-1} x_i$$

로 나타낼 수 있다. 이것은 t의 계수인 2k-2n+1이 양의 값이 되므로 구간별로 볼 때 t가 크면 클수록 f(t)는 커질 뿐만 아니라 역시 각 구간의 우단(구간

의 최댓값)과 그 우측 구간의 좌단(우측 구간의 최솟값)이 일치하고, t 혹은 k가 커짐에 따라 단조롭게 증가한다. 따라서 k≧n을 충족시키는 모든 k에 대해 k=n일 때의 $x_k \leqq t \leqq x_{k+1}$ 구간 $f(x_k)$의 좌단에서 f(t)는 최솟값이 되고,

$$f(t)_{min} = f(x_n) \cdots\cdots ②$$

이다. n도 k도 자연수이므로 $n-1 < k < n$이 되는 경우는 없으며 ①=②=$f(x_n)$으로부터 t가 중앙값과 일치하는 경우에 f(t)는 전 구간에서 최솟값을 취하는 것을 알 수 있다.

(ⅱ) 데이터 개수가 짝수인 경우

n을 자연수라 하면 데이터는 2n으로 나타낼 수 있다. 그리고 데이터를 작은 순서대로 표시하면 $x_1 \leqq x_2 \leqq \ldots \leqq x_{2n}$이다.

그런데 여기서도 참값을 t라 할 때 t가 $x_k \leqq t \leqq x_{k+1}$의 구간(k=1, 2, 3, ... , 2n−1)에 있으면 '참값에서 벗어난 값의 절댓값의 합계' f(t)는,

$$f(t) = \sum_{i=1}^{2n}|x_i - t| = \sum_{i=1}^{k}(t - x_i) + \sum_{i=k+1}^{2n}(x_i - t) = kt - \sum_{i=1}^{k}x_i - (2n-k)t + \sum_{i=k+1}^{2n}x_i$$
$$= 2(k-n)t - \sum_{i=1}^{k}x_i + \sum_{i=k+1}^{2n}x_i$$

로 나타낼 수 있다.

k < n의 범위에서는 t의 계수인 2(k-n)이 음의 값이 되므로 (i)과 마찬가지로 k나 t가 크면 클수록 f(t)는 단조롭게 작아지고 k=n-1일 때의 구간의 우단 $f(x_{k+1})$에서 f(t)는 최솟값이 된다. 다시 말해,

$$f(t)_{min} = -2x_n - \sum_{i=1}^{n-1}x_i + \sum_{i=n}^{2n}x_i = -\sum_{i=1}^{n}x_i + \sum_{i=n+1}^{2n}x_i \cdots\cdots ③$$

이다.

한편 k＞n의 범위에서는 t의 계수인 2(k-n)이 양의 값이 되고 k와 t가 클수록 f(t)는 단조롭게 커지며 k=n+1일 때의 구간의 좌단 $f(x_k)$에서 f(t)는 최소가 되어,

$$f(t)_{min} = 2x_{n+1} - \sum_{i=1}^{n+1} x_i + \sum_{i=n+2}^{2n} x_i = -\sum_{i=1}^{n} x_i + \sum_{i=n+1}^{2n} x_i \cdots\cdots ④$$

이다.

마지막으로 남은 k=n의 경우에 대해 $x_n \leqq t \leqq x_{n+1}$구간에서의 f(t)의 최솟값을 생각하면 t의 계수가 0이 되므로 t의 값에 상관없이,

$$f(t)_{min} = -\sum_{i=1}^{n} x_i + \sum_{i=k+1}^{2n} x_i \cdots\cdots ⑤$$

가 된다.

즉 ③=④=⑤이며 t가 $x_n \leqq t \leqq x_{n+1}$의 범위에 있을 때 t의 값에 의존하지 않고 f(t)는 전 구간의 최솟값을 취한다. 데이터 수가 짝수, 즉 2n(n은 자연수)으로 표시될 때 중앙값은 $(x_n+x_{n+1})\div 2$로 나타나지만, 이 중앙값도 당연히 f(t)가 최소가 되는 구간에 포함된다.

이처럼 절댓값에 관한 수식 전개는 경우에 따라 달리해야 하므로 참으로 성가시기 그지없다.

【보충 02】제곱과 평균

여기서는 최소제곱법에 기초하여 참값을 평균이라 생각하는 편이 낫다고 보는 견해에 대해 수식으로 살펴보자.

n개(n은 자연수)의 데이터 $x_1, x_2, \ldots, x_n$이 존재하고 참값을 t로 두었을

때 '참값에서 벗어난 값의 제곱합' f(t)는,

$$f(t)=\sum_{i=1}^{n}(x_i-t)^2=\sum_{i=1}^{n}(x_i^2-2tx_i+t^2)=\sum_{i=1}^{n}x_i^2-2t\sum_{i=1}^{n}x_i\ \ +nt^2=nt^2-2n\bar{x}t+\sum_{i=1}^{n}x_i^2$$

로 나타낼 수 있다. 또한,

$$\bar{x}=\frac{1}{n}\sum_{i=1}^{n}x_i$$

이다. 다시 말해 $\bar{x}$는 'n개의 데이터 $x_1, x_2, \ldots, x_n$을 모두 더하고 n으로 나눈' x의 평균값이다. 여기서 $\bar{x}$는 '엑스 바'라 읽으며, 이 '바'가 붙어 있을 경우 통계학에서는 관례상 데이터에서 산출된 평균을 나타낸다.

f(t)를 최소화하는 t는 무엇인가 하는 문제가 생기는데 t에 대해서 중학교에서 배우는 제곱 완성이라는 계산을 하면 그 대답이 명백해진다. 제곱 완성이란 즉,

$$f(t)=n(t^2-2\bar{x}t)+\sum_{i=1}^{n}x_i^2=n(t^2-2\bar{x}t+\bar{x}^2-\bar{x}^2)+\sum_{i=1}^{n}x_i^2=n(t-\bar{x})^2-n\bar{x}^2+\sum_{i=1}^{n}x_i^2$$

를 나타내며 이것을 통해 $t=\bar{x}$일 때 f(t)가 최소가 되는 것을 알 수 있다.

또 고등학교에서 배우는 미분을 사용하면 더욱 간단하게,

$$f'(t)=2nt-2n\bar{x}=2n(t-\bar{x})$$

로부터 $f'(t)=0$이니 $t=\bar{x}$일 때 f(t)가 최소가 되는 것을 알 수 있다. 이것이 본문 안에서 '제곱의 계산은 미분이나 적분하기가 쉬워서 절댓값보다 편리'하다고 말했던 까닭이다.

【보충 03】 평균과 비율의 표준오차

본문의 순서하고는 조금 뒤바뀌지만 수학적 설명의 편의를 위해 '평균과

비율의 표준오차' → '분산과 불편성을 가진 분산' → '중심극한정리'의 순서에 따라 살펴보기로 한다. 중심극한정리의 설명을 먼저 읽고 싶은 독자라도 우선은 본문의 7장까지 대충이라도 읽어보고 표준오차란 무엇인지 먼저 이해해두는 편이 나을 수도 있다.

【보충 2】에서 '참값에서 벗어난 값의 제곱합' f(t)를 생각했는데 분산은 이것을 데이터 수 n으로 나눈 것이라고 본문에서 설명했다. x의 분산은 variance라는 영어의 머리글자를 따서 보통은 V(x)로 표시하는데 이것을,

$$V(x) = \frac{1}{n}\sum_{i=1}^{n}(x_i - t)^2$$

로 나타낼 수 있다. 여기에 √를 씌운 것이 표준편차다.

모두 더하고 n으로 나누는 조작을 '기댓값'이라는 말로 표현할 수도 있다. 기댓값은 영어로 expectation이므로 기댓값은 E(x)로 표시하는데 이 방법을 쓰면 분산은,

$$V(x) = E((x-t)^2)$$

로 '참값에서 벗어난 값의 제곱의 기댓값'이라고 표현할 수 있다.

【보충 2】에서 제시한 방식에 기초하면 t는 그저 막연한 '참값'이 아니라 평균으로 생각해야 한다. 그리고 x의 평균은 데이터를 무한히 모으면 알 수 있는 'x의 기댓값', 즉 E(x)라고 말할 수 있다. 그렇다면

$$V(x) = E((x-t)^2) = E\left(\left(x - E(x)\right)^2\right)$$

로 나타낼 수도 있는데, E가 어디에서 어디까지를 의미하는지는 판단하기가 좀 어렵다. 그래서 통계학에서는 관례적으로 데이터를 무한히 모으면 알 수 있는 '진정한 평균(mean)'이라는 의미로 알파벳 m에 대응하는 그리스 문자인 μ(뮤)를 사용하여,

$$V(x) = E((x-t)^2) = E((x-E(x))^2) = E((x-\mu)^2)$$

로 나타낼 때가 많다.

기댓값의 정의에 대해 다시 한 번 짚어보면 '(취할 수 있는 값×그 값이 될 확률)의 합계'라고 이해하면 된다. 예를 들면 '주사위를 던져 1~6이 나올 확률은 균등하게 1/6'이라는 정보를 x가 어떤 값을 취하는 확률을 p(x)로 나타내면,

$$p(1) = p(2) = p(3) = p(4) = p(5) = p(6) = \frac{1}{6}$$

이 되지만, 이 p(x)를 사용하면 평균, 즉 x의 기댓값은,

$$\mu = E(x) = \sum_{x=1}^{6} x \cdot p(x)$$

로 나타낼 수 있다. 참고로 이 계산을 실제 해보면 $\mu = 3.5$라는 값이 얻어진다. 마찬가지로 분산, 즉 $(x - \mu)^2$의 기댓값은,

$$V(x) = E((x-\mu)^2) = \sum_{x=1}^{6} (x-\mu)^2 \cdot p(x)$$

로 표현할 수 있다. 이처럼 기댓값을 사용하여 정의된 이론상의 분산은 앞의 평균을 μ로 나타낸 것과 같이 관례적으로 σ^2로 표시한다. σ는 '시그마'라는 그리스 문자이며 알파벳의 s에 대응한다. 아마도 표준편차 SD의 제곱이 분산이기 때문에 s를 대신하여 이렇게 표기하게 되었을 것이다. 또 앞에서 SD를 '무한히 데이터를 모으면 알 수 있는 진정한 평균값'이라고 표현했는데 이것은 '실제 얻어진 데이터에서 계산된 평균값(이것을 표본평균이라고 부른다)'하고는 다르다. 마찬가지로 σ^2의 형태로 표기되는 분산도 보통 '데이터를 무한히 모으면 알 수 있는 진정한 분산'을 가리키고 실제 데이터에서 계산된 분산(이것을 표본분산이라고 부른다)하고는 구별한다.

$x_1 + x_2 + \ldots + x_n$ 같은 모두 더한다는 의미로 사용되는 Σ기호는 '시그마'

의 대문자인데 합계의 뜻을 나타내는 영어 sum의 머리글자에서 유래한다.

기댓값의 표현은 통계학의 초보적인 증명에서 자주 사용되기 때문에 앞으로 계산에 사용하게 될 공식을 세 가지만 소개하겠다.

첫 번째 공식은 상호 독립적일 때(한쪽이 크면 다른 쪽도 크거나 반대로 작거나 하는 관계가 아닌 상태일 때) 각각을 모두 더한 기댓값은 각각의 기댓값을 모두 더한 것과도 같다는 내용이다. 이것을 수식으로 나타내면 다음과 같다.

$$E(x+y)=E(x)+E(y)$$ 〈기댓값 공식1〉

예를 들면 앞에서 1~6까지의 주사위를 던질 때 동시에 옆에서 동전을 1개 던진다. 주사위의 눈과 동전의 앞뒤는 서로 아무 관계도 없다. 그러면 주사위의 눈과 동전의 앞면의 개수를 더한 기댓값은 각각의 기댓값을 더한 것과 같아서 3.5+0.5=4가 된다.

두 번째 공식은 불규칙성이 없는 일정한 값(즉 정수)을 x로 곱한 값의 기댓값은 x의 기댓값의 정수배가 된다는 내용이다. 예를 들어 이 정수를 a라 표현하면 다음과 같이 나타낼 수 있다.

$$E(ax)=aE(x)$$ 〈기댓값 공식2〉

예를 들어 주사위의 눈이 1, 2, 3, 4, 5, 6이 아니라 전부 그 2배인 2, 4, 6, 8, 10, 12처럼 되었다면 기댓값은 3.5의 2배인 7이 된다.

마지막 세 번째 공식은 상호 독립적인 것끼리 곱한 값의 기댓값도 각각의 기댓값을 곱한 값이라는 내용이다. 이것을 식으로 나타내면 다음과 같다.

$$E(x\times y)=E(x)\times E(y)$$ 〈기댓값 공식3〉

앞의 주사위와 동전의 예에 빗대어 표현하면 '양쪽을 곱한 값의 기댓값', 즉 동전이 앞면일 때만 주사위의 눈을 세고 동전이 뒷면일 경우에는 강제로

0이라는 계산을 하면 그 기댓값은 3.5×0.5=1.75가 된다.

공식이라 할 정도는 아닐지 몰라도 확률적인 불규칙성이 없는 '정수의 기댓값'은 '정수 그대로'이다. 즉 E(a)=a이다.

이런 공식을 사용하면 본문에서도 언급했던 '분산의 가법성'이라는 성질, 즉 서로 독립적인 것을 모두 더한 값의 분산은 원래의 분산을 모두 더한 것과 일치하는 것을 증명할 수 있다. 이것을 수학적으로 적으면,

$$V(x+y) = V(x)+V(y) \cdots\cdots ①$$

가 성립된다. 왜냐하면

$$\begin{aligned} V(x+y) &= E\left((x+y-E(x+y))^2\right) = E\left((x+y-E(x)-E(y))^2\right) \\ &= E\left((x-E(x))^2-2(x-E(x))(y-E(y))+(y-E(y))^2\right) \\ &= E\left((x-E(x))^2\right)-2E\left((x-E(x))(y-E(y))\right)+E\left((y-E(y))^2\right) \\ &= V(x)-2E(xy-E(x)y-E(y)x-E(x)E(y))+V(y) \\ &= V(x)+V(y)-2(E(x)E(y)-E(x)E(y)-E(y)E(x)+E(x)E(y)) \\ &= V(x)+V(y) \end{aligned}$$

이기 때문이다. 또 분산은 데이터를 제곱한 상태에서 생각하는 지표이므로 원시 데이터 x를 a배 한 ax값의 분산을 생각하면,

$$V(ax) = a^2V(x) \cdots\cdots ②$$

라는 관계가 성립된다. 이것도 기댓값의 공식을 사용하여,

$$\begin{aligned} V(ax) &= E\left((ax-E(ax))^2\right) = E\left((ax-aE(x))^2\right) = E\left(a^2(x-E(x))^2\right) = a^2E\left((x-E(x))^2\right) \\ &= a^2V(x) \end{aligned}$$

로 증명할 수 있다. 이상의 내용을 바탕으로 평균이나 비율의 표준오차가 왜

표준편차를 $\sqrt{n}$으로 나눈 값이 되는지 살펴보기로 하자.

평균의 표준오차란 '같은 조건으로 여러 차례 조사하고 평균값도 여러 차례 반복하여 계산한 경우의 평균의 표준편차'다. 즉,

$$SE = \sqrt{V(\bar{x})} = \sqrt{V(\frac{x_1 + x_2 + \cdots + x_n}{n})}$$

로 나타낸다. 여기서 앞의 ②식을 이용하면,

$$SE = \sqrt{\frac{1}{n^2}V(x_1 + x_2 + \cdots + x_n)} = \frac{1}{n}\sqrt{V(x_1 + x_2 + \cdots + x_n)}$$

가 되고, 또 x_1이나 x_2는 상호 독립적이므로 ①식의 분산의 가법성을 생각하면,

$$SE = \frac{1}{n}\sqrt{V(x_1) + V(x_2) + \cdots + V(x_n)}$$

가 된다.

또 x_1이든 x_2이든 분산은 똑같은 $V(x) = σ^2$이다. 즉 $V(x) = V(x_1) = V(x_2) = \cdots = V(x_n) = σ^2$이기 때문에,

$$SE = \frac{1}{n}\sqrt{σ^2 + σ^2 + \cdots + σ^2} = \frac{1}{n}\sqrt{nσ^2} = \sqrt{\frac{σ^2}{n}} = \frac{σ}{\sqrt{n}} \quad \cdots\cdots ③$$

가 된다($σ$는 $\sqrt{σ^2}$로, 즉 표준편차다).

마찬가지로 비율의 표준오차에 대해서도 살펴보자. 비율이란 x가 0 또는 1을 취하는 경우의 평균이라 할 수 있다. 앞의 주사위의 예에서 사용한 방식대로 기댓값을 생각하면,

$$V(x) = E((x-\mu)^2) = \sum_{x=0}^{1}(x-\mu)^2 p(x)$$

로 나타나지만 여기서 μ란 '1이 될 확률' 즉 p(1)과 같다. 반대로 p(0) = 1-p(1) = 1-μ이다. 여기서 μ = p(1) = p라고 하면,

$V(x) = (0-p)^2(1-p)+(1-p)^2p = p^2(1-p) + (1-p)^2p = p(1-p)(p+1-p)$

$= p(1-p)$

가 되는 것을 알 수 있다.

이 결과를 ③식에 적용하여 생각하면 비율의 표준오차는 아래와 같다.

$$SE = \sqrt{\frac{V(x)}{n}} = \sqrt{\frac{p(1-p)}{n}}$$

【보충 04】 분산과 불편성을 가진 분산

n건의 데이터 x_1, x_2, ... , x_n으로부터 데이터의 분산, 즉 표본분산을 구하려면,

$$v = \frac{1}{n}\sum_{i=1}^{n}(x_i - \mu)^2 \cdots\cdots ①$$

로 계산하면 된다. 그러나 실제는 관측할 수 없는 '진정한 평균' μ 대신에 우리는 실제 얻어진 데이터의 평균 $\bar{x}$를 사용하여 분산을 계산해야 하는데, 특히 데이터의 수가 적은 경우에는 다소의 차이가 생길 수 있다.

진정한 평균 μ 대신에 x의 평균에서 '벗어난 값의 제곱합'을 계산하면,

$$\sum_{i=1}^{n}(x_i-\bar{x})^2=\sum_{i=1}^{n}(x_i-\mu+\mu-\bar{x})^2=\sum_{i=1}^{n}\{(x_i-\mu)^2+2(x_i-\mu)(\mu-\bar{x})+(\mu-\bar{x})^2\}$$
$$=\sum_{i=1}^{n}(x_i-\mu)^2+\sum_{i=1}^{n}\{2(x_i-\mu)(\mu-\bar{x})+(\mu-\bar{x})^2\}$$

로 나타낼 수 있다. 여기서 ①식으로부터,

$$\sum_{i=1}^{n}(x_i-\mu)^2=nv$$ 이므로,

$$\sum_{i=1}^{n}(x_i-\bar{x})^2=nv+\sum_{i=1}^{n}\{2(x_i-\mu)(\mu-\bar{x})+(\mu-\bar{x})^2\}$$
$$=nv+\sum_{i=1}^{n}(2\mu x_i-2\bar{x}x_i-2\mu^2+2\mu\bar{x}+\mu^2-2\mu\bar{x}+\bar{x}^2)$$
$$=nv+\sum_{i=1}^{n}(2\mu x_i-2\bar{x}x_i-\mu^2+\bar{x}^2)$$
$$=nv+n\bar{x}^2-n\mu^2+2(\mu-\bar{x})\sum_{i=1}^{n}x_i$$

$$=nv+n\bar{x}^2-n\mu^2+2(\mu-\bar{x})n\bar{x}$$
$$=nv+n\bar{x}^2-n\mu^2+2n\mu\bar{x}-2n\bar{x}^2$$
$$=nv-n\bar{x}^2+2n\mu\bar{x}-n\mu^2$$
$$=nv-n(\bar{x}^2-2\mu\bar{x}+\mu^2)$$
$$=nv-n(\bar{x}-\mu)^2$$

따라서,

$$\frac{1}{n}\sum_{i=1}^{n}(x_i-\bar{x})^2=v-(\bar{x}-\mu)^2$$

이고 μ 대신에 $\bar{x}$에서 벗어난 값의 제곱의 평균을 사용하면 실제의 분산에 비해 $(\bar{x}-\mu)^2$만큼 작아진다. 이것은 데이터 수 n이 충분히 클 때는 $\bar{x}\fallingdotseq\mu$가 되기 때문에 문제가 없지만 그렇지 않다면 주의해야 한다.

그래서 $(\bar{x}-\mu)^2$가 대체로 어느 정도의 값인지 알아야 하므로 양변에 대해

그 기댓값을 생각해보자. 그러면,

$$E((x_i - \bar{x})^2) = E((x_i - \mu)^2) - E((\bar{x} - \mu)^2)$$

가 되고, 여기서 우변의 제1항은 그대로 x의 분산 $V(x)=\sigma^2$이며 제2항 $E((\bar{x}-\mu)^2)$에 주목하면, 이것은 '$\bar{x}$의 분산', 즉 '$\bar{x}$의 표준오차의 제곱'이다. 또 【보충 3】에서도 살펴보았듯이 평균값의 표준오차의 제곱은 x의 분산을 데이터 수로 나눈 $\frac{\sigma^2}{n}$가 된다. 따라서,

$$E((x_i - \bar{x})^2) = \sigma^2 - \frac{\sigma^2}{n} = \frac{(n-1)\sigma^2}{n}$$
$$\Leftrightarrow \sigma^2 = \frac{n}{n-1} E((x_i - \bar{x})^2)$$

의 관계가 성립된다. 즉 μ 대신에 $\bar{x}$에서 벗어난 값을 사용하여 계산할 경우 $(\bar{x}-\mu)^2$을 무시할 수 없다면 '벗어난 값의 제곱합'을 n으로 나누는 것이 아니라 n-1로 나누는 편이 더 정확하다. 이를 바탕으로 데이터의 평균에서 벗어난 값의 제곱합을 n이 아닌 n-1로 나눈 값을 불편성을 가진 분산이라 한다.

【보충 05】 정규분포의 수학적 성질

지금까지는 데이터의 특징을 나타내는 지표로서 평균과 분산에 대해 살펴보았다. x라는 변수의 '무한히 데이터를 모으면 알 수 있는' 평균 μ와 분산 σ^2는,

$$\mu = E(x),\ \sigma^2 = E((x-\mu)^2)$$

로 나타낼 수 있다. 또 주사위의 예에서 살펴보았듯이 기댓값은 x의 값과 그 값이 될 확률을 곱하고 더한 것이므로 x가 어떤 취할 확률을 p(x)라 하면,

$$\mu = E(x) = \sum x \cdot p(x)$$

마찬가지로 분산, 즉 $(x-\mu)^2$의 기댓값은,

$$\sigma^2 = E((x-\mu)^2) = \sum (x-\mu)^2 \cdot p(x)$$

로 표현할 수 있다. 다만 현실에 존재하는 수많은 데이터는 주사위의 눈과 같이 '이 값을 취할 확률 p(x)가 얼마'라고 확실히 정해져 있지는 않다. 예를 들면 '일본인 남성 중에서 무작위로 추출한 어느 1명의 키가 170cm일 확률은 얼마?'라는 질문의 대답은 그 질문을 어떻게 받아들이느냐에 따라 수없이 많다.

키 170cm라는 정의를 '169.5cm 이상 170.5cm 미만을 반올림하거나 내려서 170cm'로 받아들일지, 아니면 '169.95cm 이상 170.05cm 미만까지를 170.0cm'로 받아들일지 등 어떻게 정하느냐에 따라 대답으로 채택될 확률은 천차만별이다. 또 아주 엄밀하게 구분하여 '170.0000…cm'가 될 확률을 구한다면 그 숫자는 엄청나게 작을 것이다.

이와 같이 매우 엄밀하게 생각하여 소수점 이하 얼마로까지 작게 나뉘는 값을 취할 수 있는 경우를 연속변수라 부르며, 주사위의 눈처럼 자연수로밖에는 되지 않는 경우를 이산변수라 불러 구분한다. 어떤 값 x를 취할 확률 P(x)를 정의할 수 있는 것은 x가 이산변수일 때이며 연속변수인 경우에는 '어떤 값을 취할 확률'이 아니라 '169.5cm 이상 170.5cm 미만'처럼 '어떤 값에서 어떤 값 사이가 될 확률'을 생각해야 하는데, 이를 위해 통계학에서는 확률밀도함수라는 것을 사용한다.

예를 들면 본문 중에서 여러 차례 등장하는 정규분포라면 다음 페이지의 그림과 같은 것이 사용된다. 세로축이 '확률밀도', 즉 'x가 어디부터 어디까지'라는 범위를 정함으로써 확률을 구하는 경우이며, x에 따라 확률밀도의 값이 정해지는 관계를 확률밀도함수로 나타낸다. 확률밀도함수가 f(x)로 표현되는 이유는 function이라는 영어에서 유래한다고 이미 언급한 바 있다. 그렇다면 이 그래프에서의 확률밀도함수는,

$$f(x) = \frac{1}{\sqrt{2\pi}}\exp(-\frac{x^2}{2})$$

로 나타난다. 여기서 $\exp\left(-\frac{x^2}{2}\right)$는 자연로그의 밑수 혹은 네이피어 수인 e의 $(-x^2/2)$제곱이라는 의미이고 이것을 식으로 쓰면,

$$\exp\left(-\frac{x^2}{2}\right) = e^{-\frac{x^2}{2}} = \frac{1}{e^{\frac{x^2}{2}}} \quad \cdots\cdots ①$$

이 된다.

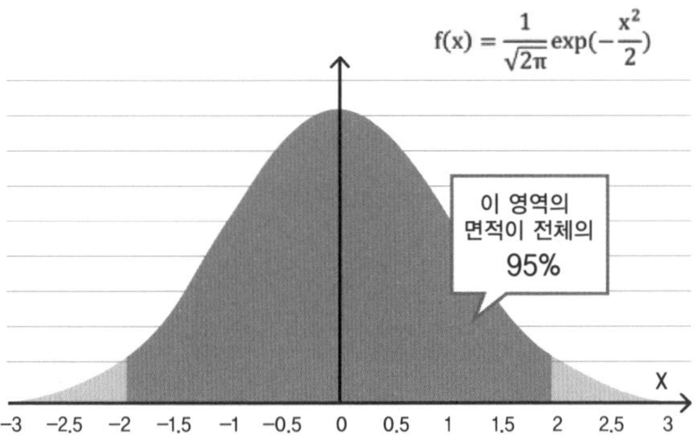

이것은 분산이 1(다시 말해 표준편차도 1)이고 평균이 0이 되는, 가장 편하게 계산할 수 있는 정규분포이기 때문에 표준정규분포라고도 불린다. 그런데 정규분포를 따른다면 평균값이나 분산이 다른 값이라도 '평균을 빼고 표준편차로 나누는' 조작에 의해 표준정규분포를 따르는 값으로 변환할 수 있다. 즉 평균이 μ이고 분산이 σ^2인 정규분포를 따르는 x에 대해,

$$z = \frac{x-\mu}{\sigma}$$

로 변환을 시켜주면 이 z는

$$f(z) = \frac{1}{\sqrt{2\pi}} \exp(-\frac{z^2}{2})$$

로 표준정규분포를 따른다. 이런 조작을 표준화라느니 z 변환이라느니 부르는데 본문 중에서 소개한 z 검정의 유래이기도 하다. 어떤 데이터에 대해서도 '평균이나 비율의 차이를 표준오차로 나눈 값이 1.96을 초과하는지 어떤지로 판단한다'는 것은 평균이나 비율의 차이를 이 평균이 0이고 분산이 1인 표준정규분포를 따르도록 처리한 다음 '그 값 이상이 될 확률이 어느 정도 되는지'를 확률밀도함수를 통해 구한다.

실제 '어떤 값에서 어떤 값까지의 범위가 될 확률'을 구하는 것은 확률밀도함수에 대해 정적분, 즉 x가 어떤 값에서 어떤 값까지, 곡선 f(x) 아랫부분의 면적을 구하는 것'이다. 예를 들면 본문 중에서도 몇 번인가 언급했듯이 표준정규분포에서 '-2부터 2까지의 값이 얻어질 확률', 즉 평균값에서 ±2SD 범위의 값이 얻어질 확률을 f(x)에 의해 구한 결과 약 95%의 확률로 이 같은 값이 얻어지는 사실을 알았다는 것은,

$$\int_{-2}^{2} f(x)\,dx = \int_{-2}^{2} \frac{1}{\sqrt{2\pi}} \exp(-\frac{x^2}{2})\,dx \cong 0.95$$

로 나타낼 수 있다. 여기서 ≅ 기호는 ≒와 마찬가지로 '거의 같다'는 의미를 나타낸다. 또 x가 취할 수 있는 값으로서는 이론상 -∞에서 ∞까지의 모든 실수(real number)를 생각할 수 있으므로 '평균값 +2SD보다 큰 값을 취할 확률이 약 2.5%'일 때는,

$$\int_{2}^{\infty} f(x)\,dx = \int_{2}^{\infty} \frac{1}{\sqrt{2\pi}} \exp(-\frac{x^2}{2})\,dx \cong 0.025$$

로 나타난다.

앞의 평균이나 분산을 기댓값, 즉 '취할 수 있는 값×그 값이 될 확률의

합'이라는 식으로 정리했는데 여기서의 p(x) 대신에 확률밀도함수 f(x)를, 그리고 $\sum$ 대신에 적분기호 $\int$ (integral이라 읽는다)을 사용하여 다음과 같이 표현할 수 있다.

$$\mu = \int_{-\infty}^{\infty} x \cdot f(x)dx \quad , \quad \sigma^2 = \int_{-\infty}^{\infty} (x-\mu)^2 \cdot f(x)dx$$

참고로 평균이나 분산에 비해 자주 쓰이지는 않지만 이외에도 분포의 특징을 나타내는 지표로서 왜도(skewness)와 첨도(kurtosis)라는 것이 있는데 이것은,

$$\text{왜도} = \int_{-\infty}^{\infty} (x-\mu)^3 \cdot f(x)dx$$

$$\text{첨도} = \int_{-\infty}^{\infty} (x-\mu)^4 \cdot f(x)dx$$

로 나타낸다. 요컨대 분산이 (x-μ)의 제곱의 기댓값이었던 부분을, 세제곱의 기댓값을 생각하면 분포의 비대칭성의 기준, 즉 '왜곡의 정도'를 나타내는 왜도, 네제곱의 기댓값을 생각하면 분포의 평균값 부근으로의 집중도, 즉 '예리한 정도'를 나타내는 첨도를 알 수 있다. 이들 분포의 특징을 나타내는 지표를 적률(moment)이라 총칭하고 평균을 가리켜 '1차 적률', 분산이 '2차 적률', 왜도가 '3차 적률', 첨도가 '4차 적률'이라 표현하기도 한다.

그러면 실제 표준정규분포의 확률밀도함수를 사용하여 그 값을 계산해 보자. 다만 가장 단순한 1차 적률인 평균을 보더라도,

$$\mu = \int_{-\infty}^{\infty} x \cdot f(x)dx = \int_{-\infty}^{\infty} x \cdot \frac{1}{\sqrt{2\pi}} \exp\left(-\frac{x^2}{2}\right)dx$$

로 매우 복잡한 모양의 식임을 알 수 있다. 부분적분과 치환적분 중 어느 것을 사용해야 할지 골머리를 썩이는 상황이지만 돌다리도 두드리며 건너라는 말처럼 우선 f(x)의 미분을 생각해보면,

$$f'(x) = \left(\frac{1}{\sqrt{2\pi}}\exp\left(-\frac{x^2}{2}\right)\right)' = \frac{1}{\sqrt{2\pi}}\exp\left(-\frac{x^2}{2}\right)\cdot\left(-\frac{2x}{2}\right) = \frac{1}{\sqrt{2\pi}}\exp\left(-\frac{x^2}{2}\right)(-x) = -x\cdot f(x)$$

로 단순한 관계성이 찾아진다.

여담이지만 가우스가 《오차론》이라는 책으로 정리한 논문 중에서 맨 처음 정규분포의 확률밀도함수를 도출했을 때 (1) 작은 오차는 큰 오차보다 발생하기 쉽다, (2) 대단히 큰 오차는 좀처럼 발생하지 않는다, (3) 같은 크기의 음과 양의 오차는 같은 정도의 확률로 발생한다는 조건으로부터,

$$\frac{f'(x)}{f(x)} = ax \quad (a:\ 정수)$$

라는 관계성을 생각하고 그로부터 정규분포 $\exp(-x^2)$의 정수배라는 부분이 도출된다(미분방정식을 풀 수 있는 사람은 꼭 도전해보기 바란다).

이야기가 잠깐 벗어났지만 앞의,

$$f'(x) = -x \cdot f(x)$$

의 식 양변을 부정적분하면,

$$\int f'(x)\,dx = -\int x\cdot f(x)\,dx$$

가 되고, 좌변의 '미분한 것의 적분'이란 본래 f(x)를 가리키므로, 다시 말해,

$$-f(x) = \int x\cdot f(x)\,dx \ \cdots\cdots ②$$

이다. 따라서

$$\mu = \int_{-\infty}^{\infty} x\cdot f(x)dx = -\ [f(x)]_{-\infty}^{\infty} = -(\lim_{x\to\infty}(f(x) - f(-x))) = 0$$

이다. f(x)의 내용을 보면 x가 음이든 양이든 x^2 부분은 같은 값이 되므로,

$$f'(x) = f(-x) \cdots\cdots ③$$

이기 때문이다(이것을 시각적인 의미로 이해하면 결국 f(x)는 x=0을 축으로 좌우대칭이 된다).

내친김에 다음은 2차 적률인 분산에 대해 생각해보자. 방금 계산했던 대로 표준정규분포의 μ는 0이기 때문에,

$$\sigma^2 = \int_{-\infty}^{\infty} (x-\mu)^2 \cdot f(x)dx = \int_{-\infty}^{\infty} x^2 \cdot f(x)dx \ \cdots\cdots ④$$

인데 여기서 고등학교 시절에 배운 부분적분을 사용한다. 부분적분은,

$$\int_a^b u(x)v'(x)dx = [u(x)v(x)]_a^b - \int_a^b u'(x)v(x)dx$$

가 되므로 u(x)=x, v′(x)=x · f(x)라면 u′(x)=1이고, v(x)=-f(x)가 되기(②로부터) 때문에 한결 편한 마음으로 계산할 수 있다. 그러면,

$$\sigma^2 = \int_{-\infty}^{\infty} x^2 \cdot f(x)dx = [-x \cdot f(x)]_{-\infty}^{\infty} + \int_{-\infty}^{\infty} f(x)dx = \lim_{x\to\infty}(-x \cdot f(x) - (x \cdot f(-x)) + \int_{-\infty}^{\infty} f(x)dx$$

여기서 ③으로부터 f(x)=f(-x)이므로,

$$\sigma^2 = \lim_{x\to\infty}(-2x \cdot f(x)) + \int_{-\infty}^{\infty} f(x)dx = \lim_{x\to\infty}\left(-2x \cdot \frac{1}{\sqrt{2\pi}}\exp\left(-\frac{x^2}{2}\right)\right) + \int_{-\infty}^{\infty} f(x)dx$$

$$= \lim_{x\to\infty}\left(-\sqrt{\frac{2}{\pi}}\frac{x}{e^{\frac{x^2}{2}}}\right) + \int_{-\infty}^{\infty} f(x)dx \qquad (①로부터)$$

가 성립된다. 그렇다면 $x \to \infty$일 때 $x \ll e^{\frac{x^2}{2}}$이므로,

$$\lim_{x\to\infty}\left(-\sqrt{\frac{2}{\pi}}\frac{x}{e^{\frac{x^2}{2}}}\right) = 0$$이 되고,

$$\sigma^2 = \int_{-\infty}^{\infty} f(x)dx$$

이다. 이 우변은 요컨대 '-∞부터 ∞까지의 모든 실수에 대해 확률밀도함수를 적분하면 얼마?'라는 것을 말하는데 이것을 쉽게 표현하면 '일어날 수 있는 모든 확률을 전부 더하면 얼마?'라는 것이고, 그 대답은 확률의 정의로부터 100%, 즉 '1'이다. 따라서,

$$\sigma^2 = \int_{-\infty}^{\infty} f(x)dx = 1$$

라는 것도 알았다. 표준정규분포의 평균과 분산은 틀림없이 0과 1인 것 같다.

지금까지의 내용을 이해했으면 3차 적률인 왜도도 같은 방법으로 계산할 수 있다. 앞에서처럼 부분적분을 사용하면, 이번에는 $u(x) = x^2$, $v'(x) = x \cdot f(x)$라 생각하여,

$$\text{왜도} = \int_{-\infty}^{\infty}(x-\mu)^3 \cdot f(x)dx = \int_{-\infty}^{\infty} x^3 \cdot f(x)dx = \left[-x^2 \cdot f(x)\right]_{-\infty}^{\infty} + 2\int_{-\infty}^{\infty} x \cdot f(x)dx$$

여기서 우변의 제1항은 ③처럼 x가 음이든 양이든 제곱하면 없어지므로 제로, 제2항은 μ의 정의 그대로를 2배 한 것이지만 이 역시 0이다. 따라서 표준정규분포의 3차 적률인 왜도도 0이다.

마지막으로 4차 적률인 첨도는 어떠할까? 이 역시 부분적분으로 $u(x) = x^3$, $v'(x) = x \cdot f(x)$라고 생각하면,

$$\text{첨도} = \int_{-\infty}^{\infty} x^4 \cdot f(x)dx = \left[-x^3 \cdot f(x)\right]_{-\infty}^{\infty} + 3\int_{-\infty}^{\infty} x^2 \cdot f(x)dx$$

$$= \lim_{x\to\infty}(-x^3 \cdot f(x) - (x^3 \cdot f(-x)) + 3\int_{-\infty}^{\infty} x^2 \cdot f(x)dx$$

$$= \lim_{x\to\infty}\left(-\sqrt{\frac{2}{\pi}}\frac{x^3}{e^{\frac{x^2}{2}}}\right) + 3\int_{-\infty}^{\infty} x^2 \cdot f(x)dx$$

가 되지만 여기서의 제1항은 $x \to \infty$일 때 $x^3 \ll e^{\frac{x^2}{2}}$이므로 0, 또 제2항은 ④에서 제시한 분산의 정의의 3배라 했으므로 첨도=3인 것을 알 수 있다(첨도의 정의를 표준정규분포 첨도가 0이 되도록 '3차 적률의 −3'이라는 정의를 인용하는 교과서도 있으므로 주의하기 바란다).

지금까지 이해했으면 3차, 4차 할 것 없이 n차의 적률이라는 식으로 일반화할 수 있으리라고 믿는다. n차의 적률을,

$$M_{n(x)} = \int_{-\infty}^{\infty} x^n \cdot f(x)dx$$

라 정의했다면 지금까지와 같은 방식으로 $u(x) = x^{n-1}$, $v'(x) = x \cdot f(x)$라는 부분적분을 함으로써 문제는 해결된다. 그렇다면 n이 3 이상의 홀수(2k+1: k는 자연수)인 경우에는,

$$M_{2k+1(x)} = \int_{-\infty}^{\infty} x^{2k+1} \cdot f(x)dx = \left[-x^{2k} \cdot f(x)\right]_{-\infty}^{\infty} + 2k \cdot \int_{-\infty}^{\infty} x^{2k-1} \cdot f(x)dx$$

가 되는데, 여기서 우변 제1항은 '제곱하면 ±가 없어져서 0이 되는 부분', 제2항은 $M_{2k-1(x)}$, 즉 '1 작은 홀수차 적률'의 2k배이다. 따라서,

$$M_{2k+1(x)} = 2k \cdot M_{2k-1(x)}$$

라는 점화식이 얻어지는데 이 점화식의 시작이 $M_{1(x)} = \mu = 0$이므로 이후에 어떤 자연수 k를 곱하든지 홀수차 적률 $M_{2k-1(x)}$는 전부 0이다.

한편 짝수차 적률에 대해 생각해보면, n이 4 이상의 짝수 (2k+2)인 경우에는,

$$M_{2k+2(x)} = \int_{-\infty}^{\infty} x^{2k+3} \cdot f(x)dx = \left[-x^{2k+1} \cdot f(x)\right]_{-\infty}^{\infty} + (2k+1) \cdot \int_{-\infty}^{\infty} x^{2k} \cdot f(x)dx$$

가 되는데, 여기서 우변 제1항은 $x \to \infty$일 때 $x^{2k+1} \ll e^{\frac{x^2}{2}}$가 되므로,

$$\lim_{x\to\infty}\left(-\sqrt{\frac{2}{\pi}}\frac{x^{2k+1}}{e^{\frac{x^2}{2}}}\right)=0$$

이 되며 제2항은 $M_{2k(x)}$ 즉 '1 작은 짝수차 적률'의 (2k+1)배가 된다. 그러므로 짝수차 적률에 대한 점화식을 적으면,

$$M_{2k+2(x)} = (2k+1) \cdot M_{2k(x)}$$

가 되고 이 시작은 $M_{2(x)} = \sigma^2 = 1$이다. $M_{4(x)} = 3\times1 = 3$, $M_{6(x)} = 5\times3\times1 = 15$가 되는 것처럼 1부터 작은 순서로 홀수를 k개 곱한 것이 2k차 적률이라는 사실을 알 수 있다. 또 Σ의 '더하기'를 그대로 '곱하기'로 바꾸는 기호는 원주율에서 쓰이는 π의 대문자인 Π라는 그리스문자를 사용한다('곱하기'가 영어로 product이므로 그 머리문자인 p에 대응하는 그리스문자라는 점도 동일). 이것을 사용하면 짝수차 적률은,

$$M_{2k(x)} = \prod_{i=1}^{k}(2i-1)$$

로 일반화하여 적을 수 있다. 이상을 정리하면,

$$M_{n(x)} = \begin{cases} 0 & (\text{n이 짝수일 때}) \\ \prod_{i=1}^{n/2}(2i-1) & (\text{n이 홀수일 때}) \end{cases}$$

가 된다.

따르는 분포의 성질을 논할 때 이런 적률은 매우 중요한데 여기서처럼 하나하나를 고등학교 수준의 지식만으로 다루기는 불가능하므로 통계학자들은 보통 적률모함수나 특성함수 같은 편리한 도구를 사용한다. 이 부분에

대해 좀 더 깊이 설명하자면 아무래도 대학 이상의 수학 지식이 필요하므로 이쯤에서 그치겠지만, 흥미가 있는 독자라면 다케무라 아키미치 교수의《현대수리통계학》을 참고하길 바란다.

【보충 06】 중심극한정리

【보충 5】에서 평균 0, 분산 1인 표준정규분포의 n차 적률은,

$$M_{n(x)} = \begin{cases} 0 & (\text{n이 홀수일 때}) \\ \prod_{i=1}^{n/2}(2i-1) & (\text{n이 짝수일 때}) \end{cases} \quad \cdots\cdots \text{①}$$

로 나타난다는 것을 알았다. 중심극한정리, 즉 본래가 정규분포이든 아니든 '되도록 많은 수의 데이터를 확보한 다음 모두 더하면 대체로 정규분포를 따르게 마련이다'는 법칙성을 증명하기 위해서는 그렇게 '모두 더한 결과의 분포'가 이런 적률을 가지게 되는지를 밝혀주면 된다. 수리통계학 교과서에 씌어 있을 법한 엄밀한 증명은 아무래도 대학 수준의 수학이 필요하지만, 그다지 엄밀하지 않는 형태로 '왠지 몰라도 분명히 일치할 것 같은데!'라는 느낌만으로도 충분하다면 고등학교 수준의 수학 지식으로도 얼마든지 가능하다. 체비셰프나 마르코프 같은 19세기 러시아 수학자들이 최초로 선보였던 초보적인 증명방법을 참고하고 다음과 같은 순서로 생각해보자.

우선 어떤 분포를 따르는지 전혀 모르는 x라는 연속변수를 생각한다.

어떤 분포를 따르는지 전혀 모르기 때문에 x의 확률밀도함수 f(x)가 어떤 수식으로 표현되는지 모른다. 다만 우리가 그 값을 알 수는 없지만 무언가 유한한 값으로서 평균 μ_x나 분산 σ_x^2 등의 n차 적률이 전부 존재하는 것으로 가정한다. 유한한 값으로서 분산이 존재하지 않는다는 것은 '분산이 ∞'(사실은 이론상 이런 분포도 존재한다)의 상태는 아니라는 뜻이다. 또 당연한 말이겠지만 분산은 0이 아닌 것으로 한다. 분산이 0이면 단 하나의 값을 취할 확률이 100%인 상황이지만, 그것을 몇 개 골라서 더하든 정규분포를 따

를 가능성은 전혀 없다. 다만 엄밀한 증명에서는 '유한한 값으로서 n차의 적률이 모두 존재하는 것'이라는 가정은 불필요해진다.

이 확률밀도함수로부터 독립적으로 k개의 데이터 $x_1, x_2, \ldots, x_k$를 얻었다고 치자. 본래 알고 싶은 것은 합계인 $X = x_1 + x_2 + \ldots + x_k$에서 k가 충분히 클 때 정규분포를 따르는지 어떤지의 내용이지만, 그렇다면 계산이 조금 복잡해지므로 미리 표준화 혹은 z 변환한 값에 대해 생각하기로 한다. 다시 말해,

$$z_i = \frac{x_i - \mu_x}{\sigma_x}$$

이다. 그렇다면 변환 후의 z가 따르는 분포에서 $\mu_z = 0$, $\sigma_Z = 1$이 되는 것은 x가 따르는 분포가 정규분포이든 아니든 동일하다. 그래서 X 대신에 $Z = (z_1 + z_2 + \cdots + z_k) \div \sqrt{k}$를 생각하면,

$$Z = \frac{1}{\sqrt{k}}\sum_{i=1}^{k} z_i = \frac{1}{\sqrt{k}}\sum_{i=1}^{k}\frac{x_i - \mu_x}{\sigma_x} = \frac{1}{\sqrt{k}\sigma_x}\sum_{i=1}^{k}(x_i - \mu_x) = \frac{1}{\sqrt{k}\sigma_x}\sum_{i=1}^{k} x_i - \frac{\sqrt{k}\mu_x}{\sigma_x} = \frac{X}{\sqrt{k}\sigma_x} - \frac{\sqrt{k}\mu_x}{\sigma_x}$$
$$\Leftrightarrow X = \sqrt{k}\sigma_x Z + k\mu_x$$

이므로 만일 Z가 정규분포를 따른다면 'Z을 몇 배 하여 무슨 값을 더한 값'인 X도 정규분포를 따를 것이다. 그럼 이제 Z의 적률에 대해 생각해보자. 우선 1차 적률인 평균에 대해서,

$$E(Z) = E\left(\frac{(z_1 + z_2 + \cdots + z_k)}{\sqrt{k}}\right) = \frac{1}{\sqrt{k}}(E(z_1) + E(z_2) + \cdots + E(z_k)) = \frac{kE(z)}{\sqrt{k}} = \sqrt{k}\mu_z = 0$$

가 된다. 또 2차 적률인 분산에 대해서,

$$\begin{aligned} E((Z-\mu)^2) = E(Z^2) &= E\left(\frac{(z_1 + z_2 + \cdots + z_k)^2}{k}\right) \\ &= \frac{1}{k}(E(z_1^2 + z_2^2 + \cdots + z_n^2 + 2z_1z_2 + 2z_1z_3 + \cdots + 2z_{k-1}z_k)) \\ &= \frac{1}{k}(E(z_1^2) + E(z_2^2) + \cdots + E(z_k^2) + 2E(z_1)E(z_2) + 2E(z_1)E(z_3) \end{aligned}$$

$$+\cdots+2E(z_{k-1})E(z_k)$$

로 약간 알쏭달쏭한 식이 완성되지만 겁낼 필요는 없다.

$E(z_1^2)$이든 $E(z_2^2)$이든 모두가 $E(z^2)$이고 $E(z_1)E(z_2)$도 $E(z_1)E(z_3)$도 $E(z)^2$이므로 나중에는 그것들이 몇 개 있는지만 생각하면 된다. 모든 경우의 수로 k×k개의 조합 중 서로 같은 값을 곱한 k개만이 $E(z^2)$가 되고 나머지 k^2-k개가 $E(z^2)$이므로,

$$=\frac{1}{k}(kE(z^2)+(k^2-k)E(z)^2)=E(z^2)+(k-1)E(z)^2$$

라는 것을 알 수 있다. 게다가 $E(z)=\mu_z=0$이므로 Z의 2차 적률은,

$$E(Z^2)=E(z^2)=1$$

가 된다.

더욱이 3차 적률에 대해 생각하면 역시,

$$E(Z^3)=E\left(\frac{(z_1+z_2+\cdots+z_k)^3}{k\sqrt{k}}\right)$$

가 되어 분자의 '세제곱' 부분의 계산이 매우 귀찮고 성가시다.

어쨌든 계산해서 얻어지는 항을 z_i, z_j, z_k(다만 $i\neq j\neq k$)를 사용하여 표현하면 $z_i^3z_j^0z_k^0$, $z_i^2z_j^1z_k^0$, $z_i^1z_j^1z_k^1$ 같은 세 가지 유형밖에는 생각할 수 없고,

$$E(z_i^3{z^0}_j z_k^0)=E(z^3)$$

$$E\left(z_i^2{z^1}_j z_k^0\right)=E(z^2)E(z)=E(z^2)\cdot 0=0$$

$$E\left(z_i^1{z^1}_j z_k^1\right)=E(z)^3=0^3=0$$

으로 단 하나라도 1제곱이 되는 부분이 있으면 모두가 0이 된다. 그래서 k개만큼의 모든 같은 값을 곱한 $E(z^3)$만을 생각하면 된다. 그렇다면,

$$E(Z^3) = E\left(\frac{(z_1 + z_2 + \cdots + z_k)^3}{k\sqrt{k}}\right) = \frac{1}{k\sqrt{k}} \cdot kE(z^3) = \frac{E(z^3)}{\sqrt{k}}$$

가 얻어진다. 여기서 가정에 의하여 x 그리고 z에는 '뭔지는 몰라도 유한한 적률이 존재'하게 된다. $E(z^3) = E((z-0)^3) = E((z - \mu_z)^3)$이고, 즉 값은 모르지만 $E(z^3)$이라는 것은 뭔가 유한한 값으로서는 존재하고 있다는 것을 나타낸다. 그러면 k가 이 3차 적률에 비해 충분히 클 때,

$$E(Z^3) = \frac{E(z^3)}{\sqrt{k}} \cong 0$$

으로 간주할 수 있게 된다. 이것은 '데이터를 모두 더한 수 k가 충분히 크면 Z는 표준정규분포와 마찬가지로 왜도가 0으로 간주될 수 있다'는 것을 나타낸다.

그러면 4차 적률은 어떨까? 4차 적률에서도 전개하면 얻어지는 항을 생각하고 하나라도 1제곱이 되는 것을 제외시키면 $E(z_i^4) = E(z^4)$가 되는 유형과 $E(z_i^2 z_j^2) = E(z^2)^2$가 되는 유형 두 가지만 생각하면 된다. 전자는 그렇다 치더라도 후자는 조금 성가시기는 하지만 고등학교에서 배우는 다항정리를 사용하면 좀 더 쉬워질지도 모른다. 다항정리에 대해 간단히 소개하자면 $(a+b+c)^n$을 전개했을 때 $a^p b^q c^r$ 차수가 되는 항의 계수가 $\frac{n!}{p!q!r!}$가 된다는 뜻이다. 괄호 안이 a, b, c라는 3개의 항이 아니라도 상관없으므로 이번의 $(z_1 + z_2 + \cdots + z_k)^4$ 계산에서도 사용할 수 있다.

예를 들면 $z_i^2 z_j^2$의 식을 전개한 뒤의 항의 계수라면 $4! \div 2! \div 2! = 6$이 된다. 그리고 이 i와 j의 조합은 k개에서 2개를 선택함으로써 $k(k-1) \div 2$의 유형만 남는다. 따라서,

$$E(Z^4) = E\left(\frac{(z_1 + z_2 + \cdots + z_k)^4}{k^2}\right) = \frac{1}{k^2}\left(kE(z^4) + \frac{6k(k-1)}{2}E(z^2)^2\right)$$
$$= \frac{1}{k}(E(z^4) + 3(k-1)E(z^2)^2) = \frac{E(z^4)}{k} - \frac{1}{k}E(z^2)^2 + 3E(z^2)^2 = \frac{E(z^4)}{k} - \frac{1}{k} + 3$$

가 된다(왜냐하면 $E(z^2) = \sigma_z^2$).

여기서 앞에서와 마찬가지로 k가 충분히 큰 경우를 생각하면,

$$E(Z^4) \cong 3$$

으로 이것도 표준정규분포의 4차 적률과 일치한다.

만약 흥미가 있으면 5차 이상의 적률에 관해서도 계산해보면 되는데, 역시 '홀수차라면 k가 분모 쪽에 있는 항뿐이므로 k가 충분히 클 때는 0으로 간주할 수 있다', '짝수차라면 분모와 분자로 나누어떨어지는 항이 남고 z의 고차 적률의 값이 무엇이든 표준정규분포의 적률과 일치한다'는 결과가 얻어진다.

이런 관계성을 초보적인 수학(이라 하더라도 약간의 속임수가 포함되어 있다)으로 일반화한 사람이 마르코프나 체비셰프인데 그들의 업적을 발판으로 특성함수라는 도구를 사용하여 오늘날에도 통하는 중심극한정리를 제안한 사람이 리아프노프다.

정규분포와 중심극한정리 발전의 역사와 현대적인 증명방법에 관해서는 시미즈 료이치의 《중심극한정리》에 매우 상세하게 나와 있으므로 관심 있는 독자라면 꼭 참고하기 바란다.

【보충 07】 체비셰프의 부등식

본문 중에서는 어떤 분포이든 간에 체비셰프의 부등식에 의하면 평균값 ±2SD의 범위에 적어도 3/4의 데이터가 포함된다고 설명했다. 하지만 좀 더 일반화하여 풀어 쓰면 어떤 분포에서든 평균값의 범위를 초과하는 영역의 확률이 ±k×SD의 범위를 넘는 영역의 확률이 $1/k^2$ 이하가 된다는 뜻이다. k = 2일 때 이 확률의 상한은 1/4이므로, 남은 3/4이 '평균값의 ±2SD범위의 확률'의 하한이 된다.

이것을 평균 μ, 분산 $\sigma^2(>0)$을 가지는 연속변수 x의 확률밀도함수 f(x)에 대해 식으로 표현하면,

$$\int_{\mu-k\sigma}^{\mu+k\sigma} f(x)dx \leqq 1 - \frac{1}{k^2}$$

이다. 왜냐하면 우선 이 분산 σ^2은,

$$\sigma^2 = E((x-\mu)^2) = \int_{-\infty}^{\infty}(x-\mu)^2 f(x)dx$$

$$= \int_{-\infty}^{\mu-k\sigma}(x-\mu)^2 f(x)dx + \int_{\mu-k\sigma}^{\mu+k\sigma}(x-\mu)^2 f(x)dx + \int_{\mu+k\sigma}^{\infty}(x-\mu)^2 f(x)dx$$

$$\geqq \int_{-\infty}^{\mu-k\sigma}(x-\mu)^2 f(x)dx + \int_{\mu+k\sigma}^{\infty}(x-\mu)^2 f(x)dx$$

(3개의 영역에서 적분을 하여 정중앙을 제외시킨 것이다.)

여기서 제1항이나 제2항에 관해서도 μ보다 $\pm k\sigma$ 이상 떨어진 영역을 생각하고 있으므로, $|x-\mu| \geqq k\sigma > 0$이고 따라서 $(x-\mu)^2 \geqq k^2\sigma^2 > 0$이다.

그러므로,

$$\sigma^2 \geqq \int_{-\infty}^{\mu-k\sigma}(x-\mu)^2 f(x)dx + \int_{\mu+k\sigma}^{\infty}(x-\mu)^2 f(x)dx$$

$$\geqq \int_{-\infty}^{\mu-k\sigma}k^2\sigma^2 f(x)dx + \int_{\mu+k\sigma}^{\infty}k^2\sigma^2 f(x)dx$$

$$= k^2\sigma^2\left(\int_{-\infty}^{\mu-k\sigma}f(x)dx + \int_{\mu+k\sigma}^{\infty}f(x)dx\right)$$

$$= k^2\sigma^2(1 - \int_{\mu-k\sigma}^{\mu+k\sigma}f(x)dx)$$

$$\Leftrightarrow \frac{1}{k^2} \geqq 1 - \int_{\mu-k\sigma}^{\mu+k\sigma}f(x)dx$$

$$\Leftrightarrow \int_{\mu-k\sigma}^{\mu+k\sigma}f(x)dx \leqq 1 - \frac{1}{k^2}$$

가 되어 체비셰프의 부등식이 성립한다.

【보충 08】 평균과 비율 차이에 대한 z 검정

비율의 차이를 z 검정하는 것은 본문 중의 '체육 동아리 출신 그룹'과 '기타 동아리 출신 그룹'의 예에서 보듯이 두 그룹 각각의 인원수를 n_1, n_2, 라 두고 어떤 임의의 조건에 해당하는 사람의 비율을 p_1, p_2로 두었을 때 두 그룹의 비율 차이($p_1 - p_2$)가 '어느 정도 있을 수 없는가'라는 것을 검정하겠다는 뜻이다. 다시 말해 정규분포를 따른다는 사실을 밝히고 싶어서인데 그래야만 중심극한 정리로부터 정당화되기 때문이다.

정규분포를 사용하여 확률을 계산하려면 '평균과 분산'에 대해 알고 있어야만 한다. 귀무가설에 기초하면 '두 그룹에 차이는 없다'는 것이므로 비율 차이의 평균은 당연히 0이 된다. 한편 분산에 대해서는【보충3】에서 보았듯이 각각의 그룹에서 표준오차 SE는,

$$SE_i = \sqrt{\frac{p(1-p)}{n_i}}$$

가 된다. 여기서 p는 p_1, p_2를 그대로 사용하는 것이 아니라 이 역시 귀무가설에 기초하여 '두 그룹에 공통되는 비율'을 생각한다. 두 그룹을 더한 '해당하는 사람'의 인원수는 $n_1p_1 + n_2p_2$이고 전체 인원수는 $n_1 + n_2$이므로,

$$p = \frac{n_1p_1 + n_2p_2}{n_1 + n_2}$$

가 구해진다. 표준편차가 '본래 값의 분산의 루트'였던 것에 대해 비율의 표준오차란 '비율의 분산의 루트'이다. 즉

$$V(p_i) = SE_i^2 = \frac{p(1-p)}{n_i}$$

이다. 알고 싶은 분산은 $V(p_1 - p_2)$이므로 이것을 구하기 위해【보충 3】에서 증명한 분산의 가법성과 $V(ax) = a^2V(x)$를 인용하면,

$$V(p_1 - p_2) = V(p_1 + (-p_2)) = V(p_1) + V(-p_2) = V(p_1) + (-1)^2 V(p_2) = V(p_1) + V(p_2)$$

이다. 따라서,

$$V(p_1 - p_2) = \frac{p(1-p)}{n_1} + \frac{p(1-p)}{n_2} = p(1-p)(\frac{1}{n_1} + \frac{1}{n_2})$$

가 된다. 그러므로 $(p_1 - p_2)$에 대해 '본래 값에서 평균을 빼고 표준편차로 나눈다'는 z 변환을 하면,

$$z = \frac{p_1 - p_2}{\sqrt{p(1-p)(\frac{1}{n_1} + \frac{1}{n_2})}} \quad \text{ただし、} \quad p = \frac{n_1 p_1 + n_2 p_2}{n_1 + n_2}$$

가 표준정규분포를 따른다.

마찬가지로 평균의 차이$(\overline{x_1} - \overline{x_2})$에 대해 생각해보자. 여기서 말하는 $\overline{x_1}$는 '첫 번째 그룹의 평균값'이다.

귀무가설에 기초하면 $(\overline{x_1} - \overline{x_2})$의 평균은 역시 0이고 분산은 앞에서와 마찬가지로 【보충 3】의 결과를 인용하여,

$$V(\overline{x_1} - \overline{x_2}) = V(\overline{x_1}) + V(\overline{x_2}) = \frac{\sigma_1^2}{n_1} + \frac{\sigma_2^2}{n_2}$$

가 되므로, (두말할 것도 없이 σ_1^2, σ_2^2는 각 그룹의 분산이다)

$$z = \frac{\overline{x_1} - \overline{x_2}}{\sqrt{\frac{\sigma_1^2}{n_1} + \frac{\sigma_2^2}{n_2}}}$$

를 사용하여 귀무가설에 기초하는 p-값을 역시 표준정규분포로부터 계산할 수 있다. 본문 중에서는 어영부영 넘어갔지만 실제 σ_1^2, σ_2^2은 '데이터가 무한했으면 당연히 알 수 있는 값'이므로 【보충 4】에 근거하여 데이터에서 산출된 불편성을 가진 분산을 대신 사용하는 것이 일반적이다.

【보충 09】 χ^2(카이제곱) 분포와 t 분포의 관계

본문 중에서는 '카이제곱 분포'로 다뤘지만 여기서는 해설의 형편상 'χ^2 분포'라고 표기하기로 한다.

t 분포를 따르는 t의 값(이것을 그럴싸하게 검정통계량 t라 하기도 한다)이 무엇인가 하면,

$$t = \text{표준정규분포를 따르는 값} \times \frac{\sqrt{\text{자유도}}}{\sqrt{\chi^2\text{분포를 따르는 값}}}$$

이라 표현할 수 있다.

z 검정을 하기 위해서는,

$$z = \frac{x - \mu}{\sigma}$$

의 변환을 하지만 현실적으로는 분모에 있는 σ가 '데이터가 무한하게 있다면 당연히 알 수 있는 참값'이 아니라 '한정된 데이터에서 추측한, 일정한 불규칙성을 가진 값'이라는 점에서 z 검정보다 t 검정을 사용해야 하는 당위성이 있다. σ가 참값이라고 간주할 수 있을 만큼 충분한 수(수백에서 수천 이상이라는 것이 본문에서 제시한 기준)의 데이터가 있으면 문제가 없지만 '단 네 건의 데이터만으로 분석'하는 경우에는 그 차이를 무시할 수 없다.

본문 중에서도 언급했듯이 χ^2 분포란 평균이 0, 분산이 1인 표준정규분포를 따르는 서로 독립적인 x 변수를 생각했을 때 이 변수의 제곱을 몇 개인가 더한 것이 따르는 분포다. x가 평균 μ, 분산 σ^2의 정규분포를 따르는 것을 $x \sim N(\mu, \sigma^2)$이라 표현할 수 있는데,

$$\chi_n^2 = \sum_{i=1}^{n} x_i^2 \quad (x_i \sim N(0,1))$$

로 한 χ_n^2가 따르는 분포다.

이 표준정규분포를 따르는 x^2을 몇 개 더했는가에 따라 다른 분포가 되고 이 '몇 개 더했는가'라는 수를 가리켜 χ^2 분포의 자유도라 부른다. 예를 들면 x^2을 3개 더한 χ^2 분포라면 그 자유도는 3이다.

그러면 적은 데이터를 통해 구해진 분산이란 어떠한 것일까? n건의 데이터로부터 불편성을 가진 분산 v를 구하면,

$$v = \frac{1}{n-1}\sum_{i=1}^{n}(x_i - \bar{x})^2$$

라는 것이 지금까지 우리가 배운 방식이다. 이것은 앞의 χ^2 분포와 관계가 있다. 이 x가 정규분포를 따른다고 했을 경우 x의 평균 μ와 분산 σ^2을 사용하면 x에서 평균을 빼고 표준편차로 나눈 값은 표준정규분포를 따르므로,

$$C = \sum_{i=1}^{n}\left(\frac{x_i - \mu}{\sigma}\right)^2$$

로 그 제곱의 합 C를 생각하면 이것은 자유도 n의 χ^2 분포를 따른다. 여기서 σ^2, 즉 진정한 분산은 정수이므로

$$\Leftrightarrow \sigma^2 C = \sum_{i=1}^{n}(x_i - \mu)^2$$

이다. 만약 $\bar{x} = \mu$라면 우변은 앞에서 v식에 등장하는 Σ의 계산과 같으므로,

$$v = \frac{1}{n-1}\sigma^2 C$$

로 본래의 분산에 대해 χ^2 분포를 따르는 확률적인 불규칙성이 포함된 상태라 할 수 있다. x의 평균을 분산 v로부터 구한 표준오차, 즉 $\sqrt{\frac{v}{n}}$로 나누는 것은 가장 기본적인 t 검정통계량이며 생각하고 있는 귀무가설로서 'x의 평균값이 0인가 아닌가'라는 것을 생각한다.

'도대체 어째서 평균이 0인지 아닌지를 검정하는 거지?'라고 궁금하게 여기는 사람을 위해 실제적인 이용방법에 관해서도 언급하고자 한다. 예를

들면 직원 및 명인가의 '올해의 매출-작년의 매출'의 차이를 계산한 결과 플러스인 사람과 마이너스인 사람이 모두 있지만 전체적으로는 증가한 느낌이 드는 경우를 생각해보자. 이것이 우연한 오차의 범위가 아니라 명백한 증가로 생각할 수 있는지 어떤지가 신경 쓰인다면 '작년과의 매출 차이의 평균값은 0인가 아닌가'라는 t 검정을 하면 된다.

그렇다면 t 검정통계량은,

$$t = \frac{\bar{x}}{\sqrt{v/n}} = \frac{\bar{x}}{\sqrt{\frac{1}{n(n-1)}\sum_{i=1}^{n}(x_i - \bar{x})^2}} = \frac{\bar{x}}{\sqrt{\frac{1}{n(n-1)}\sigma^2 C}} = \frac{\bar{x}}{\sigma/\sqrt{n}}\frac{\sqrt{n-1}}{\sqrt{C}}$$

가 된다.

$$t = \text{표준정규분포를 따르는 값} \times \frac{\sqrt{\text{자유도}}}{\sqrt{\chi^2\text{분포를 따르는 값}}}$$

라는 t의 정의와 일치하는 형태가 되고 z 검정의 표준정규분포에서는 고려하지 못했던 표준오차의 불규칙성이 여기서는 고려되어 있다는 것을 알 수 있다. 다만 이것을 이해하기 위해서는 '자유도란 무엇인가', '왜 n이 아니라 n-1이 되는가'라는 부분을 공부해야만 한다.

여기서 '왜 n이 아니라 n-1이 되는가'의 문제는 【보충 3】의 불편성 부분에서 배웠듯이 $\bar{x}$인가 μ인가 하는 데서 유래한다. 앞에서 아무렇지도 않게 '만약 $\bar{x}$ = μ라면'이라 적었지만 만약 그것이 성립한다면 t 분포 따위는 사용할 필요가 없다.

분산이 n이 아닌 (n-1)로 나누는 것은,

$$E((x_i - \bar{x})^2) = \frac{n-1}{n}\sigma^2$$

라는 부분에서 유래하는데 여기 좌변에 대해 생각해보면,

$$\bar{x} = \frac{1}{n}\sum_{j=1}^{n} x_j$$

이므로,

$$E((x_i - \bar{x})^2) = E\left(\left(x_i - \frac{1}{n}\sum_{j}^{n} x_j\right)^2\right) = E\left(\left(x_i - \frac{x_i}{n} - \frac{1}{n}\sum_{i \neq j} x_i\right)^2\right)$$

$$= E\left(\left(\frac{n-1}{n}x_i - \frac{1}{n}\sum_{i \neq j} x_i\right)^2\right)$$

이다. 요컨대 $\bar{x}$를 '동일한 x_i가 포함된 부분'과 '그 이외의 x_i가 포함된 부분'으로 나눠놓은 상태다.

또 n번째 데이터인 x_n에 대해서만 특별히 생각해보면,

$$\bar{x} = \frac{1}{n}\sum_{i=1}^{n} x_i = \frac{1}{n}\left(x_n + \sum_{i=1}^{n-1} x_i\right) \Leftrightarrow x_n = n\bar{x} - \sum_{i=1}^{n-1} x_i$$

이므로,

$$x_n - \bar{x} = n\bar{x} - \sum_{i=1}^{n-1} x_i - \bar{x} = (n-1)\bar{x} - \sum_{i=1}^{n-1} x_i = -\sum_{i=1}^{n-1}(x_i - \bar{x})$$

다시 말해 n-1번째까지의 데이터에 대한 $x_i - \bar{x}$를 합계한 것에 -1을 곱한 것이다. 이것이 구체적으로 무엇인지 살펴보자. 예를 들어 n=3인 경우에는,

$\bar{x} = \frac{x_1 + x_2 + x_3}{3}$ 이고,

$$x_1 - \bar{x} = x_1 - \frac{x_1 + x_2 + x_3}{3} = \frac{3x_1 - x_1 - x_2 - x_3}{3} = \frac{2x_1 - x_2 - x_3}{3}$$

마찬가지로 $x_2 - \bar{x} = \frac{-x_1 + 2x_2 - x_3}{3}, x_3 - \bar{x} = \frac{-x_1 - x_2 + 2x_3}{3}$ 이다.

또

$$(x_1-\bar{x})+(x_2-\bar{x})=\frac{2x_1-x_2-x_3-x_1+2x_2-x_3}{3}=\frac{x_1+x_2-2x_3}{3}=-(x_3-\bar{x})$$

같은 관계가 3 이외의 n에 대해서도 성립된다.

그렇다면,

$$E((x_i-\bar{x})^2)=\frac{1}{n}\sum_{i=1}^{n-1}\left(\frac{n-1}{n}x_i-\frac{1}{n}\sum_{i\neq j}x_i\right)^2+\frac{1}{n}\left(-\sum_{i=1}^{n-1}\left(\frac{n-1}{n}x_i-\frac{1}{n}\sum_{i\neq j}x_i\right)\right)^2$$

가 된다. 여기서 우변 제1항(x_1에서 x_{n-1}에 대한 부분)과 우변 제2항(x_n에 대한 부분)에 공통되는,

$$\frac{n-1}{n}x_i-\frac{1}{n}\sum_{i\neq j}x_i=y_i$$

라 두고 이 부분에 대해 생각해보자. 이것은 앞의 n=3의 경우에서 예시한 $(2x_1-x_2-x_3)/3$과 마찬가지로 'n-1배의 x_i부터 n-1개의 〈x_i 이외의 x〉를 뺀 것을 n으로 나눈 값'이다. x가 같은 분포를 따르는 이상, n-1개의 x에서 n-1개의 x를 뺀 값인 이 y의 평균은 0이다. 그렇다면,

$$E((x_i-\bar{x})^2)=\frac{1}{n}\sum_{i=1}^{n-1}y_i^2+\frac{1}{n}\left(-\sum_{i=1}^{n-1}y_i\right)^2=\frac{1}{n}\sum_{i=1}^{n-1}y_i^2+\frac{1}{n}\left(\sum_{i=1}^{n-1}y_i\right)^2$$

처럼 적을 수 있다. 여기서 한걸음 더 나아가 χ^2 분포를 따르도록 변환하려면 시간이 좀 더 걸리지만, 중요한 것은 결국 본래부터 '평균이 0인 독립적인 n개 $(x_i-\bar{x})^2$의 합은?'라는 것이었는데 언제인가 '평균이 0인 독립적인 (n-1)개의 y_i^2의 합은?'라는 것으로 바뀌어버렸던 것이다.

어째서 이렇게 되었는가 하면 $\bar{x}$가 'n개의 x_i'로 독립한 값이 아니므로

$\bar{x}$가 식으로 나타난다는 것은 이번에 사용한 x_n처럼 (그것이 설령 x_1이든 x_2이든) 어느 하나인가의 x_i의 값은 평균 $\bar{x}$와 x_i 그 밖의 값에 의해 고정되기 때문이다. 그리고 이 다른 값에 의해서 값이 하나로 고정되는 상태를 통계학에서는 '자유도가 하나 줄었다'라고 표현한다. 평균이 0, 분산이 1인 정규분포를 따르는 n개의 독립적인 데이터가 있을 때 제곱의 합은 당연히 자유도 n의 χ^2 분포를 따른다. 하지만 그 계산과정에서 n개의 데이터에서 구한 평균을 사용하면 자유도가 하나 줄어버리고 자유도 n-1의 χ^2 분포를 따르게 된다.

t 분포는 t 검정뿐만 아니라 이후의 회귀분석에서도 중요한 의미를 가지며 수십에서 수백 건 정도의 적은 데이터를 정확히 분석해야 할 때 특히 더 중요하다. 하지만 자유도라는 개념이 통계학에서, 혹은 피셔의 발명 중에서 가장 초심자를 혼란시키는 원인이 되지 않는가 싶다. 다만 '분산의 계산에 쓰인 데이터 수에 의해 자유도는 달라지고 분산의 배후에 있는 χ^2 분포의 형상도 달라진다', '분산의 계산에 n개의 데이터 평균을 사용하면 자유도는 n-1이다'라는 것만 알면 앞으로 공부하는 데 상당히 도움이 될 것이다.

데이터 수가 한정돼 있을 때는 이 χ^2 분포 형상의 차이에 의해 평균값÷데이터를 통해 구한 표준오차라는, 통계적 가설검정에서 반드시 수행하는 계산결과는 정규분포에서 다소 벗어난다. 그 벗어난 값을 정확하게 생각하기 위해서 표준오차가 따르는 χ^2 분포의 자유도를 고려한 것이 t 분포다. 또 당연하겠지만 이 t 분포를 실제 사용하려면 '자유도 얼마인 t 분포인가'를 생각해야 한다. 예를 들면 n명씩 있는 두 그룹 사이의 평균값의 차이를 생각할 때 사용하는 분포의 자유도는 총 2n의 자유도에서 평균값 2개분의 자유도를 빼고 2n-2의 자유도의 t 분포를 사용한다.

지금까지의 내용만 알면 앞으로 통계학 입문서를 읽었을 때 실수하는 일이 엄청나게 줄어들 것이다.

【보충 10】 피셔의 정확검정

본문에서 다뤘던 피셔의 정확검정에 대해서 아래의 표를 바탕으로 추가적인 부분을 살펴보자.

	과장 이상	직급 없음	합계
체육 동아리 출신	4명 (66.7%)	2명 (33.3%)	6명
기타 동아리 출신	1명 (25%)	3명 (75%)	4명
합계	5명 (50%)	5명 (50%)	10명

우선 10명 전원에서 5명의 출세자를 선택하는 경우의 수는 $\frac{10!}{5!(10-5)!}$ = 252가지나 있다. 이에 대해서는 고등학교 과정에서 이미 배웠으리라 생각한다. 직접 눈으로 확인하고 싶으면 엑셀 프로그램에서 =combin(10, 5)를 입력하면 된다.

다음으로 총 252가지나 되는 모든 경우의 수 중에서 대관절 어느 정도가 '4명 이상이 체육 동아리'가 되겠는가? 출세자는 총 5명밖에 없으므로 '4명 이상이 체육 동아리'라는 것은 5명 중 4명이 체육 동아리 또는 5명 전원이 체육 동아리인 경우다.

우선은 4명이 체육 동아리인 상황을 생각하면 체육 동아리 측에서는 6명 중에서 4명을 선택하는 경우의 수, 즉 $\frac{6!}{4!(6-4)!}$ = 15가지의 경우가 존재한다. 한편 기타 동아리 출신자에서는 4명 중 1명을 고르는 4가지 경우가 존재한다. 이 15가지 × 4가지 = 60가지라는 곱셈에서 '5명의 출세자 중 4명이 체육 동아리'인 경우의 수가 구해진다. 252가지 중 60가지이므로 약 23.8%의 확률인 셈이다.

또 5명 전원이 체육 동아리인 상황은 $\frac{6!}{5!(6-5)!}$ = 6가지라는 경우가 존재한다. 기타 동아리 출신자에 대해서는 '누구도 출세하지 못했다'는 한 가지만을 생각하고 곱하면 된다. 이런 경우의 확률은 2.38%(=6/252)다.

이들을 더한 252가지 중 66가지, 즉 약 26.2%가 '데이터와 동등 혹은 그 이상으로 체육 동아리 출신자의 출세율이 높아지는 단측검정의 p-값'인 것이다. 나아가 양측 p-값을 구하는 경우는 실제 얻어진 데이터 '6명의 출세자 중 5명이 체육 동아리'가 되는 확률 23.8% 이하가 된다(즉 드물다). 그러나 실제 데이터는, 반대로 체육 동아리 출신자의 출세율이 낮다는 경우의 확률을 모두 더해야만 한다.

체육 동아리 6명 중 1명, 기타 동아리 4명 전원이 출세하는 경우의 확률은 $\frac{6!}{1!(6-1)!} \times \frac{4!}{4!(4-4)!} \div 252 = 6 \div 252 = 2.38\%$, 체육 동아리 6명 중 2명, 기타 동아리 4명 중 3명이 출세하는 경우의 확률은 $\frac{6!}{2!(6-2)!} \times \frac{4!}{3!(4-3)!} \div 252 = 60 \div 252 = 23.8\%$다.

따라서 이 모든 경우를 더한 252가지 중 132가지, 즉 52.4%의 확률로 '실제 얻어진 데이터 또는 그 이상으로 귀무가설에 반하는 결과'가 나타난다. 이것이 이 데이터를 바탕으로 구한 양측 p-값이다.

	결과에 해당	결과에 비해당	합계
그룹1	a	b	a+b
그룹2	c	d	c+d
합계	a+c	b+d	a+b+c+d

아울러 이 계산을 이제 좀 더 일반화하여 적으면 귀무가설이 올바를 경우 위와 같은 분할표가 얻어질 확률 p는,

$$p = \frac{(a+b)!\,(c+d)!\,(a+c)!\,(b+d)!}{(a+b+c+d)!\,a!\,b!\,c!\,d!}$$

라는 공식으로 나타낼 수 있다. 앞의 설명은 이것을

$$p = \frac{\text{그룹1에서 a명 해당하는 경우} \times \text{그룹2에서 c명 해당하는 경우}}{\text{전체에서 (a+c)명의 해당자를 고르는 경우}}$$

라는 순서로 했지만 이것은

$$p = \frac{(a+b)!}{a!\,b!} \times \frac{(c+d)!}{c!\,d!} \div \frac{(a+b+c+d)!}{(a+c)!\,(b+d)!}$$

라 생각하는 것이고 앞의 식과 완전히 일치한다.

또 '해당자를 몇 명'이 아니라 '비해당자를 몇 명'이라는 식으로 사고방식을 약간 바꿔도 결국은 앞의 공식과 일치하게 된다.

【보충 11】 z 검정과 χ^2(카이제곱) 검정

아래의 표를 바탕으로 2×2 분할표에서는 '비율 차이의 z 검정과 χ^2 검정이 완전히 동일'하게 되는 것을 증명해보자.

	결과에 해당	결과에 비해당	합계
그룹1	a	b	a+b
그룹2	c	d	c+d
합계	a+c	b+d	a+b+c+d

우선은 z 검정에서 그룹 간의 '결과에 해당하는 비율'의 차이를 생각하자. 귀무가설, 즉 '그룹 간에 해당하는지 여부에 관계가 없다'는 상태라면 두 그룹 공통의 비율 p는

$$p = \frac{a+c}{(a+b+c+d)}$$

이고, 또 그룹1과 그룹2 각각의 인원수 n_1, n_2와 비율 p_1, p_2는,

$$n_1 = a+b \quad , \quad n_2 = c+d \quad , \quad p_1 = \frac{a}{a+b} \quad , \quad p_2 = \frac{c}{c+d}$$

가 된다. 이것을 【보충 8】의 공식에 적용시키면,

$$z = \frac{p_1 - p_2}{\sqrt{p(1-p)(\frac{1}{n_1}+\frac{1}{n_2})}} = \frac{\frac{a}{a+b} - \frac{c}{c+d}}{\sqrt{\frac{a+c}{a+b+c+d} \cdot (1 - \frac{a+c}{a+b+c+d})(\frac{1}{a+b}+\frac{1}{c+d})}}$$

$$= \frac{\frac{ac+ad-ac-bc}{(a+b)(c+d)}}{\sqrt{\frac{(a+c)(b+d)}{(a+b+c+d)^2} \cdot \frac{(c+d+a+b)}{(a+b)(c+d)}}}$$

$$= \frac{ad-bc}{(a+b)(c+d)\sqrt{\frac{(a+c)(b+d)}{(a+b+c+d)(a+b)(c+d)}}}$$

$$= \frac{ad-bc}{\sqrt{\frac{(a+c)(b+d)(a+b)^2(c+d)^2}{(a+b+c+d)(a+b)(c+d)}}}$$

$$= (ad-bc)\sqrt{\frac{a+b+c+d}{(a+b)(a+c)(b+c)(b+d)}}$$

따라서

$$z = (ad-bc)\sqrt{\frac{a+b+c+d}{(a+b)(a+c)(b+c)(b+d)}} \quad \cdots\cdots ①$$

로 변형할 수 있다.

한편 χ^2 검정에서는 각각의 칸에 대해 '귀무가설 아래서의 기대도수(인원수) E', 실제 관찰된 칸별 도수(인원수)와의 차이를 생각한다.

예를 들면 지금 a라는 값이 들어 있는 칸의 기대도수는 앞의 '귀무가설 아래서의 두 그룹 공통의 해당비율'인 p를 그룹1의 인원수에 곱하여,

$$E_a = (a + b)p = \frac{(a + b)(a + c)}{a + b + c + d}$$

가 된다.

마찬가지로 생각하면 b의 부분에는 두 그룹 공통의 '비해당률'인 1-p를 적용하여,

$$E_b = (a + b)(1 - p) = \frac{(a + b)(b + d)}{a + b + c + d}$$

아울러 c, d에 대해서도,

$$E_c = (c + d)p = \frac{(c + d)(a + c)}{a + b + c + d}$$

$$E_d = (c + d)(1 - p) = \frac{(c + d)(b + d)}{a + b + c + d}$$

가 구해진다. 그리고 χ^2 검정에서는,

$$\chi^2 = \sum \frac{(\text{실제의 도수} - \text{기대도수})^2}{\text{기대도수}}$$

의 χ^2값이 n×m인 분할표의 경우 (n-1)×(m-1)의 자유도 분포를 따른다는 점에서 p-값을 구한다. 이것이 χ^2 분포를 따른다는 것은 Σ의 내용이 '표준정규분포를 따르는 것의 제곱'이라는 이야기인데 우선은 그 느낌에 관한 부분만 설명하고자 한다.

앞에서 말한 칸의 도수의 기댓값은 '전체 인원수×전체에 차지하는 그룹의 비율×전체에 차지하는 해당자/비해당자의 비율'이라 생각할 수도 있지만, 이 '행에 관한 비율'×'열에 관한 비율' 부분이 '정규분포의 제곱' 부분으로 연결된다. z 검정에서 비율은 정규분포에 가까워진다고 생각하듯이 '비율

×비율'이 정규분포의 제곱에 가까워진다는 것이다. 또 이 계산에서는 분자의 '실제 도수-기대도수'일 때 '평균값이 0', 분모의 기대도수로 나눌 때 '분산이 1'이 되도록 표준화가 된다.

그리고 이번 경우 2×2 분할표이므로 자유도는 1(=1×1)이다. 이것은 각 행의 합계인 그룹1, 2의 인원수와 열의 합계인 해당자와 비해당자의 인원수가 '정해져 있다'고 생각할 경우 어딘가 1칸의 값이 정해지면 다른 칸의 값은 '행의 합계-그 칸의 값'이나 '열의 합계-그 칸의 값'으로 정해지기 때문에 4개의 값을 더해봤자 결국에는 1개의 자유도밖에는 없는 상태인 것이다.

실제 계산해보면 우선 a에 대해서,

$$\frac{(\text{실제의 도수} - \text{기대도수})^2}{\text{기대도수}} = \frac{\left(a - \frac{(a+b)(a+c)}{a+b+c+d}\right)^2}{\frac{(a+b)(a+c)}{a+b+c+d}}$$

$$= \frac{\left(\frac{a^2 + ab + ac + ad - a^2 - ab - ac - bc}{a+b+c+d}\right)^2}{\frac{(a+b)(a+c)}{a+b+c+d}}$$

$$= \frac{(ad - bc)^2}{(a+b)(a+c)(a+b+c+d)}$$

가 된다.

마찬가지로 b에 대해서는,

$$\frac{\left(b - \frac{(a+b)(b+d)}{a+b+c+d}\right)^2}{\frac{(a+b)(b+d)}{a+b+c+d}} = \frac{ab + b^2 + bc + bd - ab - b^2 - ad - bd}{(a+b)(b+d)(a+b+c+d)}$$

$$= \frac{(bc - ad)^2}{(a+b)(b+d)(a+b+c+d)}$$

$$= \frac{(ad - bc)^2}{(a+b)(b+d)(a+b+c+d)}$$

c에 대해서는,

$$\frac{\left(c-\frac{(c+d)(a+c)}{a+b+c+d}\right)^2}{\frac{(c+d)(a+c)}{a+b+c+d}}=\frac{ac+bc+c^2+cd-ac-c^2-ad-cd}{(c+d)(a+c)(a+b+c+d)}$$

$$=\frac{(bc-ad)^2}{(c+d)(a+c)(a+b+c+d)}$$

$$=\frac{(ad-bc)^2}{(c+d)(a+c)(a+b+c+d)}$$

d에 대해서는,

$$\frac{\left(d-\frac{(c+d)(b+d)}{a+b+c+d}\right)^2}{\frac{(c+d)(b+d)}{a+b+c+d}}=\frac{ad+bc+cd+d^2-bc-cd-bd-d^2}{(c+d)(b+d)(a+b+c+d)}$$

$$=\frac{(ad-bc)^2}{(c+d)(b+d)(a+b+c+d)}$$

따라서 이들을 모두 더하여,

$$\chi^2=\frac{(ad-bc)^2}{a+b+c+d}\left(\frac{1}{(a+b)(a+c)}+\frac{1}{(a+b)(b+d)}+\frac{1}{(c+d)(a+c)}+\frac{1}{(c+d)(b+d)}\right)$$

$$=\frac{(ad-bc)^2}{a+b+c+d}\left(\frac{b+d+a+c}{(a+b)(a+c)(b+d)}+\frac{b+d+a+c}{(c+d)(a+c)(b+d)}\right)$$

$$=\frac{(ad-bc)^2}{a+b+c+d}(a+b+c+d)\left(\frac{1}{(a+b)(a+c)(b+d)}+\frac{1}{(c+d)(a+c)(b+d)}\right)$$

$$=\frac{(ad-bc)^2}{a+b+c+d}(a+b+c+d)\left(\frac{c+d+a+b}{(a+b)(a+c)(b+d)(c+d)}\right)$$

$$=\frac{(ad-bc)^2(a+b+c+d)}{(a+b)(a+c)(b+d)(c+d)}$$

따라서

$$\chi^2=\frac{(ad-bc)^2(a+b+c+d)}{(a+b)(a+c)(b+d)(c+d)} \quad \cdots\cdots ②$$

①, ②로부터 χ^2은 z^2이 되지만 자유도 1인 χ^2 분포란 '표준정규분포를 따르는 z의 제곱이 하나뿐인 경우'의 분포이므로 이 둘은 값도 일치하고 따르는 분포도 완전히 동일한 것이 된다. 그러므로 2×2 분할표에 대한 비율 차이의 z 검정과 χ^2 검정은 완전히 같은 작업을 하는 셈이다.

앞에서 언급한 2×2 분할표에서의 χ^2 분포의 자유도가 1이라는 느낌을 알기 위해 그룹1의 해당자만 a라는 자유로운 변수이고, '그룹1의 인원수 B', '전체 해당자의 인원수 C', '전체 인원수 N'이 정해지는 경우 ②식을 a, B, C, N에 의해 나타내면 χ^2값이 어떻게 될지 생각해보자.

	결과에 해당	결과에 비해당	합계
그룹1	a	B−a	B
그룹2	C−a	N−B−C+a	N−B
합계	C	N−C	N

그렇다면

$$\chi^2 = \frac{(a(N-B-C+a)-(B-a)(C-a))^2 N}{BC(N-B)(N-C)}$$

$$= \frac{(aN-aB-aC+a^2-BC+aB+aC-a^2)^2 N}{BC(N-B)(N-C)}$$

$$= \frac{(aN-BC)^2 N}{BC(N-B)(N-C)}$$

$$= \frac{\left(a-B\frac{C}{N}\right)^2 N^3}{BC(N-B)(N-C)}$$

$$= \frac{\left(a-B\frac{C}{N}\right)^2}{N\cdot\frac{B}{N}\cdot\frac{C}{N}\cdot\frac{N-B}{N}\cdot\frac{N-C}{N}}$$

$$=\frac{\left(a-N\frac{B}{N}\frac{C}{N}\right)^2}{N\cdot\frac{B}{N}\left(1-\frac{B}{N}\right)\cdot\frac{C}{N}\left(1-\frac{C}{N}\right)}$$

로 고쳐 쓸 수 있다. 여기서 분자의 $N\frac{B}{N}\frac{C}{N}$란 앞에서 말했던 '전체 인원수×전체에 차지하는 그룹1의 비율×전체에 차지하는 해당자의 비율'의 a칸에 들어가는 기댓값이다. 또 분모의 $\frac{B}{N}(1-\frac{B}{N})$란 여러 차례 등장했던 p(1-p)와 같은 비율의 분산, 즉 '전체에 차지하는 그룹1 비율의 분산'이고 마찬가지로 $\frac{C}{N}(1-\frac{C}{N})$ '전체에 차지하는 해당자의 비율 분산'이라 생각할 수 있다. 따라서 이 χ^2값은,

$$\chi^2=\left(\frac{\text{a의 값-a의 기댓값}}{\text{a의 표준오차}}\right)^2$$

이라 생각할 수 있으며 4개의 칸의 정보를 사용하더라도 '표준정규분포를 따르는 변수의 제곱이 1개뿐'이라는 자유도 1인 χ^2 분포를 따른다는 것을 알 수 있다.

【보충 12】 본페로니 방법

p-값이 0.05를 밑도는지에 대하여 가설을 판단할 때 덜렁이의 잘못을 저지를 위험성이 0.05, 즉 1회의 가설검정으로 본래는 아무런 차이가 없는데도 우연한 오차에 의해 '의미 있는 차이다!'라고 판단해버릴 위험성이 5% 있다는 것을 가리킨다.

그렇다면 같은 데이터로 n회 가설검정할 경우에 이 위험도는 얼마나 올라갈까? '1회당 잘못될 위험성이 5% 있는 것을 독립적으로 n회 반복했을 때 한 번도 잘못되지 않을 확률은?'라는 것을 초보적인 확률계산에 의해 구해보면,

$$\text{한 번도 잘못되지 않는 확률} = (1-0.05)^n$$

이며, 반대로 적어도 한 번은 잘못되는 확률을 구하면,

$$\text{적어도 한 번은 잘못되는 확률} = 1-(\text{한 번도 잘못되지 않는 확률}) = 1-(1-0.05)^n$$

가 된다. 다만 이 0.05라는 부분은 경우에 따라 바뀔 때도 있으므로 α로 치환해놓으면,

$$\text{적어도 한 번은 잘못되는 확률} = 1-(\text{한 번도 잘못되지 않는 확률}) = 1-(1-\alpha)^n$$

이다. 그런데 여기서 $(1-\alpha)^n$ 부분을 계산하면,

$$\text{적어도 한 번은 잘못되는 확률} = 1-\left(1^n - n\alpha + \frac{n!}{2!(n-2)!}\alpha^2 + \cdots + \frac{(-1)^k n!}{k!(n-k)!}\alpha + \cdots\right)$$

처럼 n이 크면 무한식으로 끝없이 이어지는데 다행히도 이 α값은 일반적으로 0.05, 경우에 따라서는 0.01, 즉 '1에 비해서는 작은 값'이다. 그렇다면 0.05^2은 0.0025, 즉 '400분의 1'이라는 극히 작은 값이므로 근사적으로 무시할 수가 있다. 그렇다면,

$$\text{적어도 한 번은 잘못되는 확률} \simeq 1-(1-n\alpha) = n\alpha$$

가 되고, 유의수준 α로 가설검정을 n회 반복할 경우 '덜렁이의 잘못을 저지를 확률'은 본래의 α에서 대략 n배가 된다.

본페로니 방법은 여기서부터 역산하여 최종적인 '덜렁이의 잘못을 저지를 확률'을 α 이내로 유지하려면 매회의 가설검정에서는 α/n으로 판단하면 된다고 생각한다. 예를 들면 10회 가설검정을 한 상태에서 '한 번이라도 덜렁이의 잘못을 저지를 확률'을 5% 이내로 유지하고 싶으면 매회의 가설검정은 0.005, 즉 0.5%를 밑도는지를 우연한 오차의 범위인지 아닌지 논의한다는 것이다.

다만 본페로니 방법은 '덜렁이의 잘못'을 저지를 확률을 일정수준 이내

로는 틀림없이 유지하겠지만 한편으로 n의 횟수가 증가하는 경우 유의차가 발견되기 어려운, 즉 검정력이 약한 방법이다. 그 이유는 n=100인 경우,

$$\text{적어도 한 번은 잘못되는 확률} = 1-\left(1^{100}-100\alpha+\frac{100\cdot 99}{2\cdot 1}\alpha^2+\cdots\right)$$

$$\cong 1-(1-100\alpha+4950\alpha^2)$$

$$= 100\alpha-4950\alpha^2$$

로 α의 2차 항까지를 생각해보면 알 수 있다. α^2 자체는 작은 값이지만 n이 크면 계수가 상당히 커지므로 무시하기 어려운 값이 돼버린다. 여기서 적어도 한 번은 잘못되는 확률을 0.05 이내로 억제하고 싶을 때에,

$$100\alpha-4950\alpha^2=0.05$$

라면,

$$\Leftrightarrow 4950\alpha^2-100\alpha+0.05=0$$

이고, 여기에 중학교에서 배우는 2차함수의 공식을 쓰면,

$$\alpha=\frac{50\pm\sqrt{50^2-4950\cdot 0.05}}{4950}=\frac{50\pm\sqrt{2500-247.5}}{4950}=\frac{50\pm 47.46}{4950}\cong 0.0197, 0.0005$$

1회당 유의수준은 큰 쪽이 당연히 좋으므로 2차 항까지의 근사를 사용한 경우에 0.0197이라는 유의수준을 사용하면 검정을 100회 반복해도 총 5% 이내의 제1종(α)오류로 유지 가능하다는 것을 알 수 있다. 그러나 본페로니 방법에서 1차 항까지만 생각하는 경우 100회에서 총 5% 이내의 오류라면 0.0005(즉 0.05%)라는 엄격한 수준으로 생각해야 하므로 어디까지나 n이 그다지 크지 않은 경우의 간편한 방법 혹은 본문 중으로도 적었듯이 판단의 기준으로서 받아들이면 된다.

참고로 본페로니 방법보다 좀 더 교묘한 확률 계산으로 다중비교를 처리하면서 검정력도 잘 떨어지지 않는 방식으로 홀름 방법이나 벤저민-호크베르그 방법(두 가지 모두 발명자의 이름을 땄음)도 있으므로 관심이 있는 사람은 조사해보기를 권한다.

【보충 13】 단순회귀분석

다음 세 사람의 데이터로 최소제곱법을 사용하여 단순회귀식을 구해보자.

	방문횟수	성사된 계약건수
A	0회	0건
B	2회	3건
C	4회	3건

방문횟수 x와 성사된 계약건수 y의 관계를 y=ax+b라 생각하고 회귀식에 의한 y의 추정값과 실제 y를 벗어난 값의 제곱의 합, 즉 잔차제곱합을 최소화하고 싶다.

그러면

$$\text{잔차제곱합} = \sum_{i=1}^{n}(y-(ax+b))^2$$

로 나타낼 수 있고 여기에 3명분의 데이터를 대입하면,

$$\begin{aligned}\text{잔차제곱합} &= (0-a\cdot 0-b)^2+(3-a\cdot 2-b)^2+(3-a\cdot 4-b)^2\\ &= b^2+9+4a^2+b^2-12a-6b+4ab+9+16a^2+b^2-24a-6b+8ab\\ &= 20a^2+12ab-36a+3b^2-12b+18\end{aligned}$$

이것이 최소가 되는 a, b의 조합을 생각해야 하므로 미적분을 아는 사람이라면 a, b에 대해 미분하면 되겠지만, 그렇지 못한 사람이라도 중학교에서 배우는 제곱완성을 사용하면 답을 구할 수 있다. 즉

$$\text{잔차제곱합} = 20a^2 + 12(b-3)a + 3b^2 - 12b + 18$$
$$= 20(a^2 + \frac{12}{20}(b-3)) + 3b^2 - 12b + 18$$
$$= 20(a^2 + \frac{6}{10}(b-3)a + \left(\frac{3}{10}(b-3)\right)^2 - \left(\frac{3}{10}(b-3)\right)^2) + 3b^2 - 12b + 18$$
$$= 20\left(a + \frac{3}{10}(b-3)\right)^2 - 20\left(\frac{3}{10}(b-3)\right)^2 + 3b^2 - 12b + 18$$
$$= 20\left(a + \frac{3}{10}(b-3)\right)^2 - \frac{20 \cdot 9}{100}(b^2 - 6b + 9) + 3b^2 - 12b + 18$$
$$= 20\left(a + \frac{3}{10}(b-3)\right)^2 - \frac{9}{5}b^2 + \frac{54}{5}b - \frac{81}{5} + 3b^2 - 12b + 18$$
$$= 20\left(a + \frac{3}{10}(b-3)\right)^2 + \frac{(-9+15)b^2 + (54-60)b + (-81+90)}{5}$$
$$= 20\left(a + \frac{3}{10}(b-3)\right)^2 + \frac{1}{5}(6b^2 - 6b + 9)$$
$$= 20\left(a + \frac{3}{10}(b-3)\right)^2 + \frac{6}{5}\left(b^2 - b + \frac{1}{4} - \frac{1}{4}\right) + \frac{9}{5}$$
$$= 20\left(a + \frac{3}{10}(b-3)\right)^2 + \frac{6}{5}\left(b - \frac{1}{2}\right)^2 - \frac{6}{5} \cdot \frac{1}{4} + \frac{9}{5}$$
$$= 20\left(a + \frac{3}{10}(b-3)\right)^2 + \frac{6}{5}\left(b - \frac{1}{2}\right)^2 + \frac{3}{2}$$

따라서 $b = \frac{1}{2}$, $a = -\frac{3}{10}(b-3) = -\frac{3}{10}\left(\frac{1}{2} - 3\right) = \frac{3}{10} \cdot \frac{6-1}{2} = \frac{3}{4}$

일 때 잔차제곱합은 최소가 된다.

이것으로부터 잔차제곱합을 최소화하는 회귀직선 y=ax+b는, y= 0.75x+0.5로 구해진다.

여기까지는 구체적인 값을 사용하여 계산했는데 다른 데이터를 써도 상관없도록 일반화된 공식을 도출해보자. x_i, y_i라는 n그룹의 데이터에 대해 회

귀직선 y=ax+b의 적용을 생각했을 때 잔차제곱합(residual sum of squares)은 a, b값에 의해 좌우되는 함수로 생각할 수 있으므로 이것을 R(a, b)로 두면,

$$R(a,b) = \sum_{i=1}^{n}(y_i - ax_i - b)^2$$

로 나타낼 수 있다. 이를 최소화하는 a, b의 조합이 무엇인지 생각할 때는 a, b 각각으로 미분하여 =0으로 두어 계수를 구한다. 우선 b에 대해 미분하면, ( )의 우상에 붙어 있는 2라는 차수와 b의 －1이라는 계수로부터,

$$-2\sum_{i=1}^{n}(y_i - ax_i - b) = 0$$

$$\Leftrightarrow \sum_{i=1}^{n} y_i = a\sum_{i=1}^{n} x_i + nb \quad \cdots\cdots ①$$

라는 식이 얻어진다. 여기서 식의 양변을 n으로 나누면,

$$\bar{y} = a\bar{x} + b \quad \cdots\cdots ①'$$

라는 식이 얻어지는데 이것은 회귀직선이 x와 y 각각의 평균값을 지나는 것을 나타낸다.

또 a에 대해서 미분하면 역시 ( )의 위첨자 2라는 차수와 $-x_i$라는 a의 계수로부터,

$$-2\sum_{i=1}^{n}(y_i - ax_i - b)x_i = 0$$

$$\Leftrightarrow \sum_{i=1}^{n} x_i y_i = a\sum_{i=1}^{n} x_i^2 + b\sum_{i=1}^{n} x_i \quad \cdots\cdots ②$$

라는 식이 얻어진다. ①과 ②는 Σ가 포함돼 있어서 귀찮고 성가신 듯 보이지만 실제는 a, b에 관한 식이 2개인, 중학교에서 배우는 연립방정식이다.

따라서 ①'을 사용하여 ②의 b라는 문자를 소거하면 a의 답이 구해진다.

$$\sum_{i=1}^{n} x_i y_i = a\sum_{i=1}^{n} x_i^2 + (\bar{y} - a\bar{x})\sum_{i=1}^{n} x_i = a\sum_{i=1}^{n} x_i^2 + (\bar{y} - a\bar{x})\, n\bar{x} = a\sum_{i=1}^{n} x_i^2 + n\bar{x}\,\bar{y} - an\bar{x}^2$$
$$= a\left(\sum_{i=1}^{n} x_i^2 - n\bar{x}^2\right) + n\bar{x}\,\bar{y}$$

따라서,

$$a = \left(\sum_{i=1}^{n} x_i y_i - n\bar{x}\,\bar{y}\right) \div \left(\sum_{i=1}^{n} x_i^2 - n\bar{x}^2\right) \cdots\cdots ③$$

이 도출되었다. 여기서 우변 제2항에 대해 생각해보면 사실은,

$$\sum_{i=1}^{n}(x_i - \bar{x})^2 = \sum_{i=1}^{n}(x_i^2 - 2\bar{x}x_i + \bar{x}^2) = \sum_{i=1}^{n} x_i^2 - 2\bar{x}\sum_{i=1}^{n} x_i + n\bar{x}^2 = \sum_{i=1}^{n} x_i^2 - 2\bar{x}n\bar{x} + n\bar{x}^2$$
$$= \sum_{i=1}^{n} x_i^2 - n\bar{x}^2$$

가 되어서 n이나 n-1로 나누면 분산이 구해지는데 'x의 평균값에서 벗어난 값의 제곱합'이다.

또 마찬가지로 우변 제1항은,

$$\sum_{i=1}^{n}(x_i - \bar{x})(y_i - \bar{y}) = \sum_{i=1}^{n} x_i y_i - \bar{y}\sum_{i=1}^{n} x_i - \bar{x}\sum_{i=1}^{n} y_i + n\bar{x}\bar{y} = \sum_{i=1}^{n} x_i y_i - \bar{y}n\bar{x} - \bar{x}n\bar{y} + n\bar{x}\bar{y}$$
$$= \sum_{i=1}^{n} x_i y_i - n\bar{x}\bar{y}$$

로 'x의 평균값에서 벗어난 값×y의 평균값에서 벗어난 값'을 의미한다. 이것을 n으로 나눈 것에 대해서는 지금까지 아무런 언급도 하지 않았지만, 만약 x와 y가 서로 독립적이라면 당연히 0이 되는 이 값은 상호 관련성의 기준이 되는 공분산이라 불리는 지표다. 실제 직접 수계산을 할 일은 없겠지만 단순회귀분석의 회귀계수(기울기)를 데이터에서 계산할 경우 '각 그룹의 x, y를 곱한 값의 합', '데이터 수×x의 평균×y의 평균', 'x를 제곱한 값의 합', '데이터 수×x의 평균의 제곱' 등의 값을 각각 구하면 ③식으로부터 기울기가 구해진다. 이것은 한마디로 '공분산을 분산으로 나눈다'는 말이다. 이제는 절편을 ①'식으로부터 '기울기의 직선이 x와 y의 평균값을 지나도록' 구하면 되는 것이다.

마지막으로 신경 쓰이는 것은 이 회귀계수의 표준오차를 어떻게 구하는가이다.

③식의 제2항, 즉 'x의 평균에서 벗어난 값의 제곱합(Sum of Squares)을 S_x라 두면 ③식은,

$$a = \frac{1}{S_x}\sum_{i=1}^{n}(x_i - \bar{x})(y_i - \bar{y}) = \frac{1}{S_x}\sum_{i=1}^{n}(x_i - \bar{x})y_i - \frac{\bar{y}}{S_x}\sum_{i=1}^{n}(x_i - \bar{x})$$

$$= \frac{1}{S_x}\sum_{i=1}^{n}(x_i - \bar{x})y_i - \frac{\bar{y}}{S_x}(n\bar{x} - n\bar{x}) = \frac{1}{S_x}\sum_{i=1}^{n}(x_i - \bar{x})y_i \quad \cdots\cdots ④$$

라 고쳐 쓸 수 있다.

지금까지 다뤄왔던 a(기울기)와 b(절편)는 어디까지나 실제 데이터에서 산출된 값이지만 참값을 각각 α, β 또 i번째의 데이터에 대응하는 잔차를 ε_i로 두고 식으로 나타내보자. 통계학에서는 오차나 잔차에 관한 것은 흔히 error의 머리글자인 e나 거기에 대응하는 그리스문자 ε(입실론)으로 표현한다. 그렇다면,

$$y_i = \alpha x_i + \beta + \varepsilon_i \quad \cdots\cdots ⑤$$

의 관계가 모든 i에 대해 성립한다. 좀 더 엄밀하게 말하면 회귀분석에서의 오차항 ε은 몇 개인가의 가정을 하고 '오차의 기댓값은 0', 'x나 y의 값과 오차는 독립적', '오차항은 정규분포를 따른다'는 상황을 생각한다. 이 ⑤를 ④에 대입하면,

$$a = \frac{1}{S_x}\sum_{i=1}^{n}(x_i - \bar{x})(\alpha x_i + \beta + \varepsilon_i)$$

$$\Leftrightarrow \quad a = \frac{\alpha}{S_x}\sum_{i=1}^{n}(x_i - \bar{x})\,x_i + \frac{\beta}{S_x}\sum_{i=1}^{n}(x_i - \bar{x}) + \frac{1}{S_x}\sum_{i=1}^{n}(x_i - \bar{x})\varepsilon_i \quad \cdots\cdots ⑥$$

이다.

여기서 우변 제1항에 주목하면

$$\sum_{i=1}^{n}(x_i - \bar{x})x_i = \sum_{i=1}^{n}x_i^2 - \bar{x}\sum_{i=1}^{n}x_i = \sum_{i=1}^{n}x_i^2 - n\bar{x}^2 = S_x$$

이고, 또 우변 제2항은

$$\sum_{i=1}^{n}(x_i - \bar{x}) = n\,\bar{x} - n\bar{x} = 0$$

이다. 따라서 이들을 ⑥식에 적용하면

$$a = \frac{S_x\alpha}{S_x} + \frac{\beta}{S_x}0 + \frac{1}{S_x}\sum_{i=1}^{n}(x_i - \bar{x})\varepsilon_i = \alpha + \frac{1}{S_x}\sum_{i=1}^{n}(x_i - \bar{x})\varepsilon_i \quad \cdots\cdots ⑦$$

가 성립된다. ⑦식에서 a의 기댓값을 구하면 ε_i는 $(x_i - \bar{x})$에서 독립하여 기댓값이 0이 되므로

$$E(a) = \alpha + \frac{1}{S_x}E(\sum_{i=1}^{n}(x_i - \bar{x})) \cdot E(\varepsilon_i) = \alpha$$

로, 최소제곱법에 의해 얻어진 a의 기댓값은 분명 진정한 회귀계수와 일치한다.

또 이제 분산에 대해 생각하면

$$V(a) = E((a - \alpha)^2) = E\left(\left(\frac{1}{S_x}\sum_{i=1}^{n}(x_i - \bar{x})\varepsilon_i\right)^2\right)$$

인데, 여기서 다른 ε_i끼리는 서로 독립적이고 또

$$E\left(\left(\sum_{i=1}^{n}(x_i - \bar{x})\right)^2\right) = E(\sum_{i=1}^{n}(x_i - \bar{x})^2) = S_x$$

가 성립된다. 따라서

$$V(a) = \frac{1}{S_x^2} S_x E(\varepsilon_i^2) = \frac{E(\varepsilon_i^2)}{S_x}$$

이다. ε_i는 진정한 회귀식에서 벗어나 있으며 데이터 수가 충분히 있을 때 회귀식에서 벗어난 값의 제곱의 평균값인 평균제곱잔차는 이 ε_i^2의 기댓값과 일치한다. 따라서,

$$\text{회귀계수 a의 표준편차} = \sqrt{\frac{\text{평균제곱잔차}}{\text{x의 편차평균합}}} = \sqrt{\frac{\text{잔차평균합}}{\text{x의 편차평균합} \times \text{데이터 수}}}$$

라는 본문 중의 기술이 증명되었다.

회귀계수를 이 표준오차로 나눈 값은 n이 충분히 크지 않을 때 표준정규분포가 아닌 자유도 n-2의 t 분포를 따른다. 즉 이 표준오차의 배후에는 자유도 n-2의 χ^2 분포가 존재하는 셈이다. 잃어버린 2의 자유도는 기울기와 절편을 각각 참값이 아닌 데이터에서 산출된 값을 사용한 데서 유래한다. 본문의 예에서는 데이터가 단 세 건이었으므로 자유도는 1이다. 또 '데이터 수로 나눈다'는 부분도 데이터 수 n이 아닌 자유도 n-2를 사용한다. 그렇다면 본문에 등장한 수를 사용하여 정확한 표준오차는 $\sqrt{\frac{1.5}{8 \times 1}} = 0.433$으로 구해진다.

또 표준정규분포 ±1.96이라는 범위에 해당하는, 평균값을 중심으로 95%의 데이터가 존재하는 t 분포 구간은 자유도에 따라 달라서, 자유도가 크면 클수록 ±1.96이라는 범위에 가깝고, 작으면 작을수록 넓은 범위를 생각해야 하지만, 자유도가 1인 경우 ±12.7이라는 범위까지 확장하지 않으면 안 된다.

따라서 95% 신뢰구간은 산출된 회귀계수 0.75±12.7×0.433으로 −4.75~6.25의 범위에 있다. 또 반대로 회귀계수를 표준오차로 나눈 ±1.73 (=0.75÷0.433)이라는 범위 안에 자유도 1인 t 분포는 66.7%의 데이터가 수용된다. 검산하고 싶은 사람은 엑셀의 t.dist 함수 따위를 사용하면 되는데, 이것을 1에서 뺀 33.3%라는 것이 '회귀계수가 0'인 귀무가설에 대응하는 값이다.

【보충 14】 단순회귀분석과 t 검정의 관계

두 값의 설명변수와 양적인 아웃컴에 대해 단순회귀분석과 t 검정을 함께 생각해보자. 우선 【보충 13】에서 이미 단순회귀분석을 살펴보았듯이 회귀계수가 0인 귀무가설에 대한 검정통계량을 t_a라 하면,

$$t_a = \frac{\text{회귀계수}}{\sqrt{\dfrac{\text{잔차평균합}}{\text{x의 편차평균합} \times (\text{데이터 수} - 2)}}}$$

가 자유도 n-2의 분포를 따른다. 이것을 분자의 회귀계수와 분모의 표준오차 각각에 대해 【보충 13】에 따라(다만 진정한 회귀직선에서 벗어난 ε_i 대신 데이터에서 계산된 회귀직선에서 벗어난 e_i를 사용해) 다시 수식으로 정리하면,

$$\text{회귀계수} = \sum_{i=1}^{n}(x_i - \bar{x})(y_i - \bar{y}) \div \sum_{i=1}^{n}(x_i - \bar{x})^2$$

$$\text{회귀계수의 표준오차} = \sqrt{\sum_{i=1}^{n} e_i^2} \div \sqrt{\sum_{i=1}^{n}(x_i - \bar{x})^2} \div \sqrt{n-2}$$

가 되는데, 여기서 x는 이항변수이므로 n개의 데이터 중 최초의 n_0개가 x=0, 그다음 n_1개가 x=1(즉 $n_0 + n_1 = n$)이라는 상황을 생각하자. 그러면 $\bar{x} = n_1 \div n$이고,

회귀계수

$$= \left\{\sum_{i=1}^{n_0}\left(0 - \frac{n_1}{n}\right)(y_i - \bar{y}) + \sum_{i=n_0+1}^{n}\left(1 - \frac{n_1}{n}\right)(y_i - \bar{y})\right\} \div \left\{\sum_{i=1}^{n_0}\left(0 - \frac{n_1}{n}\right)^2 + \sum_{i=n_0+1}^{n}\left(1 - \frac{n_1}{n}\right)^2\right\}$$

$$= \left\{\sum_{i=1}^{n_0} -\frac{n_1}{n}(y_i - \bar{y}) + \sum_{i=n_0+1}^{n}\frac{n_0}{n}(y_i - \bar{y})\right\} \div \left\{\sum_{i=1}^{n_0}\left(\frac{n_1}{n}\right)^2 + \sum_{i=n_0+1}^{n}\left(\frac{n_0}{n}\right)^2\right\}$$

$$= \left\{-\frac{n_1}{n}\sum_{i=1}^{n_0} y_i + \frac{n_1}{n} n_0 \bar{y} + \frac{n_0}{n}\sum_{i=n_0+1}^{n} y_i - \frac{n_0}{n} n_1 \bar{y}\right\} \div \left\{n_0\left(\frac{n_1}{n}\right)^2 + n_1\left(\frac{n_0}{n}\right)^2\right\}$$

$$= \left\{-\frac{n_1}{n}\sum_{i=1}^{n_0} y_i + \frac{n_0}{n}\sum_{i=n_0+1}^{n} y_i\right\} \div \left\{\frac{n_0 n_1}{n^2}(n_1 + n_0)\right\}$$

$$= \left\{-\frac{n_1}{n}\sum_{i=1}^{n_0} y_i + \frac{n_0}{n}\sum_{i=n_0+1}^{n} y_i\right\} \div \left\{\frac{n_0 n_1}{n^2} n\right\}$$

$$= \left\{-\frac{n_1 n}{n n_0 n_1}\sum_{i=1}^{n_0} y_i + \frac{n_0 n}{n n_0 n_1}\sum_{i=n_0+1}^{n} y_i\right\}$$

$$= -\frac{1}{n_0}\sum_{i=1}^{n_0} y_i + \frac{1}{n n_1}\sum_{i=n_0+1}^{n} y_i$$

여기서,

$$\frac{1}{n_0}\sum_{i=1}^{n_0} y_i = \bar{y}_0 \quad , \quad \frac{1}{n_1}\sum_{i=n_0+1}^{n} y_i = \bar{y}_1$$

로 두면,

$$\text{회귀계수} = \bar{y}_1 - \bar{y}_0$$

이고, 또 $\bar{y}_0$, $\bar{y}_1$는 각각 x가 0인 그룹과 1인 그룹의 평균값이므로 본문에서도 설명했듯이 x가 이항변수인 경우 회귀계수는 두 그룹 평균값의 차이나 마찬가지다. 또 표준오차에 대해서도 마찬가지로 생각하면,

$$\text{회귀계수의 표준오차} = \sqrt{\sum_{i=1}^{n_0} e_i^2 + \sum_{i=n_0+1}^{n} e_i^2} \div \sqrt{\sum_{i=1}^{n_0}\left(0 - \frac{n_1}{n}\right)^2 + \sum_{i=n_0+1}^{n}\left(1 - \frac{n_1}{n}\right)^2} \div \sqrt{n-2}$$

$$= \sqrt{\sum_{i=1}^{n_0} e_i^2 + \sum_{i=n_0+1}^{n} e_i^2} \div \sqrt{\frac{n_0 n_1}{n}} \div \sqrt{n-2}$$

이다. 여기서 잔차 e_i는 Y에 대한 각각의 그룹에서의 평균으로부터 벗어난 값, 즉 Y의 편차평균합이므로,

$$v_0 = \frac{1}{n_0 - 1}\sum_{i=1}^{n_0} e_i^2 \quad , \quad v_1 = \frac{1}{n_1 - 1}\sum_{i=n_0+1}^{n} e_i^2$$

라면, v_0, v_1은 각각의 그룹에서의 불편분산이라 생각할 수 있다. 이들을 사용하면,

$$\text{회귀계수의 표준오차} = \sqrt{(n_0-1)v_0 + (n_1-1)v_1} \div \sqrt{\frac{n_0 n_1}{n}} \div \sqrt{n-2}$$

$$= \sqrt{\frac{(n_0-1)v_0 + (n_1-1)v_1}{n-2}} \cdot \sqrt{\frac{n}{n_0 n_1}}$$

$$= \sqrt{\frac{(n_0-1)v_0 + (n_1-1)v_1}{n_0+n_1-2}} \cdot \sqrt{\frac{n_0+n_1}{n_0 n_1}}$$

$$= \sqrt{\frac{(n_0-1)v_0 + (n_1-1)v_1}{n_0+n_1-2}} \cdot \sqrt{\frac{1}{n_0}+\frac{1}{n_1}}$$

가 된다. 여기서 왼쪽 루트의 내용은 전문용어로 합동분산(pooled variance)이라 하며 두 그룹 간 평균의 차이에 대한 검정으로 사용된다. 이것은 두 그룹에 공통되는 분산이 존재한다는 가정 아래서 각 그룹의 분산으로부터 공통되는 분산을 추정하고자 하는 것이다. 분산에 자유도 n_i-1을 곱하면 본래의 편차제곱합이 되는데 두 그룹의 편차제곱합을 더하고 또 두 그룹의 자유도의 합으로 나누는 계산이다. 또 데이터로부터 산출된 2개의 평균값이 식으로 등장하기 때문에 전체의 자유도가 n-2가 된다는 식으로 이해할 수도 있다. 이 합동분산을 S_p^2으로 나타내면,

$$\text{회귀계수의 표준오차} = \sqrt{S_p^2\left(\frac{1}{n_0}+\frac{1}{n_1}\right)}$$

이다. 이것은 평균값의 차이인 z 검정 때와 마찬가지로 평균 차이의 표준오차

와 일치한다. 지금까지 분자의 회귀계수와 평균의 차이는 같은 것이고 회귀계수의 표준오차와 두 그룹 간 평균의 차이의 표준오차도 같은 것이며, 따르는 분포가 모두 자유도 n-2의 t 분포라는 점에서 설명변수가 이항인 경우 단순회귀분석과 t 검정은 같다는 사실을 이해했으리라고 본다.

【보충15】 다중회귀분석

이번에는 6명의 데이터로 최소제곱법에 기초하는 다중회귀분석의 회귀계수를 구해보자.

	방문횟수	남성더미	성사된 계약건수
F	1회	0	2건
G	2회	0	5건
H	3회	0	5건
I	3회	1	0건
J	4회	1	3건
K	5회	1	3건

여기에서 설명변수가 2개이므로 회귀계수 2개 다 절편을 합하여 3개의 계수를 추정하게 되는데 단순회귀계수에서는 y=ax+b로 나타냈지만 다중회귀분석에서는 설명변수와 회귀계수가 몇 개가 되어야 한다는 제한이 없다. 따라서 26개 이상의 설명변수가 존재하는 경우 a나 b라는 문자로 표현하려면 알파벳 26자만으로는 모자라게 된다. 그래서 설명변수가 몇 개가 되든 상관없도록 다중회귀분석 회귀식은 설명변수의 수가 k개라고 했을 때,

$$y_j = \beta_0 + \beta_1 x_{1j} + \beta_2 x_{2j} + \cdots + \beta_i x_{ij} + \cdots + \beta_k x_{kj} + \varepsilon_j \cdots\cdots ①$$

로 표현하는 것이 일반적이다. 여기서 β_0가 절편이고, i가 1 이상이 되는 β_i가 설명변수 x_i에 대응하는 회귀계수이며 맨 마지막의 ε_j 가 단순회귀계수일 때

생각했던 것과 마찬가지로 '기댓값은 0', 'x나 y의 값과 오차는 독립적', '정규분포를 따른다'고 가정하는 오차항이다. 더욱이 i는 설명변수가 몇 번째인지를 나타내고, j가 몇 번째 데이터에 대응하는지를 나타낸다는 점을 혼동하지 말았으면 한다. 이 x_{ij}라는 표기는 'i번째의 설명변수에 대한 j번째의 데이터'라는 의미다.

아울러 y=ax+b라는 중학교에서 흔히 배우는 형태로 회귀식을 설명했으므로 앞에서 데이터로부터 계산한 회귀계수가 a이고 그 참값을 α로 두었는데 통계학 교과서에서는 y=ax+b라 두고 회귀계수의 참값이 β라고 설명하는 경우가 많다. 다중회귀분석에서 관례적으로 회귀계수의 참값을 β_i라 두는 것도 어쩌면 그와 같은 이유 때문이라고 생각하지만, 미 · 유럽 등에서는 중학생에게도 직선을 나타내는 식을 y=ax+b로 가르치는지도 모른다. 다중회귀분석에서 데이터로부터 추정한 회귀계수는 b_i으로 표현하거나, 'β_i를 데이터로부터 추정한 것'이라는 의미에서 $\hat{\beta}_i$라는 표기가 사용되는 경우도 있는데, 이것은 '베타 아이 햇(hat)'이라 읽는다. 그런데 이 책에서는 전자의 b_i이라는 표기를 사용하기로 한다.

아울러 ①식은 '진정한 회귀식'에 대한 관계성을 나타내지만 데이터로부터 산출된 절편과 회귀계수를 b_i, 그에 의해 나타나는 회귀식으로부터의 잔차를 e로 두면,

$$y_j = b_0 + b_1 x_{1j} + \cdots + b_k x_{kj} + e_j \;\cdots\cdots\; ②$$

라는 관계도 성립된다. 여기서 최소제곱법에 기초하면 앞에서와 마찬가지로 잔차제곱합은 b_0, b_1, ... , b_k에 의해 좌우되는 함수라 생각할 수 있으므로,

$$R(b_0, b_1, \dots, b_k) = \sum_{j=1}^{n}\left(y_j - b_0 - b_1 x_{1j} - \cdots - b_k x_{kj}\right)^2$$

로 나타나고, 이것을 b_0이나 b_1 등으로 미분하여 (대학 이후의 수학에서는 편미분이라 부른다) '= 0'이라 둔 식을 k+1개 만들고 연립방정식으로 푸는 것은 단순회귀분석의 경우에서 나타난 그대로다. 다만 설명변수가 늘어나면

연립방정식을 풀기도 복잡해지므로 대학 이후의 수학에서는 연립방정식을 행렬이라는 도구를 사용하여 풀게 된다. 일반적인 통계학 교과서에서는 다중회귀분석의 결과를 편미분과 행렬을 사용하여 소개하는 경우가 많으므로 관심 있는 독자라면 그 방면의 전문서를 참조하기 바란다. 이 책에서는 행렬이나 편미분을 사용하지 않고 연립방정식으로 회귀계수와 절편을 구하는 방법을 취할 것이다.

이 ②식으로부터 만약 y의 평균, 즉 $\bar{y}$를 어떻게 구하는가 하면 지금까지 몇 번인가 언급했듯이 좌변 y_j를 Σ로 합계하여 데이터 수 n으로 나누는 계산에 의해 y의 평균을 구할 수 있다. 따라서 ②식의 양변을 Σ로 더하고 n으로 나누면,

$$\bar{y} = \frac{1}{n}\sum_{j=1}^{n} y_j = \frac{1}{n}\sum_{j=1}^{n}(b_0 + b_1 x_{1j} + \cdots + b_k x_{kj} + e_j)$$

의 식이 성립된다. 여기서 우변을 좀 더 계산하면,

$$\begin{aligned}\bar{y} &= \frac{1}{n}\sum_{j=1}^{n} b_0 + \frac{1}{n}\sum_{j=1}^{n} b_1 x_{1j} + \cdots + \frac{1}{n}\sum_{j=1}^{n} b_k x_{kj} + \frac{1}{n}\sum_{j=1}^{n} e_j \\ &= b_0 + b_1\overline{x_1} + \cdots + b_k\overline{x_k} + \bar{e}\end{aligned}$$

여기서 $\bar{e}$는 회귀분석에서의 오차항의 가정에 의해 0이 된다고 생각하면,

$$\bar{y} = b_0 + b_1\overline{x_1} + \cdots + b_k\overline{x_k}$$

로 단순회귀분석과 마찬가지로 회귀식이 아웃컴과 설명변수의 평균값을 지나는 결과를 얻을 수 있다. 이것만으로 회귀계수가 모두 정해지지는 않겠지만 다음으로 x_1y의 평균값을 생각해본다. 그러려면 ②식의 양변에 x_1을 곱한 것, 즉

$$y_j x_{1j} = b_0 x_{1j} + b_1 x_{1j}^2 + \cdots + b_k x_{kj} x_{1j} + x_{1j} e_j$$

라는 식을 만들고 양변을 앞에서처럼 Σ로 합계하여 데이터 수 n으로 나누는 계산을 하면 된다. 그렇다면 앞에서와 마찬가지로,

$$\overline{x_1 y} = b_0 \overline{x_1} + b_1 \overline{x_1^2} + \cdots + b_k \overline{x_k x_1} + \overline{x_1 e}$$

라는 관계가 성립된다. 여기서 $\overline{x_1 e}$는 역시 회귀분석 오차항에 관한 가정으로부터 0이라 두면,

$$\overline{x_1 y} = b_0 \overline{x_1} + b_1 \overline{x_1^2} + \cdots + b_k \overline{x_1 x_k}$$

라는 식이 얻어진다. 여기서 우변의 처음 2항을 단순회귀분석 부분에서 설명했던 '회귀계수로 미분하여 = 0으로 둔다'는 식과 비교해보면 사실 그 둘은 완전히 똑같은 것을 나타낸다.

또 마찬가지로 $x_2 y$의 평균을 생각하면,

$$\overline{x_2 y} = b_0 \overline{x_2} + b_1 \overline{x_2 x_1} + \cdots + b_k \overline{x_2 x_k}$$

라는 식도 얻을 수 있다. 이외에도 절편 전부와 회귀계수를 포함한 k+1개의 식을 만들 수 있는데, 이들 식은 모두 '절편이나 회귀계수에 대해 편미분하고 0으로 둔다'는 계산에 의해 얻어지는 식과 대응한다. 그리고 이제는 $\overline{x_1 y}$나 $\overline{x_1^2}$ 같은 식에 등장하는 값을 실제 데이터로 계산하고 연립방정식을 풀기만 하면 다중회귀분석의 회귀계수와 절편을 알 수 있다.

실제 맨 처음에 제시한 데이터에 대해 필요한 값을 계산하면 다음과 같이 정리된다.

	방문횟수 (x_1)	남성 (x_2)	계약건수 (y)	x_1^2	x_2^2	$x_1 x_2$	$x_1 y$	$x_2 y$
F	1	0	2	1	0	0	2	0
G	2	0	5	4	0	0	10	0
H	3	0	5	9	0	0	15	0
I	3	1	0	9	1	3	0	0
J	4	1	3	16	1	4	12	3
K	5	1	3	25	1	5	15	3
평균	3	0.5	3	32/3	0.5	2	9	1

필요한 방정식은 우선 좌변이 y의 평균(절편으로 편미분하여 얻어진 것)에 대해,

$$\bar{y} = b_0 + b_1\overline{x_1} + b_2\overline{x_2}$$

다음에 x_1y의 평균을 생각하면, (x_1으로 편미분하면 얻어진다)

$$\overline{x_1y} = b_0\overline{x_1} + b_1\overline{x_1^2} + b_2\overline{x_1x_2}$$

나아가 x_2y의 평균을 생각하면, (x_2로 편미분하면 얻어진다)

$$\overline{x_2y} = b_0\overline{x_2} + b_1\overline{x_1x_2} + b_2\overline{x_2^2}$$

라는 식이 얻어진다. 그다음은 앞의 표 값을 각각의 식에 대입하면,

$$\begin{cases} 3 = b_0 + 3b_1 + \frac{1}{2}b_2 & \cdots\cdots ③ \\ 9 = 3b_0 + \frac{32}{3}b_1 + 2b_2 & \cdots\cdots ④ \\ 1 = \frac{1}{2}b_0 + 2b_1 + \frac{1}{2}b_2 & \cdots\cdots ⑤ \end{cases}$$

로 세 가지 연립방정식이 얻어진다. 우선은 ③으로부터,

$$③ \Leftrightarrow b_0 = 3 - 3b_1 - \frac{1}{2}b_2 \quad \cdots\cdots ③'$$

로 변형하고, 이 b_0를 ④에 대입하면,

$$9 = 9 - 9b_1 - \frac{3}{2}b_2 + \frac{32}{3}b_1 + 2b_2$$

$$\Leftrightarrow \frac{5}{3}b_1 + \frac{1}{2}b_2 = 0$$

$$\Leftrightarrow b_1 = -\frac{3}{10}b_2 \quad \cdots\cdots ④'$$

가 얻어지고, 또 마찬가지로 ③'을 ⑤에 대입하면,

$$1 = \frac{3}{2} - \frac{3}{2}b_1 - \frac{1}{4}b_2 + 2b_1 + \frac{1}{2}b_2 = \frac{6 + (-6+8)b_1 + (-1+2)b_2}{4} = \frac{6 + 2b_1 + b_2}{4}$$

$$\Leftrightarrow 2b_1 + b_2 + 2 = 0 \quad \cdots\cdots ⑤'$$

여기에 ④'를 대입하면,

$$-\frac{3}{5}b_2 + b_2 + 2 = \frac{2}{5}b_2 + 2 = 0$$

$$\Leftrightarrow b_2 = -5$$

이 결과를 ④'에 대입하면,

$$b_1 = -\frac{3}{10}(-5) = \frac{3}{2}$$

아울러 이들 b_1, b_2의 결과를 ③'식에 대입하여,

$$b_0 = 3 - 3 \cdot \frac{3}{2} - \frac{1}{2}(-5) = 3 - \frac{9}{2} + \frac{5}{2} = 1$$

이다. 이상으로부터 회귀식은,

$$y = 1 + 1.5x_1 - 5x_2$$

가 되어, 성별의 조건이 같다면 방문횟수 1회마다 평균 1.5건씩 계약건수는 증가하고 또 남성은 방문횟수가 같다면 여성에 비해 평균 계약건수가 5건 적다는 본문 중의 기술이 옳은 것으로 밝혀졌다.

지금까지는 행렬이나 편미분을 사용하지 않고 설명했는데 다중회귀분석 등 다수의 변수를 동시에 분석하는 방법을 이해하려면, 역시 행렬을 활용

하는 편이 한결 간편하다. 이것은 인자분석 등에 관해서도 똑같이 적용된다. 일반적인 수리통계학의 교과서가 행렬이나 벡터 같은 선형대수적인 표기를 하는 것은, 그 방면에 지식이 있는 사람들로서는 그쪽이 압도적으로 간편하고 직감적으로도 어울리기 때문이다.

이 책에서 지금까지의 수학적 내용을 어느 정도 이해한 독자라면 꼭 대학 이후에 배우는 선형대수의 입문서를 한쪽에 두고 이 책의 설명과 대비하면서, 선형대수적인 감각으로 통계학의 분석방법을 재정리했으면 하는 것이 필자의 강력한 바람이다.

【보충 16】 오즈비

조사대상으로 삼은 집단에서 임의로 선택한 사람들에게 '어떤 공통적 요인을 가지고 있는지 없는지'와 '어떤 결과에 해당되는지 안 되는지'라는 두 가지 질문을 한 결과 다음과 같은 2×2 분할표가 얻어졌다고 한다.

	결과에 해당	결과에 비해당	합계
요인 있음	a	b	a+b
요인 없음	c	d	c+d
합계	a+c	b+d	a+b+c+d

'요인 있음'과 '요인 없음'의 경우를 비교하고 이 결과에 해당되는 오즈는 몇 배가 되는지의 오즈비를 생각하면,

$$\text{오즈비} = \frac{\text{요인 있음 그룹의 오즈}}{\text{요인 없음 그룹의 오즈}}$$

$$= \frac{\text{요인 있음 그룹의 해당률} \div (1 - \text{요인 있음 그룹의 해당률})}{\text{요인 없음 그룹의 해당률} \div (1 - \text{요인 없음 그룹의 해당률})}$$

$$= \frac{\frac{a}{a+b} \div (1 - \frac{a}{a+b})}{\frac{c}{c+d} \div (1 - \frac{c}{c+d})} = \frac{\frac{a}{a+b} \div (\frac{b}{a+b})}{\frac{c}{c+d} \div (\frac{d}{c+d})} = \frac{\frac{a}{b}}{\frac{c}{d}} = \frac{ad}{bc}$$

가 된다. 그리고 원인과 결과를 반대로 생각하여 '결과에 해당'의 경우에 '비해당'의 경우와 비교하여 '요인 있음'이 되는 오즈는 몇 배인가라는 오즈비에 관해서도,

$$\text{오즈비} = \frac{\text{해당 그룹의 오즈}}{\text{비해당 그룹의 오즈}}$$

$$= \frac{\text{해당 그룹의 요인 있음률} \div (1-\text{해당 그룹의 요인 있음률})}{\text{비해당 그룹의 요인 있음률} \div (1-\text{비해당 그룹의 요인 있음률})}$$

$$= \frac{\frac{a}{a+c} \div (1-\frac{a}{a+c})}{\frac{b}{b+d} \div (1-\frac{b}{b+d})} = \frac{\frac{a}{a+b} \div (\frac{c}{a+c})}{\frac{b}{b+d} \div (\frac{d}{b+d})} = \frac{\frac{a}{c}}{\frac{b}{d}} = \frac{ad}{bc}$$

로, 원인과 결과를 반대로 생각해도 동일한 오즈비가 얻어진다.

그런데 본래 알고 싶었던 것은 '요인 있음' 그룹에서의 해당률은 '요인 없음' 그룹에서의 해당률의 몇 배가 되는가 하는 비율의 비(比)인데 이것은,

$$\text{비율의 비} = \frac{a}{a+b} \div \frac{c}{c+d} = \frac{a(c+d)}{(a+b)c}$$

로 나타난다. 여기서도 해당률이 케이스 컨트롤 조사를 굳이 하지 않으면 안 될 만큼 아주 적은, 즉 $a \ll b$ 혹은 $c \ll d$일 때, $a+b \fallingdotseq b$ 혹은 $c+d \fallingdotseq d$로 간주할 수 있으므로,

$$\text{비율의 비} \fallingdotseq \frac{ad}{bc} = \text{오즈비}$$

로 그 둘은 근사적으로 일치한다. 그러면 실제 케이스 컨트롤 조사를 할 경우 앞의 분할표가 어떻게 되는가 하면, 의도적으로 케이스(결과에 해당) 측의 인원수를 컨트롤(비해당) 측보다도 더 많게 데이터를 얻는다. 예를 들면 임의표본추출한 경우 본래 마땅히 얻어지는 케이스의 인원수의 m배, 케이스 컨트롤 조사에서 케이스의 데이터가 축적돼 있다면 케이스 컨트롤 연구의 분할표는 다음과 같이 된다.

	결과에 해당	결과에 비해당	합계
요인 있음	ma	b	ma + b
요인 없음	mc	d	mc + d
합계	ma + mc	b + d	ma + b + mc + d

이에 대해 앞에서와 마찬가지로 비율의 비를 생각하더라도,

$$\text{비율의 비} = \frac{ma}{ma+b} \div \frac{mc}{mc+d} = \frac{a(mc+d)}{c(ma+b)}$$

로, 임의표본추출하여 얻어지는 결과하고는 전혀 일치하지 않지만 오즈비에 관해서는,

$$\text{오즈비} = \frac{\frac{ma}{ma+b} \div (1-\frac{ma}{ma+b})}{\frac{mc}{mc+d} \div (1-\frac{mc}{mc+d})} = \frac{\frac{ma}{ma+b} \div \frac{b}{ma+b}}{\frac{mc}{mc+d} \div \frac{d}{mc+d}} = \frac{\frac{ma}{b}}{\frac{mc}{d}} = \frac{ma}{b}\frac{d}{mc} = \frac{ad}{bc}$$

로, 표본추출 조사에서의 오즈비와 일치한다.

그러므로 전체에 차지하는 결과의 해당률이 작을 때는 적은 수의 해당자를 '케이스'로 두고 의도적으로 많이 모으는 케이스 컨트롤 조사를 하여 오즈비를 산출하면 이것이 정확한 표본추출 조사에서의 오즈비와 일치하고, 나아가 근사적으로 그룹 간의 해당률의 비하고도 거의 일치하게 된다.

실제는 임의표본추출이 아니라 '의도적으로 많이 모은다'는 과정 중에 케이스 집단에서의 어떠한 요인에 해당하는 사람의 비율이 본래보다도 높아지거나, 반대로 낮아지는 상황은 종종 발생한다.

예를 들면 범죄자를 케이스, 그렇지 않은 사람을 컨트롤로 두고 조사하기 위해 형무소에서 케이스를 찾았다고 치자. 그 결과 케이스는 일반 시민인 컨트롤과 비교할 때 명백히 삶의 요령이 부족하고 후회하는 인생을 사는 사람들이 많다는 오즈가 얻어졌다 하더라도, 그것이 '그런 사람들이 범죄에 물들기 쉽다'는 결과를 나타낸다고 단정 지을 수는 없다. 범죄에 손을 댄 사람 중에서도 삶의 요령이 나쁜 사람만 체포되어 복역하고 있을 뿐이고, 잡히지

않았다거나 심지어는 범죄 자체가 발각되지도 않거나 한 사람을 포함시키면 '일반 시민보다 삶의 요령이 있는 사람들이 오히려 죄를 저지르기 쉽다'는 가능성을 배제할 수 없기 때문이다. 혹은 실제 형무소에 수감된 사람들 전부가 범죄 자체를 저질렀다기보다는 단지 편중에 의해서 원인과 결과가 역전돼 있는 경우도 생각할 수 있다. 또 자신에게 무슨 혜택이 주어지는 것이 아닌데도 이런 조사에 적극적으로 참가해준 사람 가운데는 그저 이야기를 나누기 좋아하는 사람들이 다수 포함되었을 가능성도 충분히 있다.

이처럼 조사 결과를 해석할 때는 '거기에 어떤 왜곡이 존재할 수 있는가'라는 부분에 각별히 주의해야 하며 또 그런 왜곡의 영향에서 벗어나기 위해 데이터 선택법을 연구하거나 로지스틱 회귀분석을 사용하여 '편중의 원인이 되는 조건을 조정'하는 등의 노력을 게을리 해서는 안 된다.

【보충 17】 검정력과 표본크기의 설계

비율 차이에 대해 z 검정을 하는 경우 어느 정도의 데이터 수(즉 표본크기)가 필요한지 생각해보자.

전체의 표본크기가 n명이고 이것을 임의로 두 그룹으로 나눴다고 치자. 한 그룹은 아무런 비교 대조를 하지 않거나 기존 방식을 고수하는 그룹 0, 그리고 나머지 그룹 1에는 효과가 있을 법한 새로운 방법을 쓴다. 현시점에 아웃컴의 비율은 p_0의 값을 나타내고 새로운 방법에서는 이것이 d(>0)만큼 향상하여 p_1이 된다고 상정한다.

이 상황에서 새로운 방법의 효과를 z 검정으로 검정하려면 귀무가설 아래서 두 그룹에 공통되는 비율 p를 사용하여,

$$z = \frac{p_1 - p_0}{\sqrt{p(1-p)(\frac{1}{n_0}+\frac{1}{n_1})}} = \frac{d}{\sqrt{p(1-p)(\frac{2}{n}+\frac{2}{n})}} = \frac{d}{\sqrt{\frac{4p(1-p)}{n}}}$$

을 생각했다. 여기서 분모인 '귀무가설 아래서의 d의 표준오차'를

$$\sqrt{\frac{4p(1-p)}{n}} = SE_0 \cdots\cdots ①$$

라고 두자. 이럴 때 귀무가설이 올바르면 두 그룹 비율 차이는 평균이 0, 분산이 SE_0^2인 정규분포를 따른다고 할 수 있다. 여기서 SE의 우하에 있는 0이라는 첨자는, 귀무가설이 'null hypothesis', 즉 '영가설'이라는 데서 '귀무가설이 올바른 경우의~'라고 할 때 종종 사용된다. 귀무가설 자체를 hypothesis의 머리글자를 따서 H_0라고 표현하기도 한다.

한편 이 책에서는 지금까지 '귀무가설이 올바른 경우에' 검정통계량에 대해의 계산만 해왔는데 검정력이란 '진정한 차이가 있을 때 실제 유의차 있음으로 판단되는 확률'이기 때문에 '진정한 두 그룹 간 차이의 참값이 d라 하면' 같은 상황도 생각해야 한다. 이처럼 본래 주장하고 싶은 가설은 귀무가설과 대립하는 가설이라서 대립가설이라 부르며, 앞의 H_0과의 대비로 대립가설은 H_1이라 표현하기도 한다. 대립가설 아래서 두 그룹의 차이의 분포를 생각하면 평균은 d이고, 또 그 표준오차를 SE_1이라 하면 분산의 가법성으로부터,

$$SE_1 = \sqrt{\frac{p_0(1-p_0)}{n_0} + \frac{p_1(1-p_1)}{n_1}} = \sqrt{\frac{2}{n}(p_0 - p_0^2 + p_1 - p_1^2)} = \sqrt{\frac{2}{n}(p_0 + p_1 - (p_0^2 + p_1^2))}$$

여기서 앞에서 구했던 '귀무가설 아래서 두 그룹에 공통되는 비율' p에 대해서

$$p = \frac{\frac{n}{2}p_0 + \frac{n}{2}p_1}{n} = \frac{p_o + p_1}{2} \Leftrightarrow 2p = p_0 + p_1$$

이고 또

$$4p^2 = (2p)^2 = (p_0 + p_1)^2 = (2p_0 + d)^2 = 4p_0^2 + 4p_0d + d^2$$
$$p_0^2 + p_1^2 = p_0^2 + (p_o + d)^2 = 2p_0^2 + 2p_0d + d^2$$

이므로

$$p_0^2 + p_1^2 = \frac{4p^2}{2} + \frac{d^2}{2} = 2p^2 + \frac{d^2}{2}$$

가 된다. 따라서,

$$SE_1 = \sqrt{\frac{2}{n}\left(2p - 2p^2 - \frac{d^2}{2}\right)} = \sqrt{\frac{4}{n}p(1-p) - \frac{d^2}{n}}$$

가 되는데 여기서 ①로부터,

$$\frac{4p(1-p)}{n} = SE_0^2$$

이므로,

$$SE_1 = \sqrt{SE_0^2 - \frac{d^2}{n}} \cdots\cdots ②$$

이다. 다시금 검정력, 즉 '진정한 차이가 있을 때 실제 유의차 있음으로 판단되는 확률'을 생각해보자. 그러면 유의차 있음으로 판단될 확률은 평균 d, 표준오차 SE_1의 정규분포 중에서 $1.96SE_0$의 우측에 있는 면적이다. 예를 들면 검정력을 85%라 하면 표준정규분포에서 -1.04~∞까지의 면적이 약 85%이므로 (이것은 엑셀로=normsinv(0.85)을 입력하면 확인할 수 있다), 아래 그림처럼 귀무가설의 분포의 평균 0에 대해 $1.96 \times SE_0$을 더한 값이 대립가설의 평균 d에서 $1.04 \times SE_1$을 뺀 값과 일치하게 된다.

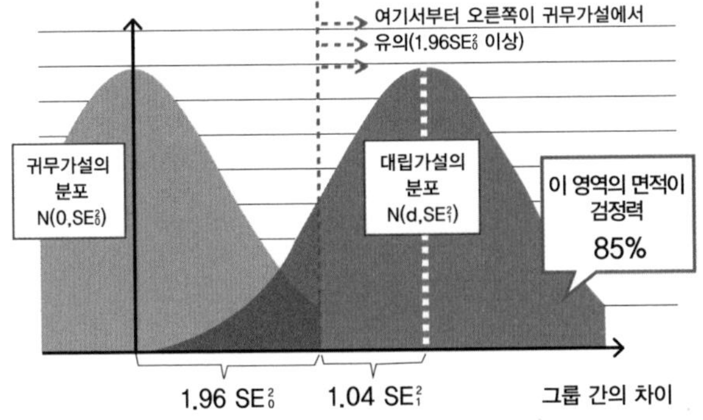

이것을 식으로 표현하면,

$$0 + 1.96 \times SE_0 = d - 1.04 \times SE_1 = d - 1.04\sqrt{SE_0^2 - \frac{d^2}{n}}$$

$$\Leftrightarrow 1.96 = \frac{d}{SE_0} - 1.04\sqrt{1 - \frac{d^2}{nSE_0^2}}$$

가 된다. 다만 1.96이라든지 1.04라는 구체적인 수를 일반화하여 각각을 a, b로 두면, '표준정규분포에서 0±a의 범위로 값이 수렴하는 확률이 설정되었던 제1종(α)오류의 수준 α를 사용하여 1-α가 되는 a의 값'과 '표준정규분포에서 －b~∞까지, 또는 -∞~b까지의 범위에 있는 값이 수렴되는 확률이 설정되었던 검정력, 즉 1-β(검정력은 1에서 제2종(β)오류의 확률을 뺀 것이다)가 되는 값'을 생각한다.

또 d÷SE_0=r이라 하자(비, 즉 ratio의 머리글자라는 의미에서 붙였을 뿐 특별히 관례적인 방법은 아니다). 이것은 '비율의 차이는 귀무가설 아래서 표준오차의 r배'라는 뜻이다. 그렇다면,

$$\Leftrightarrow a = r - b\sqrt{1 - \frac{r^2}{n}}$$

$$\Leftrightarrow \frac{r - a}{b} = \sqrt{1 - \frac{r^2}{n}} \quad \cdots\cdots \text{③}$$

$$\Leftrightarrow \left(\frac{r - a}{b}\right)^2 = 1 - \frac{r^2}{n}$$

$$\Leftrightarrow r^2 - 2ar + a^2 - b^2 + \frac{b^2 r^2}{n}$$

$$= \left(1 + \frac{b^2}{n}\right)r^2 - 2ar + a^2 - b^2 = 0$$

여기서 n은 비율의 차이 d가 엄청나게 크다는 뜻이 아니며 수백 이상의 값을 의미한다. 한편 b라는 값은 검정력이 크면 클수록 커지지만 검정력이 99%라도 약 2.33 정도이니 그다지 큰 값은 아니다. 또 이 정도의 검정력이

필요하다면 n은 수백이라는 점에서 더욱 커질 것이다. 그래서 $\frac{b^2}{n}$의 부분을 '무시할 수 있다'고 하면,

$$r^2-2ar+(a^2-b^2) = r^2-2ar+(a+b)(a-b)$$
$$= \left(r-(a+b)\right)\left(r-(a-b)\right) = 0$$

따라서

$$r = a + b \text{ 또는 } a - b$$

다만 여기서 다시 ③식을 보면, 우변은 명백히 음이 아니고 좌변도 당연히 음이 아니므로,

$$r \geqq a$$

가 될 것이다. 이 조건을 가미하면 앞의 계산결과로부터 r=a+b만 올바르다는 것을 알 수 있다. 따라서 제1종(α)오류가 양측 5%(a=1.96), 검정력이 85%(b=1.04) 혹은 n이 수백 건 이상이라 생각할 수 있다면 그룹 간 예상되는 차이 d는 귀무가설 아래서 표준오차의 약 3배(=1.96+1.04)만큼 필요하다는 기준이 얻어진다.

그렇다면 마지막으로 이 기준을 바탕으로 한 표본크기는 몇 개가 되겠는가? ①식으로부터

$$r = \frac{d}{SE_0} = \frac{d}{\sqrt{\frac{4p(1-p)}{n}}} = \frac{\sqrt{n}d}{2\sqrt{p(1-p)}} = 3$$

라면,

$$\Leftrightarrow n = \frac{36p(1-p)}{d^2} \quad \text{단,} \quad p = \frac{p_0 + p_1}{2} = p_0 + \frac{d}{2}$$

가 된다. 예를 들면 새로운 방법을 쓰지 않는 현재의 매장 방문비율이 27%(=p_0)이고, 거기서 6%(=d)만큼 방법의 효과로 방문비율이 증가하는 상황을 생각하면 p=30%가 되고,

$$n = 36 \times 0.3 \times 0.7 \div 0.06^2 = 2100$$

이라는 수가 얻어진다. 즉 2100명을 1050명씩 임의로 나누고 한쪽에 이 방법을 시도한 결과를 비교하면, 정말로 이만큼의 차이가 있을 경우 85%의 검정력으로 p-값이 0.05를 밑돌게 된다. 앞에서 '무시해도 된다'고 가정한 $\frac{b^2}{n}$의 값을 계산하면 0.0005(=$1.04^2 \div 2100$)가 되며, 이것을 무시하고 r=3으로 구한 방식에 문제는 없었던 것 같다.

평균의 차이에 대해서는 훨씬 더 간단하여 앞의 그림과 같은 관계가 똑같이 성립하는데, 일반적으로 방법을 실시한 뒤에 평균은 달라져도 분산은 변하지 않는다는 가정을 두고 생각한다. 이것을 분산이 같다는 의미에서 '등분산성의 가정'이라 한다. 실제는 구매금액을 늘리기 위한 방법이 '현시점에 구매금액이 높은 사람을 좀 더 높게 만든다'라고 정했을 경우 분산은 커지고, '현시점에 구매금액이 낮은 사람을 최저수준에서 끌어 올린다'라면 반대로 분산은 작아질지도 모른다. 이런 내용이 기존 데이터로부터 이미 간파되고 있다면 엄밀하게 방법을 써야 하는 그룹의 표준오차를 예측하여 표본크기를 설계해도 되지만, 우선 무언가 확실히 알 수 없다면 '분산은 현상 유지'라는 등분산성의 가정을 두도록 한다. 그렇게 하면 $SE_0=SE_1$이 되는 셈이므로,

$$\mathbf{0 + aSE_0 = d - bSE_0}$$

$$\Leftrightarrow r = \frac{\mathbf{d}}{\mathbf{SE_0}} = \mathbf{(a + b)}$$

로 증명이 깔끔하게 처리된다. 등분산성이 성립되면 n이 커지든 작아지든 r=a+b이다. 또 이 귀무가설 아래서의 표준오차는 방법을 시행한 뒤에도 분산 σ^2은 변하지 않으므로,

$$SE_0 = \sqrt{\frac{\sigma^2}{n_1}+\frac{\sigma^2}{n_2}} = \sigma\sqrt{\frac{2}{n}+\frac{2}{n}} = \sigma\sqrt{\frac{4}{n}} = \frac{2\sigma}{\sqrt{n}}$$

이다. 따라서,

$$r = \frac{d}{SE_0} = \frac{d\sqrt{n}}{2\sigma} = 3 \quad \text{그러면,}$$

$$\Leftrightarrow n = \frac{36\sigma^2}{d^2}$$

로 앞에서와 마찬가지로 유의수준이 5%이고 검정력이 85%라면 현재 분산의 36배를 방법의 효과의 제곱으로 나누면 필요한 표본크기가 구해진다. 예를 들면 현재 객단가의 표준편차가 5000엔이고 평균구매금액을 1000엔 올리는 방법이 있다면 900명(=36×5000^2÷1000^2)이라는 계산이 나온다.

마지막으로 지금까지는 계산이 깨끗이 떨어지는 값이라는 점에서 유의수준 5%이고 검정력이 85%일 때 r은 3의 값을 사용했지만 그 이외의 유의수준과 검정력에 대응한 r의 값은 다음과 같이 정리할 수 있다. 이것은 평균차이든 비율 차이든 마찬가지다.

		검정력						
		70% (b=0.52)	75% (b=0.67)	80% (b=0.84)	85% (b=1.04)	90% (b=1.28)	95% (b=1.64)	100% (b=2.33)
유의수준	양측 10% (a=1.64)	2.17	2.32	2.49	2.68	2.93	3.29	3.97
	양측 5% (a=1.96)	2.48	2.63	2.80	3.00	3.24	3.60	4.29
	양측 1% (a=2.58)	3.10	3.25	3.42	3.61	3.86	4.22	4.90

지금까지의 내용을 기억하고 있으면 A/B 테스트를 할 때 필요한 인원수를 예측하는 일도 어렵지 않다. 꼭 이 책에서 배운 분석방법들을 활용하여 A/B 테스트에서 시험해야 할 아이디어를 자신의 주변에 있는 데이터에서 발견해냈으면 하는 바람이다.

제1장

·清水良一. 中心極限定理. 教育出版; 1976.

·Quetelet LA. Sur l'homme et le développement de ses facultés ou essai de physique sociale. Bachelier; 1835. 일본어판은 平貞蔵, 山村喬 등 번역. 人間に就いて. 岩波文庫; 1948.

·Quetelet LA. Letters on the theory of probabilities (OG Downes, Trans.). Layton; 1849.

·Gauss CF. Theoria motus corporum coelestium in sectionibus conicis solem ambientium. 1809. 일본어판은 飛田武幸, 石川耕春 등 번역 誤差論. 紀伊國屋書店; 1981.

·学生の健康白書に関する特別委員会 (編). 学生の健康白書2005. 国立大学法人保健管理施設協議会; 2008.

제2장

·Salsburg D. The Lady Tasting Tea: How Statistics Revolutionized Science in the Twentieth Century. Holt Paperbacks; 2002. 일본어판은 竹内惠行, 熊谷悦生 등 번역. 統計学を拓いた異才たち—経験則から科学へ進展した一世紀. 日本経済新聞社; 2006.

·芝村良. R.Aフィッシャーの統計理論—推測統計学の形成とその社会的背景. 九州大学出版会; 2004.

·日本野球機構. 연도별 성적 <2014/9/27 인용>. Available from:http://bis.npb.or.jp/yearly/

·Helmer t FR. Die Genauigkeit der Formel von Peters zur Berechnung des wahrscheinlichen Beobachtungsfehlers directer Beobachtungen gleicher

Genauigkeit <in German>. Astronomische Nachrichten. 1876; 88: 113–132.
·Pearson K. On the criterion that a given system of deviations from the probable inthe case of a correlated system of variables is such that it can be reasonably supposed to have arisen from random sampling. Phil Mag Ser. 1900;50: 157–175.
·Fisher RA. Statistical Methods for Research Workers. Cosmo Publications; 1925. 일본어판은 遠藤健児, 鍋谷清治 등 번역. 研究者のための統計的方法. 森北出版; 1970.
·Holm S. A simple sequentially rejective multiple test procedure. Scand J Stat.1979; 6: 65-70.
·Benjamini Y, Hochberg Y. Controlling the false discovery rate: a practical and powerful approach to multiple testing. Journal of the Royal Statistical Society, Series B. 1995; 57: 289-300.

제3장

·Galton F. Regression Towards Mediocrity in Hereditary Stature. Journal of the Anthropological Institute of Great Britain and Ireland. 1886; 15: 246-263.
·Pearson K. Mathematical Contributions to the Theory of Evolution. III. Regression, Heredity and Panmixia. Philosophical Transactions of the Royal Society of London. 1896; 187: 253-318.
·Fisher RA. Statistical Methods for Research Workers. Cosmo Publications; 1925. 일본어판은 遠藤健児, 鍋谷清治 등 번역. 研究者のための統計的方法. 森北出版; 1970.
·Pearson K. Notes on the history of correlation. Biometrika. 1920: 25-45.
Rothman K J. Epidemiology: An Int roduction. 2nd ed. Oxford University Press; 2012. 일본어판은 矢野 栄二, 橋本英樹, 大脇和浩 등 번역. ロスマンの疫学—科学的思考への誘い. 篠原出版新社; 2013.

・嶋康晃. 世界の心臓を救った町—フラミンガム研究の55年. ライフサイエンス出版; 2011.
・Truett J, Cornfield J, Kannel W. A multivariate analysis of the risk of coronary heart disease in Framingham. J Chronic Dis. 1967; 20 (7) : 511–524.
Nelder JA, Wedderburn RWM. Generalizedlinear models. Journal of the Royal Statistical Society, Series A. 1972; 125: 370-384.
・丹後俊郎, 高木晴良, 山岡和枝. ロジスティック回帰分析—SASを利用した統計解析の実際. 朝倉書店; 1996.
・Burnham KP, Anderson DR. Model Selection and Multimodel Inference. 2nd ed.
Springer-Verlag; 2002.

제4장

・Spearman C. "General intelligence" objectively determined and measured. Am J Psychol 1904; 15: 201–292.
・Thurstone LL. The vectors of mind. Psychological Review. 1934; 41: 1-32.
・Thurstone LL. A new conception of intelligence. Educational Record. 1936; 17: 441-450.
・Flanagan DP, Genshaft JL, Harrison PL, editors. Contemporary intellectual assessment: Theories, tests and issues. Guilford; 1997.
・豊田英樹. 因子分析入門—Rで学ぶ最新データ解析. 東京図書; 2012.
・Robbins SP. Essentials of Organizational Behavior. 8th ed. Prentice Hall; 2005. 일본어판은 髙木晴夫. 번역【新版】組織行動のマネジメント—入門から実践へ. ダイヤモンド社; 2009.
・前川真一, 竹内啓. SASによる多変量データの解析. 東京大学出版会; 1997.
・Sibson R. SLINK: an optimally efficient algorithm for the single-link cluster

method. The Computer Journal; 1973: 16: 30-34.
·Hartigan JA. Clustering Algorithms. John Wiley & Sons Inc; 1975. 일본어판은 西田春彦 번역. クラスター分析. マイクロソフトウェア; 1983.
·Brito P, Bertrand P, Cucumel G, Carvalho FD, editors. Selected contributions in data analysis and classifi cation. Springer; 2007.

제5장

·Benjamin A. Teach statistics before calculus! TED2009. Available from: http: //www.ted.com/talks/arthur_benjamin_s_formula_for_changing_math_education?language=ja
·大橋靖雄, 浜田知久馬. 生存時間解析—SASによる生物統計. 東京大学出版会; 1995.
·Box GEP, Jenkins GM. Time Series Analysis: Forecasting and Control. 1st ed. Holden Day; 1970.
·藤越康祝. 経時データ解析の数理. 朝倉書店 2009.
·甘利俊一, 佐藤俊哉, 竹内啓, 狩野裕, 松山裕, 石黒真木夫. 多変量解析の展開—隠れた構造と因果を推理する. 岩波書店; 2002.
·豊田秀樹. 項目反応理論<入門編>（第2版）. 朝倉書店; 2012.
·Arthur D, Vassilvitskii S. K-means++: the advantages of careful seeding. Proceedings of the eighteenth annual ACM-SIAM symposium on Discrete algorithms. 2007; 1027–1035.
·Girolami M. Mercer kernel-based clustering in feature space. Neural Networks, IEEE Transactions on. 2002; 13: 780-784.
·Pelleg D, Moore A. X-means: Extending K-means with Effi cient Estimation of the Number of Clusters. 2000. Available from: www.cs.cmu.edu/~dpelleg/download/xmeans.pdf

빅데이터를 지배하는

통계의 힘 실무활용 편

초판 1쇄 발행 2015년 8월 25일
개정판 1쇄 발행 2023년 3월 30일

지은이 니시우치 히로무
옮긴이 신현호
감 수 홍종선
펴낸이 이범상
펴낸곳 (주)비전비엔피·비전코리아

기획 편집 이경원 차재호 김승희 김연희 고연경 최유진 김태은 박승연
디자인 최원영 한우리 이설
마케팅 이성호 이병준
전자책 김성화 김희정
관리 이다정

주소 우) 04034 서울특별시 마포구 잔다리로7길 12 (서교동)
전화 02) 338-2411 | **팩스** 02) 338-2413
홈페이지 www.visionbp.co.kr
인스타그램 www.instagram.com/visionbnp
포스트 post.naver.com/visioncorea
이메일 visioncorea@naver.com
원고투고 editor@visionbp.co.kr

등록번호 제313-2005-224호

ISBN 978-89-6322-204-2 14320

· 값은 뒤표지에 있습니다.
· 잘못된 책은 구입하신 서점에서 바꿔드립니다.

도서에 대한 소식과 콘텐츠를
받아보고 싶으신가요?